中国职工状况研究报告

(2022)

ANNUAL REPORT ON THE STATUS OF CHINESE WORKERS (2022)

顾　问／傅德印

主　编／燕晓飞

副主编／信卫平

社会科学文献出版社
SOCIAL SCIENCES ACADEMIC PRESS (CHINA)

《中国职工状况研究报告（2022）》
编写委员会

前　言

本书即将付梓之际，中国共产党第二十次全国代表大会隆重召开，这次大会明确了中国共产党的中心任务，就是团结带领全国各族人民全面建成社会主义现代化强国，实现第二个百年奋斗目标，以中国式现代化全面推动中华民族伟大复兴。

习近平同志在党的二十大报告中明确指出，在实现中国式现代化的过程中，必须"全心全意依靠工人阶级，维护职工合法权益"。职工是人民的重要组成部分，也是社会主义建设的中坚力量。党的十八大以来，我国职工队伍不断发展壮大，充分发挥了社会主义改革开放和经济建设的主力军作用，在当前也是引领经济高质量发展的"主力军"。目前我国职工总数接近4亿人，占城镇全部就业人员的80%以上，全体职工的共同奋斗是如期实现中国式现代化的关键。

目前，我国经济社会发展不平衡不充分问题仍然突出，主要体现为城乡差距、地域差距和收入差距。推进中国式现代化，是解决中国经济社会发展不平衡不充分问题的根本路径。在这个过程中，全面、准确认识中国职工队伍的现状，把握中国职工状况发展变化趋势，对于中国职工队伍建设改革，构建和谐劳动关系，推动经济社会高质量可持续发展，具有重要的理论和实践意义。《中国职工状况研究报告》的出版就是适应了这个伟大时代的需要。

《中国职工状况研究报告（2022）》是一部年度研究报告，内容涵盖了中国职工总体状况以及各领域的新变化，客观反映了当前中国职工状况的全貌，通过构建中国职工状况指数，从职工就业、职工收入分配、职工养老保险、职工职业安全、职工职业卫生、职工集体劳动争议、职工话语权等方面对新时代中国职工状况进行深入的分析研究，同时结合多视角的深度专题调查研究，力求全面、准确、立体、生动地反映出新时代中国职工的整体状况。

《中国职工状况研究报告》自 2017 年首次出版以来，一直受到社会各界的广泛关注，国内各大门户网站都从不同的视角进行了详细的报道；学界专家充分肯定《中国职工状况研究报告》系列化研究成果的学术价值和社会价值，一致认为报告的研究成果在印证党的十九大报告中提出的社会主要矛盾转换的判断，分析与判断改革开放以来中国职工队伍的结构性变革等方面都具有重要的社会意义，也为进一步深入研究新时代中国职工状况奠定了扎实基础。

《中国职工状况研究报告（2022）》在以往研究报告框架的基础上，在内容和结构上做了补充与调整，以便更准确、全面地反映本年度中国职工队伍的基本特征及新的变化。《中国职工状况研究报告（2022）》全书分为四个部分。

第一部分概述了 2021 年中国职工队伍在党和政府的统一领导下，边防疫边生产的基本情况，为我国经济在疫情冲击下迅速恢复，实现 2021 年 8.1% 的经济增长做出了重要的贡献。同时，课题组继续测算了 2005～2020 年"中国职工状况指数"，通过研究分析发现，受新冠肺炎疫情和日趋复杂的国际环境的影响，中国职工状况指数自 2019 年以来，三大指标均出现了不同程度的下降，其中增长性指标下降幅度最大，从而导致中国职工状况指数出现了较为明显的下降。

第二部分是与中国职工状况相关的职工就业、收入分配、养老保险、职业安全、职业卫生、集体劳动争议、话语权等年度专题报告，力求更加全面地反映 2021 年度中国职工的整体状况。

第三部分是课题组在 2021 年度围绕着中国职工状况出现的新问题而进行的专题调研，由《劳动报酬占比差异：提高企业职工劳动收入的逻辑起点》《改革开放以来广东省职工队伍的历史变迁》《北京中关村科学城非公高科技企业职工队伍状况调研报告》《北京地区酒店业女职工基本状况及敬业度调研报告》《产业工人群体的就业与劳动经济权益现状调查》五篇研究或调研报告组成,这一部分是对当前中国职工状况方面热点问题的深入研究。

第四部分为 2021 年中国职工状况大事记,对 2021 年国内发生的有关中国职工状况方面的大事做了简要的记述。

《中国职工状况研究报告》是中国劳动关系学院的重点科研项目。由于《中国职工状况研究报告》为每年连续编写,因此各年度的报告、数据均可用于连续观察、研究比较,从而判断中国职工状况的发展趋势,既可以为政府部门决策、各级工会开展维权服务提供参考依据,又可以为社会机构研究人员、工会工作者、高校教师、研究生等在研究、教学及学习时提供多角度信息和分析资料。

本书在写作过程中,中国劳动关系学院校长傅德印作为课题顾问对课题组的工作给予了全面指导和鼎力支持,中国劳动关系学院科研处张楠协助主编做了大量的组织协调工作,在此一并表示衷心感谢!

感谢社科文献出版社的编辑及相关工作人员的大力支持及其为本书的出版付出的努力!

由于水平和资料有限,本书在编写和组织中难免会有一些缺憾和不足,一些研究结论和观点也需要进一步论证,恳请广大同人、读者给予批评指正,以便我们在今后的研究中加以总结和改进。

《中国职工状况研究报告》 编写委员会

2022 年 10 月 18 日

目 录 ⤵

Ⅰ 总报告

Ⅱ 分报告

Ⅲ 专题报告

IV 调研报告

V 大事记

VI 附 录

总 报 告

2021年中国职工总体状况

燕晓飞　柯希嘉*

摘　要： 通过对截至2020年的数据分析，中国职工状况指数所反映的中国职工状况较上一年度出现较为明显回落，职工状况总体性指标、增长性指标和均衡性指标均呈下降趋势，其中增长性指标回落更为明显。中国职工状况指数2019年和2020年连续两年回落，体现出中国职工总体状况受到了新冠肺炎疫情和复杂的国际国内环境影响。因此应积极应对新的形势和变化，努力破解影响中国职工状况的相关问题，稳步改善中国职工总体状况。

关键词： 中国职工状况指数　逐级等权法　新冠肺炎疫情

---

* 燕晓飞，中国劳动关系学院科研处长兼劳动关系与工会研究院院长，教授，主要研究领域为劳动收入、劳动就业和劳动者教育培训；柯希嘉，中国劳动关系学院副教授，主要研究领域为公司治理、劳动经济学。

一　中国职工状况指数及相关性分析

中国职工状况指数是全面和系统反映中国职工状况的综合性指数，该指数通过构建一个由多指标构成的指标体系，对中国职工状况进行量化统计，从而反映中国职工状况的变化趋势和影响因素。该指数不仅可以反映中国职工队伍整体性和结构性变化情况，同时也可以对中国职工状况未来的发展趋势进行判断，并且对影响中国职工状况进一步改善的困难和问题进行分析和总结，从而寻找相关的解决途径和方法。

（一）中国职工状况指数整体情况

中国职工状况指数的编制采用了逐级等权法。结合各年数据，测算出2005~2020年中国职工状况指数（见表1）。

表1　2005~2020年中国职工状况指数及总体性指标、增长性指标和均衡性指标

年份	中国职工状况指数	总体性指标	增长性指标	均衡性指标
2005	100.00	100.00	100.00	100.00
2006	106.57	101.88	107.97	109.88
2007	102.47	101.72	106.36	99.34
2008	102.06	100.94	106.07	99.18
2009	100.01	101.57	101.90	96.56
2010	102.23	101.43	108.29	96.96
2011	100.82	100.99	107.39	94.09
2012	102.03	101.88	107.83	96.39
2013	102.00	103.95	107.37	94.66
2014	102.47	104.14	108.63	94.63
2015	102.01	104.36	108.59	93.09
2016	101.21	104.93	106.39	92.31
2017	102.89	105.94	107.78	94.97
2018	104.31	106.14	107.67	99.11
2019	103.11	106.58	105.71	97.05
2020	100.22	104.01	100.20	96.43

从表1的数据可以看到，2005~2020年中国职工状况指数显示，自2005年以来的16年间中国职工状况呈现总体平稳、小幅波动的趋势（见图1）。

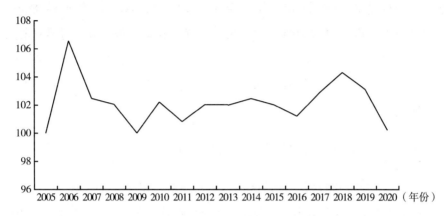

图1 2005~2020年中国职工状况指数

2020年与上一年度相比，中国职工状况指数从2019年的103.11下降到100.22，下降了2.89，这是中国职工状况指数自2018年以来连续两年发生回落，而且本年度的回落比上一年更为明显。总体性指标、增长性指标和均衡性指标在2005~2020年的运行趋势如图2所示。

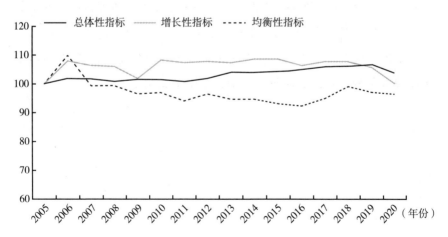

图2 2005~2020年中国职工状况指数中总体性指标、增长性指标和均衡性指标

具体来看，2020年总体性指标、增长性指标和均衡性指标比2019年均所下降。其中，总体性指标从2019年的106.58下降至2020年的104.01；增长性指标从2019年的105.71下降至2020年的100.20；均衡性指标从2019年的97.05下降到2020年的96.43。通过比对数据发现，导致中国职工状况指数2020年下降的原因是总体性指标、增长性指标和均衡性指标均有所下降，特别是增长性指标下降了5.51，这也直接导致2020年中国职工状况指数回落明显。

（二）中国职工状况指数的各个具体指标情况

中国职工状况指数由总体性指标、增长性指标和均衡性指标三个维度构成，每个维度指标又包含若干具体指标，这些指标综合反映了中国职工状况。

1. 总体性指标

中国职工状况指数总体性指标由登记失业率、就业率、企业部门劳动报酬增加值占比、职工恩格尔系数、职业病累积患病率、基本养老保险人均养老金占城镇居民人均可支配收入比率、城镇职工基本养老保险制度赡养率等7项指标构成。7项指标在2005~2020年的运行趋势如图3所示。

从总体性指标看，2005~2020年，中国职工状况基本保持稳定向上的趋势，总体性指标从2005年的100.00至2020年的104.01，16年间虽有波动，但整体波动不大，特别是近五年来，基本保持稳定。2020年相对于上一年度的106.58，小幅下降至104.01，下降了2.57。

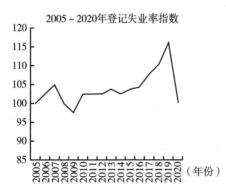 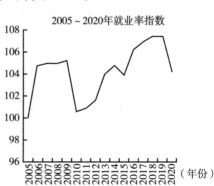

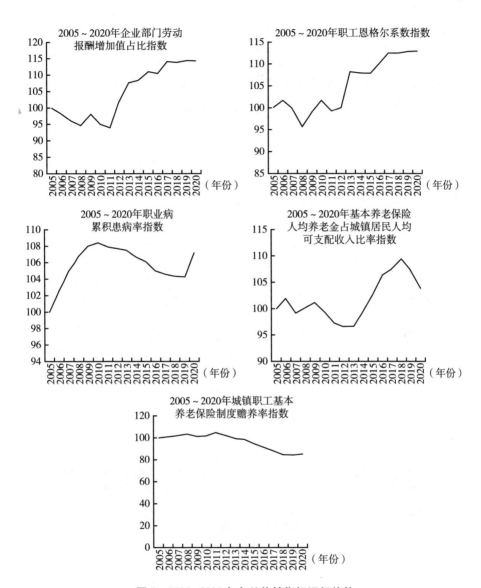

图3　2005~2020年各总体性指标运行趋势

2020年数据显示，职工恩格尔系数、职业病累积患病率、城镇职工基本养老保险制度赡养率3项指标的指数化评分较2019年有所上升。而登记失业率、就业率、企业部门劳动报酬增加值占比、基本养老保险人均养老金占城镇居民人均可支配收入比率4项指标的指数化评分较2019年有所下降。

2. 增长性指标

中国职工状况指数增长性指标由就业人员增长情况、城镇新增就业人数情况、职工平均工资、职工最低工资、人均养老金增长率等5项指标构成。5项指标在2005～2020年的运行趋势如图4所示。

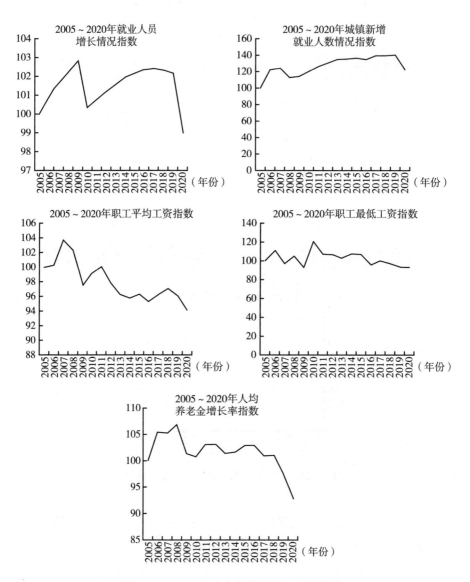

图4 2005～2020年各增长性指标运行趋势

　　从增长性指标看，2005~2020年增长性指标呈现先波动上升后波动回落的状态，从2005年的100.00波动上升至2014年的108.63，之后波动回落至2019年的105.71，2020年又显著回落至100.20，当年下降了5.51。

　　2020年数据显示，就业人员增长情况、城镇新增就业人数情况、职工平均工资、职工最低工资、人均养老金增长率等5项指标的指数化评分比2019年均有所下降，这是继上一年度5项指标的指数化评分下降后，再一次全面下降。

3. 均衡性指标

　　中国职工状况指数均衡性指标由各地区城镇登记失业率离散系数、各地区职工平均工资离散系数、最低工资对平均工资占比、各地区城镇职工基本养老保险制度赡养率离散系数4项指标构成。4项指标在2005~2020年的运行趋势如图5所示。

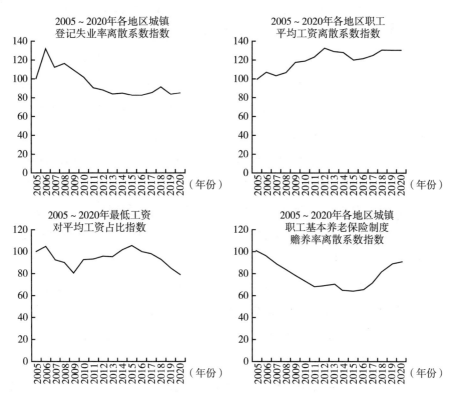

图5　2005~2020年各均衡性指标运行趋势

从均衡性指标看，2005~2020年，反映中国职工状况均衡性发展的指标呈波动下降的趋势，直到2017年才连续两年回升，但2019年又出现连续两年回落。均衡性指标从2005年的100.00下降到2020年的96.43，16年间均衡性指标除2006年为109.88外，其余年份均在100以下。

2020年数据显示，均衡性指标较2019年有所下降，其中各地区职工平均工资离散系数、各地区城镇职工基本养老保险制度赡养率离散系数和各地区城镇登记失业率离散系数3项指标的指数化评分相比2019年均有所上升。最低工资对平均工资占比这1项指标的指数化评分相比2019年有显著下降，也导致均衡性指标整体出现下降。

（三）影响中国职工状况趋势的基本因素分析

从对中国职工状况指数近五年的趋势分析，我们可以得出以下判断。

（1）2016~2020年，总体性指标呈现先逐年小幅上涨后显著回落的状态，从2016年的104.93先逐年增加至2019年的106.58，而2020年显著回落至104.01，低于2016年的水平。从总体性指标涉及的7项指标看，登记失业率、就业率、基本养老保险人均养老金占城镇居民人均可支配收入比率、城镇职工基本养老保险制度赡养率4项指标的指数化评分五年间出现了下降；而企业部门劳动报酬增加值占比、职工恩格尔系数、职业病累积患病率3项指标的指数化评分五年间有所增长。

（2）2016~2020年，增长性指标呈现先小幅上涨后连续回落的状态，从2016年的106.39先小幅上涨至2017年的107.78，然后连续三年下降至2020年的100.20，同样低于2016年的水平。从增长性指标涉及的5项指标看，就业人员增长情况、城镇新增就业人数情况、职工平均工资、职工最低工资、人均养老金增长率5项指标的指数化评分五年间全部出现一定程度的回落。

（3）2016~2020年，均衡性指标呈现先连续两年上涨后连续两年小幅回落的状态，从2016年的92.31先连续两年上涨至2018年99.11，然后两年小幅回落至2020年的96.43。从均衡性指标涉及的4项指标来看，除了最低工资对平均工资占比1项指标的指数化评分五年间有所下降外，各地区城镇登记失业率离散系数、各地区职工平均工资离散系数、各地区城镇职工基本养老保险制度赡养率离散系数 3 项指标的指数化评分五年间都呈现不同程度上涨。其中，各地区职工平均工资离散系数、各地区城镇职工基本养老保险制度赡养率离散系数 2 项指标的指数化评分已经是连续五年上涨。

二　当前中国职工状况的新情况

（一）当前职工队伍就业方面的新情况

1. 就业压力有所缓解，但就业规模持续下降，青年失业率居高不下

2020 年，我国城镇登记失业率受疫情影响达到 4.20%。2021 年，城镇登记失业率为 3.96%，登记失业人数为 1040 万人，均比上年末有所下降。2021 年除 1 月外，其余各月全国城镇调查失业率同比均明显回落。其中，2021 年 6 月以后的城镇调查失业率已经低于 2019 年同期。不同来源的数据均显示我国求人倍率同比有所上升，一线劳动者用工短缺现象依然突出，白领求职市场回暖。部分就业群体就业形势向好，与经济形势好转有关。2021 年，我国货物出口额增长 21.2%，创历史新高，国内生产总值（GDP）增长率达 8.1%。

就业人员规模延续下降趋势。2021 年，就业人员规模为 74652 万人，比上年减少了 412 万人。这是因为 2021 年 16～59 岁（含不满 60 周岁）的劳动年龄人口为 88222 万人，比上一年度减少 1216 万人。与此同时，部分劳动者退出劳动力市场，劳动参与率下降，进一步缩小了就业人员的规模。

青年失业率居高不下，并略有上升。2018 年以来，16～24 岁人口的城镇调查失业率持续上升，2021 年上升到 14.3%。高校毕业生数量再创新高，达到 909 万人，加上部分往届未就业毕业生，就业竞争激烈。

2. 第二产业就业和农民工规模均止跌回升，但农村转移劳动力预期规模下降

第二产业就业人员占比和就业数量为近年来首次同步上升。2021 年，第二产业就业人员比上年增加了 180.4 万人，结束了持续多年的下降趋势；

第二产业就业人员占比为 29.1%，比上年上升 0.4 个百分点，延续了 2019 年的止跌回升趋势。

农民工规模止跌回升，恢复并超过 2019 年同期水平，表明农民工数量并没有形成下降趋势，增长仍在持续，2020 年的下降更多是受到疫情短期冲击的影响。农民工本地就业和就近就业趋势持续。2021 年，本地农工增幅高于外出农民工，省内流动农民工增幅高于跨省流动农民工，延续了近年农民工就近就业的趋势。农民工就近就业增加，有利于缓解农民工就业和家庭照顾等方面的矛盾。

2021 年末，全国城镇就业人员为 46773 万人，比 2020 年增加 502 万人；城镇就业人员占全国就业人员比重从 2020 年的 61.6% 上升到 62.7%。在全国就业人员规模下降的背景下，城镇就业人员数量保持增长，乡村就业人数加速下降。可以预见，未来农村中可向城镇转移的劳动力将有所减少。

3. 就业质量有所恢复，但城镇就业人员平均工作时间继续上升

2021 年，城镇非私营单位、私营单位就业人员和农民工工资名义增长速度已经恢复到 2019 年疫情发生之前的水平，并且高于同期 GDP 增速。显示随着劳动年龄人口数量的持续下降，人口红利消失，正在推高企业用工成本。私营单位职工和农民工更容易受到疫情等因素的冲击，工资水平与非私营单位的差距进一步拉大。

在城镇化和城镇就业持续增加的背景下，参加社会保险的职工人数持续增加，基本养老保险、失业保险和工伤保险的参保率提升比例较高，可能与 2020 年部分企业申请社保缓缴，随着 2021 年形势好转，企业为员工正常缴纳社保的情况增多有关。

城镇就业人员调查周平均工作时间继续上升，职工加班现象更为突出。这与以下情况有关：随着职工工资水平提升，企业承担的社会保险费用和解雇成本也水涨船高，企业优先倾向于让已有员工加班；部分企业面临"用工荒"和招聘难的问题，通过让已有员工加班的方式应对；部分职工为避免被裁员或获得有限的晋升机会，"内卷"加剧，选择主动加班。加班增多，在一定程度上影响职工的工作生活平衡，降低职工的幸福感。

4.“双减”政策出台和国际形势变化对就业结构产生新冲击

2021年，我国货物贸易出口增长创历史新高，进一步推动了生产制造业的"用工荒"现象。其中，技工尤其是高级技工缺口较为突出，制约着我国制造业的转型升级。与此同时，部分劳动者群体，如高校毕业生等由于就业期望、能力与企业用工需求存在偏差，"求职难"问题仍将突出。

2021年"双减"政策出台，大量教育培训机构行业从业人员被裁员。其中，一线城市教培行业从业人员受冲击更为突出。大部分从业人员年轻、学历水平较高、从事教培行业时间较短，因此要适应其他行业相对容易，以及政府采取系列措施促进就业，因此大部分受影响职工再就业情况良好。

当前国际形势依然复杂严峻，国内经济发展面临需求收缩、供给冲击、预期转弱三重压力，经济下行压力加大，以及新冠肺炎疫情持续，部分行业和企业的生产经营受到冲击，未来我国部分职工群体就业压力依然严峻。

（二）当前职工队伍收入分配方面的新情况

1.职工平均工资继续稳步增长

2021年，全国城镇非私营单位就业人员的年平均工资为106837元，首次超过10万元，比上年增加9458元，同比名义增长9.7%，增速比上年提高2.1个百分点，剔除物价因素，实际增长8.6%。全国城镇私营单位就业人员的年平均工资为62884元，比上年增加了5157元，同比名义增长8.9%，增速比上年提高1.2个百分点，剔除物价因素，实际增长7.8%。全国外出农民工的年平均工资为60156元，比上年增加了5568元，同比名义增长10.2%，增速比上年提高7.4个百分点，剔除物价因素，实际增长9.2%。

2.受疫情影响，各行业就业人员平均工资增长情况不尽相同

第一，信息传输、软件和信息技术服务业平均工资保持较快增长，随着信息化发展，近几年信息传输、软件和信息技术服务业工资水平与增速一直维持在较高水平，加之疫情防控需要，在线消费需求旺盛，带动了互联网和相关服务行业平均工资的增长，2021年，信息传输、软件和信息技术服务业城镇非私营和城镇私营单位就业人员平均工资分别增长13.5%和13.2%。

第二，随着煤炭等能源价格的持续走高，采矿业企业效益提高，采矿业就业人员平均工资增速较快，城镇非私营和城镇私营单位就业人员平均工资分别增长12.2%和14.8%，城镇非私营单位中，黑色金属矿采选业、煤炭开采和洗选业平均工资分别增长17.4%和14.5%。

第三，制造业企业在保供稳价、助企纾困的各项政策措施有力推动下，生产逐渐恢复，效益持续改善，就业人员平均工资保持稳定增长，城镇非私营和城镇私营单位平均工资分别增长11.7%和10.4%，城镇非私营单位中，文教工美体育和娱乐用品制造业、黑色金属冶炼和压延加工业、化学原料和化学制品制造业平均工资增速较高，均高于全部制造业平均工资增速2个百分点以上。

第四，接触性服务业平均工资恢复增长，2020年新冠肺炎疫情突袭而至，接触性服务业成为受冲击最大的行业，其中，住宿和餐饮业就业人员平均工资出现负增长。2021年随着疫情得到有效防控，住宿和餐饮业等接触性服务业持续恢复，住宿和餐饮业、租赁和商务服务业、居民服务修理和其他服务业等接触性服务业平均工资增速明显提高。城镇非私营和城镇私营单位中，住宿和餐饮业就业人员平均工资分别增长9.8%和10.8%，租赁和商务服务业就业人员平均工资分别增长10.3%和10.9%，居民服务修理和其他服务业就业人员平均工资分别增长7.4%和6.0%。

第五，受疫情、"双减"政策等多重因素影响，教育行业平均工资增长明显放缓，其中，城镇非私营单位就业人员平均工资增长4.6%，比2020年回落4.4个百分点；城镇私营单位就业人员平均工资增长8.5%，主要是由于2020年下降4.6%，基数较低的影响，但与2019年相比，仅增长3.6%，2020~2021年两年平均增速不到2%。

第六，随着疫情防控成效显现，大部分行业恢复性发展，但旅游业与景区收入恢复较慢，部分地区工资水平较低的环保、护林等公益性岗位增加较多，这些都拉低了水利环境和公共设施管理业的工资增长速度。2021年，该行业城镇非私营单位就业人员平均工资增长3.0%，增速比2020年回落1.5个百分点；城镇私营单位平均工资增速虽然由负转正，但仅增长0.2%，仍低于 2019 年水平。

3. 新冠肺炎疫情期间多个行业职工年均收入增速低于全行业平均水平

根据国家统计局发布的 2021 年城镇非私营单位和私营单位就业人员年平均工资情况提供的数据分析，在 2020～2021 年疫情期间，城镇非私营单位两年年均工资名义增长率为 8.65%，19 个行业门类中有 14 个行业两年年均工资名义增速低于同期全行业平均水平；城镇私营单位两年年均工资名义增长率为 8.31%，18 个行业门类中，有 11 个行业两年年均工资增速低于同期全行业平均水平。就城镇非私营单位而言，受疫情冲击较大的交通运输、餐饮、住宿、旅游、文化娱乐等服务性行业，年均工资名义增速下降明显，其中交通运输、仓储和邮政业为 6.39%，居民服务、修理和其他服务业为 4.07%，住宿和餐饮业为 3.21%，文化、体育和娱乐业为 4.37%。就城镇私营单位而言，受疫情冲击较大的教育、房地产业及餐饮、住宿、旅游、文化娱乐等服务性行业，年均工资名义增速下降明显，其中教育为 1.77%，房地产业为 3.50%，居民服务、修理和其他服务业为 3.65%，住宿和餐饮业为 5.05%，文化、体育和娱乐业为 6.75%。

（三）当前职工队伍养老保险方面的新情况

1. 执行企业制度参保人数增长迅速，机关事业单位制度参保工作基本完成

2020 年末城镇职工基本养老保险执行企业制度参保人数为 39908 万人，比上年末增加 2003 万人，增长率达到 5.28%。参保人数增长率为近五年来最高。主要原因有二：一是 2019 年以来，企业养老保险费有较大幅度的降低，从 19% 降低到 16%，对扩面参保起到了较为明显的积极作用；二是近年来有关企业社保的参保督查和执法力度加大，职工的社保维权意识也随着网络和自媒体的发达，逐渐增强。这两个方面的原因，促使各地企业用工越来越规范，包含养老保险在内的社保参保情况有了较为明显的改观。

自 2014 年 10 月实施机关事业单位与城镇企业职工基本养老保险的制度并轨以来，机关事业单位参保人数在经历了 2015 年的工作部署、2016 年和 2017 年的大规模扩面参保之后，2019 年和 2020 年的参保人数增长率稳定在

2%～3%，机关事业单位的参保增长人数在近两年已趋于平稳，制度改革工作已基本完成。

总体看来，农民工、新业态从业人员和个体户人员等由于自身和制度两方面因素叠加，参保率仍普遍不高，这类人群的职工养老保险参保扩面工作仍存在较大的提升空间。下一步，在制度层面，不仅要完善城镇职工养老保险在不同统筹地区的制度内的转移接续办法，使转移接续更加便捷、可操作，对于流动性较大、工作较不稳定的职工群体，还要完善城乡居民社会养老保险制度与城镇职工养老保险制度之间的转移接续办法。

2. 养老保险基金收入明显减少，财政补贴占比提高，中央调剂金比例和规模持续增加，国有资本划转社保基金相关工作稳步推进

在职工养老保险基金方面，由于疫情的减免缓降政策，2020 年职工养老保险基金收入大幅度减少，据估计超过 1 万亿元，给基金造成较大压力。根据《财政部　人力资源和社会保障部关于下达 2020 年弥补企业职工基本养老保险基金缺口专项资金的通知》精神，中央财政从全国社会保障基金调入 500 亿元，作为弥补部分地方企业职工基本养老保险基金缺口的专项资金。这是全国社会保障基金理事会自 2000 年成立以来，首次动用全国社会保障基金的储备基金，弥补养老保险基金的缺口。

2020 年，财政补贴企业职工养老保险基金的额度为 6271.31 亿元，缴费收入为 20886.65 亿元，财政补贴占缴费收入的比例高达 30.03%，比前几年明显增加。应逐步推进财政补贴的法制化、规范化。

2020 年，中央调剂金规模持续增加至 7400 亿元，调剂金调剂比例明显提高。从全国来看，上缴和下拨额度首次出现差额。其中广东省和北京市连续几年来均为净贡献额最多的省份，辽宁省和黑龙江省则是净受益额最多的省份。

截至 2019 年底，中央层面已完成划转国有资本 1.3 万亿元。此外，根据《划转部分国有资本充实社保基金实施方案》的规定，地方国有资本划转社保工作的截止日期为 2020 年底。2020 年以来，北京市、上海市、黑龙江省、贵州省、重庆市等省（市）也发布国资划转方案，对划转范围、对

象、比例和承接主体进行了明确。

3. 地区间参保抚养比差异仍然很大，企业年金发展没有明显改观

全国参保抚养比略有上升，地区差异仍较大，与上年相比变化不大。值得关注的是，广东省仍以 5.85：1 位列全国第一，与 2019 年相比，该省份参保抚养比继续下降。黑龙江省的情况仍然最为糟糕，平均 1.27 个在职职工供养 1 位退休职工。此外，由于部分省份存在断保情况，实际参保抚养比情况更不容乐观。

2017 年底《企业年金办法》出台以来，企业年金参保情况有所改善，2020 年增长率为 6.67%，基本和 2019 年持平。但总体上，企业年金参保人数占城镇职工养老保险参保人数的比例仍然不高。

（四）当前职工队伍职业安全方面的新情况

1. 重特大事故进一步减少，实现首个无特别重大事故年份

2020 年 8 月黎巴嫩贝鲁特港重大爆炸事件发生后，国务院安委办、应急管理部组织对涉及硝酸铵企业开展了 3 轮排查，进行"一企一策"治理。国家矿山安监局加强瓦斯、冲击地压等高风险煤矿治理，对贵州等 7 个重点产煤省跟踪督导。工业和信息化部还推动各地完成 1089 家人口密集区危化品生产企业搬迁改造，加强 5 类重点货车违法改装专项治理。公安部部署集中开展秋冬季交通安全整治百日会战，深入推进事故预防"减量控大"行动。住房和城乡建设部会同有关部门排查用作经营的农村自建房 691.6 万户。交通运输部推动砂石运输船、客货班轮、网约车等专项安全整治。自然资源部集中查处了一批越界开采、乱采滥挖等违法开采案件。市场监管总局全面推进大型游乐设施及客运索道、液化石油气瓶等专项安全治理。在三年整治行动过程中，已关闭退出煤矿 442 处、淘汰落后产能 4300 余万吨/年，建成 401 个智能化采掘工作面。此外，建设公路安全生命防护工程 17.8 万公里，完成危桥改造 6229 座，同时新建了 13 个安全生产专业救援基地。整治行动后，2020 年全国各类生产安全事故起数和死亡人数同比下降，重特大事故进一步减少，过去最多一年发生重特大事故 140 起，2020 年降到 16

起，成为新中国成立以来首个没有发生特别重大事故的年份。

2. 全国生产安全事故起数和死亡人数均同比下降

2020 年，在各类重特大风险面前，生产安全事故起数和死亡人数、重特大事故起数和死亡人数达到历史最低。全国生产安全事故起数、死亡人数从历史最高峰 2002 年的 107 万余起、13 万余人，降至 2020 年的 3.8 万余起、2.74 万余人，按可比口径累计分别下降 85.1% 和 70.9%；重特大事故从 2001 年的 140 起、2556 人降到 2020 年的 16 起、262 人，累计分别下降 88.6% 和 89.7%。全国生产安全事故起数和死亡人数较 2019 年同比分别下降 15.5% 和 8.3%，大部分地区和行业领域安全生产形势持续好转。

3. 安全生产形势仍处于爬坡过坎期

当前安全生产仍处于爬坡过坎期，高危行业领域风险点多面广，城市安全风险大，农村安全隐患突出，新行业新业态安全风险凸显，安全生产工作艰巨繁重。特别是岁末年初，人流物流增加，道路运输和水上运输事故易发多发；矿山企业增产冲动大，超能力、超定员生产，违规承包、以包代管问题突出；建筑施工企业赶工期、抢进度现象增多；加上新冠肺炎疫情变化和外部经济环境冲击，不确定因素增多，各类安全风险隐患加大。

4. 发挥"两法衔接"机制作用可有效打击安全生产违法犯罪

针对安全生产违法犯罪行为，安全生产日常监管执法和事故调查中的行政执法与刑事司法衔接（下称"两法衔接"）工作不断得到加强。应急管理部、公安部、最高人民法院、最高人民检察院联合印发的《安全生产行政执法与刑事司法衔接工作办法》中，对应急管理部门（含煤矿安全监察机构、消防机构）日常执法和事故调查中的案件移送程序、证据的收集与使用、部门沟通协作机制等做出了具体规定。地方各级应急管理部门严格按照该办法规定的程序和司法解释规定的有关定罪量刑标准开展"两法衔接"工作。应急管理部积极推动各省（区、市）建立完善本地区"两法衔接"工作机制，并将此纳入了省级人民政府安全生产和消防工作考核巡查。安全生产"两法衔接"涉及日常执法、事故调查两个方面。2020 年刑法修正案中增加了对严重危害安全生产的违法行为追究刑责的规定，对办理危害生产安全案件做出明确规定。

5.新时代应急管理综合行政执法机制正在不断完善

2020年9月，中共中央办公厅、国务院办公厅联合印发了《关于深化应急管理综合行政执法改革的意见》（以下简称《意见》），将应急管理综合行政执法正式纳入我国综合行政执法体系。《意见》是指导和推动当前和今后一个时期应急管理执法工作的纲领性文件，明确了整合监管执法职责、健全监管执法体系、加强执法队伍建设、下移执法重心、规范执法行为、完善执法方式、健全执法制度、突出加强安全生产监管执法、强化执法保障等九个方面的工作任务和政策措施，具有很强的针对性和现实必要性，解决了许多长期想解决而没能解决的难题。应急管理部专门印发通知，推动各地制定实施方案，持续调度了解各地的工作进展情况，汇总分析遇到的各类问题，研究提出解决问题的方法路径，对统一执法着装、执法车辆保障、执法装备标准等需要国家层面加以推进的工作任务，积极会同国务院有关部门研究制定配套文件。

（五）当前职工队伍职业卫生方面的新情况

1.职业病新发病例较上年有所下降，但防控形势依然严峻

2005~2021年国家卫生健康委员会统计的数据显示，全国职业病新发病例总体呈现先上升后下降的趋势。2021年发病人数为15407人，较2020年减少1657人。

但目前职业病的防控形势依然严峻。截至2022年5月，国家卫生健康委组织开展的全国职业病危害现状统计调查结果显示，全国31个省（区、市）及新疆生产建设兵团所属的347个地（市、州、师）及其3027个县（市、区、团），采矿业、制造业以及电力、燃气及水的生产和供应业三大行业正常运行的、从业人员10人及以上的工业企业为282191家，从业人员为2211.39万人。被调查企业中，存在一种及以上职业病危害因素的企业为263723家，占总数的93.46%。存在职业病危害因素的企业中，存在粉尘危害的企业为195618家，占74.18%；存在化学毒物的企业为117943

家，占44.72%；存在物理危害因素的企业为239911家，占90.97%。被调查企业的从业人员中，接触职业病危害因素劳动者为870.38万人，劳动者接害率为39.36%。接触职业病危害因素劳动者中，接触粉尘的劳动者为412.57万人，占47.40%；接触化学毒物的劳动者为241.06万人，占27.70%；接触物理因素的劳动者为656.72万人，占75.45%；接触生物因素的劳动者为1.22万人，占0.14%；接触其他因素的劳动者为4.71万人，占0.54%。

2. 重视职业病防治工作，制定了《国家职业病防治规划（2021—2025年）》

根据《职业病防治法》，作为职业病防治的责任主体，用人单位应当依照法律、法规要求，严格遵守国家职业卫生标准，落实职业病预防措施，从源头上控制和消除职业病危害。2021年12月，国家卫生健康委会同职业病防治工作部际联席会议其他成员单位研究制定了《国家职业病防治规划（2021—2025年）》，明确到2025年，职业健康治理体系更加完善，职业病危害状况明显好转，工作场所劳动条件显著改善，劳动用工和劳动工时管理进一步规范，尘肺病等重点职业病得到有效控制，职业健康服务能力和保障水平不断提升，全社会职业健康意识显著增强，劳动者健康水平进一步提高。

3. 新冠肺炎疫情防疫常态化，更加关注重点职业人群的职业卫生

新冠肺炎疫情发生以来，国家卫生健康委牵头、以国务院联防联控机制名义或多部门联合修订印发85类重点场所、重点单位、重点人群疫情常态化防控相关防护指南，制修订《新型冠状病毒肺炎防控方案（第八版）》等方案。印发《关于加强应对新冠肺炎疫情工作中心理援助与社会工作服务的通知》《新冠肺炎疫情心理疏导工作方案》《新冠肺炎疫情防控常态化下医务人员心理疏导工作方案》《关于建立保护关心爱护医务人员长效机制的指导意见》《关于因履行工作职责感染新型冠状病毒肺炎的医护及相关工作人员有关保障问题的通知》等文件。

（六）当前职工队伍劳动争议方面的新情况

1.劳动力供需渐趋平衡，劳动力市场逐渐恢复活力

受疫情及防控政策的影响，近年来劳动力的流动受到较大的影响。2021年四季度，岗位空缺与求职人数的比率约为1.56，全国人力资源市场用工需求大于劳动力供给，但供求总体保持平衡。2022年春节期间，为应对新冠肺炎疫情影响，有关部门继续开展农民工返岗复工"点对点"服务保障工作。通过组织专车、专列、包机运输服务，全国累计运送161.73万农民工返岗复工，其中贫困劳动力75.69万人，有力助推复工复产和经济社会平稳运行。另外，2021年全国农民工总量为29251万人，比上年增加691万人，增长2.4%。其中，本地农民工为12079万人，增长4.1%；外出农民工为17172万人，增长1.3%。外出务工人员的增加，有效保障了劳动力市场的供给，劳动力市场逐渐恢复活力。

2.劳动争议仍多发频发，但风险整体可控

疫情防控常态化下，全球经济疲软，本土零星病例间或发生，严重影响企业生产经营和人们的工作生活，部分行业企业出现裁员、停工、降薪，甚至破产倒闭现象，从而引发了大量劳动争议问题，对和谐劳动关系的构建形成巨大挑战。面对新冠肺炎疫情，国家各部门、各地方持续实施支持企业复工复产、促进经济稳定运行、稳定劳动关系的相关政策，避免了因疫情引起的劳动争议案件爆发式增长。人力资源和社会保障部数据显示，2021年劳动争议数量仍然保持了2017年以来逐年增长的趋势，但劳动争议调解成功率、仲裁终结率等均稳步提高，有效保障了劳动力市场的和谐稳定。2021年，全国劳动争议状况并没有因为新冠肺炎疫情而发生恶化，全年全国各级劳动人事争议调解组织和仲裁机构共处理劳动人事争议案件263.1万件，涉及劳动者285.8万人，涉案金额为576.3亿元。全年办结争议案件252.0万件，调解成功率为73.3%，仲裁结案率为97.0%，仲裁终结率为71.1%。

3.多部门出台新业态政策，灵活用工进一步规范

为支持多渠道灵活就业，规范和鼓励零工经济的发展，各部委相继出台

指导意见，规范灵活用工方式。2021 年 7 月 16 日，人力资源和社会保障部、国家发展改革委、交通运输部、应急部、市场监管总局、国家医保局、最高人民法院、全国总工会共同印发《关于维护新就业形态劳动者劳动保障权益的指导意见》，聚焦新就业形态劳动者权益保障面临的突出问题，提出要健全公平就业、劳动报酬、休息、劳动安全、社会保险制度，强化职业伤害保障，完善劳动者诉求表达机制，切实维护新就业形态劳动者劳动保障权益，促进平台经济规范健康持续发展。2021 年 7 月 28 日，中华全国总工会印发《中华全国总工会关于切实维护新就业形态劳动者劳动保障权益的意见》，就维护新就业形态劳动者劳动保障权益工作做出安排部署。一系列政策的出台，在一定程度上规范了新就业形态下的劳动用工状况，为新就业形态的健康快速发展提供了制度保障。

4. 进一步加强法律体系建设，统一案件审理标准

新冠肺炎疫情发生后，劳动争议纠纷案件激增，部分案件出现劳动仲裁审查意见与人民法院诉讼审查意见不一致、相关劳动争议是否属于人民法院受理范围等问题。为贯彻党中央关于健全社会矛盾纠纷多元预防调处化解综合机制部署，落实加强劳动人事争议仲裁与诉讼衔接机制建设要求，解决劳动人事争议在仲裁程序与诉讼程序的衔接及审理过程中裁判标准统一的问题，2022 年初，最高人民法院、人力资源和社会保障部连续出台《关于建立劳动人事争议"总对总"在线诉调对接机制的通知》《关于劳动人事争议仲裁与诉讼衔接有关问题的意见（一）》两个文件。

最高人民法院、人力资源和社会保障部联合建立"总对总"在线诉调对接机制。最高人民法院依托人民法院调解平台、人力资源和社会保障部依托劳动人事争议在线调解服务平台，通过系统对接与机构、人员入驻相结合的方式，共同推进"总对总"在线诉调对接机制建设，逐步畅通线上线下调解与诉讼对接渠道，指导全国劳动人事争议调解组织与各级人民法院开展劳动人事争议全流程在线委派委托调解、音视频调解、在线申请司法确认调解协议等工作。通过"总对总"在线诉调对接机制，进一步加强劳动人事争议调解和诉讼衔接工作，提升劳动人事争议多元化解质效。

（七）当前职工队伍舆情方面的新情况

1. 新就业形态劳动者相关议题的媒介能见度显著提升

职工议题的媒介能见度主要是指媒体对具体职工议题的呈现频度。2021年，其状况可概括为"常中有变"。所谓"常"，是指由宏观的政策规制、中观的媒体机构、微观的新闻生产所共同形塑的"常规"，具体包括重点突出经济社会建设与发展议题、注重契合媒体机构定位的特色议题、适当呈现专业或一定风险性的议题。所谓"变"，则指随相应社会状况、政策动向、公众需求等的变动而进行的"调适"，体现为：舆论引导需求及社会现实驱动下，"新就业形态劳动者"成为年度议题。其中，由于新就业形态在稳定和增加就业方面的实际影响，以及维护新就业形态劳动者劳动保障权益的政策动向，"社保""劳动争议"两项具体议题，其媒介能见度由以往的3级（中等）提升到4级（较高）。

2. 关于新就业形态劳动者的媒介话语权应注重权益表达

职工群体的媒介话语权侧重衡量职工群体能否实现自我利益表达。2021年，其突出变化是权益话语显著增多，媒体较为密集地关注新就业形态劳动者群体在劳动保护、社会保障等方面的具体困难和实际问题，并且呼吁"权益维护"乃是迫切的现实需求。在媒体报道中，工会成为重要行动主体，其"认真履行维护职工合法权益、竭诚服务职工群体的基本职责"的定位得以呈现。《工人日报》相关报道以"舆论引导"框架为主，同时突出了"舆论监督"的框架，其间职工群体的媒介话语权状况可概括为"权益导向的组织化表达"。"新闻行动者网络"中其他行动者的实践，与之相比既有共同特征亦存鲜明差别，主要体现为：关切劳动者的权益是"同"，是否为明确权益导向乃"异"；注重呈现劳动者的权益困境是"同"，是否以"组织化表达"为主乃"异"。在倡导劳动者权益保障的基调上，市场化媒体还呼吁对平台的"善监管"。

3. 媒体作为社会风险治理参与行动者的潜能有所显现

媒体角色分为规范性与经验性两个层次，一是理想中的"规范角色"，一是实践中的"经验角色"。在报道职工议题时，媒体的"规范角色"是成为"社会风险治理参与的行动者"，主要包括"监测、合作、促进"三个面向，强调媒体需要在信息告知、政治动员、共识建构诸方面积极作为。2021年，在年度职工议题报道上，媒体在"合作"层面积极行动，同时在"监测"和"促进"层面也有一定可见作为，其经验角色显现出了其作为社会风险治理参与行动者的潜力。如何规范平台经济健康发展、建立弹性劳动的稳定性机制，已是关乎社会治理的关键议题。在现有基础上，需要不同类型的媒体行动者积极进行有规范的新闻创新，寻求以参差多态的具体实践在边界内充分激发"新闻行动者网络"的潜能。

三　中国职工状况面临的新挑战

中国职工状况课题组在过去五年持续运用指数化研究的方法，对中国职工状况的发展变化进行深入研究和分析。基于 2005～2020 年，特别是 2016~2020 年的统计数据，通过指数化分析，可以较为直观地明确中国职工状况的发展变化，分别从职工队伍就业、收入分配、养老保险、职业安全、职业卫生、劳动争议、舆情等方面，并从总体性、增长性和均衡性三个指标体系维度，研究整体性和结构性的变化趋势，发现当前职工状况中出现的新变化主要有以下三个方面。

（一）新冠肺炎疫情冲击改变了中国职工状况原有的运行轨迹

自 2020 年初，新冠肺炎疫情在全球快速蔓延。受疫情肆虐的影响，社会总需求被抑制，经济接近停摆，产业链中断，面向消费者的企业受疫情的冲击最为直接，部分企业歇业或倒闭。在以习近平同志为核心的党中央有力领导下，由于采取了果断的疫情防控措施，自 2020 年 3 月已进入了常态化疫情防控阶段。新冠肺炎疫情发生后，由于工厂企业停工、停业，以及外贸主导的经济模式受到较大冲击等原因，劳动者自身的经济权益受到较大影响。

此次重大疫情的发生，对我国卫生治理体系和能力形成重大考验，同时也对我国总体劳动关系的调整和职工队伍状况的改善构成了挑战。这些挑战主要集中在两个方面。

一是整个劳动力市场面临前所未有的压力。在新冠肺炎疫情严厉的防控措施下，劳动者面临待岗、失业、收入减少等风险，职工队伍就业不稳定性增强，劳动关系矛盾逐步凸显。一些用人单位因经营困难或者开工不足，主动或者被动选择裁员或者停岗，对职工队伍就业的存续性和延续性构成威胁，对劳动合同的履行产生显著影响，广大职工队伍工作的保有以及用人单位补偿金的支付成为新的问题。一些用人单位推迟复工致使许多职工不能返回工作岗位，或者因职工本人被隔离在家、被要求居家办公，用人单位对此期间职工的劳动报酬进行减损，导致一部分职工在延长假期中得不到相应的正常工资，另一部分职工则在加班加点中得不到应有的加班工资。

二是企业劳动关系呈现复杂性。一些企业面临现金流趋紧、供应链中断、市场供求普遍下滑，职工因履行工作职责感染新型冠状病毒肺炎的能否认定为工伤尚欠定论，用人单位或者不及时履行工伤认定的申报手续，或者不承认相关职工应当认定为工伤，导致职工无法通过社会保险基金及时支付工伤费用。最后，疫情在较长时期的持续，致使法律规定的劳动关系中许多的"期间"或者"期限"面临新的解读或者误区，比如，对于因隔离、留观、治疗或政府采取紧急措施导致部分职工暂时不能提供正常劳动的期间与劳动合同约定期间如何协调；因受疫情影响当事人不能在法定仲裁时效期间申请劳动争议仲裁，仲裁时效是否应中止；在疫情持续期间双方当事人在劳动合同中约定"试用期"、"有效期"或者"履行期"能否扣减等问题。

总之，新冠肺炎疫情改变了职工状况原有的运行轨迹，而这正是我们下一步研究职工状况时需要思考和回答的问题。

（二）全球经济发展不确定性的冲击及国内经济下行压力对职工状况产生较为持续的影响

当今世界正经历百年未有之大变局，国际环境日趋复杂，不稳定性、不确定性因素明显增加。特别是自 2008 年国际金融危机以来，欧洲债务危机、中美贸易摩擦、新冠肺炎疫情以及俄乌冲突等"黑天鹅"与"灰犀牛"事件频发，使得我国经济发展面临愈加严峻的外部环境与风险挑战，宏观经济下行压力进一步加大，政策调控空间受明显挤压。因此，在这一现实背景下如何准确把握外部经济、金融环境中的不确定性因素，系统考察其对我国宏观经济波动特别是宏观经济下行风险的冲击动态，不仅是不确定性环境下宏观经济周期波动研究的一项重要议题，而且是新时代背景下增强经济韧性以及提升外部冲击抵御能力和重大风险防范化解能力所亟待解决的关键问题。

当前，我国经济同样面临下行压力，出口型加工制造业在订单减少、成本上升、利润下降的情况下，出现了关停并转迁行为。能源企业和房地产相关配套行业也面临去库存压力，在三四线城市收缩了阵线，这势必带来劳动关系领域的调整和冲突。但与西方发达国家不同，我国仍处于工业化的中后期进程。再加上人口结构的转变，尤其是劳动力人口的逐年下降，劳动力总体上处于供不应求的边缘，劳动者并没有受到潜在而大规模的失业威胁。因此，经济下行导致的问题可能主要体现在生产场所的劳资冲突和纠纷中，暂时不至于演变为大规模的群体性事件。在国内经济下行与出口增速降低的压力下，我国部分行业和企业不可避免要面临产能过剩、订单减少、关停并转迁的困难局面，由此导致了以"欠薪"为主要诱因的劳动纠纷的大幅度增加。

以新生代农民工为主体的产业工人在谈判能力、权益意识、发展诉求等方面的提升，势必进一步加剧经济新常态背景下劳动关系的紧张，这既表现为劳动纠纷的频发，也表现为企业的"招工难"和农民工的高离职率。"招工难"在一定程度上提升了工人讨价还价的能力，毕竟"以脚投票"是一种权力性的选择机制。正因为如此，劳动者更倾向于在劳动纠纷中争取短期利益。

因此，经济下行背景下的劳动关系主要体现为农民工就业"短工化"、劳动纠纷"频发化"和劳动者行动诉求"短期化"。另外，在沿海部分地区，各种活跃的社会力量也积极参与到劳动者维权过程中，由此出现劳工团结网络的"跨阶层化"。实体经济发展的困难、欠薪治理体系的不完善、工人群体内部结构的变化，以及相关政策对农民工"短工化"趋势的忽视等，共同导致了当前我国劳动关系的紧张化。劳动关系的这些新变化构成了职工状况研究的新课题。

（三）平台经济对职工就业结构和职工队伍状况产生复杂影响

平台经济在促发展、稳就业中发挥着重要作用，特别是互联网平台的迅速崛起，现已成为数字经济的引领者，平台经济是职工就业结构调整和职工状况改善最突出的变化。2021年，国家发展改革委等九部门印发的《关于推动平台经济规范健康持续发展的若干意见》指出，在规范的基础上，不断提升数字化发展水平，促进制造业、农业等领域向平台数字化、平台生态化迈进，从而构建平台经济发展的良好格局。2021年8月，国务院印发的《"十四五"就业促进规划》进一步规范平台经济的发展，创新业态发展模式，培育就业需求，带动更多劳动者在数字化平台领域就业或创业。商务部、中央网信办、国家发展改革委印发的《"十四五"电子商务发展规划》数据显示，2020年中国网民数量接近10亿。使用网络平台购物已成为居民消费的重要方式，商品网络交易额持续攀升，快递业务量从2015年的206.7亿件迅速增加至2020年的833.6亿件。另外，据国家信息中心和中国信息通信研究院2021年公布的数据，平台型企业员工数大约为631万人，共享经济参与人数约为8.3亿人，2025年数字经济带动就业人数将达3.79亿。然而，平台经济的发展同样也引发人们对于失业的担忧，在自动化和人工智能技术的驱动下，数以千万计的劳动者可能被机器和算法所替代，劳动者的就业结构也随之发生变化。平台经济在促进就业创业，造成失业的同时，对就业结构产生重大影响。

虽然平台经济对就业结构产生多层面的显著影响，但这种影响机制是复杂的和非线性的。平台经济促进就业由"工业化"的就业模式向"数字化"的工作范式转变，表现为就业上的"自主、分布、多元"的特征。所谓自主，就是劳动者可以自由选择适合自己的就业方式和工作形态，既可以选择采取传统的方式签订劳动合同，也可以选择借助网络平台做一个"准创业者"，在不同的网络平台上，从事不同的工作，完成不同的工作任务。所谓分布，就是劳动者不再像以前那样需要固定地点和时间，在被动管理的情况下，遵循工作流程，集中工作，而是分布在不同地方的劳动者通过网络根据自己的实际情况安排自己的工作时间，选择合理的工作地点，自觉接受网络平台的监督，主动管理自己的工作任务，准时交付成果和服务。所谓多元，就是不再纯粹为单一的雇主服务，而是突破工作岗位、雇佣关系和服务时间的限制，既可以选择只为一个雇主工作和服务，也可以选择为一个以上的雇主和客户服务；既可以与雇主通过签订劳动合同的方式建立紧密的长期的稳定的劳动关系，也可以与一个以上的雇主建立不需要签订劳动合同的合作、合伙和共享的松散的非长期非稳定的人力资本关系。

随着平台经济的发展，新工作范式的变革必将导致就业结构"高级化"过程加快。在产业层面上，第三产业与第二产业就业的比值不断增大，就业结构将不断"高服务化"；在行业层面上，高端制造业和高端服务业的就业比重不断增加，就业结构将不断"高技术化"；在技能层面上，参与就业劳动者的素质不断得到提升，就业结构将不断"高技能化"。当然，新工作范式的变革，同样离不开产业结构的升级和人力资本存量的中介作用。产业结构的升级不仅增加了对高技能劳动者的需求，而且为高技能劳动者提供了大量的创业机会，为低技能劳动者参加培训和进修，适应新的工作范式提供了动力；而人力资本存量的高低决定了能否长期保持足够的人才红利，为工作范式的变革提供人力资本的支持。如何挖掘、提升现有职工队伍的人力资本，也构成了今后一个时期职工状况研究的新课题。

值本报告交稿之际，党的第二十次全国代表大会隆重召开，习近平同志在党的二十大上所做的政治报告，为新时代党和国家事业的发展、实现第二个百年奋斗目标指明了前进方向。党的二十大报告明确提出，不断谱写马克思主义中国化时代化新篇章，是当代中国共产党人的庄严历史责任。我们在研究新时代中国职工状况时，要努力把握好习近平新时代中国特色社会主义思想的世界观和方法论，坚持好、运用好贯穿其中的立场观点方法，坚持职工至上，坚持守正创新，坚持问题导向，继续推进实践基础上中国职工状况研究的理论创新。

分 报 告

2021年中国职工就业状况研究

李洪坚*

摘 要： 2021年，是"十四五"的开局之年。在就业数量方面，我国年末城镇登记失业率有所回落，失业人员规模仍然较大；城镇调查失业率同比明显回落，但青年失业率居高不下；全国就业人员规模下降明显，人口红利消退加速；求人倍率上升，一线劳动者和白领求职难度有所降低。在就业结构方面，第二产业就业占比和就业数量近年来首次同步上升；城镇就业规模扩大，城镇就业人员占比继续下降；农民工数量恢复增长，从事第三产业农民工占比近年首次下降；不同地区城镇登记失业率差异有所下降；不同地区城镇单位就业人员规模差异明显。在就业质量方面，不同职工群体平均工资增速回升，工资差距进一步扩大；社会保险参保人数持续提升，参保率提升加速；职工加班现象突出，劳动争议有所增加。在影响因素和新趋势方面，"双减"政策对教培行业职工就业产生了一定的冲击，"用工荒"、"技工荒"和求职难并存；国际形势复杂、疫情不确定和经济下行压力加大，未来稳就业仍面临挑战和压力。为此，应稳定政策

---

* 李洪坚，中国劳动关系学院讲师，主要研究领域为就业和劳动力市场政策、人力资源管理。

预期，保持经济高质量发展；提高不同群体劳动参与率，增加有效劳动供给；完善公共就业服务，鼓励社会力量参与就业促进工作。

关键词： 职工 就业 失业

2021 年，是"十四五"的开局之年，我国国内生产总值比上年增长 8.1%，经济发展和疫情防控保持全球领先地位。人口结构趋势性变化、新冠肺炎疫情持续，以及政策调整对我国职工就业状况产生了重要影响。

一 职工就业数量状况

（一）年末城镇登记失业率有所回落，失业人员规模仍然较大

2021 年末，我国城镇登记失业率为 3.96%，比 2020 年末下降了 0.24 个百分点，仍然高于 2019 年末疫情发生前城镇登记失业率水平。2020 年末，我国城镇登记失业人数为数十年来首次突破一千万人，达到 1160 万人；2021 年末城镇登记失业人数虽然有所下降，但仍然达到 1040 万人，比 2019 年末高出 95 万人。一方面，城镇登记失业率水平有所回落，反映疫情得到控制和稳定，以及国家出台的系列稳就业政策在减少失业方面发挥了积极作用；另一方面，城镇登记失业率和城镇登记失业人数仍高于疫情发生前水平，反映新冠肺炎疫情对就业的冲击仍在持续。

（二）城镇调查失业率同比明显回落，但青年失业率居高不下

2021 年除 1 月外，其余各月全国城镇调查失业率同比均明显回落。其中，2021 年 4 月前仍高于疫情发生之前的 2019 年；进入 5 月，与 2019 年同期持平；6 月以后已经低于 2019 年同期（见图 1）。对比 2018~2020 年各月，可以发现全国城镇调查失业率同比持续升高，可见在疫情发生前，随着

经济增速下行，就业形势已趋于严峻。2021年，在国外疫情严峻、我国疫情总体稳定的背景下，我国货物出口额为217348亿元，增长21.2%，创历史新高，国内生产总值（GDP）比上年增长8.1%。可见，疫情逐渐稳定以及经济的恢复，对于稳定就业发挥了重要作用。

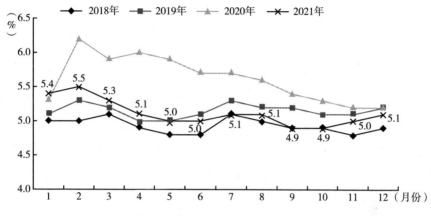

图1　2018~2021年各月份全国城镇调查失业率情况

资料来源：国家统计局网站。

青年失业率居高不下，并略有上升。2018年以来，16~24岁人口的城镇调查失业率持续上升，2018年的月平均城镇调查失业率为10.8%，2019年上升到11.9%，2020年上升到14.2%，2021年上升到14.3%。近年青年失业率居高不下的原因是多方面的。青年就业容易受经济形势的影响，当经济下行或者企业对未来发展信心不足时，企业会冻结招聘或裁员，而首当其冲的就是青年劳动者。受疫情持续、中美贸易摩擦、全球地缘政治风险增加、互联网平台企业规范治理以及国家减轻义务教育阶段学生作业负担和校外培训负担等政策因素的叠加影响，青年就业压力加大。同时，与近年高校毕业生持续增加有一定关系。2021年高校应届毕业生规模为909万人，数量再创新高，首次突破900万人，同比增加35万人，加上部分往届未就业毕业生，大学生就业竞争激烈。

（三）全国就业人员规模下降明显，人口红利消退加速

就业人员规模延续下降趋势。全国就业人员规模从2018年首次开始下降，此后继续连年下降，2021 年就业人员规模为 74652 万人，比 2020 年减少了 412 万人。2018~2021 年，全国就业人员规模累计下降了 2988 万人。与此同时，就业人员占总人口比重也持续下降。2021 年为 52.8%，比上年下降 0.4 个百分点（见图 2）。新冠肺炎疫情发生以来，全国就业人员规模和就业人员占总人口比重下降幅度均较大，意味着人口中处于财富创造状态的人员比例下降。全国就业人员规模下降的重要原因是人口年龄结构的变化导致的劳动年龄人口数量的加速下降。2021 年 16~59 岁（含不满 60 周岁）的劳动年龄人口为 88222 万人，比上一年度下降 1216 万人，这是 2012 年首次出现下降后，连续第 11 年下降，并且下降幅度较大。2021 年末，16~59 岁（含不满 60 周岁）人口数占总人口数的比例为 62.5%，比 2020 年下降了 0.9 个百分点。与此同时，受部分女性生育二孩和三孩后选择在家照顾孩子，以及部分大学生选择"慢就业"等因素影响，部分劳动者退出劳动力市场，劳动参与率下降，进一步缩小了全国就业人员规模。

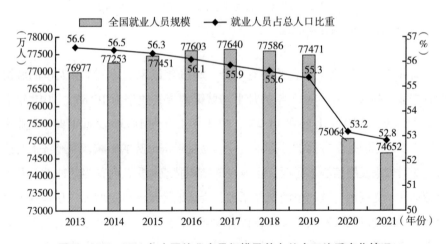

图 2　2013~2021 年全国就业人员规模及其占总人口比重变化情况

资料来源：国家统计局历年《国民经济和社会发展统计公报》。

（四）求人倍率上升，部分群体求职难度有所降低

一线劳动者求人倍率上升。根据全国人力资源市场信息监测中心对部分

城市的公共就业服务机构市场供求信息进行统计分析的数据，由于劳动力供给总量的下降，近年来我国求人倍率总体呈震荡上升趋势。进入 2021 年，求人倍率依然较高（见图 3）。值得注意的是，公共就业服务机构总体的招聘人数和需求人数规模都不大，例如，2021 年第三季度用人单位通过公共就业服务机构招聘各类人员约 402.4 万人，进入市场的求职者约 263.5 万人，因此该数据在反映全国劳动力市场供求关系的代表性方面仍然有一定的局限性。在公共就业服务机构求职的人员以失业人员和一线劳动者为主，因此在反映一线劳动者供求关系方面仍然具有较高价值。

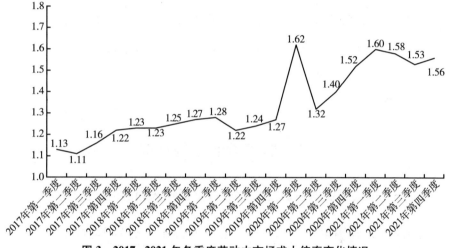

图 3　2017～2021 年各季度劳动力市场求人倍率变化情况

资料来源：人力资源和社会保障部网站。

白领求职市场回暖。中国人民大学中国就业研究所与智联招聘联合发布的中国就业市场景气指数（CIER）① 显示，进入 2021 年度，求人倍率同比有所上升，由于该网站的主要求职对象为白领，可见相比 2020 年，该招聘网站所包含的求职群体的求职难度有所回落（见图 4）。

___

① 该指数采用智联招聘全站数据分析而得，通过不同行业、城市职位供需指标的动态变化，来反映劳动力市场上职位空缺与求职人数的比值的变化，从而起到监测劳动力市场景气程度以及就业形势的作用。其计算方法是：CIER 指数＝市场招聘需求人数/市场求职申请人数，其本质与求人倍率一致。

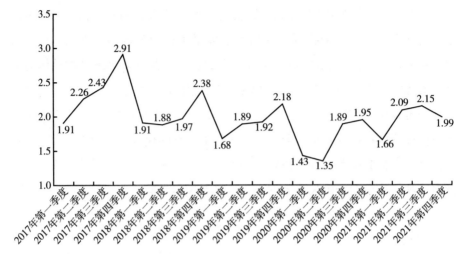

图4 2017~2021年各季度中国就业市场景气指数（CIER）

资料来源：中国人民大学中国就业研究所。

二 职工就业结构状况

（一）第二产业就业占比和就业数量近年来首次同步上升

2021年，我国第一、二、三产业就业占比分别为22.9%、29.1%和48.0%，分别比2020年下降0.7个百分点、上升0.4个百分点和上升0.3个百分点。自2020年第二产业就业占比首次回升以来，第二产业就业占比继续呈现上升态势。与此同时，第一产业就业占比保持下降态势，第三产业就业占比上升速度继续回落。值得注意的是，在全国就业人员规模持续下降的大背景下，虽然2020年第二产业和第三产业的就业人员占比上升，但是就业人员的绝对数量都在下降，其中第二产业下降了303.5万人，第三产业下降了683.3万人；2021年，在第二产业和第三产业就业人员占比上升的同时，就业人员的绝对数量也开始回升，其中第二产业增加了180.4万人，第三产业增加了27.4万人。这表明，2021年，货物出口旺盛使得第二产业就业回升，而疫情精准化防控措施下第三产业吸纳的就业人数也有所增加。

（二）城镇就业规模扩大，城镇就业人员占比继续下降

2021年末，全国城镇就业人员为46773万人，比2020年增加502万人；城镇就业人员占全国就业人员比重从2020年的61.6%上升到62.7%。在全国就业人员规模下降的大背景下，在城镇化进程中，城镇就业人员数量保持增长，乡村就业人数加速下降，可以预见随着乡村就业人数的减少，未来农村中可向城镇转移的就业人数将有所减少。2021年末，居住在城镇的人口占比为64.7%，比上一年度增加0.8个百分点①。同期，城镇就业人员占城镇人口比重为51.16%，低于2020年的51.30%，延续了2014年这一指标出现拐点后的下降趋势。

2020年，城镇非私营单位就业人员数量和占比持续下降。城镇非私营单位是职工就业中较为稳定的部分，相比个体私营就业和各类灵活就业，就业质量相对较高。数据显示，在城镇就业人员持续增加的背景下，城镇非私营单位就业人员数量却在下降，导致城镇非私营单位就业人员占城镇就业人员比重持续下降（见图5），2020年城镇非私营单位就业人员数量为17039

图5　2012~2020年城镇非私营单位就业人员占城镇就业人员比例情况

资料来源：《中国统计年鉴》（2021）。

---

① 需要注意的是2020年数据为普查标准时点数据，与城镇常住人口（居住半年以上）的口径有所差异。

万人，比 2019 年下降 123 万人。与此同时，城镇非私营单位就业人员占城镇就业人员的比重继续下降，从 2019 年的 38.8% 下降到 2020 年的 36.8%。

制造业依然是城镇非私营单位就业人员占比最高的行业。从城镇非私营单位就业人员行业分布情况看，2020 年从业人数最多的是制造业（占比为 22.33%），其次是建筑业（占比为 12.6%），再次是公共管理、社会保障和社会组织（占比为 11.60%）。2020 年比 2019 年就业比例下降最多的三个行业分别是建筑业（下降 0.6%）、农林牧渔业（下降 0.3%）及批发和零售业（下降 0.2%）。上升最多的三个行业是教育业（增加 0.4%）、卫生和社会工作（增加 0.3%）和金融业（增加 0.2%）。

（三）农民工数量恢复增长，从事第三产业农民工占比近年首次下降

农民工规模止跌回升。2021 年全国农民工总量 29251 万人，比上年增加 691 万人，增长 2.4%；而 2020 年农民工数量比 2019 年了下降了 517 万人，结束了持续多年的增长。2021 年农民工数量恢复增长，表明农民工数量的增长仍在持续，2020 年的下降更多是受到疫情冲击的影响，并不意味着拐点已经出现。

农民工本地就业和就近就业趋势持续。2021 年，本地农工增幅高于外出农民工，省内流动农民工增幅高于跨省流动农民工，延续了近年农民工就近就业的趋势。2021 年，本地农民工为 12079 万人①，增长 4.1%；外出农民工为 17172 万人，增长 1.3%。在外出农民工中，省内流动农民工为 10042 万人，增长 1.4%；跨省流动农民工为 7130 万人，增长 1.1%。2011~2021 年，本地农民工比例持续上升，从 37.2% 上升到 41.3%；跨省流动农民工比例持续下降，从 29.6% 下降到 24.4%，农民工就近就业趋势明显（见图 6）。近年在农村脱贫致富、乡村振兴、农民工返乡就业创业等政策，以及在西部大开发和中部崛起等推动区域平衡发展战略的共同作用下，农民工就近就业机会增加，在一定程度上缓解了农民工就业和家庭照顾等方面的矛盾。

---

① 本地农民工指调查年度内，在本乡镇内从事非农活动（包括本地非农务工和非农自营活动）6 个月及以上的农村劳动力。

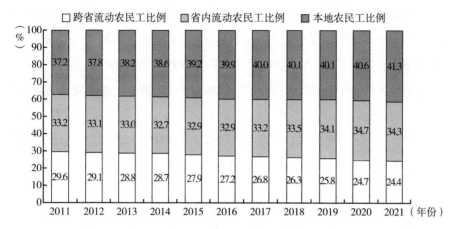

图6　2011～2021年本地农民工、省内和跨省流动农民工比例

资料来源：根据国家统计局历年《农民工监测调查报告》数据整理。

农民工平均年龄、女性比例和学历水平有所提升。2021年，农民工结构有三方面的变化。一是农民工年龄继续老化。农民工平均年龄为41.7岁，比上年提高0.3岁。41岁及以上农民工占比过半，为51.8%，比上年增加1.2个百分点。二是女性比例有所提高。女性占35.9%，占比比上年提高1.1个百分点。三是大专及以上文化水平农民工占比有所提升。大专及以上文化水平农民工占比为12.6%，所占比重比上年提高0.4个百分点。但值得注意的是，初中及以下文化水平农民工占比高达70.5%，但比上年回落0.6个百分点。

制造业和建筑业仍是吸纳农民工数量最多的行业，分别占27.1%和19.0%。其中，制造业占比比2020年下降0.2个百分点，建筑业占比比2020年增加0.7个百分点。这显示2021年各类工程项目对农民工就业的拉动作用明显。值得注意的是，从事第三产业的农民工比重近年来首次出现下降，合计占比为50.9%，比2020年下降0.6个百分点，其中最为明显的是居民服务修理和其他服务业，下降比例为0.6个百分点，反映出在疫情背景下，家政服务、理发、洗浴、维修和按摩保健等居民服务行业受到较大冲击。

（四）不同地区城镇登记失业率差异有所下降

2020年，不同省份的城镇登记失业率差异大幅下降，是2011年以来的最低点。各省份城镇登记失业率离散系数指数从 2019 年的 0.200 下降到 0.176（见图 7）。从 31 个省份的城镇登记失业率数据看，总体而言，2020 年各省份城镇登记失业率均值有所上升，2020 年为 3.29%，而 2019 年为 2.95%，反映了新冠肺炎疫情的发生对各省份的就业造成了一定的冲击。2020 年，城镇登记失业率最高的四个地区分别是辽宁（4.6%）、重庆（4.5%）、云南和宁夏（均为 3.9%），这几个地区近年城镇登记失业率都相对较高，位于东北和西部地区；城镇登记失业率最低的三个省份依次是青海（2.1%）、新疆（2.4%）和广东（2.5%）。

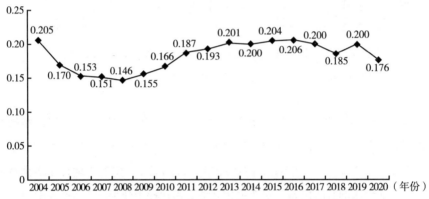

图 7　2004~2020 年各省份城镇登记失业率离散系数指数

资料来源：国家统计局历年《中国统计年鉴》。

（五）不同地区城镇单位就业人员规模差异明显

城镇单位就业人员规模最大的省份是广东省。[①] 城镇单位（不含私营单位）一般人员规模较大，相对于个体和私营就业，就业质量通常较高。2020 年，广东省城镇单位就业人员规模为 2085.3 万人，远高于排名第二的江苏省（1342.5 万人）和第三名的山东省（1098.3 万人）；城镇单位就业人员规模最少的三个省份为西藏（41.7 万人）、青海（66.4 万人）和宁夏（69.1 万人）。与 2019 年相比，2020 年城镇单位就业人员数量增长的共有 12 个省份，平均增长 18.2 万人。其中，增长最多的三个省份为四川省（增加 72.9 万人）、浙江省

---

① 城镇单位数据不含私营单位。

（增加 38.5 万人）和山东省（增加 26.3 万人）。城镇单位就业人员规模缩小的共有 19 个省份，平均减少 18.0 万人。其中，减少最多的三个省份为上海市（70.5 万人）、北京市（减少 51.4 万人）和福建省（减少 33.7 万人）（见图 8）。

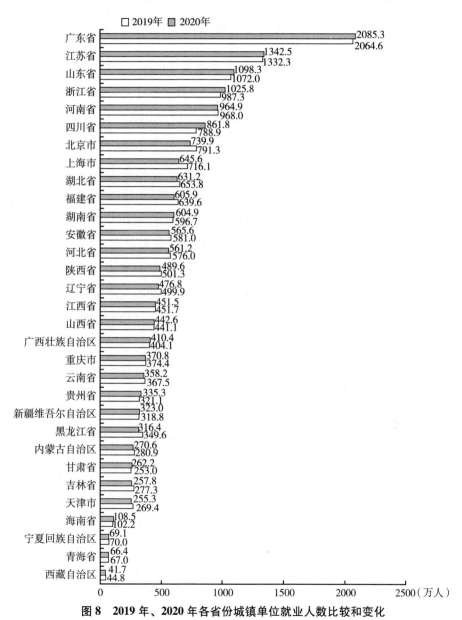

图 8　2019 年、2020 年各省份城镇单位就业人数比较和变化

资料来源：国家统计局网站。

三 职工就业质量情况

（一）不同职工群体平均工资增速回升，工资差距进一步扩大

2021 年，城镇非私营单位、私营单位就业人员和农民工工资名义增长速度已经恢复到 2019 年疫情发生之前的水平，并且高于同期 GDP 增速（见图 9）。2021 年，全国城镇非私营单位就业人员年平均工资为 106837 元，首次突破十万元，比上年名义增长 9.7%；城镇私营单位就业人员年平均工资为 62884 元，比上年名义增长 8.9%；农民工平均年收入为 53184 元①，比上年名义增长 8.8%。近年各类职工群体工资增长速度普遍高于同期 GDP 增速，显示随着劳动年龄人口数量的持续下降，人口红利消失，正在推高企业用工成本。

非私营单位职工与其他类型职工群体的工资差距扩大。2021 年，城镇非私营单位就业人员年平均工资与私营单位就业人员年平均工资的差距有所扩大，从 1.69 倍上升到 1.70 倍；城镇非私营单位就业人员年平均工资与农民工平均年收入的比值也从 1.99 倍上升到 2.01 倍。城镇私营单位职工年平均工资与农民工平均年收入的差距与 2020 年持平（见图 10）。可见，在疫情防控常态化背景下，私营单位职工和农民工更容易受到冲击，工资水平与非私营单位的差距进一步拉大。

（二）社会保险参保人数持续提升，参保率提升加速

2021 年城镇职工主要险种参保人数和参保率均有所提高。2021 年末，全国参加城镇职工基本养老保险的职工为 34917 万人，以当年末城镇就业人数为基数计算可得参保率为 74.65%，参保人数和参保率分别比 2020 年末增加 2058 万人和提高 3.64 个百分点；全国参加失业保险人数为 22958 万人，参保率为 49.08%，参保人数和参保率分别比 2020 年末增加 1269 万人和提

---

① 注：农民工年收入以农民工月收入乘以 12 个月计算。

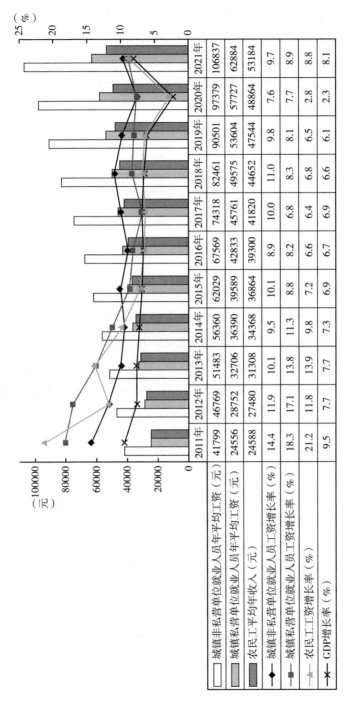

	2011年	2012年	2013年	2014年	2015年	2016年	2017年	2018年	2019年	2020年	2021年
城镇非私营单位就业人员年平均工资（元）	41799	46769	51483	56360	62029	67569	74318	82461	90501	97379	106837
城镇私营单位就业人员年平均工资（元）	24556	28752	32706	36390	39589	42833	45761	49575	53604	57727	62884
农民工平均年收入（元）	24588	27480	31308	34368	36864	39300	41820	44652	47544	48864	53184
城镇非私营单位就业人员工资增长率（%）	14.4	11.9	10.1	9.5	10.1	8.9	10.0	11.0	9.8	7.6	9.7
城镇私营单位就业人员工资增长率（%）	18.3	17.1	13.8	11.3	8.8	8.2	6.8	8.3	8.1	7.7	8.9
农民工工资增长率（%）	21.2	11.8	13.9	9.8	7.2	6.6	6.4	6.8	6.5	2.8	8.8
GDP增长率（%）	9.5	7.7	7.7	7.3	6.9	6.7	6.9	6.6	6.1	2.3	8.1

图 9 2011~2021年不同职工群体年平均工资及增长率

资料来源：国家统计局网站。

图10　2011～2021年不同职工群体年平均工资比较

资料来源：国家统计局网站。

高2.21个百分点；全国参加工伤保险人数为28287万人，参保率为60.48%，参保人数和参保率分别比2020年末增加1524万人和提高2.64个百分点（见图11）。在城镇化和城镇就业持续增加的背景下，参加社会保险的职工人数持续增加，基本养老保险、失业保险和工伤保险的参保率均有所提高。2021年参保率提升较快，可能与2020年疫情期间部分企业申请社保缓缴，随着2021年形势好转，企业为员工正常缴纳社保的情况增多有关。

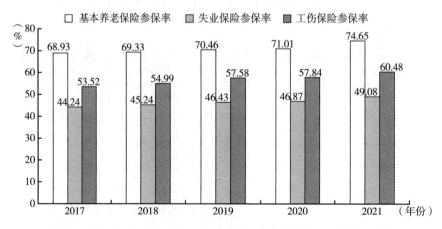

图11　2017～2021年职工基本养老保险、失业保险和工伤保险参保率

资料来源：根据历年《人力资源和社会保障事业发展统计公报》计算。

（三）调查周平均工作时间上升，职工加班现象突出

2021年城镇就业人员调查周平均工作时间继续上升。2021年城镇就业人员调查周平均工作时间为47.4小时①，比2020年增加了0.4小时，延续了2015年以来的持续上升态势（见图12）。城镇就业人员调查周平均工作时间增加的原因是多方面的。一是企业用工策略的变化。随着职工工资水平的提升，企业承担的社会保险费用和解雇成本也水涨船高，部分企业倾向于优先让已有员工加班（即使需要发放比正常工作时间更高的加班工资，当然也有部分企业不向职工支付加班工资），而不是增加雇用量。二是随着劳动年龄人口和就业人员规模的下降，部分企业确实面临"用工荒"和招聘难问题，企业通过让已有员工加班的方式确保按时交付订单。三是近年经济增速下行，部分职工为避免被裁员或获得有限的晋升机会，"内卷"加剧，选择主动加班。调查周平均工作时间持续增加，会影响到职工的工作生活平衡，降低职工的幸福感。

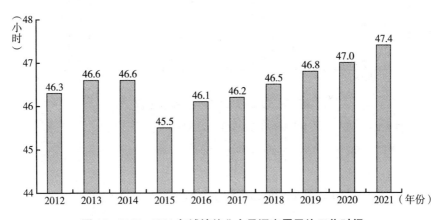

图12　2012~2021年城镇就业人员调查周平均工作时间

资料来源：历年《中国人口和就业统计年鉴》和国家统计局网站。

---

① 2021年城镇就业人员调查周平均工作时间为国家统计局网站中2021年各月份城镇就业人员调查周平均工作时间的算术平均数（其中，2021年1月数据缺失）。

（四）疫情持续背景下，劳动争议有所增加

劳动争议案件数量增幅明显。2021 年，全国各级劳动人事争议调解组织和仲裁机构共办理劳动人事争议案件 263.1 万件，涉及劳动者 285.8 万人，涉案金额为 576.3 亿元。全年办结争议案件 252.0 万件，调解成功率为73.3%，仲裁结案率为 97.0%，仲裁终结率为 71.1%。相比 2020 年，案件数量增加了 41.3 万件，增幅达到 18.6%（见图 13）。显示疫情持续的背景下，2021 年劳动争议案件数量和涉及劳动者人数都有较大幅度的增长，延续了近年来劳动争议案件数量和涉及劳动者人数都持续增加的态势。

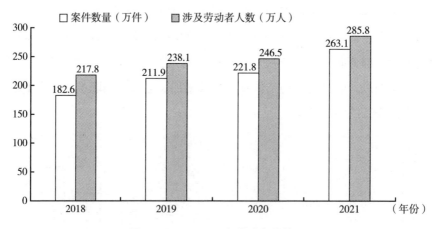

图 13　2018~2021 年劳动争议情况

资料来源：历年《人力资源和社会保障事业发展统计公报》。

四　职工就业面临的影响因素和新趋势

当前及未来一段时间，我国职工在面临政策变化、自身数量结构变化、经济下行压力加大等多方面因素的影响。

（一）"双减"政策对就业的影响

2021 年初，教育部明确将校外培训机构治理作为年度重点工作。多地教育部门及监管部门对校外培训机构进行多轮检查和处罚；5月21日，中央全面深化改革委员会第十九次会议审议通过《关于进一步减轻义务教育阶段学生作业负担和校外培训负担的意见》（以下简称"双减"政策）；6月15日，教育部专门成立校外教育培训监管司，面向校外教育培训进行管理工作；7月24日，"双减"政策正式落地，明确不再审批新的面向义务教育阶段学生的学科类校外培训机构，校外培训机构不得占用国家法定节假日、休息日及寒暑假期组织学科类培训；8月11日，国务院教育督导委员会办公室印发专门通知，拟对各省"双减"工作落实进度每半月通报一次。这些政策对教育培训行业的业务产生巨大冲击，并对行业从业人员就业产生重要影响。

一是大量教育培训机构行业从业人员被裁员。好未来（NYSE：TAL）是国内最大的K12教育公司，在美国上市，根据公司年报披露数据，截至2018年、2019年、2020年和2021年2月28/29日，该公司分别拥有28637名、34733名、45271名和70914名全职员工（见图14）。可以看到随着教培行业的高速发展，近年该公司的员工规模不断扩大，然而经历了2021年的"双减"政策，该机构人员精简比例接近78%。此外，好未来公司的年报还提及，"除了全职员工，我们还不时雇用合同教师、合同工和独立人员顾问支持我们的教学、课程和课程材料开发活动"，也就是说，实际受影响的人员规模更大。与此类似，国内另一著名教培机构新东方教育科技集团年报显示，2021年5月底，全职员工加上合同教师员工规模达到105212人。虽然该公司2022年年报还没有发布，但新东方创始人俞敏洪发文透露，该公司2021年辞退人员规模达到6万人。根据相关报道估计，2021年约有70万家教培机构，超过1000万名从业人员受到"双减"政策影响，其中大部分为中小企业，即使按照抗风险能力较强的头部企业的减员比例测算，受影响的职工也接近800万人。

二是一线城市教培行业从业人员受冲击更为突出。一线城市人均可支配收入高且教育消费意愿强，因此一直都是教培行业的重点布局之地，也是大量教培机构集中之地。面临"双减"政策的落地，一线城市最先受到波及，北京、上海更是成为全国第一批试点城市。智联招聘平台大数据显示，2021

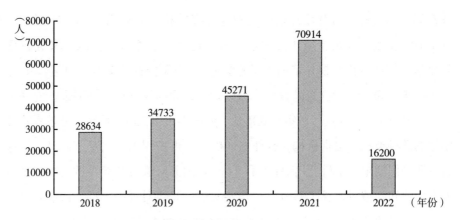

图 14　2018~2022 年好未来全职员工变化情况（当年 2 月底数据）

资料来源：好未来公司年报。

年 7 月，一线城市教培行业发布职位数比 3 月减少了 38.2%，高于其他城市等级，其中北京降幅达 49.3%，居全国首位。[①] 同样，以总部在北京的好未来公司为例，2021 年 2 月，该公司北京有 23348 名全职员工，到了 2022 年 2 月，北京有 6200 名全职员工。也就是说，单是好未来一个公司一年间在北京就减员达到 17148 人。

三是多重因素影响导致教培行业裁员职工转型就业难度不大。首先，大部分从业人员较为年轻，且学历水平较高。根据智联招聘数据，教培行业从业人员年龄在 30 岁以下的占七成；作为"双减"政策的试点城市，北京市有关部门通过对学科类校外培训机构社保参保缴费人员数据摸底发现，机构员工 90% 以上是 35 岁及以下人员，且 80% 以上为本科及以上学历。年轻和高学历人员择业态度更灵活，面对外界环境的变化反应更灵敏，转型和重新学习的能力较强。其次，大部分从业人员在教培行业的工作经验较短。由于大部分教培机构是近两三年快速发展和壮大的，因此大部分职工入职时间较短。根据智联招聘数据，求职的教培行业从业人员中，超过六成从业在三年以内。从业年限短，也意味着经验并没有固化，要适应其他行业也相对容

---

① 《2021 教培行业人才市场分析报告》，智联招聘网站。

易。最后，政府出台了系列相关的政策支持。例如，北京已经为需要转岗改行的学科类校外培训机构工作人员储备了充足的岗位资源，主要包括教学教辅类、技术支持类、运营职能类、市场销售类等四大类岗位储备方向。凡是需要转岗改行的学科类校外培训机构工作人员，都将获得北京市联合有关企业共同推出的"3个一"服务——一个教培人才服务季、一个人才服务专栏、一个求职服务礼包。其中，礼包内容包括职场资讯推送、薪资查询服务和5个适宜岗位的推荐。① 当然，部分年龄偏大、学历偏低的人员可能在转型过程中会遇到一定的困难。

（二）"用工荒"、"技工荒"和求职难并存

人力资源和社会保障部发布的《2021年第四季度全国招聘大于求职"最缺工"的100职业排行》显示，有43个属于第六大类职业——生产制造及有关人员，自2019年第三季度本排行发布以来制造业类职业占比一直较高。根据中国人民大学中国就业研究所与智联招聘联合发布的《2021年第四季度中国就业市场景气报告》，技工/操作工的CIER指数高达24.34，在各类职业大类中排名第一。我国生产制造业"用工荒"和"技工荒"由来已久，随着劳动力供给的减少，以及第三产业，特别是网约车、快递和外卖等平台就业对青年劳动力形成的"虹吸效应"影响，企业招聘难度进一步加大，导致部分企业转移到其他国家和地区或者采用"机器换人"策略，降低对人工的依赖。2021年我国货物贸易出口增长创历史新高，进一步推动了生产制造业的"用工荒"现象。近年来不同职工群体工资水平上涨速度高于同期GDP增长速度，与劳动力市场供求关系变化导致的"招工难"有关。与此同时，部分劳动者群体，如高校毕业生等由于就业期望、能力与企业用工需求存在偏差，"求职难"问题仍将突出。

技工尤其是高级技工缺口较为突出。根据人力资源和社会保障部发布的

---

① 《北京将为校外培训机构改行人员推荐新工作》，光明网，https：//m.gmw.cn/baijia/2021-08/30/35121620.html。

《2021年第三季度百城市公共就业服务机构市场供求状况分析报告》，从用工侧看，39.1%的市场用人需求对技术等级或职称有明确要求，其中，对技术等级有要求的占25.5%，对职称有要求的占13.6%。从求职侧看，41.8%的求职人员具有技术等级或职称，其中，具有技术等级的占27.2%，具有职称的占14.6%。从供求对比看，各技术等级的求人倍率均大于1，市场需求大于供给。其中，高级技师、技师、高级技能人员求人倍率较高，分别为3.05、2.7、2.51。技能人才处于制造业建设、生产和服务的第一线，直接影响到制造业的生产效率和产品质量，并在技术应用、工艺创新、产品研制、设备调试等方面发挥重要作用，是支撑制造强国的重要人才基础。生产制造业"用工荒"和高级技能人才短缺，将制约我国制造业的转型升级。

（三）未来稳就业仍然面临挑战和压力

当前国际形势依然复杂严峻，贸易摩擦加剧。国内经济发展面临需求收缩、供给冲击、预期转弱三重压力，经济下行压力加大。新型冠状病毒不断变异，在全球保持流行态势，我国秉持"人民至上、生命至上"的理念，坚持"动态清零"总方针，努力将疫情防控对社会经济的冲击降到最低，但是部分地区的经济发展，部分行业和企业的生产经营仍可能受到较大影响或冲击。多重因素影响下，未来我国职工就业仍然面临较大的挑战。

五　政策建议

（一）稳定政策预期，保持经济高质量发展

经济增长是稳定和促进就业的根本。当前，经济下行压力较大，国际经贸环境和疫情面临较大的不确定性，部分地区、行业和企业生产经营困难的局面短期内难以彻底扭转，因此应继续实施减税降费、援企稳岗等稳就业举措。在坚持疫情"动态清零"总方针不变的基础上，应努力实现精准化防控，坚决纠正、防止部分地区过度防疫的做法，从而避免对经济造成不必要

的冲击。保持政策的可预期性，加强对地方督查，持续优化营商环境，强化投资信心，完善构建亲清政商关系的政策体系，强化服务，帮助企业解决面临的各类实际困难，吸引和增加民营投资和外商投资，促进经济可持续发展，带动更多职工稳定就业。

（二）提高不同群体劳动参与率，增加有效劳动供给

随着我国劳动年龄人口数量持续下降，以及农村可转移劳动力持续减少，我国人口红利将逐渐消失，企业"招聘难"问题将更加突出。因此，需要提高存量劳动力利用率，避免人力资源的浪费。当前，青年劳动力失业率居高不下，以及部分高校毕业生选择"慢就业"，退出劳动力市场，造成部分青年慢慢沦为劳动力市场的边缘群体，容易形成社会问题。其中，部分高校毕业生连续多年重复准备考研、考公务员，影响了正常的人才选拔和招考秩序，造成了不必要的"内卷"，导致应届毕业生一次性"上岸"概率很低，大量青年人将宝贵的青春用在上考试培训班、重复刷题应试上。因此，应借鉴《关于进一步减轻义务教育阶段学生作业负担和校外培训负担的意见》的政策经验，研究出台限制高校毕业生累计考研和考公务员次数的政策。同时，应鼓励市场化人力资源服务企业向毕业三年内未能及时就业的高校毕业生提供"培训+就业机会"，或鼓励企业向毕业生提供顶岗实习机会，对符合一定条件的企业给予一定补贴。多管齐下，鼓励和推动青年失业人员尽快融入劳动力市场。

大力发展特殊教育，加强对残疾人的康复服务和就业服务。中国残联公布的数据显示，目前我国的残疾人总数超过了8500万人，占全国总人口的比重是6.34%。其中，部分残疾人处于劳动年龄范围内，并且有一定的劳动能力。因此，一方面，应加大对残疾儿童的教育和救助投入，帮助残疾人提高能力，融入社会，增加其未来通过劳动自食其力的可能性，这样既可以降低因为残疾而导致的人力资源浪费，也可以减轻家庭照料的压力，使其家庭成员摆脱出来，参与就业。另一方面，对目前具有一定就业能力的残疾人，应结合技术进步和远程办公普及等有利因素，鼓励企业开发适合残疾人从事的岗位，加大补贴力度。

（三）完善公共就业服务，鼓励社会力量参与就业促进工作

当前，通过公共就业服务机构求职的劳动者数量和企业数量都较为有限，与当前公共就业服务的完善程度和有效性不足有关。因此，应加强公共就业服务机构的能力建设，提升服务水平和效率。同时，探索和有序推进政府向专业人力资源服务机构购买公共就业服务，特别是针对长期失业人员、残疾人、高校毕业生群体的"培训+就业服务"，将劳动者获得职业资格、技能等级证书和一定时期的稳定就业机会等方面作为服务标准，从而提升就业服务的有效性。同时，应大力扶持开展职业指导、求职心理辅导等领域的社会组织和公益机构，鼓励更多社会力量参与到就业促进工作中。

参考文献

国家统计局编 2004~2021 年《中国统计年鉴》，中国统计出版社。

国家统计局：2008~2021 年《农民工监测调查报告》，国家统计局网站。

国家统计局：2014~2021 年《国民经济和社会发展统计公报》，国家统计局网站。

国家统计局人口和就业司、人力资源和社会保障部规划财务司编《中国劳动统计年鉴2021》，中国统计出版社。

人力资源和社会保障部：2018~2021 年度《人力资源和社会保障事业发展统计公报》，人力资源和社会保障部网站。

人力资源和社会保障部：《部分城市公共就业服务机构市场供求状况分析》，人力资源和社会保障部网站。

2021年中国职工收入分配状况研究

信卫平*

摘　要： 2021年，面对纷繁复杂的国内国际形势和各种风险挑战，在党中央的领导下，经过全国上下共同努力，我国经济发展和疫情防控双双保持全球领先地位，随着国民经济持续恢复，职工队伍的收入水平继续稳步提高。本报告从职工收入分配的总体状况，不同地区、行业和岗位之间职工收入分配状况，最低工资调整情况等方面分析了2021年职工收入分配状况及新冠肺炎疫情对职工收入的影响。本报告认为，职工群体中的接触性服务业等行业职工以及一线岗位职工在面对新冠肺炎疫情这样的突发社会危机时受到的冲击更大，他们是企业劳动关系中的弱势群体，其劳动权益在此时最易受到损害，全社会需要高度重视新冠肺炎疫情对职工劳动收入的影响以及由此带来的收入差距扩大的问题，充分认识到收入分配问题对稳定职工队伍、化解防范风险的重大意义。

关键词： 职工收入　地区收入差距　行业收入差距　最低工资

一　2021年全国职工收入分配的总体状况

（一）职工收入增长与经济增长

2021年，在党中央、国务院的坚强领导下，统筹疫情防控和经济社会

---

* 信卫平，中国劳动关系学院教授，主要研究领域为收入分配理论、劳动关系与职工状况等。

发展的各项政策措施取得显著成效，"六稳""六保"扎实推进，随着国民经济持续恢复，全国城镇单位职工平均工资继续稳步提高。

国家统计局每年从三个口径公布全国职工的年均收入水平，即城镇非私营单位就业人员年平均工资、城镇私营单位就业人员年平均工资和农民工人均月收入。因此，分析我国职工队伍收入分配状况及其变动趋势，主要就是分析城镇非私营单位就业人员、城镇私营单位就业人员和农民工这三个群体的年平均工资及其变动情况。

2021年，全国城镇非私营单位就业人员的年平均工资为106837元，首次超过10万元，比上年增加9458元，同比名义增长9.7%，增速比上年提高2.1个百分点，剔除物价因素，实际增长8.6%。全国城镇私营单位就业人员的年平均工资为62884元，比上年增加了5157元，同比名义增长8.9%，增速比上年提高1.2个百分点，剔除物价因素，实际增长7.8%。全国外出农民工的年平均工资为60156元，比上年增加了5568元，同比名义增长10.2%，增速比上年提高7.4个百分点，剔除物价因素，实际增长9.2%（见图1）。

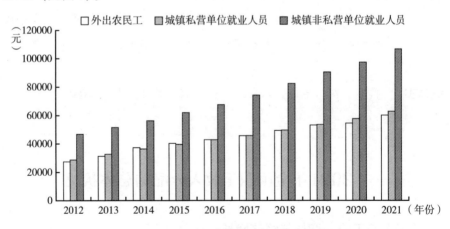

图1　2012~2021年全国职工年平均工资水平

资料来源：国家统计局编《中国统计年鉴》（2021），中国统计出版社，2021；国家统计局：《2021年城镇非私营单位就业人员年平均工资106837元》，《2021年城镇私营单位就业人员年平均工资62884元》，《2021年农民工监测调查报告》，国家统计局网站。

将 2012~2021 年我国经济增长率与职工收入的实际增长率进行比较可以看到，10 年来，城镇职工年平均工资与经济增长基本同步，表明经济增长是职工年平均工资增长的基础，随着经济运行的波动，职工收入的实际增长率呈现较明显的阶段性特征。

2012~2014 年，当我国经济增长率在 7% 以上时，城镇私营单位就业人员与外出农民工的年平均工资实际增长率均超过了同期的经济增长率，2013 年和 2014 年，城镇非私营单位就业人员的年平均工资实际增长率略低于经济增长率。

2015~2019 年，我国经济呈波动下行趋势，经济增长率降至 7% 以下时，受此影响，城镇私营单位就业人员与外出农民工的年平均工资实际增长率均出现了下降，且下降幅度大于经济增长率的下降幅度，同期，城镇非私营单位就业人员的年平均工资实际增长率呈波动下降趋势，但下降幅度小于经济增长率的下降幅度。

受新冠肺炎疫情的影响，2020 年我国经济增长率降至 2.3%，受此影响，城镇非私营单位就业人员年平均工资实际增长率出现下降，但降幅小于经济增长率；城镇私营单位就业人员年平均工资实际增长率比上年度增加了 0.2 个百分点，工资的逆调节作用明显；受疫情影响最大的是外出农民工，其年均工资实际增长率降至 0.25%。2021 年随着我国经济持续恢复，经济增长率达到 8.1%，拉动职工年平均工资增长率大幅回升，其中外出农民工的实际年平均工资增长率达到 9.2%。

由此，可以得出如下判断：近年来经济增长的波动下行以及新冠肺炎疫情的冲击对城镇私营单位就业人员和外出农民工收入水平的影响要远大于对城镇非私营单位就业人员收入水平的影响（见图 2）。

（二）职工平均工资增长与经济增长、劳动生产率增长的变动趋势

目前，我国有 4 亿多职工，工资收入是他们的主要收入来源。分析职工的平均工资水平及增长是了解其收入状况和生活水平变化的关键。然而，职工工资增长与经济增长、劳动生产率增长密切相关，因此，考察职工工资水

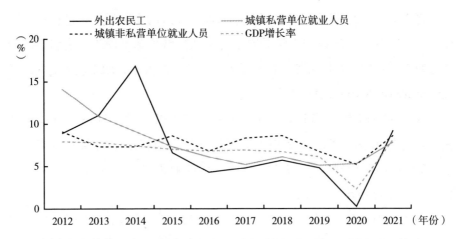

图2　2012~2021年经济增长率与就业人员年平均工资实际增长率比较

资料来源：国家统计局编《中国统计年鉴》（2021），中国统计出版社，2021；国家统计局：《2021年城镇非私营单位就业人员年平均工资106837元》，《2021年城镇私营单位就业人员年平均工资62884元》，《2021年农民工监测调查报告》，国家统计局网站。

平的增长，还要综合考虑经济增长和劳动生产率增长这两个因素，这样才能准确判断职工收入增长的快与慢。

为此，课题组测算并分析了10年来我国经济增长、劳动生产率与职工平均工资三者之间的变动趋势（见图3）。经济增长率以按不变价格计算的第二、三产业GDP增长率衡量，劳动生产率以第二、三产业就业人员的实际人均GDP衡量，职工的平均工资增长率以城镇非私营单位就业人员实际平均工资计算。课题组通过对2011~2020年职工实际平均工资增长率和经济增长率、劳动生产率增长率三者之间关系的分析，得出以下判断。

1. 职工平均工资增长略高于经济增长

从图3可以看到，2011~2020年，职工平均工资增长基本上是围绕经济增长上下波动。在这10年中，职工平均工资增长率有6年高于经济增长率，4年低于经济增长率。2020年，受新冠肺炎疫情的冲击，经济增长率比上年度下降了4.25个百分点，职工平均工资增长率下降了1.74个百分点，二者的差距在当年拉大到5.05个百分点。到2020年，职工平均工资增长指数为191.7，经济增长指数为174.2。

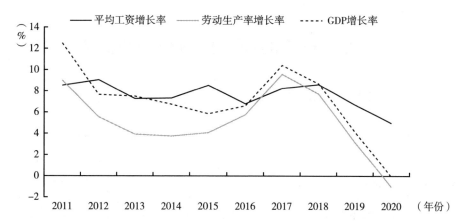

图3　2011～2020年职工实际平均工资和经济增长、劳动生产率的增长趋势

资料来源：根据国家统计局2012～2021年《中国统计年鉴》数据计算所得。

2. 职工平均工资增长高于劳动生产率增长

从图3可以看到，2011～2020年，职工平均工资增长率除2011年和2017年低于劳动生产率增长率外，其他年份均高于劳动生产率增长率。2020年受新冠肺炎疫情的冲击，劳动生产率增长率比上年度下降了4.25个百分点，职工平均工资增长率下降了1.74个百分点，二者的差距在当年拉大到6.02个百分点。到2020年，职工平均工资增长指数为191.7，劳动生产率增长指数为151.1。

3. 劳动生产率增长低于经济增长

从图3可以看到，2011～2020年，劳动生产率增长率一直低于经济增长率，从2011年二者相差3.51个百分点，到2020年相差0.97个百分点，二者的差距在逐渐缩小，表明2015年以来供给侧结构性改革提高了企业部门劳动生产率。

综上所述，职工劳动收入的增长最终还是取决于劳动生产率水平的提高，因此，"在劳动生产率提高的同时实现劳动报酬同步增长"是提高广大职工劳动收入水平的根本途径。

二　2021年地区间的职工收入分配状况

（一）2021年全国各地区间城镇非私营单位职工收入状况

从四大区域看，2021年我国城镇非私营单位就业人员的年平均工资水平由高到低依次是东部、西部、中部和东北地区，分别为124019元、94964元、85533元和83575元，最高和最低区域平均工资的比值为1.48，比上年度增加0.03。从名义增长率看，由高到低依次为东部地区（10.4%）、中部地区（9.4%）、西部地区（7.9%）和东北地区（7.7%），其中东部地区、西部地区、中部地区的名义增长率分别比上年提高2.4个百分点、3.0个百分点、0.5个百分点；东北地区的名义增长率比上年降低了0.5个百分点。

从各地区看，2020年全国31个省份城镇非私营单位就业人员的年平均工资为97379元，比上一年增加了6878元，同比名义增长7.6%，各地区年平均工资的中位数为86609元。由于东部、中部、西部及东北地区的发展仍不均衡，依据波士顿矩阵图分析方法，我们将2020年各地区的城镇非私营单位就业人员年平均工资状况做了一个基本定位（见表1）。

表1　2020年各省（区、市）城镇非私营单位就业人员年平均工资水平波士顿矩阵

	2020年城镇非私营单位就业人员年平均工资增长速度高于全国平均水平	2020年城镇非私营单位就业人员年平均工资增长速度低于全国平均水平
2020年城镇非私营单位就业人员年平均工资高于全国平均工资	双高区 上海、浙江、广东、青海、宁夏	基高增低区 北京、天津、江苏、西藏
2020年城镇非私营单位就业人员年平均工资低于全国平均工资	基低增高区 辽宁、黑龙江、安徽、福建、山东、广西、重庆、甘肃、新疆	双低区 河北、山西、内蒙古、吉林、江西、河南、湖北、湖南、海南、四川、贵州、云南、陕西

表1分四个区域，将各省份按条件置于表中的四个区域，双高区表示工资水平及其增长速度均高于全国平均水平的地区；基高增低区表示工资水平高于全国平均水平，但其增长速度均低于全国平均水平的地区；基低增高区表示工资水平低于全国平均水平，但其增长速度高于全国平均水平的地区；双低区表示工资水平及其增长速度均低于全国平均水平的地区。

2020年与2019年相比较，城镇非私营单位就业人员年平均工资高于全国平均工资由8个省份增加到9个省份，个别省份的位置发生了变化，其中北京、江苏从双高区进入基高增低区，上海、青海从基高增低区进入双高区，宁夏从双低区进入双高区。这9个省（区、市）中的青海、西藏和宁夏位于西部地区，其余均位于东部地区；年平均工资低于全国平均工资的省份为22个，比上年度减少1个，其中，基低增高区的地区数量从2019年的4个增加到2020年的9个，双低区的地区数量从2019年的19个减少到2020年的13个。

2016~2020年，年平均工资高于全国平均工资的省份为北京、天津、上海、江苏、浙江、广东、西藏，青海和宁夏分别从2017年、2020年进入年平均工资高于全国平均工资省份的行列。2020年，年平均工资低于全国平均工资的省份为河北、山西、内蒙古、辽宁、吉林、黑龙江、安徽、福建、江西、山东、河南、湖北、湖南、广西、海南、重庆、四川、贵州、云南、陕西、甘肃、新疆。

2016~2020年，位于双低区的省份分别为15个、15个、12个、19个、13个，其中内蒙古和陕西已连续五年在双低区，这一情况应引起全社会及当地政府的高度关注。

2020年全国收入最高的省份为北京（178178元），最低的为河南（70239元），北京是河南的2.54倍，大部分省份城镇非私营单位就业人员年平均工资在80000~100000元。

从职工年均收入增速来看，2020年31个省份职工的平均工资名义增长率均超过了同年我国GDP增长率（2.3%），比上年增加了5个省份。扣除物价因素，2020年有29个省份职工的平均工资实际增长率超过了当年我国

GDP 增长率，比 2019 年增加了 18 个省份。

从职工年均收入的增加额来看，2020 年比上年度增加额最多的是上海、宁夏和北京，分别增加 22507 元、13491 元和 11375 元；最少的是西藏，增加 2887 元（见表 2）。

表 2　2020 年和 2019 年各省份城镇非私营单位就业人员年均收入及排序

省　份	城镇非私营单位就业人员年平均工资(元)			2020 年平均工资增长率(%)		各省份在全国的排序		
	2020 年	2019 年	比上年度增长	名义增长	实际增长	2020 年	2019 年	变动情况
北　京	178178	166803	11375	6.82	4.21	1	1	0
天　津	114682	108002	6680	6.19	3.60	4	4	0
河　北	77323	72956	4367	5.99	3.40	28	27	−1
山　西	74739	69551	5188	7.46	4.84	29	29	0
内蒙古	85310	80563	4747	5.89	3.31	19	17	−2
辽　宁	79472	72891	6581	9.03	6.37	24	28	4
吉　林	77995	73813	4182	5.67	3.09	27	24	−3
黑龙江	74554	68416	6138	8.97	6.31	30	30	0
上　海	171884	149377	22507	15.07	12.26	2	2	0
江　苏	103621	96527	7094	7.35	4.73	7	7	0
浙　江	108645	99654	8991	9.02	6.36	5	5	0
安　徽	85854	79037	6817	8.63	5.98	18	20	2
福　建	88149	81814	6335	7.74	5.12	14	15	1
江　西	78182	73725	4457	6.05	3.46	26	25	−1
山　东	87749	81446	6303	7.74	5.11	15	16	1
河　南	70239	67268	2971	4.42	1.87	31	31	0
湖　北	85052	79303	5749	7.25	4.63	20	19	−1
湖　南	79122	74316	4806	6.47	3.87	25	23	−2
广　东	108045	98889	9156	9.26	6.59	6	6	0
广　西	82751	76479	6272	8.20	5.56	22	22	0
海　南	86609	82227	4382	5.33	2.76	16	14	−2
重　庆	93816	86559	7257	8.38	5.74	10	10	0
四　川	88559	83367	5192	6.23	3.64	13	12	−1
贵　州	89228	83298	5930	7.12	4.51	12	13	1
云　南	93133	86585	6548	7.56	4.94	11	9	−2

续表

省 份	城镇非私营单位就业人员年平均工资(元)			2020年平均工资增长率(%)		各省份在全国的排序		
	2020年	2019年	比上年度增长	名义增长	实际增长	2020年	2019年	变动情况
西 藏	121005	118118	2887	2.44	−0.05	3	3	0
陕 西	83520	78361	5159	6.58	3.98	21	21	0
甘 肃	79730	73607	6123	8.32	5.68	23	26	3
青 海	101401	90929	10472	11.52	8.80	8	8	0
宁 夏	97438	83947	13491	16.07	13.24	9	11	2
新 疆	86343	79421	6922	8.72	6.06	17	18	1

资料来源：根据国家统计局2020~2021年《中国统计年鉴》数据计算所得。

从各地区职工年均收入的排序看，有14个省份的位置没有变化，8个省份的位置上升，9个省份的位置下降，其中上升最快的地区为辽宁省，比上年度上升了4位；下降最快的是吉林省，比上年度下降了3位。总体来看，2020年各省份位置变化幅度不大。

2020年全国各地区城镇非私营单位职工年均收入的离散系数为0.2495，比上年（0.2407）略有上升（见图4）。2001~2020年的离散系数在2002年

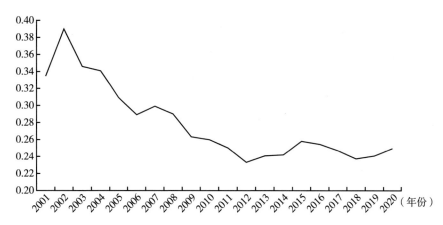

图4　2001~2020年全国各地区城镇非私营单位职工年均收入的离散系数变化情况

资料来源：根据国家统计局2002~2021年《中国统计年鉴》数据计算所得。

达到 0.3900 的最高值，此后便呈波动下降趋势，2012 年下降到 0.2332 的最低值，2013~2020 年离散系数呈波动上升的变动趋势。同期，地区间职工年均收入倍数从 2001 年的 2.75 倍下降到 2020 年的 2.53 倍。2001~2020 年，我国地区间城镇非私营单位职工的年均收入差距总体呈波动下降趋势。

（二）2021年全国各地区间城镇私营单位职工收入状况

从四大区域看，2021 年我国城镇私营单位就业人员的年平均工资水平由高到低依次是东部、西部、中部和东北地区，分别为 69706 元、54278 元、52698 元和 48106 元，最高和最低区域的平均工资比值为 1.45，与上年基本持平。从名义增长率看，东部为 9.6%，西部为 7.5%，中部为 7.9%，东北地区为 9.5%，其中东部地区比上年提高 2.7 个百分点，中部地区、东北地区和西部地区分别比上年回落了 3.3 个百分点、0.7 个百分点和 0.5 个百分点。

从各地区看，2020 年全国城镇私营单位就业人员的年平均工资为 57727 元，比上年增加了 4123 元，同比名义增长 7.7%，各地区年平均工资的中位数为 49928 元。依据波士顿矩阵图分析方法，将 2020 年各地区的城镇私营单位就业人员年平均工资状况做了一个基本定位（见表 3）。

表3　2020 年各省（区、市）城镇私营单位就业人员年平均工资水平波士顿矩阵

	2020 年城镇私营单位就业人员年平均工资增长速度高于全国平均水平	2020 年城镇私营单位就业人员年平均工资增长速度低于全国平均水平
2020 年城镇私营单位就业人员年平均工资高于全国平均工资	双高区 上海、江苏、广东	基高增低区 北京、天津、浙江、福建、西藏
2020 年城镇私营单位就业人员年平均工资低于全国平均工资	基低增高区 山西、内蒙古、辽宁、吉林、安徽、河南、湖北、湖南、四川、陕西、青海、宁夏、新疆	双低区 河北、黑龙江、江西、山东、广西、海南、重庆、贵州、云南、甘肃

注：国家统计局 2020 年首次公布了西藏的数据。

2020 年与 2019 年相比较，城镇私营单位就业人员年平均工资高于全国平均工资的省份由 9 个减少到 8 个，其中北京从双高区到了基高增低区，江苏和广东从基高增低区到了双高区，这 8 个省份除西藏外，均位于东部地区。年平均工资低于全国平均工资的 23 个省份中，基低增高区有 13 个省份，比上年度增加了 5 个省份，双低区有 10 个省份，比上年度减少了 3 个省份。

2016~2020 年，年平均工资均高于全国平均工资的省份为北京、天津、上海、江苏、浙江、广东、福建，山东和重庆有 4 年的年平均工资高于全国平均工资。2020 年，年平均工资低于全国平均工资的省份为河北、山西、内蒙古、辽宁、吉林、黑龙江、安徽、江西、山东、河南、湖北、湖南、广西、海南、重庆、四川、贵州、云南、陕西、甘肃、青海、宁夏、新疆。

2016~2020 年，位于双低区的省份分别为 12 个、15 个、14 个、13 个、10 个，其中黑龙江和广西已连续五年在双低区，这一情况应引起全社会及当地政府的高度关注。

2020 年的增速高于全国平均水平的地区从上年的 10 个增加到 16 个，基低增高区的山西、内蒙古 2 个省（区）职工年平均工资连续三年增速超过了全国平均水平。双低区的黑龙江、广西、云南、甘肃 4 个省（区）职工年平均工资连续四年增速低于全国平均水平，这一情况应引起全社会及当地政府的高度重视。

2020 年全国收入最高的为北京（90603 元），最低的为黑龙江（38685 元），北京是黑龙江的 2.34 倍。大部分的省份城镇私营单位职工年平均工资在 45000~60000 元。

从城镇私营单位职工年均收入的增速来看，2020 年有 25 个省份职工的平均工资名义增长率超过了同年我国 GDP 的增长率（2.3%），比上年增加了 4 个。[①] 若扣除物价因素，2020 年 8 个省份职工的平均工资实际增长率均低于同年我国 GDP 的增长率。

---

① 由于国家统计局 2020 年首次公布西藏的数据，所以这里的增速变动分析不包括西藏。

从城镇私营单位职工年均收入的增加额来看，2020 年比上年度增加额最多的是上海，增加 15908 元，名义增长率为 24.77%；最少的是云南、海南和天津 3 个省（市），职工年均收入出现负增长，分别比上年度减少 933 元、2054 元和 4680 元，名义增长率分别为-1.99%、-3.84%和-7.25%。

从各地区城镇私营单位职工年均收入的排序看，2020 年有 4 个省份的位置没有变化，14 个省份的位置上升，12 个省份的位置下降，其中上升最快的地区是湖南，比上年度上升了 10 位；下降最快的地区为云南，比上年度下降了 11 位（见表 4）。

表 4　2020 年和 2019 年各省份城镇私营单位就业人员年均收入及排序

省　份	城镇私营单位就业人员年平均工资（元）			2020 年平均工资增长率（%）		各省份在全国的排序		
	2020 年	2019 年	比上年度增长	名义增长	实际增长	2020 年	2019 年	变动情况
北　京	90603	85262	5341	6.26	3.67	1	1	0
天　津	59862	64542	-4680	-7.25	-9.51	6	2	-4
河　北	44942	42919	2023	4.71	2.16	26	23	-3
山　西	42905	37501	5404	14.41	11.62	28	29	1
内蒙古	47566	43491	4075	9.37	6.70	19	19	0
辽　宁	46011	41821	4190	10.02	7.34	23	25	2
吉　林	42119	37627	4492	11.94	9.21	29	28	-1
黑龙江	38685	36674	2011	5.48	2.91	30	30	0
上　海	80134	64226	15908	24.77	21.73	2	3	1
江　苏	63830	58322	5508	9.44	6.77	4	5	1
浙　江	60521	56383	4138	7.34	4.72	5	7	2
安　徽	52582	48461	4121	8.50	5.86	12	11	-1
福　建	58631	57141	1490	2.61	0.10	7	6	-1
江　西	48864	46341	2523	5.44	2.87	16	14	-2
山　东	55542	55479	63	0.11	-2.33	9	8	-1
河　南	46733	43194	3539	8.19	5.55	21	21	0
湖　北	48295	43536	4759	10.93	8.23	17	18	1
湖　南	51157	42012	9145	21.77	18.80	14	24	10
广　东	67302	62521	4781	7.65	5.02	3	4	1
广　西	45238	42949	2289	5.33	2.76	25	22	-3
海　南	51388	53442	-2054	-3.84	-6.19	13	10	-3

续表

省　份	城镇私营单位就业人员年平均工资(元)			2020年平均工资增长率(%)		各省份在全国的排序		
	2020年	2019年	比上年度增长	名义增长	实际增长	2020年	2019年	变动情况
重　庆	55678	54845	833	1.52	-0.96	8	9	1
四　川	53338	46974	6364	13.55	10.78	10	12	2
贵　州	47381	45526	1855	4.07	1.54	20	16	-4
云　南	45897	46830	-933	-1.99	-4.38	24	13	-11
陕　西	47724	43477	4247	9.77	7.09	18	20	2
甘　肃	43771	41715	2056	4.93	2.37	27	26	-1
青　海	46309	39727	6582	16.57	13.72	22	27	5
宁　夏	49928	43892	6036	13.75	10.98	15	17	2
新　疆	52590	45859	6731	14.68	11.88	11	15	4

注：本表数据不包含西藏。
资料来源：根据国家统计局2020~2021年《中国统计年鉴》数据计算所得。

　　2020年全国各地区城镇私营单位职工年均收入的离散系数为0.1877。2009~2020年离散系数呈波动上升趋势，表明我国地区间城镇私营单位职工的年均收入差距呈不断扩大的趋势（见图5），反映出地区间私营经济发展的不平衡。

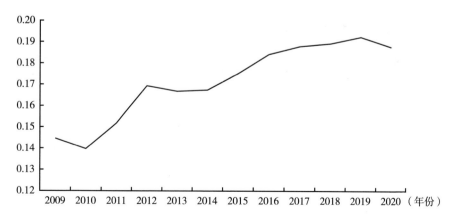

图5　2009~2020年全国各地区城镇私营单位职工年均收入的离散系数变化情况

资料来源：根据国家统计局2010~2021年《中国统计年鉴》的数据计算所得。

目前，各省份城镇非私营单位职工和城镇私营单位职工的收入差距仍较大，需要引起社会的高度重视，2020年，城镇非私营单位职工和城镇私营单位职工年均收入差额最大的是上海，为91750元，前者是后者的2.14倍；差额最少的是河南，为23506元，前者是后者的1.50倍（见表5）。

表5　2020年各省份城镇非私营单位和城镇私营单位就业人员年平均工资差额

单位：元

	城镇非私营单位	城镇私营单位	差额
北　京	178178	90603	87575
天　津	114682	59862	54820
河　北	77323	44942	32381
山　西	74739	42905	31834
内蒙古	85310	47566	37744
辽　宁	79472	46011	33461
吉　林	77995	42119	35876
黑龙江	74554	38685	35869
上　海	171884	80134	91750
江　苏	103621	63830	39791
浙　江	108645	60521	48124
安　徽	85854	52582	33272
福　建	88149	58631	29518
江　西	78182	48864	29318
山　东	87749	55542	32207
河　南	70239	46733	23506
湖　北	85052	48295	36757
湖　南	79122	51157	27965
广　东	108045	67302	40743
广　西	82751	45238	37513
海　南	86609	51388	35221
重　庆	93816	55678	38138
四　川	88559	53338	35221
贵　州	89228	47381	41847
云　南	93133	45897	47236
西　藏	121005	60360	60645
陕　西	83520	47724	35796

续表

	城镇非私营单位	城镇私营单位	差额
甘　肃	79730	43771	35959
青　海	101401	46309	55092
宁　夏	97438	49928	47510
新　疆	86343	52590	33753

资料来源：根据国家统计局2021年《中国统计年鉴》数据计算所得。

三　2021年国民经济各行业间的职工收入分配状况

（一）2021年国民经济分行业门类职工年均收入状况

1. 从行业门类的总体收入水平看

2021年城镇非私营单位19个行业门类中，职工年收入在10万元以上的有12个，比上年增加了3个。年平均工资排名前三位的分别是信息传输、软件和信息技术服务业（201506元），科学研究和技术服务业（151776元），金融业（150843元），与全行业平均工资的比值分别为1.89、1.42和1.41。年平均工资排名后三位的分别是住宿和餐饮业（53631元），农、林、牧、渔业（53819元），居民服务、修理和其他服务业（65193元），与全行业平均工资的比值分别为0.50、0.50和0.61。

2021年城镇私营单位18个行业门类①中，职工年收入在10万元以上的有1个，与上年度相同。年平均工资排名前三位的分别是信息传输、软件和信息技术服务业（114618元），金融业（95416元），科学研究和技术服务业（77708元），与全行业平均工资的比值分别为1.82、1.52和1.24。年平均工资排名后三位的分别是农、林、牧、渔业（41442元），水利、环境和

---

① 2012年国家统计局取消了对城镇私营单位的公共管理、社会保障和社会组织就业人员年平均工资数据的发布，原因是这一行业中主要是一些小的区域性行业协会，如寺庙管理委员会、种植养殖协会等，调查样本量小，代表性不足。

公共设施管理业（43366 元），住宿和餐饮业（46817 元），与全行业平均工资的比值分别为 0.66、0.69 和 0.74。

总体来看，城镇非私营单位和私营单位就业人员年平均工资水平差距进一步扩大，2021 年二者的绝对差距达到 43953 元，较上年度的 39652 元增加了 4301 元。2021 年城镇私营单位就业人员年平均工资相当于城镇非私营单位就业人员年平均工资的 58.9%。与此同时，受经济下行和疫情的影响，城镇私营单位就业人员年平均工资增速略低于城镇非私营单位，二者的相对差距有所拉大，2017～2021 年，城镇非私营单位就业人员年平均工资与私营单位就业人员年平均工资之比从 1.62 倍扩大到 1.70 倍。

分区域看，各个区域城镇非私营单位和城镇私营单位之间的年平均工资水平差距都比较大，2021 年东部地区、西部地区、中部地区和东北地区二者的差距分别为 54313 元、32835 元、40686 元和 35469 元。从 2017～2021 年的年均增速看，各个区域城镇非私营单位就业人员年平均工资年均增速均高于城镇私营单位，这是导致二者之间收入差距扩大的主要原因。2021 年东部地区、西部地区、中部地区和东北地区城镇非私营单位就业人员年平均工资与城镇私营单位就业人员年平均工资之比分别为 1.78 倍、1.62 倍、1.75 倍和 1.74 倍，均比 2017 年有所扩大。

2. 从各行业内职工的年均收入差距看

2021 年城镇非私营单位职工年均收入与城镇私营单位职工年均收入两者差距最大的是信息传输、软件和信息技术服务业，差额为 86888 元，其倍数关系为 1.76 倍；差距最小的是住宿和餐饮业，差额为 6814 元，其倍数关系为 1.15 倍。从中位数看，城镇非私营单位职工年均收入中位数为 108467 元，城镇私营单位职工年均收入中位数为 59851 元，相差 46621 元，两者的倍数关系为 1.81 倍，高于两者平均收入的 1.70 倍。进一步分析发现，2021 年城镇非私营单位各行业平均收入水平低于其中位数水平，说明与 2020 年平均收入水平高于其中位数水平相比较，城镇非私营单位各行业间的职工高收入集中在几个行业的状况又有所加强。城镇私营单位各行业平均收入水平则始终高于其中位数水平，说明城镇私营单位各行业间的收入差距相对小一些（见表 6）。

表6　2021年城镇非私营单位和城镇私营单位就业人员分行业年平均工资及差额

单位：元

	城镇非私营单位	城镇私营单位	差额
农、林、牧、渔业	53819	41442	12377
采矿业	108467	62665	45802
制造业	92459	63946	28513
电力、热力、燃气及水生产和供应业	125332	59271	66061
建筑业	75762	60430	15332
批发和零售业	107735	58071	49664
交通运输、仓储和邮政业	109851	62411	47440
住宿和餐饮业	53631	46817	6814
信息传输、软件和信息技术服务业	201506	114618	86888
金融业	150843	95416	55427
房地产业	91143	58288	32855
租赁和商务服务业	102537	64490	38047
科学研究和技术服务业	151776	77708	74068
水利、环境和公共设施管理业	65802	43366	22436
居民服务、修理和其他服务业	65193	47193	18000
教育	111392	52579	58813
卫生和社会工作	126828	67750	59078
文化、体育和娱乐业	117329	56171	61158
公共管理、社会保障和社会组织	111361		
平均	106837	62884	43953
中位数	108467	59851	46621
标准差	35775.75	17546.46	

资料来源：根据国家统计局公布的《2021年城镇非私营单位就业人员年平均工资106837元》，《2021年城镇私营单位就业人员年平均工资62884元》数据计算所得。

3.从离散系数变化情况看

2021年城镇非私营单位各行业职工年均收入的离散系数为0.3349，城镇私营单位各行业职工年均收入的离散系数为0.2790，表明城镇非私营单位各行业职工年均收入的差距要大于城镇私营单位各行业职工年均收入的差距。从发展趋势看，城镇非私营单位各行业职工年均收入的离散系数呈缓慢波动下降趋势，从2009年的0.3602下降到2021年的0.3349，表明各行业职工年均收入的差距在逐渐缩小；同期，城镇私营单位各行业职工年均收入的离散系数走势呈现 U 形曲线，从 2009 年的 0.2325 下降到 2013 年的 0.1475，下降了 36.6%，从 2014 年开始，离散系数又呈上升趋势，到 2021 年为 0.2790，比 2013 年上升了 89.2%（见图 6）。城镇私营单位各行业职工年均收入的差距连续 8 年持续上升的变动趋势需要引起全社会的重视。

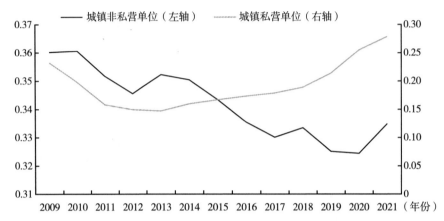

**图 6　2009~2021 年城镇非私营单位和城镇私营单位
各行业职工年均收入离散系数变化情况**

资料来源：根据国家统计局 2010~2021 年《中国统计年鉴》、《2021 年城镇非私营单位就业人员年平均工资 106837 元》和《2021 年城镇私营单位就业人员年平均工资 62884 元》数据计算所得。

（二）2020 年国民经济分行业大类职工年均收入状况

从分行业大类看，2020 年城镇非私营单位 95 个行业大类中，职工年收入在 10 万元以上的行业有 32 个，比上年度增加了 4 个。表 7 列出了 2020 年城镇非私营单位年平均工资分行业大类排名前十位和后十位的行业。

表 7　2020 年城镇非私营单位年平均工资排名最高与最低的十个行业大类

排名	行业	年平均工资（元）	名义增长率（%）	与全行业年平均工资比值	比上年度增加（元）
1	其他金融业	375935	21.01	3.86	65262
2	资本市场服务	363884	26.75	3.74	76789
3	互联网和相关服务	245589	17.40	2.52	36394
4	烟草制品业	209059	5.78	2.15	11431

排名	行业	年平均工资（元）	名义增长率（%）	与全行业年平均工资比值	比上年度增加（元）
5	货币金融服务	193624	7.14	1.99	12902
6	软件和信息技术服务业	191679	8.29	1.97	14673
7	研究和试验发展	174127	3.18	1.79	5365
8	管道运输业	164566	6.33	1.69	9796
9	航空运输业	156748	−6.09	1.61	−10160
10	体育	142152	−5.21	1.46	−7814
86	文教、工美、体育和娱乐用品制造业	57077	1.99	0.59	1112
87	木材加工和木、竹、藤、棕、草制品业	56665	5.80	0.58	3106
88	公共设施管理业	55206	2.76	0.57	1484
89	农、林、牧、渔专业及辅助性活动	54964	15.22	0.56	7260
90	住宿业	54448	−3.60	0.56	−2036
91	皮革、毛皮、羽毛及其制品和制鞋业	53793	0.45	0.55	242
92	林业	52710	17.95	0.54	8020
93	其他服务业	49696	−1.98	0.51	−1004
94	餐饮业	44578	−1.78	0.46	−807
95	农业	34595	10.13	0.36	3182

资料来源：根据国家统计局2021年《中国劳动统计年鉴》数据计算所得。

对年平均工资排名前十位的行业进行观察分析，属于竞争不充分的行业有6个，分别是其他金融业、资本市场服务、烟草制品业、货币金融服务、管道运输业、航空运输业；其余4个行业互联网和相关服务、软件和信息技术服务业、研究和试验发展、体育属于高人力资本行业，对就业人员的受教育水平和专业水平均有较高的要求。可见，竞争越不充分，人力资本越高，该行业职工的年平均工资水平就会越高。

对年平均工资排名后十位的行业进行分析，这些行业的共同特征是均属于劳动密集型行业，且市场竞争充分，人力资本较低，行业对就业人员的受教育水平和专业水平要求也比较低。可见，竞争越充分，人力资本越低，该行业职工的年平均工资水平就会越低。

2020 年受新冠肺炎疫情的影响，各行业职工年均收入增长出现较大的差异，就年平均工资增长率而言，有 23 个行业年平均工资名义增长率高于全行业增长率（7.60%），最高的渔业为 33.28%，同时，有 10 个行业年平均工资名义增长率为负增长。进一步分析表明，随着农产品、能源价格的持续走高，渔业（33.28%），畜牧业（19.69%），林业（17.95%），农、林、牧、渔专业及辅助性活动业（15.22%），其他采矿业（16.74%），黑色金属矿采选业（11.94）等 6 个行业进入增长率最高的前 10 个行业。受疫情冲击较大的接触性服务业、制造业等行业年平均工资增长率则下降较多，如其他制造业，餐饮业，其他服务业，保险业，机动车、电子产品和日用产品修理业，住宿业，体育，金属制品、机械和设备修理业，社会保障，航空运输业等行业的增长率均为负。

从年平均工资增加额看，有 13 个行业超过了 10000 元，最高的资本市场服务为 76789 元，同时，有 10 个行业出现了负增长，最高的航空运输业为 -10160 元。

从表 7 中可以看到，排名第一位的其他金融业年平均工资达到 375935 元，与处于最后一位的农业（34595 元）相比，极差达到 341340 元，高低倍数达到 10.87 倍。与 2019 年（极差 279260 元，高低倍数 9.89 倍）相比较，行业间年均收入绝对差距和相对差距都在扩大。

（三）2021年国民经济各行业分岗位职工年均收入状况

从 2013 年开始，国家统计局在一套表联网直报单位（简称"规模以上企业"）范围内对不同岗位的工资情况进行了调查，到 2020 年调查已涉及规模以上共计 16 个行业门类的约 105.9 万家企业法人单位。调查单位的就业人员按岗位分为中层及以上管理人员、专业技术人员、办事人员和有关人员、社会生产服务和生活服务人员、生产制造及有关人员五类。

1. 2021年各行业分岗位就业人员年平均工资的位次及相对收入不变

2021 年全国规模以上企业就业人员年平均工资为 88115 元，比上年名义增长 10.3%，剔除物价因素，实际增长 9.3%。其中，中层及以上管理人员为 180630 元，名义增长 9.5%；专业技术人员为 125035 元，名义增长 11.1%；办事人员和有关人员为 82512 元，名义增长 9.8%；社会生产服务和生活服务人员为 68022 元，名义增长 9.8%；生产制造及有关人员为 68506 元，名义增长 9.4%（见表8）。中层及以上管理人员年平均工资最高，与全部就业人员平均水平的比值是 2.05；社会生产服务和生活服务人员年平均工资最低，与全部就业人员平均水平的比值是 0.77。岗位年平均工资最高与最低的比值为 2.66，与上年持平。

表8　2021年规模以上企业分行业分岗位就业人员年平均工资

单位：元

行业	规模以上企业就业人员	中层及以上管理人员	专业技术人员	办事人员和有关人员	社会生产服务和生活服务人员	生产制造及有关人员
采矿业	102259	198534	129137	106756	64734	92323
制造业	82667	167097	117611	85614	83429	68024
电力、热力、燃气及水生产和供应业	128047	219948	147260	99057	105149	115134
建筑业	68577	123273	82424	58191	55998	61333
批发和零售业	92838	181026	114545	83590	67535	62399
交通运输、仓储和邮政业	104241	199151	149998	89867	96276	87293
住宿和餐饮业	51677	100892	60933	50293	44431	43462
信息传输、软件和信息技术服务业	197353	386705	225938	136772	128032	90433
房地产业	86144	185815	110070	78237	54458	57469
租赁和商务服务业	88383	271194	139804	86235	60161	65675
科学研究和技术服务业	152191	290673	154179	103840	96390	85527
水利、环境和公共设施管理业	52337	158804	105982	67192	36625	54344
居民服务、修理和其他服务业	54900	117895	79026	68360	44916	54496
教育	102281	185672	106035	92436	83121	62407
卫生和社会工作	97636	172559	98874	73566	62034	72914

续表

行业	规模以上企业就业人员	中层及以上管理人员	专业技术人员	办事人员和有关人员	社会生产服务和生活服务人员	生产制造及有关人员
文化、体育和娱乐业	118985	215792	173311	96562	62636	58130
平均数	88115	180630	125035	82512	68022	68506
中位数	95237	185744	116078	85925	63685	64041
标准差	36798.17	68697.73	39171.64	20309.16	24216.86	18017.85
离散系数	0.4176	0.3803	0.3133	0.2461	0.3560	0.2630
极差	145676	285813	165005	86479	91407	71672
高低倍数	3.82	3.83	3.71	2.72	3.50	2.65

资料来源：国家统计局：《2021年规模以上企业分岗位就业人员年平均工资情况》，2022年5月20日。

从2021年全国规模以上企业分行业分岗位就业人员年平均工资的情况看，具有以下几个特点。

一是规模以上企业职工年均收入低于全行业职工年均收入。2021年全国规模以上企业就业人员年平均工资为88115元，低于城镇非私营单位就业人员的年平均工资（106837元），高于城镇私营单位就业人员的年平均工资（62884元）。由于规模以上企业既包括城镇非私营单位又包括城镇私营单位，因此，规模以上企业分行业分岗位就业人员年平均工资水平更接近全体城镇单位就业人员的年平均工资水平。

二是2021年规模以上企业的行业内部不同岗位年均收入差距平均在3倍以上，其中中层及以上管理人员收入最高的三个行业信息传输、软件和信息技术服务业，科学研究和技术服务业，租赁和商务服务业，其年平均工资与生产制造及有关人员或社会生产服务和生活服务人员的年平均工资的差距分别为4.28倍、3.40倍和4.51倍。进一步分析发现，规模以上企业各行业内部岗位最高最低间的收入差距近9年来基本保持在2.6倍以上。

三是规模以上企业不同行业同一岗位年均收入越高，差距越大。如表8所示，2021年中层及以上管理人员岗位年平均工资从100892元到386705元，相差3.83倍；而生产制造及有关人员岗位年平均工资从43462元到115134元，相差

2.65倍。从表8中可以看到无论是按极差还是高低倍数衡量，均显示出一致的结果：中层及以上管理人员岗位年平均工资行业差距最大，专业技术人员岗位年平均工资次之，其他三个岗位年平均工资行业差距相对较小。

四是一线劳动者的年均收入位于企业收入序列的末端。规模以上企业的一线劳动者主要指在社会生产服务和生活服务人员、生产制造及有关人员这两个岗位的就业人员。2021年规模以上企业这两个岗位的年均收入分别为68022元和68506元。在16个行业中，这两个岗位分别有12个和13个行业低于全行业平均收入水平，两个岗位中约有50%的行业年均收入水平在6.2万元及以下，而这一水平大体相当于或低于当年外出农民工的收入水平（60156元）。

2. 各岗位平均工资比相对稳定，同一岗位收入差距变动趋势不尽相同

首先，我们以中层及以上管理人员平均工资为标准，将2013～2021年各类岗位平均工资与中层及以上管理人员平均工资的比值列出（见表9）。从表9可以看到，2013～2021年，规模以上企业各岗位平均工资从高到低的位次依次是中层及以上管理人员、专业技术人员、办事人员和有关人员、生产制造及有关人员、社会生产服务和生活服务人员。中层及以上管理人员的平均工资水平明显高于其他岗位的平均工资水平；在这9年中专业技术人员占比从59%上升到69%，是这五类岗位中增速最快的；其次是办事人员和有关人员，从43%增加到46%；生产制造及有关人员、社会生产服务和生活服务人员的收入水平始终为中层及以上管理人员平均工资水平的38%左右，其岗位工资比固化趋势明显，而这两个岗位的就业人员占全部就业人员的65%左右，可见"增加劳动者特别是一线劳动者劳动报酬"仍是企业收入分配制度改革的重中之重。

表9　2013～2021年规模以上企业各类岗位平均工资比及变动情况

年份	中层及以上管理人员	专业技术人员	办事人员和有关人员	社会生产和生活服务人员	生产制造及有关人员
2013	1.00	0.59	0.43	0.37	0.37
2014	1.00	0.60	0.43	0.37	0.39
2015	1.00	0.61	0.44	0.38	0.39

续表

年份	中层及以上管理人员	专业技术人员	办事人员和有关人员	社会生产和生活服务人员	生产制造及有关人员
2016	1.00	0.62	0.44	0.38	0.39
2017	1.00	0.63	0.44	0.38	0.38
2018	1.00	0.67	0.44	0.38	0.38
2019	1.00	0.67	0.45	0.38	0.38
2020	1.00	0.68	0.46	0.38	0.38
2021	1.00	0.69	0.46	0.38	0.38

其次，规模以上企业不同行业的各岗位收入差距变动趋势不尽相同。从规模以上企业平均工资总体趋势看，2013~2021年，行业门类间各岗位的收入差距呈不断扩大的变动趋势，其离散系数从0.3606波动上升到0.4176（见表10）。从各行业同一岗位平均工资离散系数看，同一岗位的收入差距变化趋势呈现高、中收入岗位的收入差距在缩小，低收入岗位的收入差距在扩大的趋势。具体看，中层及以上管理人员岗位平均工资离散系数从0.4973下降到0.3803；专业技术人员岗位从0.3450下降到0.3133；办事人员和有关人员岗位从0.2547下降到0.2461；而社会生产服务和生活服务人员、生产制造及有关人员岗位平均工资离散系数分别从0.2711上升到0.3560和从0.2030上升到0.2630。行业门类间不同岗位收入差距的这种变化表明，高收入岗位就业人员由自身人力资本及积累带来的收入差异正在逐步弱化，不同行业岗位平均工资差异更多与行业自身特点有关；生产制造及有关人员、社会生产服务和生活服务人员岗位收入差距不断扩大的情况表明低收入岗位行业间竞争程度仍较高。

表10　2013~2021年行业门类间各岗位平均工资离散系数

年份	中层及以上管理人员	专业技术人员	办事人员和有关人员	社会生产服务和生活服务人员	生产制造及有关人员	合计
2013	0.4973	0.3450	0.2547	0.2711	0.2030	0.3606
2014	0.3836	0.3196	0.2217	0.2491	0.2071	0.3494
2015	0.3817	0.3282	0.2159	0.2660	0.2080	0.3578

续表

年份	中层及以上管理人员	专业技术人员	办事人员和有关人员	社会生产服务和生活服务人员	生产制造及有关人员	合计
2016	0.3699	0.3413	0.2147	0.2567	0.2064	0.3600
2017	0.3564	0.3253	0.2279	0.2669	0.2138	0.3670
2018	0.3681	0.3107	0.2270	0.2593	0.2377	0.3696
2019	0.3623	0.3195	0.2301	0.3022	0.2352	0.3901
2020	0.3683	0.3111	0.2425	0.3505	0.2657	0.4099
2021	0.3803	0.3133	0.2461	0.3560	0.2630	0.4176

四 2021年各地区最低工资调整情况

我国最低工资制度始于1993年劳动部发布的《企业最低工资规定》，首次提出实施最低工资标准制度。1994年《中华人民共和国劳动法》确立了最低工资的法律地位，最低工资制度开始在我国正式实施。2003年劳动和社会保障部又通过了《最低工资规定》，以取代1993年的《企业最低工资规定》。目前，我国最低工资制度的实施主要从两个方面来进行：一是最低工资标准调整的频率，二是最低工资标准调整的幅度。

（一）最低工资标准调整的频率

关于最低工资标准调整的频率，2003年，劳动和社会保障部通过的《最低工资规定》中明确规定最低工资标准每两年至少调整一次。全国各地区最低工资标准是由各省、自治区、直辖市人民政府制定和发布的。

2021年全国有22个省份调整了本地区最低工资标准，之所以有这样多的省份集中调整最低工资标准，主要原因在于2020年由于受到新冠肺炎疫情的影响，全国仅有3个省份调整了最低工资标准，本应于2019年、2020年到期调整的20个省份均未调整，从而造成2021年集中调整的情况。

总体来看，从1993年至2021年，29年间各省份根据各地方实际情况，不断对最低工资标准进行调整，但调整的频率存在较大差异。有 17 个省份的调整达到或超过了 14 次，做到了平均两年调整一次的要求。其他 14 个省份的调整则略低于 14 次的标准，这些省份主要集中在中部、西部和东北地区。

近三年各省份最低工资标准的调整节奏明显放缓，2019 年有 8 个省份调整了最低工资标准，2020 年有 3 个省份调整了最低工资标准，2021 年有 22 个省份调整了最低工资标准，这种变化与近几年经济下行压力增大及新冠肺炎疫情的影响直接相关（见图 7）。

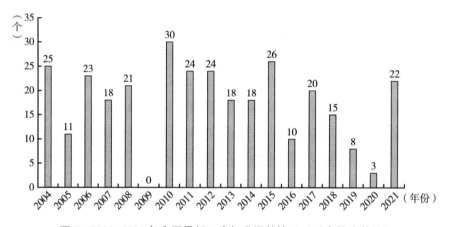

图 7　2004～2021 年全国最低工资标准调整情况（以省份为单位）

2019～2021 年，各省份职工月最低工资标准调整情况如表 11 所示，三年中有 4 个省份做过两次调整，25 个省份做过一次调整，2 个省份未做过调整。

表 11　2019～2021 年各省份职工月最低工资标准调整情况

单位：元

地　区	2019 年	2020 年	2021 年
北　京	2200	—	2320
天　津	—	—	2180
河　北	1580-1680-1790-1900	—	—
山　西	—	—	1630-1760-1880

地　区	2019 年	2020 年	2021 年
内蒙古	—	—	1850-1910-1980
辽　宁	1300-1480-1610-1810	—	1420-1580-1710-1910
吉　林	—	—	1540-1640-1760-1880
黑龙江	—	—	1450-1610-1860
上　海	2480	—	2590
江　苏	—	—	1840-2070-2280
浙　江	—	—	1840-2070-2280
安　徽	—	—	1340-1430-1500-1650
福　建	—	1420-1570-1720-1800	—
江　西	—	—	1610-1730-1850
山　东	—	—	1700-1900-2100
河　南	—	—	1600-1800-2000
湖　北	—	—	1520-1650-1800-2010
湖　南	1220-1380-1540-1700	—	—
广　东	—	—	1620-1720-1900-2300
广　西	—	1430-1580-1810	—
海　南	—	—	1680-1730-1830
重　庆	1700-1800	—	—
四　川	—	—	—
贵　州	1570-1670-1790	—	—
云　南	—	—	—
西　藏	—	—	1850
陕　西	1600-1700-1800	—	1750-1850-1950
甘　肃	—	—	1670-1720-1770-1820
青　海	—	1700	—
宁　夏	—	—	1750-1840-1950
新　疆	—	—	1540-1620-1700-1900

注：表中为月最低工资标准，无数据表示当年最低工资标准未做调整。

（二）最低工资标准调整的幅度

关于最低工资标准调整的幅度，2004 年施行的《最低工资规定》中没有对最低工资标准调整的幅度做出具体的规定，但相关的部委及国家发展纲要曾经对各地最低工资的下限及年均增速做出了比较明确的规定。

2006 年，中华全国总工会曾提出用 3~5 年的时间，逐步使最低工资标准达到各地平均工资水平的 40%~60%。[①] 2013 年，国家发展改革委等部门在《关于深化收入分配制度改革的若干意见》中提出，到 2015 年绝大多数地区最低工资标准达到当地城镇从业人员平均工资的 40% 以上。2011 年审议通过的《中华人民共和国国民经济和社会发展第十二个五年规划纲要》明确指出，"十二五"期间"最低工资标准年均增长 13% 以上，绝大多数地区最低工资标准达到当地城镇从业人员平均工资的 40% 以上"。可见，最低工资标准达到当地城镇从业人员平均工资的 40%，是我们长期以来预期要达到的政策目标。

如果以城镇非私营单位就业人员平均工资为标准，2021 年全国各省份最低工资标准与城镇非私营单位就业人员平均工资比值中位数为 21.44%。其中最低工资标准与平均工资比值最高的省份为河南省，比值为 27.34%；最低的省份为北京市，比值为 15.62%（见表 12）。

如果以城镇私营单位就业人员平均工资为标准，2021 年全国各省份最低工资标准与城镇私营单位就业人员平均工资比值中位数为 37.93%。其中最低工资标准与平均工资比值最高的省份为内蒙古，比值为 46.67%；最低的省份为湖南，比值为 28.62%。2021 年有 11 个省份的比值在 40% 以上。

可见，如果使用城镇非私营单位就业人员平均工资来代表城镇全体职工的收入水平会出现对城镇职工平均收入水平的高估，据此计算出来的各地区最低工资标准对城镇单位平均工资占比则会被低估。

如果使用城镇私营单位就业人员平均工资来代表城镇全体职工的收入水平会出现对城镇职工平均收入水平的低估，据此计算出来的各地区最低工资标准对城镇单位平均工资占比则会被高估。

由于我国最低工资标准起点较低，增速亦低于当地就业人员平均工资增长率，如果再考虑到农民工和非正规部门就业人员的工资水平现状，我们判断，目前各地最低工资标准均未达到 40% 的政策下限目标。

[①] 潘跃：《3 至 5 年内达到当地平均工资的 40%》，《人民日报》2006 年 5 月 19 日。

表12　2021年各省份职工最低工资标准与平均工资比值情况

单位：元/月，%

地　区	最低工资标准	城镇非私营单位就业人员平均工资	城镇私营单位就业人员平均工资	最低工资标准与城镇非私营单位就业人员平均工资比值	最低工资标准与城镇私营单位就业人员平均工资比值
北　京	2320	14848	7550	15.62	30.73
天　津	2180	9557	4989	22.81	43.70
河　北	1580	6444	3745	24.52	42.19
山　西	1630	6228	3575	26.17	45.59
内蒙古	1850	7109	3964	26.02	46.67
辽　宁	1420	6623	3834	21.44	37.03
吉　林	1540	6500	3510	23.69	43.88
黑龙江	1450	6213	3224	23.34	44.98
上　海	2590	14324	6678	18.08	38.79
江　苏	1840	8635	5319	21.31	34.59
浙　江	1840	9054	5043	20.32	36.48
安　徽	1340	7155	4382	18.73	30.58
福　建	1420	7346	4886	19.33	29.06
江　西	1610	6515	4072	24.71	39.54
山　东	1700	7312	4629	23.25	36.73
河　南	1600	5853	3894	27.34	41.08
湖　北	1520	7088	4025	21.45	37.77
湖　南	1220	6594	4263	18.50	28.62
广　东	1620	9004	5609	17.99	28.88
广　西	1430	6896	3770	20.74	37.93
海　南	1680	7217	4282	23.28	39.23
重　庆	1700	7818	4640	21.74	36.64
四　川	1550	7380	4445	21.00	34.87
贵　州	1570	7436	3948	21.11	39.76
云　南	1350	7761	3825	17.39	35.30
西　藏	1850	10084	5030	18.35	36.78
陕　西	1750	6960	3977	25.14	44.00
甘　肃	1670	6644	3648	25.13	45.78
青　海	1700	8450	3859	20.12	44.05
宁　夏	1750	8120	4161	21.55	42.06
新　疆	1540	7195	4383	21.40	35.14

为了分析全国最低工资标准实施以来的情况，我们以历年最低工资标准全国各省份中位数值代表全国最低工资标准，计算了近 20 年来全国最低工资标准与城镇职工平均工资比值，2002~2021 年，最低工资标准与城镇职工平均工资的比值总体呈波动下降，从 2002 年的 25.22% 到 2021 年的 18.20%，下降了 7.02 个百分点。其中，2002~2009 年最低工资标准对城镇职工平均工资的比值出现回落，到 2009 年下降至 18.61%，比 2002 年下降了 6.61 个百分点；2010~2015 年最低工资标准对城镇职工平均工资占比呈波动上升趋势，到 2015 年升至 24.38%，比 2009 年增加了 5.77 个百分点；2016~2021 年最低工资标准对城镇职工平均工资的比值再度出现回落，到 2021 年下降至 18.20%，比 2015 年下降了 6.18 个百分点，达到了近 20 年的最低点（见图 8）。

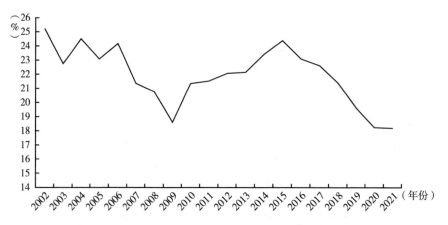

图 8　2002~2021 年全国最低工资标准与城镇职工平均工资占比变化情况

五　问题与建议

综上所述，近两年来新冠肺炎疫情以及经济下行带来的叠加效应在对我国经济社会发展造成严重冲击的同时，对广大职工劳动收入的影响也日益显现，主要表现在以下几个方面。

（一）新冠肺炎疫情期间多个行业职工年均收入增长明显减缓

根据国家统计局发布的 2021 年城镇非私营单位和私营单位就业人员年平均工资情况提供的数据分析，在 2020～2021 年疫情期间，城镇非私营单位两年年均工资增长率[①]为 8.65%，19 个行业门类中有 14 个行业两年年均工资增速低于同期全行业平均水平；城镇私营单位两年年均工资增长率为 8.31%，18个行业门类中，有 11 个行业两年年均工资增速低于同期全行业平均水平。就城镇非私营单位而言，受疫情冲击较大的交通运输、餐饮、住宿、旅游、文化娱乐等服务性行业，年均工资增速下降明显，其中交通运输、仓储和邮政业为 6.39%，居民服务、修理和其他服务业为 4.07%，住宿和餐饮业为 3.21%，文化、体育和娱乐业为 4.37%。就城镇私营单位而言，受疫情冲击较大的教育、房地产业及餐饮、住宿、旅游、文化娱乐等服务性行业，年均工资增速下降明显，其中教育为 1.77%，房地产业为 3.50%，居民服务、修理和其他服务业为 3.65%，住宿和餐饮业为 5.05%，文化、体育和娱乐业为 6.75%。

（二）多数企业一线岗位职工年平均工资增速低于全行业平均增速

根据国家统计局发布的 2021 年全国规模以上企业就业人员年平均工资情况中提供的数据分析，在 2020～2021 年疫情期间，全国规模以上企业 16 个行业中有 10 个行业的社会生产服务和生活服务人员岗位、13 个行业的生产制造及有关人员岗位两年平均工资增速低于全行业的平均增速（8.23%），二者占到规模以上企业一线岗位的 71.8%，其中社会生产服务和生活服务人员岗位中两年平均工资实际增速最低的 3 个行业分别为水利、环境和公共设施管理业（1.12%），居民服务、修理和其他服务业（2.19%），住宿和餐饮业（3.92%）；生产制造及有关人员岗位中两年平均工资实际增速最低的 3 个行业分别为水利、环境和公共设施管理业（1.47%），文化、体育和娱乐业（2.50%），住宿和餐饮业（2.56%）。

---

① 本部分以下年均工资增长率，均为名义增长率。

（三）农民工年均收入增速低于经济增长率

根据国家统计局发布的《2021年农民工监测调查报告》中提供的数据分析，2020~2021年疫情期间，全国农民工两年平均收入增长率为5.77%，外出农民工为6.41%%，均低于两年平均的经济增长率（7.67%），也低于规模以上企业职工两年平均工资增速（8.23%）。从农民工集中就业的六个主要行业看，制造业为6.72%，建筑业为6.10%，批发和零售业为4.56%，交通运输、仓储和邮政业为5.06%，住宿和餐饮业为5.17%，居民服务、修理和其他服务业为5.44%。在这六个行业就业的农民工占全部农民工的比重为83.6%，约为24454万人。可见，农民工仍是目前职工队伍中收入最低的群体。

（四）最低工资标准调整幅度过低是最低工资标准占比不断下降的原因

根据国家统计局提供的数据，我们对2017~2021年全国各省份最低工资标准调整情况分析发现，近五年来，全国31个省份的最低工资标准年均增长率均低于当地城镇非私营单位就业人员年均工资增长率；有29个省份最低工资标准年均增长率低于当地城镇私营单位就业人员年均工资增长率；有20个省份最低工资标准年均增长率低于5.0%，其中湖南、贵州、天津和吉林4个省（市）近五年最低工资标准年均增长率低于2.0%。各地区最低工资标准调整幅度过低是最低工资标准占比不断下降的重要原因。2021年按城镇非私营单位和城镇私营单位平均工资计算，全国最低工资标准占比分别为18.20%和30.91%。

目前，我国大量制造业、低端服务业企业一线员工的工资构成，主要就是基本工资和加班费，其中基本工资也就是当地最低工资标准或者略高50~100元，基本工资也是劳动者计算加班费的基数。最低工资标准调整幅度过低，调整频率过长，也是造成一线岗位职工收入水平增长缓慢的主要原因。

为缓解疫情对职工收入的影响，课题组提出以下建议。

第一，高度重视新冠肺炎疫情对职工劳动收入的影响。目前，我国有约4亿职工，庞大的职工队伍在我国经济社会发展中具有无可替代的作用，职工队伍状况事关我国经济发展、社会稳定的大局。职工队伍不仅是社会生产的主力军，也是社会消费的重要群体。在面对新冠肺炎疫情这样的突发社会危机时，与企业相比，职工群体，特别是一线岗位职工，他们受到的冲击更大，其劳动权益在此时最易受到损害。2020年各省、自治区、直辖市暂缓调整最低工资标准就是一个典型的例子。虽然各地政府的初衷是让职工与企业共渡难关，但事实上是让一般职工承担了疫情带来的风险。疫情期间，部分职工收入增长减缓甚至下降，不仅影响到职工本人的生活消费，同时也会影响社会经济的运行。根据国家统计局提供的数据，2020年城镇居民消费支出比2019年减少了1138亿元，2020年我国三大需求中消费需求对GDP增长的贡献率从2019年的58.6%下降到-22.0%，对经济增长的拉动从2019年的3.5%下降到-0.5%。因此，我们需要转变观念，充分认识到新冠肺炎疫情对职工劳动收入的影响，不仅会影响到职工本人的生活，也会对社会经济发展产生影响，因此，各项纾困政策的制定要充分考虑到职工的劳动收入权益问题。

第二，关注受到疫情影响较大的重点地区、行业、岗位的职工群体收入状况。就地区而言，重点关注疫情以来一直在"双低区"的职工收入情况，其中城镇非私营单位有以下省份：河北、山西、内蒙古、吉林、江西、河南、湖北、湖南、海南、四川、贵州、陕西；城镇私营单位有以下省份：河北、黑龙江、江西、山东、广西、海南、重庆、贵州、云南、甘肃。就行业而言、重点关注行业大类中年均工资增长率低于5%的近30个行业，这些行业主要是受疫情冲击较大的接触性服务业、制造业等行业。就岗位而言，重点关注那些受疫情影响较大的行业以及这些行业中的社会生产服务和生活服务人员岗位以及生产制造及有关人员岗位的一线岗位职工的收入状况。同时，特别需要关注农民工群体的收入状况以及同工同酬问题。

第三，深化企业工资收入分配制度改革，健全企业技能人才薪酬激励机制，增加劳动者特别是一线岗位劳动者的劳动报酬。企业通过加强技能人才培训，改革技能人才分配制度，拓宽技术工人上升通道，提升现有职工人力资本实现的幅度，以实现全体职工的共同富裕。改革的重点是改革技能人才分配制度，针对目前我国企业技能劳动者工资待遇方面存在的问题，改革可从以下几个方面进行：一是明确企业在技能人才评价和使用方面的主体作用，企业可根据实际，制定符合本企业特点的技能人才薪酬分配制度；二是打通技能人才成长的通道，为技能人才职业发展建立稳定预期，使其在企业工作感到有奔头；三是提供技能人才薪酬分配的方式方法，指导企业进行工资结构设计，在岗位工资、能力工资、绩效工资及津补贴中体现对技能要素和技能人才创新性劳动的认可；四是在高技能领军人才薪酬设计方面，更加突出技能的稀缺价值，强调在薪酬分配中体现创新创造的价值，为广大技能劳动者树立职业标杆和职业偶像，激发技能劳动者钻研技能、提高技能的热情。

参考文献

国家统计局编 2009~2021 年《中国统计年鉴》，中国统计出版社。

国家统计局人口和就业统计司、人力资源和社会保障部规划财务司编 2016~2021 年《中国劳动统计年鉴》，中国统计出版社。

李玉赋主编《第八次中国职工状况调查》（报告卷），中国工人出版社，2017。

国际劳工组织：《2015 年世界就业和社会展望——工作性质的不断改变》，中国财政经济出版社，2016。

世界银行：《2019 年世界发展报告——工作性质的变革》，世界银行集团，2019。

国家发展和改革委员会就业收入分配和消费司、北京师范大学中国收入分配研究院编著《中国居民收入分配年度报告》（2021），社会科学文献出版社，2022。

信卫平：《探究劳动报酬之谜》，光明日报出版社，2014。

刘军、王霞主编《中国薪酬发展报告》（2020），社会科学文献出版社，2020。

《中共中央　国务院关于构建更加完善的要素市场化配置体制机制的意见》，中国政府网，http://www.gov.cn/zhengce/2020-04/09/content_5500622.htm，2020 年 4 月 9 日。

《中共中央关于制定国民经济和社会发展第十四个五年规划和二〇三五年远景目标

的建议》，中国政府网，http：//www. gov. cn/zhengce/2020－11/03/content_ 5556991. htm，
2020 年 11 月 3 日。

《人力资源社会保障部办公厅关于印发〈技能人才薪酬分配指引〉的通知》，人力资源和
社会保障部网站，http：//www. mohrss. gov. cn//xxgk2020/fdzdgknr/zcfg/gfxwj/ldgx/202102/
t20210204_ 409131. html，2021 年 1 月 26 日。

ILO，*2021 World Employment and Social Outlook—The Role of Digital Labour Platforms in
Transforming the World of Work*，2021.

2021年中国职工养老保险状况研究

郭 鹏*

摘 要： 2020年末城镇职工基本养老保险执行企业制度参保人数增长率为近五年来最高，主要是因为企业养老保险降费对扩面参保产生了积极的影响，另外近几年社保执法和查处力度加大，有效促进了规范用工和规范参保。但农民工、新业态从业人员和个体户人员等由于自身和制度两方面因素叠加，参保率仍普遍不高，这类人群的职工养老保险参保扩面工作仍存在较大的提升空间。下一步，在制度层面，不仅要完善城镇职工养老保险在不同统筹地区的制度内的转移接续办法，使转移接续更加便捷、可操作，对于流动性较大、工作较不稳定的职工群体，还要完善城乡居民社会养老保险制度与城镇职工养老保险制度之间的转移接续办法。2020年以来，北京市、上海市、黑龙江省、贵州省、重庆市等省市也发布国资划转方案，对划转范围、对象、比例和承接主体进行了明确。全国参保抚养比略有上升，地区差异仍较大，与上年相比变化不大，与此同时，养老保险替代率继续下降。在企业年金方面，参保人数增长与上年基本持平，但企业年金参保人数占城镇职工养老保险参保人数的比例仍然不高。

关键词： 财政补贴 中央调剂金 划转国有资本

---

* 郭鹏，中国劳动关系学院副教授，主要研究领域为社会保障国际比较、养老保险。

一 2020年职工养老保险参保状况及建议

（一）全国总体参保情况：原因及建议

2020年末，全国参加城镇职工基本养老保险人数为45621万人，比上年末增加2133万人。参保职工为32859万人，参保离退休人员为12762万人，分别比上年末增加1681万人和452万人。

值得注意的是，2020年末城镇职工基本养老保险执行企业制度参保人数为39908万人，比上年末增加2003万人，增长率达到5.28%。2019、2018、2017和2016年的这一数据分别为1422万人、1166万人、1053万人和1140万人，增长率分别为3.9%、3.3%、3.07%和3.44%，如图1所示，2020年增长率达到近5年来最高。主要原因有二：一是2019年以来，企业养老保险费有较大幅度的降低，从19%降低到16%，对扩面参保起到了较为明显的积极作用；二是近年来有关企业社保的参保督查和执法力度加大，职工的社保维权意识也随着网络和自媒体的发达逐渐增强。这两个方面的原因，促使各地企业用工越来越规范，包含养老保险在内的社保参保情况有了较为明显的改观。

但从全国来看，包括农民工、新业态从业人员等灵活就业人员在内的非正规就业人员参保工作在2020年没有取得实质性进展。造成这一局面的原因是多方面的，从制度层面来看，在制度间的转移接续方面，我国城镇职工养老保险和城乡居民养老保险间的转移接续政策，对这类人群吸引力不大。在制度内的转移继续方面，2019年9月15日，人力资源和社会保障部开发的国家社会保险公共服务平台已正式上线运行。但现阶段，基础信息数据库仍不完善，经办机构信息化水平在地区间的发展仍不平衡，实现系统内外信息共享和业务协同办理的障碍仍然存在。从职工层面来看，我国养老保险相关政策尤其是转移接续和经办流程的相关规定在近年内不断更新，但职工对最新政策的了解滞后很多。这种状况对于正规就业的企业职工影响不大，但

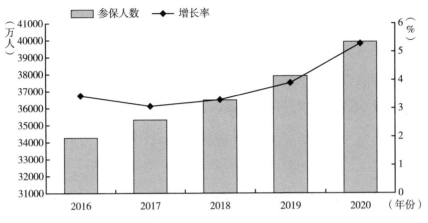

图 1　2016~2020 年企业参保人数及增长率

资料来源：作者根据国家统计局公布数据计算。

对于受教育层次低、就业不稳定的农民工等其他未被就业地职工社会保险制度覆盖的人群而言，极大增加了他们自愿选择不参保的概率。

下一步，应着力改善非正规就业人群的养老保险参保状况。在制度层面，不仅要完善城镇职工养老保险在不同统筹地区的制度内的转移接续办法，使转移接续更加便捷、可操作，对于流动性较大、工作较不稳定的职工群体，还要完善城乡居民社会养老保险制度与城镇职工养老保险制度之间的转移接续办法。2014 年 2 月 24 日，人力资源和社会保障部与财政部联合发布《城乡养老保险制度衔接暂行办法》。按照规定，城镇职工养老保险和城乡居民养老保险互转时缴费年限实行单向认定。参保人员从城乡居民养老保险制度转入城镇职工养老保险制度时，转移其城乡居民养老保险的个人账户全部储存额，但城乡居民养老保险的缴费年限不合并计算或折算成城镇职工养老保险的缴费年限。参保人员从城镇职工养老保险制度转入城乡居民养老保险制度时，缴费年限合并计算，同时个人账户储存额全部转入。这一办法对于那些没有长远务工计划的职工群体并不友好。与此同时，还应该研判城镇职工养老保险制度和城乡居民养老保险制度的定位、目标、边界以及政府在其中的责任。

（二）机关事业单位制度与企业并轨基本完成

人力资源和社会保障部公布的《2020年度人力资源和社会保障事业发展统计公报》数据显示，2020年全国执行企业制度参保人数为39908万人，比上年末增加2003万人。可以推算出截至2020年底，全国机关事业单位参保人数为5713万人[①]，比上年末增加130万人。

图2为2014~2020年，我国机关事业单位参保人数的变动情况及参保人数增长率变化情况。可以看出，自2014年10月实施机关事业单位与城镇企业职工基本养老保险制度并轨以来，机关事业单位参保人数在经历了2015年的工作部署、2016年和2017年的大规模扩面参保之后，2019年和2020年的参保人数增长率稳定在2%~3%，机关事业单位的参保增长人数在近两年已趋于平稳，制度改革工作已基本完成。

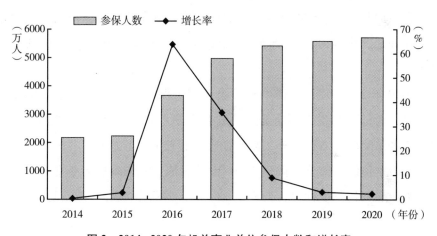

图2　2014~2020年机关事业单位参保人数和增长率

资料来源：作者根据国家统计局公布数据计算。

---

① 根据人力资源和社会保障部公布的《2020年度人力资源和社会保障事业发展统计公报》相关数据估算。2020年末全国参加城镇职工基本养老保险人数为45621万人，其中，执行企业制度参保人数为39908万人，其余参保人员构成中，主要应是机关事业单位人员，故取两者差额。

二　2020年职工养老保险基金情况及问题

（一）2020年基金收支情况分析

2020年，我国城镇职工基本养老保险基金总收入44376亿元，基金支出51301亿元，年末城镇职工基本养老保险基金累计结存48317亿元。2020年2月20日，人力资源和社会保障部、财政部、国家税务总局发布《关于阶段性减免企业社会保险费的通知》（人社部发〔2020〕11号），各省、自治区、直辖市及新疆生产建设兵团可根据受疫情影响情况和基金承受能力，免征减征三项社会保险单位缴费部分。2020年5月22日，国务院总理李克强在第十三届全国人民代表大会第三次会议作《政府工作报告》时提出，"前期出台6月前到期的减税降费政策，包括免征中小微企业养老、失业和工伤保险单位缴费……执行期限全部延长到今年年底"。

2020年2~12月，免征中小微企业养老保险单位缴费部分；2020年2~6月，免征湖北省大型企业（不含机关事业单位，下同）等其他参保单位养老保险单位缴费部分，减半征收其他省份大型企业等其他参保单位养老保险单位缴费部分。截至2020年12月底，我国政府为企业和个人养老、失业和工伤三项社会保险免、减、缓、降等政策合计减费达1.54万亿元。

此外，各省份2020年社会保险个人缴费基数下限可继续执行2019年个人缴费基数下限标准。这一举措也对减轻企业社保缴费负担起到了重要作用，但同时，对基金也造成了一定的损失。从表1可以看出，2020年，城镇职工养老保险基金总收入比2019年减少8543亿元，按照最近十年的最低基金增幅计算，2020年城镇职工养老保险基金收入因减免缓降政策减少的收入在1万亿元以上，保守预计在1.1万亿~1.3万亿元。

表1 2011~2020 年城镇职工养老保险基金收支情况

单位：亿元

年份	总收入	总支出	累计结余
2011	16895	12765	19497
2012	20001	15562	23941
2013	22680	18470	28269
2014	25310	21755	31800
2015	29341	25813	35345
2016	35058	31854	38580
2017	43310	38052	43885
2018	51168	44645	50901
2019	52919	49228	54623
2020	44376	51301	48317

资料来源：作者根据国家统计局公布数据整理。

从各省份情况来看，2020 年，各省份职工养老保险基金当期收入均有不同幅度的减少，如图3 所示，其中，广东省收入比上年减少额度居第一位，达1735 亿元，上海市位居第二，达 897 亿元。降幅超过 500 亿的省（市）还有河北省、江苏省、浙江省和北京市，降幅分别为 754、741、643 和 600 亿元。从图4 可以看出，只有广东省、北京市、云南省、西藏自治区、新疆维吾尔自治区和湖南省 6 个省（区、市）当期基金有结余，分别结余 544.5、207.36、15.3、13.91、4.21 和 2.44 亿元，其余省份当期均收不抵支。

特别值得注意的是，2020 年，由于全国各省份城镇职工养老保险基金的减免缓降政策实施，基金面临较大财务压力。根据《财政部 人力资源社会保障部关于下达 2020 年弥补企业职工基本养老保险基金缺口专项资金的通知》（财社〔2020〕133 号）精神，中央财政从全国社会保障基金调入500 亿元，作为弥补部分地方企业职工基本养老保险基金缺口的专项资金。这是全国社会保障基金理事会自 2000 年成立以来，首次动用全国社会保障基金的储备基金[①]，弥补养老保险基金的缺口。

---

① 全国社会保障基金是为了应对可能的老龄化风险，于 2000 年建立的养老保险储备基金。

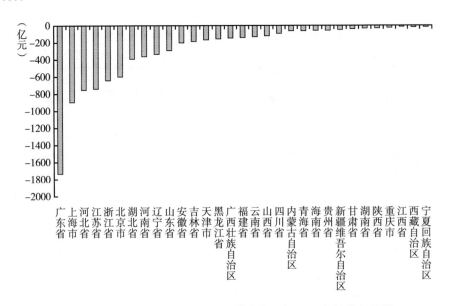

图3　2020年各省份职工养老保险基金收入与2019年的收入差额

资料来源：作者根据国家统计局公布数据计算。

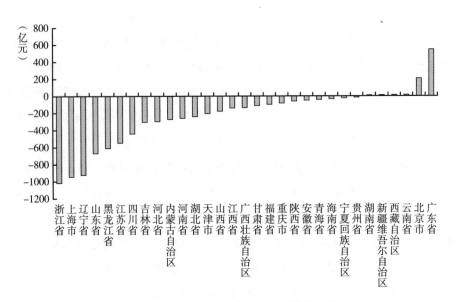

图4　2020年各省份职工养老保险当期收支结余

资料来源：作者根据国家统计局公布数据计算。

（二）中央调剂金执行情况分析

与此同时，2020年企业职工基本养老保险基金中央调剂比例提高到4.0%，2020年中央调剂金净贡献省份仍然是广东省、北京市、福建省、江苏省、浙江省、上海市和山东省（见图5），贡献额分别为645.71、462.59、168.5、152.43、136.49、130.53和70.71亿元。其中，广东省和北京市的贡献最大，净贡献额分别为2018年的237和131.4亿元、2019年的617和342亿元、2020年的645.71和462.59亿元，累计贡献额分别为1499.71和935.99亿元。贵州省、云南省和西藏自治区的净贡献额为零。其余省份均是受益省份，中央调剂金上缴额度小于下拨额度。其中，辽宁省受益额度最高，达到555.58亿元。其余受益额度超过100亿元的省份还有黑龙江省、湖北省和吉林省，额度分别为485.56、186.87和145.19亿元。2020年，全国调剂总规模为7400亿元，自中央调剂金制度实施以来首次出现差额。上缴和下拨差额为1.49亿元，由中央调剂基金财政专户利息收入补足。① 从表2可以看出，自中央调剂金制度实施以来，受益最大的省份是辽宁省和黑龙江省，净受益额分别为2018年的107.9和91.9亿元、2019年的457.1和432.9亿元、2020年的555.58和485.56亿元，累计受益额分别达到1120.58和1010.36亿元。

表2　2018~2020年中央调剂金缴拨情况

单位：亿元

统筹地区	2018年		2019年		2020年	
	上缴	下拨	上缴	下拨	上缴	下拨
北京市	197	65.6	513	171	631.17	168.58
天津市	42.3	48.2	110	115.5	125.14	133.96
河北省	58.2	88	151	178.9	167.95	197.44
山西省	32.7	50.3	85	106	106.34	150.71

---

① 2018年和2019年上缴额度与下拨额度差额均为零。

续表

统筹地区	2018 年		2019 年		2020 年	
	上缴	下拨	上缴	下拨	上缴	下拨
内蒙古自治区	27.5	58	71	150.9	81.93	167.71
辽宁省	65.5	173.4	170	627.1	189.53	745.11
吉林省	29.5	78.6	77	195.5	86.57	231.76
黑龙江省	34.2	126.1	89	521.9	95.36	580.92
上海市	165.2	114	430	324	504.43	373.90
江苏省	239.4	185.6	623	483	738.94	586.51
浙江省	190.9	136.6	497	384	593.28	456.79
安徽省	54.4	69	142	154.6	184.79	189.06
福建省	78.9	35.7	205	93	253.95	85.45
江西省	50.6	66.7	132	173.6	152.61	192.33
山东省	169.3	129.9	441	359	510.12	439.41
新疆生产建设兵团	9	15.5	23	29.2	18.68	29.67
河南省	84.2	91.7	219	225.7	250.33	260.83
湖北省	76.5	122.7	199	319.2	230.88	417.75
湖南省	53.2	87.6	138	169.9	161.48	187.11
广东省	370.8	133.8	965	348	1085.45	439.74
广西壮族自治区	36.5	51.1	95	108	112.81	124.31
海南省	12.2	15.1	32	34.4	39.12	40.48
重庆市	65.2	84.7	170	188.4	198.84	217.23
四川省	98.6	187.5	257	338.9	342.92	393.49
贵州省	36.3	36.3	94	94	110.65	110.65
云南省	37.3	37.3	97	97	114.22	114.22
西藏自治区	3.2	3.2	8	8	14.18	14.18
陕西省	42.7	51.6	111	119.4	125.78	135.89
甘肃省	20.7	31	54	63.6	62.44	85.24
青海省	6.1	8.4	16	21.7	18.54	26.71
宁夏回族自治区	9.6	13.2	25	34.2	32.43	37.11
新疆维吾尔自治区	24.6	25.9	64	65.3	57.37	65.47

资料来源：作者根据财政部公布数据整理。

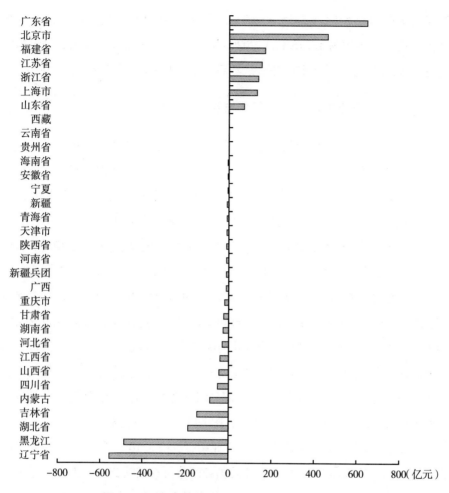

图5 2020年各统筹地区中央调剂金净上缴额度

说明：净上缴额度＝各地区上缴额度－下拨额度。
资料来源：作者根据财政部相关数据计算。

（三）财政补贴占比显著增加

2020年，财政补贴企业职工养老保险基金的额度为6271.31亿元，缴费收入为20886.65亿元，财政补贴占缴费收入的比例高达30.03%，比前几年明显增加。2019年财政补贴企业职工养老保险基金的额度为5587.76亿元，缴费收入为30008.75亿元，财政补贴占缴费收入的比例为18.62%。

2018 年财政补贴额度为 5355.43 亿元，缴费收入为 29507.15 亿元，财政补贴占缴费收入比例为 18.15%。[①] 2020 年，由于受疫情影响，财政补贴负担大幅度提高。整体上，我国财政补贴养老保险的比例并没有规范化、制度化。

（四）国有资本划转工作稳步推进

我国在 20 世纪 90 年代建立现代意义上的养老保险制度之前，国有企业承担了许多社会职能，低工资、高福利的格局是常态，某种程度上，企业对职工负有隐性的社会保障责任，在当时的存在形式是单位保障。实际上，这种隐性债务在养老保险制度建立之后，一直未被妥善解决。

早在 20 世纪 90 年代初期，企业职工养老保险制度改革之时，吴敬琏、郭树清等人就提出要通过从国有资产中划出一部分比例的方式解决老职工社会保险费积累不足的问题。因此，国有资产划拨社保的问题，自 2000 年全国社会保障基金理事会成立之时便开始讨论。但直到 2009 年，仍然只有国务院发布的《境内证券市场转持部分国有股充实全国社会保障基金实施办法》。划转国有资本取得实质性进步是在党的十八届三中全会通过了《中共中央关于全面深化改革若干重大问题的决定》，再次提出"划转部分国有资本充实社会保障基金"。其后，政府密切研判划转方案，2017 年 11 月，国务院下发《划转部分国有资本充实社保基金实施方案》，将划转比例确定为企业国有股权的 10%。[②] 为进一步夯实社保制度基础，2019 年 7 月 10 日召开的国务院常务会议决定，中央和地方全面推开划转部分国有股权充实社保基金，承接主体为全国社会保障基金理事会和地方国有独资公司。2019 年 9 月，财政部、人力资源和社会保障部等五部门联合下发《关于全面推开划转部分国有资本充实社保基金工作的通知》（财资〔2019〕49 号），明确了具体划转的操作办法，为全面开展国有资本划转提供了操作指南和规范。[③] 截至 2019 年底，中央层面已完成划转国有资本 1.3 万亿元。此外，根据《划转部分国有资本充实社保基金实施方案》的规定，地方

---

① 历年财政补贴数据来源于财政部网站。
② 燕晓飞主编《中国职工状况研究报告（2019）》，社会科学文献出版社，2020。
③ 李培、丁少群：《国有资本划转社保基金的政策调适及经验启示》，《改革》2022 年第 5 期。

国有资本划转社保工作的截止日期为 2020 年底。2020 年以来，北京市、上海市、黑龙江省、贵州省、重庆市等省（市）也发布国资划转方案，对划转范围、对象、比例和承接主体进行了明确。划转部分国有资本充实社会保障基金，增强基金的可持续性，为全体国民共享社会保障权益提供了物质基础。[①]

下一步，需要根据各地实际情况分担责任，促进中央和地方国有企业良性发展的同时，推动社保基金可持续发展。要更加清晰地界定在划转国有资本过程中中央和地方的责任关系，处理好划转国有资本收益分红与国有资本利润上缴之间的关系，以及承接主体持股与划转国有企业之间的关系。[②]

（五）全国参保抚养比略有上升，各地差异仍然很大

从图 6 可以看出，2011 年以来，城镇职工养老保险的参保抚养比整体上呈逐年下降趋势，但 2020 年参保抚养比为 2.57，略高于 2019 年的 2.53。主要是由于 2019 年 5 月 1 日起，随着《降低社会保险费率综合方案》的实施，城镇职工养老保险的单位缴费比例降至 16%，起到了鼓励参保的作用。2020 年参保人数的增加幅度较大，高于退休人员的增幅，因此，参保抚养比略有升高。

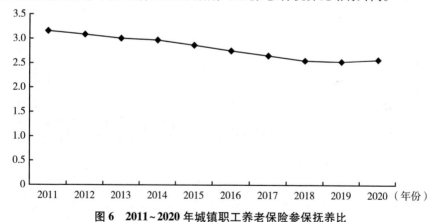

图 6　2011~2020 年城镇职工养老保险参保抚养比

资料来源：作者根据国家统计局公布数据计算。

---

① 封进、赵发强：《新冠肺炎疫情对中国城镇职工养老保险基金积累的影响》，《社会保障评论》2021 年第 1 期。

② 李培、丁少群：《国有资本划转社保基金的政策调适及经验启示》，《改革》2022 年第 5 期。

2.地区差异仍较大，与上年相比变化不大

各省份制度内参保抚养比差距仍然较大。值得关注的是，广东省仍以5.85∶1位列全国第一，与2019年相比，该省份参保抚养比继续下降。2020年，参保抚养比高于全国水平的省份仍然为13个，只是排序略有变化。除广东外，参保抚养比超过3∶1的省份有福建省、北京市、西藏自治区、贵州省、河南省、陕西省、海南省和山东省，参保抚养比分别为4.74∶1、4.71∶1、4.07∶1、3.45∶1、3.29∶1、3.24∶1、3.11∶1和3.04∶1。参保抚养比小于2∶1的省份包括黑龙江省、吉林省、辽宁省、内蒙古自治区、重庆市、湖北省、甘肃省和四川省，分别为1.27∶1、1.33∶1、1.44∶1、1.52∶1、1.85∶1、1.92∶1、1.94∶1和1.99∶1（见图7）。其中，黑龙江省的情况仍然最为糟糕，平均1.27个在职职工供养1位退休职工。但实际上，在近些年推进扩面参保工作的过程中，有不少缴费能力不足的人被扩面进来，还有一些参保人工作流动性很大，在全员参保的企业参保加入制度中，但变换工作之后便中断缴费。上述原因导致中断缴费人员较多，且各个省份的遵缴率差别较大，甚至有些省份的实际缴费人数远小于参保人数。因此实际的参保抚养比情况要比图7的情况更为糟糕。

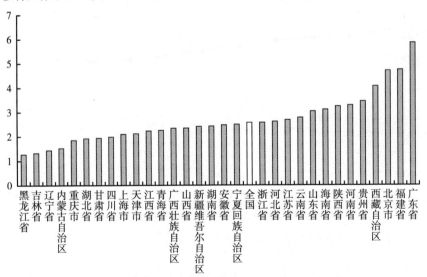

图7 2020年各省份参保抚养比

资料来源：作者根据国家统计局公布数据计算。

三　2020年职工养老保险待遇问题分析

2020年4月，人力资源和社会保障部、财政部联合下发《关于2020年调整退休人员基本养老金的通知》（下文简称《通知》），自2020年1月1日起，为2019年12月31日前已按规定办理退休手续并按月领取基本养老金的企业和机关事业单位退休人员调整基本养老金水平，全国总体调整比例按照2019年退休人员月人均基本养老金的5%确定。各省以全国总体调整比例为高限确定本省调整比例和水平。在待遇调整方法上，继续采取定额调整、挂钩调整与适当倾斜相结合的办法，并实现企业和机关事业单位退休人员调整办法基本统一。定额调整要体现公平原则；挂钩调整要体现"多缴多得""长缴多得"的激励机制，可与退休人员本人缴费年限（或工作年限）、基本养老金水平等因素挂钩；《通知》还规定，对高龄退休人员、艰苦边远地区退休人员，可适当提高调整水平。

2020年全国平均养老金水平接近3350元[①]，只比2019年增加了17元。尤其从各地的养老金水平来看（见图8），差异较大。以在岗职工平均工资为基数计算的全国平均养老保险替代率为39.99%，比2019年下降2.83个百分点。从图9看，替代率从2016年开始连年下降。主要原因是近年来在全民参保扩面工作推进的过程中，扩面进来的主要是收入和缴费能力相对较弱的灵活就业群体或其他非正规就业群体。尤其是，2016年以来不再允许一次性趸缴。各地陆续执行的过程中，效果逐渐显现出来。

四　第二支柱企业年金情况介绍

《全国企业年金基金业务数据摘要2020》公布的数据显示，截至2020年末，全国企业年金积累资金规模为22496.83亿元，同比增加4511.5亿元，增

---

① 根据当年养老基金支出水平和离退休人员数据估算，但因为支出项目中不仅包含养老保险待遇支出，故实际小于这一数据。

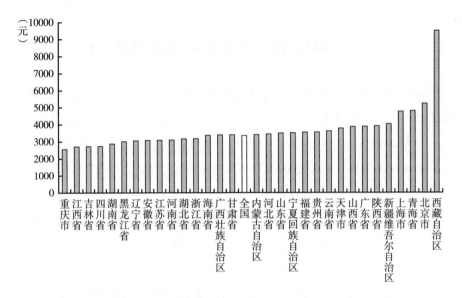

图8　2020年城镇企业职工养老保险各地水平

资料来源：作者根据国家统计局公布数据计算。

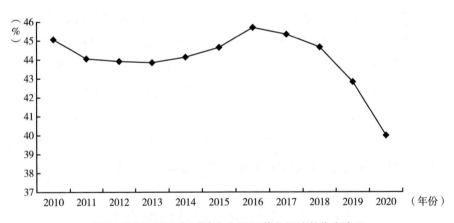

图9　2010～2020年城镇企业职工养老保险替代率水平

资料来源：作者根据国家统计局公布数据计算。

幅为25.1%，较"十二五"期末增加12971.3亿元，增幅为136.2%。全国共有10.5万个企业建立企业年金计划，同比增加0.9万个，增幅为9.4%，较"十二五"期末增加3.0万个，增幅为39.5%；参加职工人数为2717.5万人，同比增加169.6万人，增幅为6.7%，较"十二五"期末增加401.3万人，增幅为17.3%。企业年金自2007年投资运营以来，年均加权平均收益率为7.3%。2020年加权平均收益率为10.31%，较上年增加2.01个百分点，创2008年以来新高，较好实现了基金保值增值目标。尤其是，2017年底《企业年金办法》出台以来，企业年金参保情况有了明显改善，2020年增长率为6.67%，基本和2019年持平（见图10）。但总体上，企业年金参保人数占城镇职工养老保险参保人数的比例仍然不高。

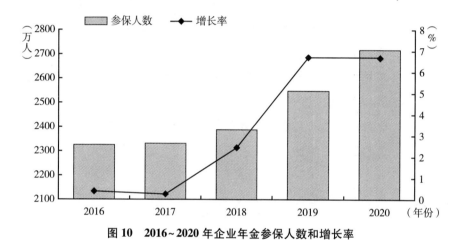

图10　2016～2020年企业年金参保人数和增长率

资料来源：作者根据人力资源和社会保障部公布数据计算。

参考文献

封进、赵发强：《新冠肺炎疫情对中国城镇职工养老保险基金积累的影响》，《社会保障评论》2021年第1期。

李培、丁少群：《国有资本划转社保基金的政策调适及经验启示》，《改革》2022年第5期。

人力资源社会保障部社会保险基金监管局：《全国企业年金基金业务数据摘要2020年度》，2021。

燕晓飞主编《中国职工状况研究报告（2020）》，社会科学文献出版社，2021。

2021年中国职工职业安全状况研究

颜　峻*

摘　要： 本报告研究内容是基于全国和各省、自治区、直辖市2020年安全生产工作方面的统计数据，以及多个重要历史年份和近年全国相关的统计数据。2020年，全国职工职业安全形势持续稳定好转，取得了全年无特别重大事故历史性成绩，生产安全事故起数和死亡人数分别同比下降15.5%和8.3%。实现了"双历史最低、双首次"的好成绩，即生产安全事故起数和死亡人数历史最低，首次未发生特别重大事故，首次化工、烟花爆竹、非煤矿山和工商贸等重点行业领域同时未发生重特大事故。

关键词： 生产安全　职工　事故

一　2020年中国职工职业安全的总体状况

2020年，全国发生各类事故38050起、死亡27412人，同比减少6559起、2107人，分别下降14.7%和7.1%。其中：未发生特别重大事故，同比减少2起、114人；发生重大事故16起、死亡262人，同比起数持平，增加40人、上升18.0%；发生较大事故517起、死亡1984人，同比增加29起、146人，分别上升5.9%和7.9%。经测算，其中，亿元国内生产总值生产安全事故死亡人数为0.027人，比上年下降21.2%；工矿商贸企业就业人员10万人生产安全事故死亡人数为1.301人，比上年下降10.0%；煤矿百万吨死亡人数为0.059人，下降

---

* 颜峻，博士，副教授，主要研究方向为职工劳动安全保护、城市公共安全管理等。

28.9%。道路交通事故万车死亡人数为1.66人，下降7.8%。2010~2020年，我国生产安全事故总体性指标变化趋势，如图1所示。

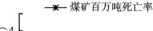

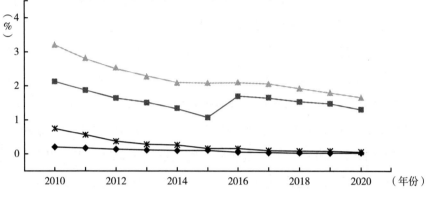

图1 2010~2020年生产安全事故总体性指标

资料来源：国家统计局：《中华人民共和国2020年国民经济和社会发展统计公报》；应急管理部调查评估和统计司：《2020年全国生产安全事故统计分析报告》（总报告）。

二 2020年中国职工职业安全的行业领域状况

（一）生产安全事故行业领域情况

将全国的事故按照行业进行划分，2020年各行业生产安全事故起数和死亡人数，分别如图2、图4所示。可见，在各行业领域事故中，交通运输业事故起数和死亡人数最多，分别占79.7%和71.2%；其次是建筑业，事故起数和死亡人数分别占8.6%和12.7%；商贸制造业事故起数和死亡人数分别占6.2%和8.6%；采矿业事故起数和死亡人数分别占2.0%和2.2%；农林牧渔业事故起数和死亡人数分别占0.8%和1.3%；其他行业事故起数和死亡人数分别占2.8%和3.9%。

各行业事故起数和死亡人数同比变化情况，如图3、图5所示。十二个重点统计的行业领域中，农业机械、金属非金属矿山、化工、烟花爆竹、冶金机械八行业、建筑业、铁路运输、道路运输等8个行业领域事故总量同比"双下降"，占66.7%；渔业船舶、航空运输2个行业领域事故起数同比下降，死亡人数同比上升；煤矿1个行业事故起数同比上升，死亡人数同比下降；水上运输1个行业事故起数和死亡人数同比"双上升"。其中：农业机械发生事故58起，死亡43人，同比减少293起、6人，分别下降83.5%和12.2%；渔业船舶发生事故90起，死亡150人，同比事故起数减少12起，死亡人数增加19人，分别下降11.8%和上升14.5%；煤矿发生事故447起，死亡241人，同比事故起数增加277起，死亡人数减少75人，分别上升162.9%和下降23.7%；金属非金属矿山发生事故312起，死亡352人，同比减少55起、67人，分别下降15.0%和16.0%；化工发生事故144起，死亡178人，同比减少20起、96人，分别下降12.2%和35.0%；烟花爆竹发生事故9起，死亡9人，同比减少4起、21人，分别下降30.8%和70.0%；冶金机械八行业发生事故1261起，死亡1324人，同比减少274起、181人，分别下降17.9%和12.0%；建筑业发生事故3254起，死亡3492人，同比减

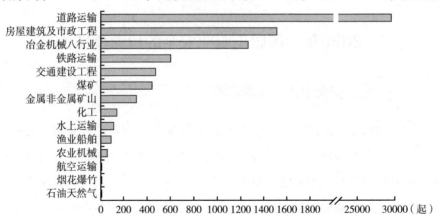

图2　2020年各行业生产安全事故起数

资料来源：国家统计局：《中华人民共和国2020年国民经济和社会发展统计公报》；应急管理部调查评估和统计司：《2020年全国生产安全事故统计分析报告》（总报告）。

少 337 起、257 人，分别下降 9.4% 和 6.9%；铁路运输发生事故 606 起，死亡 507 人，同比减少 430 起、265 人，分别下降 41.5% 和 34.3%；道路运输发生事故 29435 起，死亡 18563 人，同比减少 5108 起、936 人，分别下降 14.8% 和 4.8%；水上运输发生事故 114 起，死亡 258 人，同比增加 8 起、118 人，分别上升 7.5% 和 84.3%；航空运输发生事故 9 起，死亡 15 人，同比减少 7 起、增加 7 人，分别下降 43.8% 和上升 87.5%。

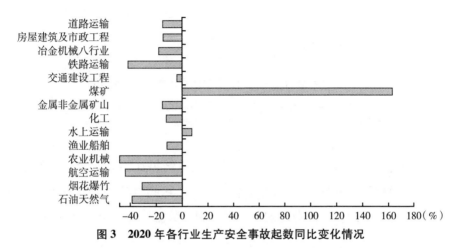

图 3　2020 年各行业生产安全事故起数同比变化情况

资料来源：国家统计局：《中华人民共和国 2020 年国民经济和社会发展统计公报》；应急管理部调查评估和统计司：《2020 年全国生产安全事故统计分析报告》（总报告）。

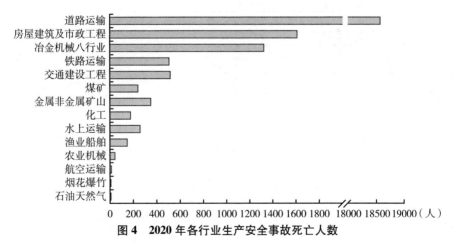

图 4　2020 年各行业生产安全事故死亡人数

资料来源：国家统计局：《中华人民共和国 2020 年国民经济和社会发展统计公报》；应急管理部调查评估和统计司：《2020 年全国生产安全事故统计分析报告》（总报告）。

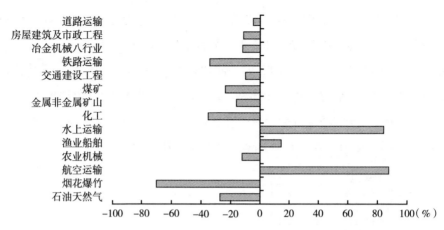

图5 2020年各行业生产安全事故死亡人数同比变化情况

资料来源：国家统计局：《中华人民共和国2020年国民经济和社会发展统计公报》；应急管理部调查评估和统计司：《2020年全国生产安全事故统计分析报告》（总报告）。

对各行业单起事故死亡率进行测算，测算结果如图6所示。在各行业中，单起事故死亡率最高的行业为水上运输，每起事故平均致死率达2.3人，其次为航空运输、渔业船舶等。以上测算数据，与2019年煤矿和化工

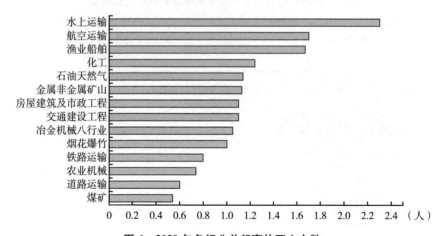

图6 2020年各行业单起事故死亡人数

资料来源：国家统计局：《中华人民共和国2020年国民经济和社会发展统计公报》；应急管理部调查评估和统计司：《2020年全国生产安全事故统计分析报告》（总报告）。

行业在所有行业中单起事故致死率较高情况不同，2020 年单起事故致死率较高集中在运输行业，反映了行业事故率不断变化的特征。

（二）生产安全较大事故行业领域情况

全国发生较大事故 517 起、死亡 1984 人，同比增加 29 起、146 人，分别上升 5.9% 和 7.9%。其中，十二个重点统计的行业领域中，农业机械和烟花爆竹 2 个行业没有发生较大事故，占 16.7%；煤矿、烟花爆竹 2 个行业领域较大事故同比"双下降"，占 16.7%；渔业船舶、化工、冶金机械八行业、建筑业、道路运输、水上运输、航空运输等 7 个行业较大事故同比"双上升"，占 58.3%（见图 7 至图 10）。其中：渔业船舶发生较大事故 12 起，死亡 59 人，同比增加 1 起、12 人；煤矿发生较大事故 11 起，死亡 52 人，同比减少 11 起、53 人；金属非金属矿山发生较大事故 9 起，死亡 34 人，同比增加 1 人，死亡人数与上年持平；化工发生较大事故 10 起，死亡 41 人，同比增加 1 起、6 人；冶金机械八行业发生较大事故 42 起，死亡 185 人，同比增加 14 起、72 人；建筑业发生较大事故 84 起，死亡 308 人，同比增加 18 起、63 人；铁路运输发生较大事故 4 起，死亡 6 人，同比增加 2 起、减少 1 人；道路运输发生较大事故 287 起，死亡 1071 人，同比增加 19 起、

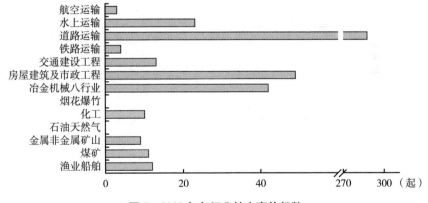

图 7　2020 年各行业较大事故起数

资料来源：国家统计局：《中华人民共和国 2020 年国民经济和社会发展统计公报》；应急管理部调查评估和统计司：《2020 年全国生产安全事故统计分析报告》（总报告）。

86 人；水上运输发生较大事故 23 起，死亡 109 人，同比增加 11 起、62 人；航空运输发生较大事故 3 起，死亡 9 人，同比增加 3 起、9 人。

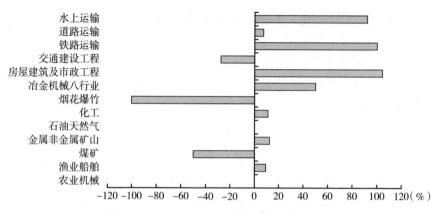

图 8　2020 年各行业较大事故起数同比变化

资料来源：国家统计局：《中华人民共和国 2020 年国民经济和社会发展统计公报》；应急管理部调查评估和统计司：《2020 年全国生产安全事故统计分析报告》（总报告）。

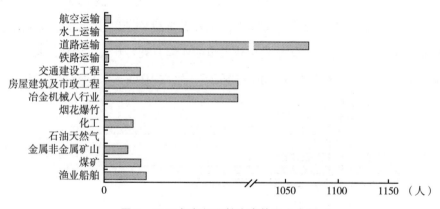

图 9　2020 年各行业较大事故死亡人数

资料来源：国家统计局：《中华人民共和国 2020 年国民经济和社会发展统计公报》；应急管理部调查评估和统计司：《2020 年全国生产安全事故统计分析报告》（总报告）。

在各行业领域较大事故中，交通运输业发生事故起数和死亡人数最多，分别占 61.2% 和 60.1%；其次是建筑业，事故起数和死亡人数分别占 16.2% 和 15.5%；商贸制造业事故起数和死亡人数分别占 10.6% 和 12.0%；

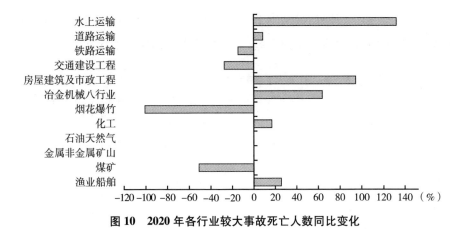

图10　2020 年各行业较大事故死亡人数同比变化

资料来源：国家统计局：《中华人民共和国 2020 年国民经济和社会发展统计公报》；应急管理部调查评估和统计司：《2020 年全国生产安全事故统计分析报告》（总报告）。

采矿业事故起数和死亡人数分别占 4.1%和 4.6%；农林牧渔业事故起数和死亡人数分别占 4.2%和 4.6%；其他行业事故起数和死亡人数分别占 3.7%和 3.2%。

（三）生产安全重大事故行业领域情况

全国发生重大事故 16 起、死亡 262 人，同比起数持平，增加 40 人、上升 18.0%。其中，十二个重点统计的行业领域中，农业机械、金属非金属矿山、化工、烟花爆竹、冶金机械八行业、铁路运输和航空运输等 7 个行业未发生重大事故，占 58.3%；金属非金属矿山、化工、烟花爆竹和冶金机械八行业等 4 个行业重大事故同比"双下降"，占 33.3%；渔业船舶、道路运输和水上运输等 3 个行业同比"双上升"，占 25.0%（见图 11）。农业机械、铁路运输和航空运输等 3 个行业未发生重大事故，与上年持平；金属非金属矿山未发生重大事故，同比减少 2 起、35 人；化工未发生重大事故，同比减少 2 起、25 人；烟花爆竹未发生重大事故，同比减少 1 起、13 人；冶金机械八行业未发生重大事故，同比减少 1 起、10 人；渔业船舶发生重大事故 1 起，死亡 21 人，同比增加 1 起、21 人；煤矿发生重大事故 3 起，死亡 52 人，与上年持平；建筑业发生重大事故 2 起，死亡 58 人，同比减少

1 起、增加 23 人；道路运输发生重大事故 4 起，死亡 61 人，同比增加 3 起、51 人；水上运输发生重大事故 5 起，死亡 57 人，同比增加 5 起、57 人。

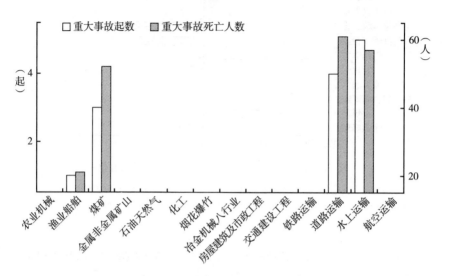

图 11　2020 年各行业重大生产安全事故起数和死亡人数

资料来源：国家统计局：《中华人民共和国 2020 年国民经济和社会发展统计公报》；应急管理部调查评估和统计司：《2020 年全国生产安全事故统计分析报告》（总报告）。

在各行业领域重大事故中，交通运输业事故起数和死亡人数最多，分别占 56.3% 和 45.0%；其次是采矿业，事故起数和死亡人数分别占 18.8% 和 19.8%；建筑业事故起数和死亡人数分别占 12.5% 和 22.1%；农林牧渔业事故起数和死亡人数分别占 6.3% 和 8.0%；其他行业事故起数和死亡人数分别占 6.3% 和 5.0%。

（四）生产安全特别重大事故行业领域情况

全国未发生特别重大事故，同比减少 2 起、114 人。其中：十二个重点统计的行业领域中，农业机械、渔业船舶、煤矿、金属非金属矿山、烟花爆竹、冶金机械八行业、建筑业、铁路运输、水上运输、航空运输等 10 个行业未发生特别重大事故，与上年持平；化工未发生特别重大事故，同比减少 1 起、78 人；道路运输未发生特别重大事故，同比减少 1 起、36 人。

三 2020年中国职工职业安全的全国各地区状况

（一）生产安全事故全国各地区情况

2020年各地区生产安全事故起数、死亡人数和每亿元GDP生产安全事故死亡人数，如图12至图14所示。全国32个省级统计单位中，有21个单位实现同比"双下降"，占65.6%；有9个单位同比"双上升"，占28.1%；有1个单位事故起数下降，死亡人数上升，占3.1%；有1个单位事故起数上升，死亡人数下降，占3.1%。

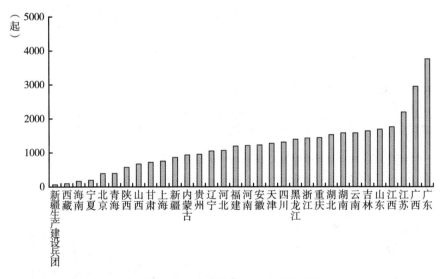

图12　2020年各地区生产安全事故起数

资料来源：国家统计局：《中华人民共和国2020年国民经济和社会发展统计公报》；应急管理部调查评估和统计司：《2020年全国生产安全事故统计分析报告》（总报告）。

发生事故的单位中，事故起数居前三位的分别是广东3763起，广西2946起，江苏2197起；事故起数居后三位的分别是新疆生产建设兵团60起，西藏97起，海南163起；死亡人数居前三位的分别是广东2585人，广西1880人，湖南1667人；死亡人数居后三位的分别是新疆生产建设兵团43

人，西藏98人，宁夏168人。每亿元GDP生产安全事故死亡人数居前三位的分别是广西、青海、甘肃。

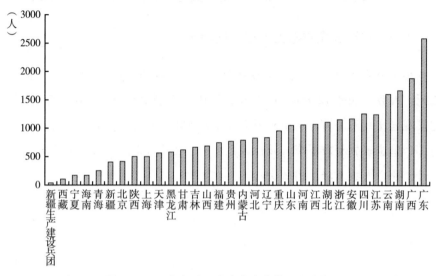

图13　2020年各地区生产安全事故死亡人数

资料来源：国家统计局：《中华人民共和国2020年国民经济和社会发展统计公报》；应急管理部调查评估和统计司：《2020年全国生产安全事故统计分析报告》（总报告）。

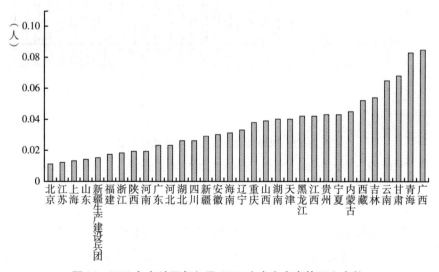

图14　2020年各地区每亿元GDP生产安全事故死亡人数

资料来源：国家统计局：《中华人民共和国2020年国民经济和社会发展统计公报》；应急管理部调查评估和统计司：《2020年全国生产安全事故统计分析报告》（总报告）。

（二）生产安全较大事故全国各地区情况

2020 年各地区较大生产安全事故起数和死亡人数，如图 15、图 16 所示。全国 32 个省级统计单位中，有 10 个单位实现同比"双下降"。事故起数居前三位的分别是广东 38 起，云南 33 起，广西、山西并列各 30 起；事故起数居后三位的分别是宁夏 3 起，上海 4 起，西藏、北京和天津并列各 5 起；死亡人数居前三位的分别是广东 146 人，广西 119 人，河南 117 人；死亡人数居后三位的分别是宁夏 13 人，北京 16 人，天津 21 人。

（三）生产安全重大事故全国各地区情况

2020 年各地区重大生产安全事故起数和死亡人数，如图 17、图 18 所示。全国 32 个省级统计单位中，北京、天津、河北、内蒙古、辽宁、黑龙

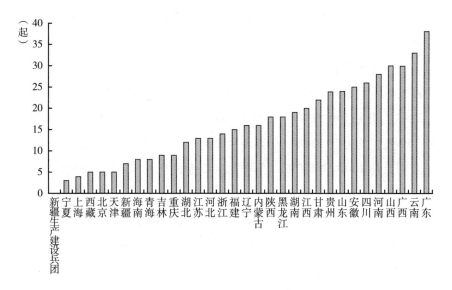

图 15　2020 年各地区较大生产安全事故起数

资料来源：国家统计局：《中华人民共和国 2020 年国民经济和社会发展统计公报》；应急管理部调查评估和统计司：《2020 年全国生产安全事故统计分析报告》（总报告）。

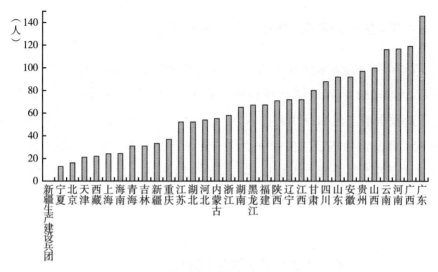

图 16　2020 年各地区较大生产安全事故死亡人数

资料来源：国家统计局：《中华人民共和国 2020 年国民经济和社会发展统计公报》；应急管理部调查评估和统计司：《2020 年全国生产安全事故统计分析报告》（总报告）。

江、江苏、安徽、江西、河南、湖北、广西、海南、四川、贵州、云南、西藏、陕西、甘肃、青海、宁夏、新疆和新疆生产建设兵团等 23 个省级统计单位未发生重大事故，占 71.9%。

在发生重大事故的 9 个单位中，浙江发生 3 起，死亡 51 人，同比增加 1 起、22 人，分别上升 50% 和 75.9%；福建发生 3 起，死亡 52 人，同比增加 3 起、52 人，均上升 100%；山西发生 2 起，死亡 42 人，同比增加 1 起、27 人，分别上升 100% 和 180%；吉林发生 2 起，死亡 30 人，同比增加 2 起、30 人，均上升 100%；重庆发生 2 起，死亡 39 人，同比增加 2 起、39 人，均上升 100%；上海发生 1 起，死亡 14 人，同比事故起数持平，死亡人数增加 2 人，死亡人数上升 16.7%；山东发生 1 起，死亡 10 人，同比减少 1 起、10 人，均下降 50%；湖南发生 1 起，死亡 13 人，同比减少 1 起、10 人，分别下降 50% 和 43.5%；广东发生 1 起，死亡 11 人，同比增加 1 起、11 人，均上升 100%。

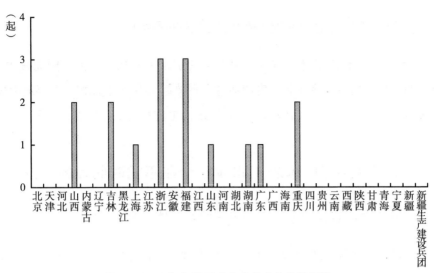

图 17 2020 年各地区重大生产安全事故起数

资料来源：国家统计局：《中华人民共和国 2020 年国民经济和社会发展统计公报》；应急管理部调查评估和统计司：《2020 年全国生产安全事故统计分析报告》（总报告）。

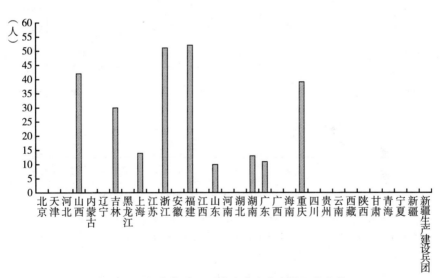

图 18 2020 年各地区重大生产安全事故死亡人数

资料来源：国家统计局：《中华人民共和国 2020 年国民经济和社会发展统计公报》；应急管理部调查评估和统计司：《2020 年全国生产安全事故统计分析报告》（总报告）。

（四）生产安全特别重大事故全国各地区情况

全国 32 个省级统计单位中，未发生特别重大事故。比上年同期减少 2 起、114 人。其中：除江苏发生特别重大事故起数和死亡人数与上年同期相比减少 2 起、114 人外，其余 31 个省级统计单位均与上年持平。

四 2020年中国职工职业安全在不同时间段的状况

（一）生产安全事故在不同时间段的总体情况

2020 年全国各月的事故起数和死亡人数，如图 19 所示。可见，按事故发生时间分布特征为：全年生产安全事故 5~6 月最为多发。

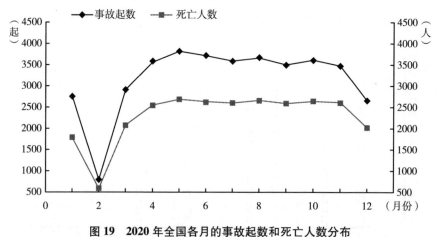

图 19　2020 年全国各月的事故起数和死亡人数分布

资料来源：国家统计局：《中华人民共和国 2020 年国民经济和社会发展统计公报》；应急管理部调查评估和统计司：《2020 年全国生产安全事故统计分析报告》（总报告）。

一是 5 月事故起数和死亡人数最多，发生 3819 起事故，死亡 2683 人；2 月事故起数和死亡人数最少，发生 787 起，死亡 569 人；事故起数在 3~5 月、7~8 月和 9~10 月环比上升，在其余月份环比下降；死亡人数在 3~5 月、7~8 月和 9~10 月环比上升，在其余月份环比下降。

二是二季度事故起数和死亡人数最多，一季度事故起数和死亡人数均为最少。事故起数和死亡人数全年呈二季度上升，三、四季度下降的趋势。

从事故起数看：一季度发生各类事故 6454 起，占 17.0%；二季度发生各类事故 11098 起，占 29.2%；三季度发生各类事故 10756 起，占 28.3%；四季度发生各类事故 9742 起，占 25.6%。

从死亡人数看：一季度死亡人数共计 4429 人，占 16.2%；二季度死亡人数共计 7870 人，占 28.7%；三季度死亡人数共计 7848 人，占 28.6%；四季度死亡人数共计 7265 人，占 26.5%。

（二）生产安全较大事故在不同时间段的总体情况

2020 年月度较大生产安全事故的事故起数与死亡人数，如图 20 所示。全年较大事故 5 月和 11 月最为多发。

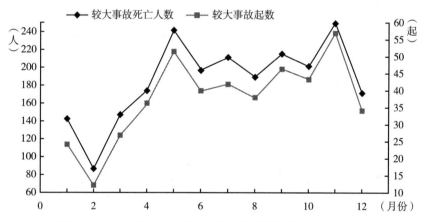

图 20　2020 年月度较大生产安全事故的事故起数与死亡人数趋势

资料来源：国家统计局：《中华人民共和国 2020 年国民经济和社会发展统计公报》；应急管理部调查评估和统计司：《2020 年全国生产安全事故统计分析报告》（总报告）。

一是 11 月较大事故起数和死亡人数最多，发生 60 起，死亡 238 人；2 月较大事故起数和死亡人数最少，发生 17 起，死亡 69 人；较大事故起数和死亡人数全年波动变化较大，分别在 3~5 月、7 月、9 月和 11 月上升，在其余月份下降。

二是四季度较大事故起数和死亡人数最多，发生146起，死亡577人；一季度较大事故起数和死亡人数最少，发生82起，死亡308人。较大事故起数和死亡人数呈二季度递增，随后趋于平稳的趋势。

从事故起数看：一季度发生各类较大事故82起，占15.9%；二季度发生各类较大事故144起，占27.9%；三季度发生各类较大事故145起，占28.0%；四季度发生各类较大事故146起，占28.2%。

从事故死亡人数看：一季度死亡人数共计308人，占15.5%；二季度死亡人数共计552人，占27.8%；三季度死亡人数共计547人，占27.6%；四季度死亡人数共计577人，占29.1%。

（三）生产安全重大事故在不同时间段的总体情况

2020年各月份的重大生产安全事故起数与死亡人数，如图21所示。按事故发生时间分，重大事故发生较多月份为：主要发生在8月、9月和11月。

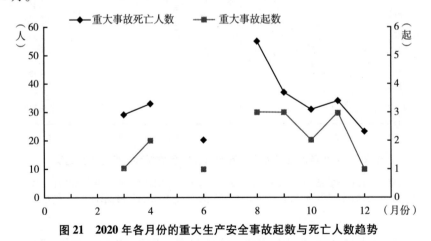

图21　2020年各月份的重大生产安全事故起数与死亡人数趋势

资料来源：国家统计局：《中华人民共和国2020年国民经济和社会发展统计公报》；应急管理部调查评估和统计司：《2020年全国生产安全事故统计分析报告》（总报告）。

一是8月、9月和11月最多，均发生3起；4月、10月均发生2起；3月、6月和12月均发生1起；其余月份均未发生重大事故。

二是三季度和四季度事故起数最多，发生6起；三季度死亡人数最多，死亡92人；一季度重大事故起数和死亡人数最少，发生1起，死亡29人。重大事故起数和死亡人数呈二、三季度环比上升，四季度环比下降的趋势。

从事故起数看：一季度发生重大事故1起，占6.3%；二季度发生重大事故3起，占18.8%；三季度发生重大事故6起，占37.5%；四季度发生重大事故6起，占37.5%。

从死亡人数看：一季度死亡人数共计29人，占11.1%；二季度死亡人数共计53人，占20.2%；三季度死亡人数共计92人，占35.1%；四季度死亡人数共计88人，占33.6%。

（四）生产安全特别重大事故在不同时间段的总体情况

2020年，未发生特别重大事故。

五　2020年中国职工职业安全状况特点及问题分析

2020年，应急管理部门以最严格的措施化解突出风险，将危化品系统性安全风险放在突出地位，出台了关于全面加强危化品安全生产工作意见；汲取黎巴嫩贝鲁特大爆炸事件教训，迅速开展三轮硝酸铵等危化品安全风险隐患专项排查治理；完成两轮危化品重点县专家指导服务；开展油气储存和长输管道企业安全风险隐患专项排查治理督导；整治非法违法"小化工"；紧盯煤矿、非煤矿山、尾矿库、粉尘涉爆、消防等重点行业领域重大风险，全面开展专项整治，广泛开展明察暗访，强化安全监管执法，开展事故提级督查；针对道路交通、水上交通、建筑施工、农村房屋、渔业船舶等行业领域事故多发状况，及时督办排查整治风险隐患；地方应急部门与消防机构建立重大危险源企业联合监管机制；开展野外火源治理和打击违法用火行动，推动开展输配电线路火灾隐患专项整治。在多举措综合治理下，全国职业安全工作表现出如下特征。

一是事故总量同比持续"双下降"。2020年，事故起数和死亡人数分别下降14.7%和7.1%，已连续18年保持同比"双下降"。

二是较大事故同比"双上升"。2020年，较大事故起数和死亡人数分别上升5.9%和7.9%，结束连续15年同比"双下降"的趋势，第一年出现"双上升"。

三是重特大事故出现反弹。2020年，重大事故起数与上年持平，死亡人数上升18.0%，结束连续9年保持同比"双下降"的趋势，第一年出现死亡人数上升。

四是大部分行业领域安全状况好转。农业机械、金属非金属矿山、化工、烟花爆竹、冶金机械八行业、建筑业、铁路运输、道路运输事故起数和死亡人数同比"双下降"。农业机械、金属非金属矿山、石油天然气、化工、烟花爆竹、冶金机械八行业、铁路运输、航空运输等行业领域全年未发生重特大事故，农业机械、烟花爆竹未发生较大以上事故。

五是事故总量仍然偏大。2020年，尽管事故总量实现连续同比"双下降"，但事故总量仍然偏大，全年发生3.81万起事故，造成2.74万人死亡，平均每天仍有104起事故发生，造成75人死亡，安全风险仍然偏高，安全生产形势依然严峻。

六是部分行业领域和地区安全状况不容乐观。从行业领域看，2020年道路运输事故起数和死亡人数仍均居第一位，分别占77.4%和67.7%；渔业船舶事故起数同比下降11.8%、死亡人数同比上升14.5%；煤矿事故起数同比上升162.9%、死亡人数下降23.7%；水上运输事故起数同比上升7.5%、死亡人数上升84.3%；航空运输事故起数下降43.8%、死亡人数上升87.5%。从地区情况看，全年共有9个省级统计单位发生了重特大事故，14个省级统计单位较大事故同比"双上升"。

七是防范化解重特大事故风险仍是重中之重。全年重大事故起数与去年持平、死亡人数同比上升18.0%，全年未发生特别重大事故。

八是一些时段事故较为频发多发。2020年二、三季度安全生产形势较严峻，其中二季度事故起数和死亡人数居各季度之首。从月度趋势分析看，5月事故起数和死亡人数最多。

六　对策及建议

一是当前安全生产仍处于爬坡过坎期，高危行业领域风险点多面广，城市安全风险大，农村安全隐患突出，新行业新业态安全风险凸显，安全生产工作艰巨繁重，容不得丝毫松懈和半点马虎。

二是积极推动疫情防控常态化条件下，创新安全监管方式方法，压实地方党委政府领导责任、行业部门监管责任、企业主体责任，进一步推动各地区各部门全面排查各类风险隐患。

三是对矿山、化工、烟花爆竹、建筑施工、道路交通和水上交通等重点行业领域进行专项检查，对大型商业综合体、宾馆饭店、歌舞娱乐和城中村、门店房、"多合一"等高危场所和"小场所"加强消防安全检查，严厉打击各类安全生产违法违规行为，彻底治理一批重大安全隐患，坚决遏制群死群伤职业安全事故发生，确保岁末年初全国安全生产形势持续稳定。

参考文献

国家统计局：《中华人民共和国2020年国民经济和社会发展统计公报》，2021。

应急管理部调查评估和统计司：《2020年全国生产安全事故统计分析报告》，2021。

《2020年全国安全生产形势持续稳定好转　取得了全年无特别重大事故历史性成绩》，《中国安全生产》2021年第1期。

本刊编辑部：《2020我国应急管理与安全生产重大事件回顾》，《劳动保护》2021年第2期。

国家统计局编《中国统计年鉴》（2021），中国统计出版社，2021。

2021年中国职工职业卫生状况研究

唱 斗*

摘 要： 职业健康是健康中国建设的重要基础和组成部分，事关广大劳动者健康福祉、经济发展和社会稳定大局。本报告从2021年中国职工职业卫生总体状况、不同种类职业病的发病特点、新冠肺炎疫情常态化重点职业人群的职业卫生等方面进行了分析。结果显示，我国职业病新发病例总体呈现先上升后下降的趋势。2021年发病人数为15407人，较2020年下降1657人。职业性尘肺病（含其他呼吸系统疾病）发病人数最多，占职业病发病总人数的比例为77%，较2020年稍有下降。其次为职业性耳鼻喉口腔疾病和职业性化学中毒，发病人数分别为2123人和1310人。最后，从七个方面提出具有可行性的对策建议：重视职业病防治工作，制定《国家职业病防治规划（2021—2025年）》；加强职业卫生标准管理体制建设；开展工作场所健康促进，建立一个健康安全和谐的工作环境；进一步完善疫情防控政策体系，坚持"动态清零"总方针；加强职业卫生培训，增强重点职业人群感染控制意识；新冠肺炎疫情期间，积极开展紧急心理危机干预；建立保护关心关爱医务人员长效机制，及时开展医务人员工伤认定。

关键词： 职业卫生 职业病 职业性尘肺病 新冠肺炎疫情防控常态化

---

* 唱斗，中国劳动关系学院副教授，博士，主要研究方向为职业卫生与环境卫生学、个体防护、职业毒理学。

一 2021年中国职工职业卫生总体状况

（一）全国职业病危害现状统计调查概况

经国家统计局批准，国家卫生健康委组织开展了全国职业病危害现状统计调查。调查范围为全国 31 个省（区、市）及新疆生产建设兵团所属的 347 个地（市、州、师）及其 3027 个县（市、区、团），调查行业为采矿业、制造业以及电力、燃气及水的生产和供应业三大行业（以下简称"工业企业"）。调查采用抽样调查的方式，共调查正常运行的、从业人员 10 人及以上的工业企业 282191 家，从业人员 2211.39 万人，其中，女职工 788.12 万人，劳务派遣人员 102.70 万人，分别占被调查企业从业人员总数的 35.64% 和 4.64%。

被调查企业中，存在一种及以上职业病危害因素的企业为 263723 家，占总数的 93.46%。存在职业病危害因素的企业中，存在粉尘危害的企业为 195618 家，占 74.18%；存在化学毒物的企业为 117943 家，占 44.72%；存在物理危害因素的企业为 239911 家，占 90.97%，其中，存在噪声危害的企业为 234210 家，占存在职业病危害因素企业的 88.81%。被调查企业的从业人员中，接触职业病危害因素劳动者为 870.38 万人，劳动者接害率为 39.36%。接触职业病危害因素劳动者中，接触粉尘的劳动者为 412.57 万人，占 47.40%；接触化学毒物的劳动者为 241.06 万人，占 27.70%；接触物理因素的劳动者为 656.72 万人，占 75.45%，其中，接触噪声危害劳动者为 626.28 万人，占 71.95%；接触生物因素的劳动者为 1.22 万人，占 0.14%；接触其他因素的劳动者为 4.71 万人，占 0.54%。

（二）职业病新发病例15407人，较上一年下降了1657人

《中华人民共和国职业病防治法》（下面简称《职业病防治法》）是我国预防、控制和消除职业病危害，防治职业病，保护劳动者健康及其相关权益的一部专门法律。《职业病防治法》将职业病定义为"职业病是指企业、

事业单位和个体经济组织等用人单位的劳动者在职业活动中，因接触粉尘、放射性物质和其他有毒、有害因素而引起的疾病"。

1957 年，卫生部在《职业病范围和职业病患者处理办法的规定》中，确定了 14 种法定职业病。1987 年，该规定将修订的职业病名单增加到 9 大类 99 种职业病，并由卫生部、劳动部、财政部和全国总工会联合发布。同时，还规定了这类疾病需由国家认定的有职业病诊断权的医疗卫生机构进行诊断。2002 年 4 月 18 日，卫生部和劳动保障部联合印发了《职业病目录》，其内容包括尘肺、职业中毒等，共计 10 大类 115 种。2013 年 12 月 23 日，国家卫生与计划生育委员会、人力资源和社会保障部、国家安全监管总局、全国总工会四部门联合印发的《职业病分类和目录》（国卫疾控发〔2013〕48 号）对原《职业病目录》进行了调整，职业病由原来的 10 大类 115 种增加到 10 大类 132 种，包括职业性尘肺病及其他呼吸系统疾病、职业性皮肤病、职业性眼病、职业性耳鼻喉口腔疾病、职业性化学中毒、物理因素所致职业病、职业性放射性疾病、职业性传染病、职业性肿瘤、其他职业病。

2005～2021 年国家卫生健康委员会统计的数据显示，职业病新发病例总体呈现先上升后下降的趋势。2021 年发病人数为 15407 人，较 2020 年下降 1657 人，如图 1 所示。

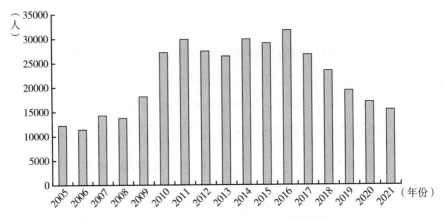

图 1   2005～2021 年我国职业病新发病例

资料来源：中华人民共和国国家卫生健康委员会网站。

（三）职业病累计患病人数为1026731人

国家卫生健康委员会统计的数据显示，截止到 2021 年底（含 2005 年前患病人数），职业病累计患病人数为 1026731 人，如图 2 所示。

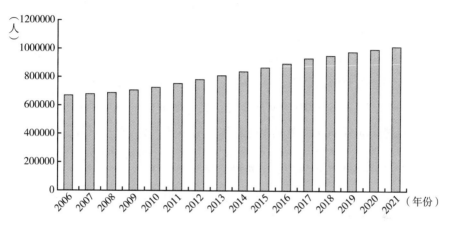

图 2　截止到 2021 年底我国职业病累计患病人数

资料来源：中华人民共和国国家卫生健康委员会网站。

二　不同种类职业病的发病特点

（一）职业性尘肺病新发病例为11877人，居首位

根据《职业病分类和目录》（2013 年版），职业性尘肺病指在生产劳动过程中长期吸入粉尘而发生的以肺组织纤维化为主的疾病，包括矽肺、煤工尘肺、石墨尘肺、碳黑尘肺、石棉肺、滑石尘肺、水泥尘肺、云母尘肺、陶工尘肺、铝尘肺、电焊工尘肺、铸工尘肺，根据《尘肺病诊断标准》和《尘肺病理诊断标准》可以诊断的其他尘肺病，是当前我国由粉尘引起的职业性肺部疾患中危害最严重的一类疾病，是危害最重的法定职业病之一，共计 13 种。其他呼吸系统疾病包括过敏性肺炎、棉尘病、哮喘、金属及其化

合物粉尘肺沉着病（锡、铁、锑、钡及其化合物等）、刺激性化学物所致慢性阻塞性肺疾病、硬金属肺病，共计6种。

国家卫生健康委员会统计数据显示，2021年职业性尘肺病及其他呼吸系统疾病发病人数为11877人，较2020年下降2531人，职业性尘肺病为11809人，较2020年下降2558人。2005~2021年职业性尘肺病（含其他呼吸系统疾病）病例占职业病发病总人数的比例维持在一个较高的水平，即75%~90%，其中2014年、2015年职业性尘肺病（含其他呼吸系统疾病）构成比最高，为90%，2021年职业性尘肺病（含其他呼吸系统疾病）病例所占比例为77%，较2020年有所下降。其他职业病（除职业性尘肺病及其他呼吸系统疾病外的9大类职业病总和）所占比例为23%。如图3所示。

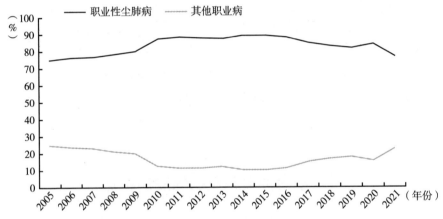

图3　2005~2021年职业性尘肺病（含其他呼吸系统疾病）构成比

资料来源：中华人民共和国国家卫生健康委员会网站。

（二）职业性耳鼻喉口腔疾病发病人数远超职业性化学性中毒，位居第二位

根据《职业病分类和目录》（2013年版），职业性耳鼻喉口腔疾病包括噪声聋、铬鼻病、牙酸蚀病、爆震聋，共计4种。职业性化学性中毒包括铅及其化合物中毒（不包括四乙基铅）、汞及其化合物中毒、砷化氢中毒、氯气中毒、二氧化硫中毒、硫化氢中毒、磷化氢、磷化锌、磷化铝中毒、苯的氨基及硝基化合物（不包括三硝基甲苯）中毒、三硝基甲苯中毒、有机磷中毒、氨基甲酸酯类中毒、杀虫脒中毒、溴甲烷中毒、上述条目未提及的与职业有害因素接触之间存在直接因果联系的其他化学中毒等，共计60种。

2005~2021年职业性耳鼻喉口腔疾病发病人数总体呈现上升趋势，2015年发病人数超过职业性化学中毒，2021年发病人数最高，为2123人，较2020年增加813人，位居第二位。2005~2021年职业中毒发病人数呈现先上升后下降的趋势。2021年发病人数为567人。较2020年增加81人（见图4）。

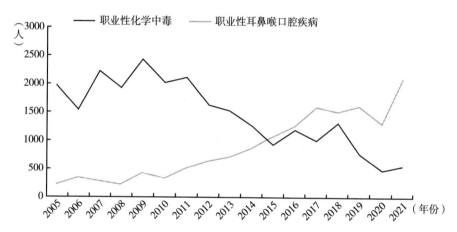

图4　2005~2021年职业性化学中毒与职业性耳鼻喉口腔疾病发病人数比较

资料来源：中华人民共和国国家卫生健康委员会网站。

（三）其他种类职业病发病人数变化不明显

2021年，职业性传染病、职业性皮肤病、职业性眼病、物理因素所致职业病、职业性放射性疾病、职业性肿瘤、其他职业病7大类职业病的发病总人数占同年职业病发病总人数的比例在5.4%，较2020年上升0.2%（见图5）。

根据《职业病分类和目录》（2013年版），职业性传染病包括炭疽、森林脑炎、布鲁氏菌病、艾滋病（限于医疗卫生人员及人民警察）、莱姆病，共计5种。2021年职业性传染病发病人数为339人，较2020年减少149人，

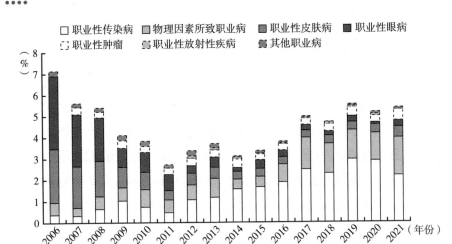

图5　2006~2021年7大类职业病发病人数占总人数的比例

资料来源：中华人民共和国国家卫生健康委员会网站。

其中布鲁氏菌病较常见。布鲁氏菌病是一种严重危害人民健康和畜牧业发展的人畜共患的传染病，染疫的家畜是人和畜间布鲁氏菌病的主要传染源。其流行病学特点为发病前病人与家畜或畜产品、布鲁氏菌培养物有密切接触史，或生活在疫区的居民，或与菌苗生产、使用和研究有密切关系者。

《职业病分类和目录》（2013年版）将职业性肿瘤分为11种，包括石棉所致肺癌、间皮瘤；焦炉逸散物所致肺癌；联苯胺所致膀胱癌；六价铬化合物所致肺癌；苯所致白血病；毛沸石所致肺癌、胸膜间皮瘤；氯甲醚、双氯甲醚所致肺癌；砷及其化合物所致肺癌、皮肤癌；煤焦油、煤焦油沥青、石油沥青所致皮肤癌；β-萘胺所致膀胱癌；氯乙烯所致肝血管肉瘤。2021年职业性肿瘤发病人数为79人，较2020年增加31人，其中苯所致白血病较常见。苯所致白血病的主要接触机会包括有机化学合成中用作原料，如制造苯乙烯、苯酚、药物、农药、合成橡胶、塑料、洗涤剂、染料、炸药等；作为溶剂、萃取剂和稀释剂，用于生药的浸渍、提取、重结晶，以及油漆、油墨、树脂、人造革、粘胶和喷漆制造；苯的制造，如焦炉气、煤焦油的分馏、石油的裂化重整与乙炔合成苯。

物理因素所致职业病包括中暑、减压病、高原病、航空病、手臂振动病、激光所致眼（角膜、晶状体、视网膜）损伤、冻伤。2021年物理因素所致职业病发病人数为283人，较2020年增加66人，其中以职业性中暑为主。职业性中暑是指高温环境下由于热平衡和/或水盐代谢紊乱等而引起的一种以中枢神经系统和/或心血管系统障碍为主要表现的急性热致疾病。

职业性皮肤病包括接触性皮炎、光接触性皮炎、电光性皮炎、黑变病、痤疮、溃疡、化学性皮肤灼伤、白斑、根据《职业性皮肤病的诊断总则》可以诊断的其他职业性皮肤病。2021年诊断职业性皮肤病83人。

职业性眼病包括化学性眼部灼伤、电光性眼炎、白内障（含放射性白内障、三硝基甲苯白内障）。2021年诊断职业性眼病43人。

职业性放射性疾病包括外照射急性放射病、外照射亚急性放射病、外照射慢性放射病、内照射放射病、放射性皮肤疾病、放射性肿瘤（含矿工高氡暴露所致肺癌）、放射性骨损伤、放射性甲状腺疾病、放射性性腺疾病、放射复合伤、根据《职业性放射性疾病诊断标准（总则）》可以诊断的其他放射性损伤。2021年诊断职业性放射性疾病5人。

其他职业病包括金属烟热、滑囊炎（限于井下工人）、股静脉血栓综合征、股动脉闭塞症或淋巴管闭塞症（限于刮研作业人员）。2021年诊断其他职业病8人。

三 新冠肺炎疫情常态化重点职业人群的职业卫生

新型冠状病毒肺炎（Corona Virus Disease），简称"新冠肺炎"，自2019年底发现以来，已引起全国大范围的传播流行，是新中国成立以来，传播速度最快、感染范围最广、防控难度最大的重大突发公共卫生事件。2020年1月20日，国家卫生健康委员会发布1号公告，将新型冠状病毒感染的肺炎纳入传染病防治法规定的乙类传染病，但采取甲类传染病的预防、控制措施，同时将其纳入检疫传染病管理。2020年2月11日，世界卫生组织总干事谭德塞在瑞士日内瓦宣布，将新型冠状病毒感染的肺炎命名为"COVID-19"。3月11日，世界卫生组织认为当前新冠肺炎疫情可被称为全球大流行。有数据统计，2021 年我国 31 个省（自治区、直辖市）和新疆生产建设兵团报告新冠肺炎确诊病例 15243 例，其中境外输入病例 6866 例，本土病例 8377 例；无症状感染者 6265 例，其中境外输入病例 5047 例，本土病例 1218 例。全年报告治愈出院病例 12725 例，其中境外输入病例 6331 例，本土病例 6394；死亡病例 2 例。

新冠肺炎具有人群普遍易感、人际传播的特性，主要通过呼吸道飞沫和密切接触传播，亦可通过气溶胶传播，显示出极强的传染性。常见的临床症状为发热、乏力、干咳，鼻塞、流涕等上呼吸道症状比较少见。多数患者在发病一周后出现呼吸困难，严重者可快速进展为急性呼吸窘迫综合征、脓毒症、难以纠正的代谢性酸中毒和出凝血功能障碍。大多数患者预后良好，少数患者会出现病情危重，甚至死亡。有调查显示，医院是病患聚集的场所，新冠肺炎患者定点医院的医院感染现患率为 3.10%～3.34%，但高于 2014 年全国医院感染监测网的横断面调查结果（2.67%）。新冠肺炎医务人员作为新冠肺炎感染高危人群，更容易发生职业暴露而感染。新冠肺炎疫情期间，尤其是早期出现多例医务人员感染，其感染概率明显高于其他群体。有调查显示，截至 2020 年 2 月 11 日，全国医务人员确诊病例为 1716 例，占到全国确诊病例的 3.8%，其中湖北省共有 1502 名医护人员感染，占全国医护人员感染的 87.5%。

重点职业人群是指涉及境外输入和污染传播高风险岗位、医疗机构工作人员和公共场所服务人员等人群，具体包括以下 3 大类。

（1）境外输入和污染传播高风险岗位，如跨境货车、火车运输、装卸等工作岗位；境外冷冻食品加工、贮存、装卸、运输等冷链运输岗位；负责入境航班、火车、汽车的司机、乘务员、保洁员、搬运员等岗位；监管进出境运输工具、货物、邮递物品等的海关工作人员；机场、航班等的保洁员、行李搬运等地勤人员。

（2）医疗机构工作人员，如一般接触人员：包括门诊和普通病房医护人员，保安、挂号、导医、收费、药房等人员；接触潜在污染物人员：保洁人员、护工、水暖工、化验室工作人员等；接触病人或感染者岗位工作人员：发热门诊和隔离病房医护人员、鼻咽拭子采样人员等。

（3）公共场所服务人员，如乘务人员、安检人员、售货员、售票员、警察、厨师、酒店和餐馆服务员、快递员、货物配送员、门卫、保安、保洁等。

新冠肺炎疫情下，重点职业人群都会受到不同程度的冲击，表现出不同形式或程度的心理应激。他们除了需要完成日常工作外，还要关注疫情变化，学习疫情防护知识，为杜绝疫情蔓延，随时准备前往一线工作，这无形中也增加了工作量，使其容易产生焦虑、抑郁等负性情绪。有调查显示，参与抗疫的一线医务人员均出现不同程度的心理压力。2020年2月25~29日，参与抗疫的1426名一线医务人员，其中有194名发生焦虑，发生率为13.60%；女性焦虑发生率（15.48%）高于男性（8.55%），护士（15.59%）和医技人员（15.09%）焦虑发生率高于医生（9.09%）。还有调查显示，在新冠肺炎疫情下，即使是非一线医务人员，焦虑、抑郁症状检出率也比较高，其中女性和护士是出现焦虑、抑郁情绪的高危人群。

四 对策建议

（一）重视职业病防治工作，制定《国家职业病防治规划（2021—2025年）》

根据《职业病防治法》，作为职业病防治的责任主体，用人单位应当依照法律、法规要求，严格遵守国家职业卫生标准，落实职业病预防措施，从源头上控制和消除职业病危害。2021年12月，国家卫生健康委会同职业病防治工作部际联席会议其他成员单位研究制定了《国家职业病防治规划（2021—2025年）》，明确到2025年，职业健康治理体系更加完善，职业病危害状况明显好转，工作场所劳动条件显著改善，劳动用工和劳动工时管理进一步规范，尘肺病等重点职业病得到有效控制，职业健康服务能力和保障水平不断提升，全社会职业健康意识显著增强，劳动者健康水平进一步提高。

同时要采取多种形式，树立职业健康意识，提升职业健康素养水平。广泛宣传用人单位职业病防治责任、劳动者职业健康权益，以及职业病诊断鉴定、工伤保险、医疗保障、脱贫地区大病专项救治、生活救助法规政策等内容，努力让职业健康知识和技能成为劳动者必备的健康素养，为全方位、全周期保障全职业人群职业健康奠定坚实基础。

2021年4月25日至5月1日是第19个《职业病防治法》宣传周。截至2021年底，全国共有职业卫生技术服务机构1022家，放射卫生技术服务机构605家，化学品毒性鉴定中心23家，职业健康检查机构5067家，职业病诊断机构588家；中央转移地方资金建设671家尘肺病康复站（点），覆盖辖区内近17万名尘肺病患者，患者对康复服务满意度达96%。

（二）加强职业卫生标准管理体制建设

1981年，卫生部组建全国卫生标准技术委员会并下达"1981年卫生标准研制工作安排"。全国卫生标准技术委员会下设标准分委员会，包括劳动卫生标准分委员会和职业病诊断标准分委员会。劳动卫生标准分委员会长期负责工作场所职业有害因素接触限值、职业接触生物限值，以及相应的检测方法、职业防护、职业危害预防控制等标准的制定、修订工作。职业病诊断标准分委员会负责职业健康监护技术规范及职业病诊断标准、技术规范和指南等卫生标准工作。

2002年，卫生部设立第四届全国卫生标准委员会，负责制定卫生标准的方针、政策，审议卫生标准年度研制计划、长期规划以及各专业委员会的工作督导和协调。标准委员会下设卫生标准秘书处，挂靠在原卫生部卫生监督中心，负责卫生标准计划和标准草案的技术审查、信息收集、整理上报，卫生标准的技术咨询、宣传和培训等工作。与职业卫生标准相关的专业委员会设有职业卫生、职业照射防护、职业病以及职业性放射疾病诊断标准四个专业委员会，分别承担本专业领域的职业卫生标准评审工作。这一届标准委员会，将劳动卫生标准分委员会调整为职业卫生标准专业委员会。

2013年，原卫生部分别对职业卫生与职业病诊断、职业照射防护与职业性放射疾病诊断标准专业委员会进行整合，形成职业卫生和放射卫生标准两个专业委员会。

2016年，有关公共卫生标准的管理职责调整到中国疾病预防控制中心，传染病、寄生虫病、地方病、营养、病媒生物控制、职业卫生、放射卫生、环境卫生、学校卫生和消毒等10个公共卫生领域的标准协调管理转由中国疾病预防控制中心卫生标准处负责，如组织卫生标准立项评审、审查和报送卫生标准报批材料、开展卫生标准基础性前期研究、重要标准的宣传贯彻/培训/实施/效果评价，以及舆情监测、专题调研等。

2019年6月，国家卫生健康委组建第八届国家卫生健康标准委员会，将职业卫生专业委员会调整为职业健康标准专业委员会，下设工程防护组、监测与评估组、职业病诊断组，分别负责工作场所职业有害因素、职业防护、健康危害控制相关标准，职业健康监护及职业病诊断等标准的制定、修订工作。

（三）开展工作场所健康促进，建立一个健康安全和谐的工作环境

工作场所健康促进是指以促进员工健康、提高职业生命质量、推动社会和经济持续发展为目的，从企业管理政策、支持性环境、员工参与、健康教育与健康促进、卫生服务等方面，采取整合性干预措施，以期改善作业条件、改变不健康生活方式、控制职业危害因素、降低病伤及缺勤率。

工作场所健康促进是一项复杂的系统工程，其内容涵盖促进健康、预防疾病、控制影响健康的各种危险因素，以及政策和组织机构等众多领域。在企业中开展工作场所健康促进是指导用人单位以创建健康、安全和清洁的工作环境，将健康促进工作融入企业管理体系和组织文化中，促进劳动者养成健康的工作和生活习惯，将其积极影响延伸到社区。通过开展工作场所健康促进，可提高企业领导对企业经济、员工健康和可持续发展三者之间关系的认识，为员工提供生理、心理、社会和组织环境方面的服务，增长自我保健的技能，使管理者和员工能调节和改善自身的健康，从而减少医疗卫生服务费用的支出。

（四）进一步完善疫情防控政策体系，坚持"动态清零"总方针

面对新冠肺炎疫情，要毫不动摇坚持"外防输入、内防反弹"总策略、"动态清零"总方针，坚持人、物、环境同防，修订印发 85 类重点场所、重点单位、重点人群疫情常态化防控相关防护指南，制修订《新型冠状病毒肺炎防控方案（第八版）》等方案。国家卫生健康委通过不断调整诊疗方案、发布卫生行业标准等多项措施，有效地保护了职业人群健康。中共中央政治局委员、国务院副总理孙春兰指出，我国疫情防控进入应对奥密克戎病毒变异株流行新阶段，要进一步压实"四方"责任，落实"四早"要求，升级防控标准，提高应对处置能力。发生疫情地区要采取更坚决果断措施，刻不容缓做到"四应四尽"，尽快实现社会面清零。要提升监测预警灵敏性，大城市建立步行 15 分钟核酸"采样圈"，拓宽监测范围和渠道，及时公开透明发布疫情信息，对缓报、瞒报、漏报的严肃追责。要提高隔离点、方舱医院建设储备标准，做好规划选址和基础设施、必备物资准备，确保需要时 24 小时内投入使用。要加强基层基础工作，防控工作落实到点位和人员，老城区、工地、学校、养老福利机构等场所落实常态化防控措施，重点人员严格做到闭环管理。

截至 2021 年 12 月 31 日，累计完成新冠病毒疫苗接种 283533.2 万剂次，完成全程接种的人数为 121068.5 万人；全国共有 11937 家医疗卫生机构提供新冠病毒核酸检测服务，总检测能力达到 4168 万份/天，核酸检测能力显著提高；全国共有新冠肺炎定点医院 800 余家。

（五）加强职业卫生培训，增强重点职业人群感染控制意识

用人单位是职业卫生培训的责任主体。要把职业卫生培训纳入本单位职业病防治计划、年度工作计划和目标责任体系中，根据本单位实际情况合理制定实施方案，落实责任人员。要建立健全培训考核制度，严格考核管理，严禁形式主义和弄虚作假。要建立健全培训档案，真实记录培训内容、培训时间、训练科目及考核情况等内容，并将本单位年度培训计划、单位主要负

责人和职业卫生管理人员职业卫生培训证明，以及接触职业病危害的员工、职业病危害监测人员培训情况等，分类进行归档管理。

此外，针对重点职业人群的培训内容不仅包括各自相关理论知识的培训，而且也包括相关技能的培训，如手卫生、无菌操作、医院感染病例识别与报告、环境与物体表面清洁与消毒、个人防护用品使用、如何隔离患者等的培训。培训后进行考核，不合格的需要重新培训。即使培训合格，还需做好实际工作中有关防控措施依从性与正确率的监督检查，发现问题及时指出和纠正，监督检查结果必须反馈到监督对象及所在科室和质量控制部门，必要时再次进行培训。

（六）新冠肺炎疫情期间，积极开展紧急心理危机干预

新冠肺炎疫情发生以来，国家卫生健康委牵头、以国务院联防联控机制名义或多部门联合印发《关于加强应对新冠肺炎疫情工作中心理援助与社会工作服务的通知》《新冠肺炎疫情心理疏导工作方案》《新冠肺炎疫情防控常态化下医务人员心理疏导工作方案》等文件，明确提出各地卫生健康行政部门要选派心理健康专业人员，及时对疫情防控、医疗救治等人员开展心理疏导和干预；通过热线等形式，提高心理干预服务的便利性、可及性。

各级政府应将心理危机干预纳入疫情防控整体部署，并根据疫情防控工作的推进情况，及时调整心理危机干预工作重点，针对不同人群实施分类干预。（1）实时研判。掌握受疫情影响的各类人群的心理健康动态变化，及时识别高危人群，避免极端事件、群体心理危机事件的发生。（2）分类干预。根据受疫情影响的程度，将目标人群分类，例如，将住院治疗的重症及以上患者以及疫情防控一线的医护、疾控和管理人员等作为心理危机干预的重点人群提供心理危机干预。（3）有序服务。在经过培训的精神卫生专业人员的指导下，在各级卫生健康行政部门的统一协调下，有序开展紧急心理危机干预和心理疏导工作。

心理危机干预工作由各省、自治区、直辖市应对新型冠状病毒感染的肺炎疫情联防联控工作机制（领导小组、指挥部）统一领导，提供必要的组

织和经费保障。组建心理救援专家组，为疫情联防联控工作机制（领导小组、指挥部）提供决策建议和咨询，为实施心理危机干预的工作人员提供专业培训与督导，为公众提供心理健康宣传教育。组建心理救援医疗队，为重点人群、高危人群提供多种形式的专业心理危机干预服务。组建心理援助热线队伍，充分发挥现有心理援助热线和多种线上通信手段的作用，提供在线心理支持、心理援助服务。广泛动员社会力量，根据受疫情影响的各类人群的需求和实际困难提供社会支持。

（七）建立保护关心关爱医务人员长效机制，及时开展医务人员工伤认定

新冠肺炎疫情发生以来，全国广大医务人员践行"敬佑生命、救死扶伤、甘于奉献、大爱无疆"的崇高精神，义无反顾投身疫情防控第一线，为保护人民生命健康做出重大贡献。为贯彻落实党中央、国务院决策部署，建立保护关心爱护医务人员长效机制，切实保障医务人员权益，使他们持续健康投入防控救治工作，推动全社会形成尊医重卫的良好氛围，经国务院同意，国家卫生健康委、人力资源和社会保障部、财政部印发了《关于建立保护关心爱护医务人员长效机制的指导意见》。

国家卫生健康委还认真贯彻落实习近平总书记重要指示精神和党中央关于关爱激励防控一线人员的有关要求，会同中央组织部、民政部、全国总工会等部门采取务实措施，做好防控一线医务人员关心关爱工作。中央组织部印发《关于坚决贯彻落实习近平总书记重要指示精神为打赢疫情防控阻击战提供坚强组织保证的通知》，明确提出要采取务实、贴心、到位的举措，帮助疫情防控一线的专家和医护人员解决实际困难，解除后顾之忧。各地卫生健康行政部门协调工会、民政等部门，动员组织社会力量，通过工会现场走访慰问、志愿者或专门人员对口帮助、单位和社区开展鼓励表扬等形式，对一线防控人员及其家属开展慰问，并通过举办心理专家讲座、心理健康培训等，对防控人员开展心理健康知识普及。

《关于因履行工作职责感染新型冠状病毒肺炎的医护及相关工作人员有

关保障问题的通知》（人社部函〔2020〕11号）提出，卫生健康行政部门要及时关注在新冠肺炎疫情预防和救治工作中，因履行工作职责感染新冠肺炎或因感染新冠肺炎死亡人员情况，配合人力资源社会保障和财政部门开通工伤认定绿色通道，尽快为上述人员发放工伤保险待遇，切实保障好医务人员合法权益。

参考文献

WHO, "Elimination of Silicosis. The Global Occupational Health Network Newsletter," 2007. http：//www. who. int/occupational health/publications/newsletter/gohnet12e. pdf（accessed Sept 1, 2011）.

马俊主编《实用职业卫生学》，煤炭工业出版社，2017。

唱斗、王生：《建筑行业职业危害》，《中华劳动卫生职业病杂志》2019年第12期。

Ryan F. Hoy&Mohamed F. Jeebhay et al. , "Current Global Perspectives on Silicosis—Convergence of Old and Newly Emergent Hazards," *Respirology* 27（2022）：387–398.

唱斗、燕晓飞、David Cliff、王生：《关注砂洗牛仔服从业人员的矽肺》，《中华劳动卫生职业病杂志》2020年第7期。

L. Fedotov. 《ILO/WHO全球消除矽肺的国际规划》，《工业卫生与职业病》1998年第1期。

张龙连主编《〈用人单位职业病危害防治八条规定〉宣传教育读本》，中国劳动社会保障出版社，2016。

2021年度我国劳动争议状况研究

汪 鑫*

摘 要： 2021年，在"六稳""六保"政策的实施下，国民经济持续恢复，
发展水平再上新台阶，全国劳动关系总体可控。虽然劳动争议案件
数量、涉案金额大幅增加，但案件结案率有效提高；劳动争议类型
多样化，但仍以劳动报酬，解除、终止劳动合同，社会保险案件为
主，涉疫情劳动争议案件较少。2022年出台的《关于建立劳动人事
争议"总对总"在线诉调对接机制的通知》《关于劳动人事争议仲
裁与诉讼衔接有关问题的意见（一）》两个文件，集中解决裁审衔
接、调审衔接问题，有效增强了劳动人事争议多元化解质效。

关键词： 劳动争议 典型案例 劳动争议多元化解

2021年是"十四五"开局之年，是中国宏观经济持续复苏的一年。面
对复杂国际环境、疫情和极端天气等多重挑战，特别是新冠肺炎疫情的持续
冲击，以习近平同志为核心的党中央统揽全局，沉着冷静应对风险挑战，统
筹推进疫情防控和经济社会发展，加大宏观政策跨周期调节力度。在国家各
部门、各地方政府的一系列"六稳""六保"政策的实施下，国民经济持续
恢复，发展水平再上新台阶，全国劳动关系总体可控，涉疫情劳动争议案件
较少。本报告将对2021年我国劳动争议状况和2022年上半年劳动争议状况
进行总结和分析，以期为相关研究提供参考。

---

* 汪鑫，劳动关系学博士，中国劳动关系学院讲师，主要研究方向为企业劳动关系管理、用工
场所劳动风险防控。

一 我国劳动用工宏观环境

（一）宏观经济运行总体平稳，劳动关系和谐稳定发展

2021年，我国国民经济持续稳定恢复，高质量发展，"十四五"实现良好开局。2022年1月17日，国务院新闻办公室发布2021年国民经济运行情况，尽管面临外部环境不确定性，但中国宏观经济仍然表现出强大的韧性，经济平稳复苏，经济结构持续优化。全年国内生产总值达114.37万亿元，按不变价格计算，比上年增长8.1%，两年平均增长5.1%。分季度看，一季度同比增长18.3%，二季度增长7.9%，三季度增长4.9%，四季度增长4.0%。国家统计局局长宁吉喆在发布会上表示，2021年我国经济持续稳定恢复，经济发展和疫情防控保持全球领先地位，全年发展主要目标任务已经完成。这为全国劳动关系和谐稳定发展提供了强有力的经济保障。

但2022年上半年，中国经济在超预期的新冠肺炎疫情影响下一波三折，二季度，奥密克戎疫情在多个城市暴发，以上海为主的受疫情影响地区经济运行受到严重影响。幸运的是，6月疫情得到有效控制，生产、消费、外贸活动均显示边际好转的迹象。国家统计局最新公布的数据显示，受疫情、国际形势影响，上半年中国GDP同比增速降至2.5%，较2021年下降了10.2个百分点。

（二）就业形势总体稳定，劳动力市场逐渐恢复活力

就业形势的稳定是和谐劳动关系的前提。2021年，全国就业形势保持稳定，各项就业指标较2020年均有明显提升。年末全国就业人员为74652万人，其中城镇就业人员46773万人。全年城镇新增就业1269万人，较2020年增加83万人；有545万名城镇失业人员实现再就业，较2020年增加34万人；就业困难人员就业183万人，较2020年增加16万人。2021年末城镇登记失业人员为1040万人，较2020年减少120万人；城镇登记失业率

为3.96%，城镇调查失业率为5.1%，较2020年均有明显降低。全年全国共帮助4.4万户零就业家庭实现每户至少一人就业。

（三）劳动力供需平衡，劳动力市场逐渐恢复活力

受疫情及防控政策的影响，近年来劳动力的流动受到较大的影响。2021年四季度，岗位空缺与求职人数的比率约为1.56，全国人力资源市场用工需求大于劳动力供给，但供求总体保持平衡。2022年春节期间，为应对新冠肺炎疫情影响，有关部门继续开展农民工返岗复工"点对点"服务保障工作。通过组织专车、专列、包机运输服务，全国累计运送161.73万名农民工返岗复工，其中贫困劳动力75.69万人，有力助推复工复产和经济社会平稳运行。① 另外，2021年全国农民工总量为29251万人，比上年增加691万人，增长2.4%。其中，本地农民工为12079万人，增长4.1%；外出农民工为17172万人，增长1.3%。外出务工人员的增加，有效保障了劳动力市场的供给，劳动力市场逐渐恢复活力。

（四）劳动争议多发频发，风险整体可控

疫情防控常态化下，全球经济疲软，本土零星病例间或发生，严重影响企业生产经营和人们的工作生活，部分行业企业出现裁员、停工、降薪，甚至破产倒闭现象，从而引发了大量劳动争议问题，对和谐劳动关系的构建形成巨大挑战。面对新冠肺炎疫情，国家各部门、各地方持续实施支持企业复工复产、促进经济稳定运行、稳定劳动关系的相关政策，避免了因疫情引起的劳动争议案件爆发式增长。人力资源和社会保障部数据显示，2021年劳动争议数量仍然保持了2017年以来逐年增长的趋势，但劳动争议调解成功率、仲裁终结率等均稳步提高，有效保障了劳动力市场的和谐稳定。2021年，全国劳动争议状况并没有因为新冠肺炎疫情而发生恶化，

---

① 中华人民共和国人力资源和社会保障部：《2021年度人力资源和社会保障事业发展统计公报》，2022。

全年全国各级劳动人事争议调解组织和仲裁机构共处理劳动人事争议案件263.1万件，涉及劳动者285.8万人，涉案金额为576.3亿元。全年办结争议案件252.0万件，调解成功率为73.3%，仲裁结案率为97.0%，仲裁终结率为71.1%。[①]

（五）多部门出台新业态政策，灵活用工进一步规范

为支持多渠道灵活就业，规范和鼓励零工经济的发展，各部委相继出台指导意见，规范灵活用工方式。2021年7月16日，人力资源和社会保障部、国家发展改革委、交通运输部、应急部、市场监管总局、国家医保局、最高人民法院、全国总工会共同印发《关于维护新就业形态劳动者劳动保障权益的指导意见》，聚焦新就业形态劳动者权益保障面临的突出问题，提出要健全公平就业、劳动报酬、休息、劳动安全、社会保险制度，强化职业伤害保障，完善劳动者诉求表达机制，切实维护新就业形态劳动者劳动保障权益，促进平台经济规范健康持续发展。2021年7月28日，中华全国总工会发布《中华全国总工会关于切实维护新就业形态劳动者劳动保障权益的意见》（以下简称《意见》），就维护新就业形态劳动者劳动保障权益工作做出安排部署。一系列政策的出台，在一定程度上规范了新就业形态下的劳动用工状况，为新业态健康快速发展提供了制度保障。

二　年度劳动争议案件情况分析

（一）劳动争议案件大幅增加，案件结案率有效提高

根据《2021年度人力资源和社会保障事业发展统计公报》数据，2021年，全国各地劳动人事争议调解仲裁机构共处理劳动人事争议案件263.1万件，同比增长18.6%，净增加41.3万件；涉及劳动者285.8万人，净增加

---

① 人力资源和社会保障部：《2021年度人力资源和社会保障事业发展统计公报》，2022。

39.3 万人，同比增长 15.9%；涉案金额为 576.3 亿元，净增加 45.6 亿元，同比增长 8.6%，劳动争议案件涉案金额增速与上年保持稳定。全年办结争议案件 252.0 万件，调解成功率为 73.3%，同比提升 2.7 个百分点；仲裁结案率为 97.0%，同比提升 0.8 个百分点；仲裁终结率为 71.1%，同比提升 0.6 个百分点。① 与上年相比，全国处理争议数增长率和涉及劳动者增长率均有大幅的增加，增幅分别高出了 13.9 个百分点、12.4 个百分点，尽管案件数量和涉案劳动者均有大幅增加，但结案率也大大提高，可见劳动争议处理效率提高（见图 1）。

图 1　2007~2021 年全国各级劳动人事争议调解组织和仲裁机构受理和结案情况

资料来源：2007~2021 年度《人力资源和社会保障事业发展统计公报》数据。

从劳动争议仲裁机构立案情况来看，2021 年，全国仲裁机构立案受理案件总数为 125.2 万件，相比 2020 年增长 15.7 万件，同比增长 14.3%，增幅继 2020 年大幅下降后，又大幅增长；涉及劳动者人数为 140.5 万人，比 2020 年仅增加 12.2 万人；当期审结案件数 125.6 万件，结案数超过当前立案数 0.4 万件，说明部分遗留案件得到处理。② 如图 2 所示，当期劳动争议

---

① 人力资源和社会保障部：《2021 年度人力资源和社会保障事业发展统计公报》，2022。

② 数据来源：《2021 年人力资源和社会保障统计快报数据》。

案件受理数曲线和劳动争议案件结案数曲线末端几乎重叠，可见，劳动争议的结案率非常高，劳动争议处理效果较好。

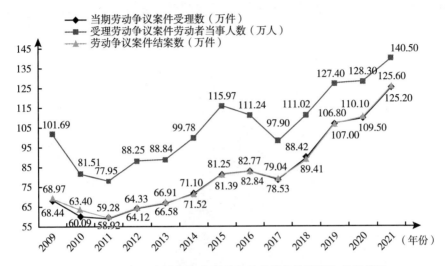

图2 2009~2021年全国各级劳动争议仲裁机构受理和结案情况

资料来源：2009~2021年度《人力资源和社会保障事业发展统计公报》数据。

综上所述，2021年度劳动争议案件数量、涉案劳动者、涉案总金额均有较大增长，增长幅度远超上年，逐步恢复到疫情发生前水平。同时，劳动争议案件的处理效率进一步提高，遗留案件得到进一步处理。

（二）争议热点多元化，三大争议仍超过八成

2020年，全国仲裁机构共受理劳动争议案件109.48万件，① 相比2019年有小幅幅加，主要的劳动争议类型没有变化，争议原因排名前三仍然是劳动报酬，解除、终止劳动合同以及社会保险，占2020年劳动争议总数的近八成，所占比重与2019年基本持平。其中，劳动报酬为46.27万件，占比为42.26%；解除、终止劳动合同为28.01万件，占比为25.58%；社

———————

① 本报告在关于劳动争议类型和劳动争议处理方式的分析中，所引用的数据来源于《中国统计年鉴》（2021）。由于统计数据的延迟，2021年的统计年鉴统计的是2020年的数据，故此处对2020年的情况进行分析。

会保险为 13.65 万件，占比为 12.47%；而其他劳动争议有 21.55 万件，占比为 19.68%。但从具体案件数来看，关于劳动报酬、劳动合同的案件数均有所增长，但社会保险相关案件首次减少，减少 1.34 万件。具体如图 3 所示。

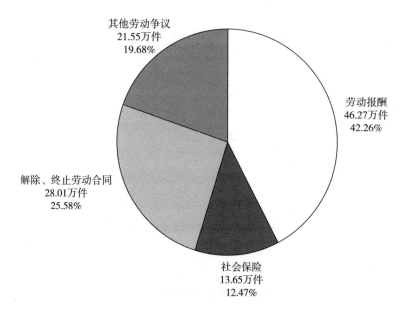

图 3　2020 年不同类型劳动争议案件占比情况

虽然劳动争议案件的数量同比增多了，各类型劳动争议占比有所变化，但 2020 年度劳动争议案件主要类型和特点并没有发生根本性变化，经济利益之争仍是最主要的劳资矛盾。可预见，在未来较长一段时间，劳动争议案件类型基本格局不会有太大变化，但劳动争议诉求将进一步向多元化发展。

（三）仲裁调解占比过半，仲裁案件处理效能提高

2020 年劳动争议仲裁当期审结案件总数为 110.07 万件，其中仲裁调解 59.98 万件，占劳动争议仲裁案件的 54.49%；仲裁裁决案件 43.09 万件，占仲裁案件的 39.15%，如图 4 所示。仲裁调解结案率连续三年超过 50%，且仲裁调解结案的比例逐年增高，比 2019 年提高了近 3 个百分点，且仲裁

调解结案远超仲裁裁决结案，高出约 15 个百分点。调解成功率的逐年持续提高，进一步表明近年来鼓励调解的政策导向效用进一步呈现，劳动争议仲裁的效能提升。

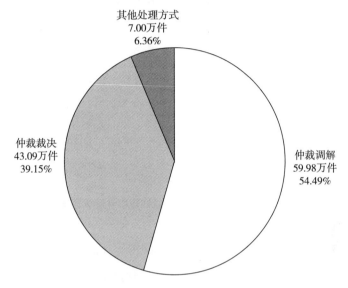

图 4　2020 年劳动争议仲裁结案情况

（四）胜诉方情况总体未变，双方部分胜诉超过六成

2020 年劳动争议仲裁当期结审案件中，用人单位胜诉 11.21 万件（10.18%），劳动者胜诉 31.08 万件（28.24%），双方部分胜诉及其他为 67.78 万件（61.58%），相比 2019 年提高近 1 个百分点（见图 5）。可见，2020 年劳动争议仲裁结审案件双方部分胜诉及其他的案件占比持续增加，已连续两年超过 60%；用人单位单方胜诉率、劳动者单方胜诉率均进一步下降。

三　劳动争议典型案件摘录

劳动争议案件是与社会民生保障切实相关的案件类型，近年来，人力资

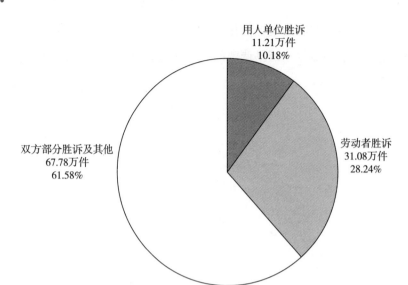

图 5   2020 年劳动争议仲裁结审案件胜诉情况

源和社会保障部、最高人民法院以及各省区市人社部门、法院纷纷加强对劳动争议案件的研究，通过类案调研，提炼裁判规则，通过召开新闻发布会、巡回法庭、普法宣传等方式加大指导和法治宣传力度，对保护劳动者权益、优化营商环境、构建劳动关系和谐企业发挥了重要作用。本报告在 2019 年度、2020 年度的报告中分别摘录了人力资源和社会保障部、最高人民法院联合发布的第一批和第二批劳动人事争议典型案例，本年度将在全国各省区市已发布的劳动人事争议典型案例中进行筛选，最终收录 4 个典型案例，分别来源于天津市、南京市、广州市。

案例1：企业因疫情防控要求调岗，员工是否应遵守

【基本案情】

郭某于 2011 年 10 月 15 日入职 A 航空服务公司，自 2013 年 10 月

15 日开始双方订立无固定期限劳动合同。2021 年 4 月 9 日，A 航空服务公司接机场通知：因疫情防控需要，自 2021 年 4 月 14 日起未接种新冠病毒疫苗的员工，不得在航站楼工作。郭某因个人身体原因暂缓接种新冠病毒疫苗，A 航空服务公司与郭某进行协商并提出两种解决方案。方案一是为郭某调岗，工作地点调至总销售门店，工作内容不变，工作报酬除车补、餐补外均无变化（因总部提供免费午餐、调整后的工作地点距其居住地点更近且不存在晚班，故不给付餐补、车补）；方案二是郭某接种新冠病毒疫苗。双方就调岗问题多次书面、口头协商未达成一致意见，后 A 航空服务公司向郭某邮寄书面通知书，通知其于 2021 年 4 月 29 日到调整后岗位工作，如逾期未到岗则视为旷工，公司有权依规章制度处理。郭某在通知规定时间未到岗工作。2021 年 5 月 6 日，A 航空服务公司向郭某邮寄解除劳动合同通知书，以其旷工连续超过 2 天为由决定解除劳动关系。后郭某向天津市河西区劳动人事争议仲裁委员会申请仲裁，仲裁委员会逾期未裁决，郭某向法院提起诉讼。

【申请人请求】

郭某请求，（1）认定 A 航空服务公司违法解除劳动合同；（2）A 航空服务公司支付违法解除劳动合同的赔偿金。

【裁判结果】

天津市河西区人民法院判决：对郭某主张的违法解除劳动合同赔偿金，不予支持。

郭某提出上诉后，天津市第二中级人民法院判决：驳回上诉、维持原判。

【案例分析】

天津市河西区人民法院认为，A 航空服务公司关于调整郭某岗位的行为发生于新冠疫情防控的特殊时期，机场航站楼作为感染风险较高的场所是重点防控对象。郭某因个人身体原因暂缓接种新冠病毒疫苗，无论从其个人健康考虑还是从整体防疫考虑，其已不具备在机场工作的条件。就调岗事宜，A航空服务公司已与郭某进行充分协商，调岗前后薪资待遇水平无明显变化，劳动条件亦未做不利变更，未对合同履行造成较大不利影响，该调岗行为具有客观性及合理性。郭某不服从用人单位的合理经营安排，未到岗工作，违反了公司的规章制度。A航空服务公司有权根据规章制度的规定解除劳动合同。

【典型意义】

本案是因疫情防控引发的劳动争议，涉及对用人单位单方调整工作岗位的合法性审查。机场航站楼因其特殊性，属于重点防控场所之一，对航站楼相关工作人员做出的接种新冠病毒疫苗的要求，是为了防范疫情传播风险，维护疫情防控秩序。人民法院在案件审理中应着重审查用人单位单方调整工作岗位的合法性，不仅要考量调岗行为本身是否符合规章制度、是否符合生产经营客观需要、前后工作岗位待遇水平是否基本相当、是否具有歧视性和侮辱性、是否违反法律规定等因素，还需进一步审查用人单位进行内部经营调整是否具有客观合理的事由，在依法保护劳动者权益的同时，兼顾企业的经营自主权。

案例2：工会主席履行正当职责，企业是否可与其解除劳动合同

【基本案情】

谭某与某设备公司于2014年6月11日签订无固定期限劳动合同。2018年10月谭某当选某设备公司工会主席。11月某设备公司即对谭某无故调岗降薪。谭某作为工会主席就上述调岗降薪行为向上级工会反映情况，但上级工会询问公司后，公司否认存在调岗降薪的事实。同时某设备公司要求谭某将工会账户中款项汇入公司行政账户，谭某请示上级

工会后，上级工会回复未经第三方审计，不得随意调用工会资产。后某设备公司以谭某存在未经公司授权将公司货款转入工会账户，侵占公司财产等多项严重违法违纪行为为由，于2019年11月27日向谭某发出解除劳动合同通知书。谭某经仲裁诉至法院，要求继续履行劳动合同、返还克扣的薪资、支付停工期间的工资损失等。

【申请人请求】

谭某请求，（1）与某设备公司继续履行劳动合同；（2）某设备公司返还克扣的薪资、支付停工期间的工资损失等。

【裁判结果】

法院经审理认为，某设备公司构成违法解除劳动合同，因双方仍具备继续履行劳动合同的可能，最终判决某设备公司与谭某继续履行劳动合同，并按原工资标准赔偿谭某自违法解除劳动合同之日至恢复劳动关系之日的工资损失。

【案例分析】

法院经审理认为，某设备公司谭某拒绝将工会账户款项转入公司行政账户，系履行工会主席的职责，故某设备公司与谭某解除劳动合同缺乏事实依据，构成违法解除。

【典型意义】

工会代表职工的利益，基本职责是维护职工合法权益，但基层工会干部在维护职工权益的时候，难免会有与用人单位管理者利益发生冲突的情形，此时工会工作人员履行法定职责的行为应当受到法律保护。工会主席任期未满时，用人单位因工作需要调动时，应征得本级工会和上级工会的同意。除非工会主席确实存在违法违规行为，且罢免程序及解除劳动合同的程序合乎法律规定，否则，用人单位不得随意与工会主席解除劳动合同。本案中某设备公司未征得上级工会同意即对谭某进行调岗降薪，且因谭某的正当履职行为与其解除劳动合同，本案判决不仅切实保障了谭某的合法劳动权益，也是对基层工会积极发挥自身职能的有力支持。

案例3："直播带货"网络主播与货主之间是否存在劳动关系

【基本案情】

2019年8月24日，伍某与某皮具公司签订《合作协议》，协议约定由伍某在某平台担任主播，每月直播时间不少于26天，时长不低于208小时。实际履行中，伍某的工作内容为在直播间销售某皮具公司的皮具。伍某直播的时间、地点均由某皮具公司安排，收入按照某皮具公司制定的算法，根据销售业绩进行提成，由某皮具公司按月支付。2020年10月21日，伍某以某皮具公司拖欠工资为由提出辞职。伍某诉至法院，请求确认劳动关系及支付拖欠工资。某皮具公司抗辩双方并非劳动关系而是合作关系。

【申请人请求】

伍某请求，（1）确认其与某皮具公司的劳动关系；（2）某皮具公司支付拖欠工资。

【裁判结果】

法院经审理认定双方存在劳动关系，某皮具公司应支付伍某拖欠工资41231元。

【案例分析】

法院经审理认为，虽然双方签订《合作协议》，但从《合作协议》的约定和实际履行情况来看，某皮具公司决定伍某的工作时间、地点和方式，伍某服从某皮具公司的用工指挥，且《合作协议》以独家、排他性的规定确定了伍某需履行严格的竞业限制义务，双方用工关系具有人格从属性特点；伍某的收入报酬直接来源于某皮具公司，且双方明确约定为"工资"，故双方用工关系具有经济从属性特点，因此，双方存在劳动关系。

【典型意义】

随着互联网经济的快速发展，数字化媒体开始逐步取代传统的广告营销，网络购物也逐步成为主流。"直播带货"逐步成为重要的营销方式之一，有的网红带货主播甚至超出营销本身，以个人魅力成为生活潮流风向标，反过来进一步促进平台经济的蓬勃发展，表现出传统营销无法比拟的优势。网络主播作为新就业形态劳动者，在认定是否存在劳动关系时，并非企业支付了报酬、个人为企业提供了劳动，就一概认定双方存在劳动关系，亦非只要签订所谓合作协议就一概否认两者不存在劳动关系。"直播带货"虽然加入网络、电商元素，但并未发生生产要素的重构，依然适用传统劳动关系人格从属性、经济从属性的判断标准。本案从直播的时间、空间、内容及收益分配方式分析双方是劳动关系还是合作模式，利用劳动关系法律特征进行辨析，为网络主播劳动关系的认定提供指引，有利于保障网络主播的合法权益，促进平台经济的蓬勃发展。

案例4：网络主播签订艺人经纪合同，是否可认定存在劳动关系

【基本案情】

胡某与某传媒公司于2021年5月5日签订《艺人演艺经纪合同》约定双方权利义务。合同包含经纪关系、管理关系、代理关系、直播收入分配等内容，并明确双方并非劳动关系。其中约定直播收入由胡某获得70%，由某传媒公司获得30%。胡某根据合同在第三方直播平台上从事演艺主播活动，与粉丝聊天互动，靠粉丝打赏收取提成，公司对胡

某进行一定的管理和约束，但对直播时间和直播地点并无明显限制。

【申请人请求】

胡某请求，确认其与某传媒公司存在劳动关系。

【处理结果】

法院经审理认为，胡某与某传媒公司之间不符合劳动关系的法律特征，对胡某的诉请不予支持。

【案例分析】

本案例系劳动关系认定问题。法院经审理认为，首先，胡某系完全民事行为能力人，与某传媒公司签订《艺人演艺经纪合同》，其间未提异议，应遵守合同约定。其次，从管理方式上看，胡某在第三方直播平台从事网络直播活动，对于直播地点、直播时间并无明显限制，直播内容是基于胡某的专业技能，双方对直播天数及直播时长的明确约定是双方基于《艺人演艺经纪合同》项下的合作关系应当履行的合同义务，对于人身依附性的要求较低。再次，从收益分配上看，胡某的收入与直播中获得粉丝打赏有直接关联，某传媒公司无权决定和控制胡某的主要收入来源。最后，从工作内容上看，胡某是在第三方直播平台从事网络直播活动，直播数据也是通过第三方直播平台获得，第三方直播平台的运营与某传媒公司无关，且某传媒公司无法控制第三方直播平台的具体工作。

【典型意义】

网络主播是随着互联网高速发展而催生的新职业，网络主播与平台是否可以认定建立劳动关系，因其工作模式、从属关系等特殊性而难以界定。在认定时，可以综合考虑以下两点：（1）从直播的时间、空间及直播内容是否受限来判定是否存在隶属关系；（2）从收益分配约定中判定是否存在经济从属性。本案中，网络主播与传媒公司签订的经纪合同属于综合性合同，与劳动合同有较大区别。胡某网络主播工作内容为网络直播表演，直播的时间、空间并未受限，不接受公司的管理约束；收入来源是第三方直播平台的粉丝打赏，属于合作盈利模式。双方在人身、经济方面均不具有从属性，不符合劳动关系的特征，故双方不属于劳动关系。本案为新业态下网络主播法律关系的认定提供典型指导意义，促进互联网经济的健康有序发展。

四　2021年度劳动争议处理创新举措

（一）进一步加强法律体系建设，统一案件审理标准

新冠肺炎疫情发生后，劳动争议纠纷案件激增，部分案件出现劳动仲裁审查意见与人民法院诉讼审查意见不一致、相关劳动争议是否属于人民法院受理范围等问题。为贯彻党中央关于健全社会矛盾纠纷多元预防调处化解综合机制部署，落实加强劳动人事争议仲裁与诉讼衔接机制建设要求，解决劳动人事争议在仲裁程序与诉讼程序的衔接及审理过程中裁判标准统一的问题，2022年初，最高人民法院、人力资源和社会保障部连续出台《关于建立劳动人事争议"总对总"在线诉调对接机制的通知》《关于劳动人事争议仲裁与诉讼衔接有关问题的意见（一）》两个文件。

最高人民法院、人力资源和社会保障部联合建立"总对总"在线诉调对接机制。最高人民法院依托人民法院调解平台、人力资源和社会保障部依托劳动人事争议在线调解服务平台，通过系统对接与机构、人员入驻相结合的方式，共同推进"总对总"在线诉调对接机制建设，逐步畅通线上线下调解与诉讼对接渠道，指导全国劳动人事争议调解组织与各级人民法院开展劳动人事争议全流程在线委派委托调解、音视频调解、在线申请司法确认调解协议等工作。通过"总对总"在线诉调对接机制，进一步加强劳动人事争议调解和诉讼衔接工作，增强劳动人事争议多元化解质效。

（二）加强类案研究，提高案件处理质效

在互联网时代下，随着信息的传递越来越快捷、公开，劳动争议案件的

处理情况能够迅速在网络上引起热议，而案件处理标准不统一、裁审衔接不畅等问题越来越突出，对劳动争议处理的影响也越来越明显。近几年，全国各级法院、人社部门纷纷加强了类案研究。由国家主管部门、各级地方人社部门、法院、总工会筛选并发布劳动人事争议处理典型案例已成为一种常态化工作。地方法院、劳动争议仲裁机构成为劳动争议类案研究的主力，他们从本地当年发生的劳动争议案件中筛选发生频率较高或者社会关注度较高的案件类型，再从中筛选较典型的案件进行归纳分析，总结经验，形成规律性、科学性的审判原则。这种发布典型案例的形式，对促进裁审衔接，统一案件处理标准，提高劳动人事争议案件处理质效，产生了巨大推动作用。

（三）多部门协同参与，搭建劳动纠纷多元化解平台

多部门协同参与解决劳动争议问题，已成为各地方实践探索的主要方式。比如，2021 年最高人民法院《中国法院的多元化纠纷解决机制改革报告（2015—2020）》白皮书中选入了成都法院劳动纠纷多元解纷模式。2021 年，成都法院与成都市人社局、成都市总工会、成都市司法局等多部门搭建劳动纠纷多元化解工作平台；积极开展"劳动纠纷蓉 e 调"行动，多措并举将劳资争议纠纷化解在源头；加强对受疫情影响而引发的劳资纠纷研究，统一裁审衔接标准和司法裁判尺度。通过这些举措，改善就业环境、筑牢民生底线，扎实开展劳动争议案件审理工作。

参考文献

人力资源和社会保障部、最高人民法院：《关于联合发布第二批劳动人事争议典型案例的通知》（人社部函〔2021〕90 号），2021 年 6 月 30 日。

人力资源和社会保障部：《2021 年度人力资源和社会保障事业发展统计公报》，2022 年 6 月 7 日。

国家统计局：《中华人民共和国 2021 年国民经济和社会发展统计公报》，2021 年 2 月 28 日。

2021年中国职工议题媒体报道状况研究

吴　麟*

摘　要： 风险社会及数字新闻业双重语境中，本报告的问题意识与核心关怀一如既往：我国媒体如何报道职工议题？有何具体作为？能否全面反映职工群体现实境况？改善进路何在？基于"媒体是一种嵌入性的社会中介机制"的认知，我们从媒介能见度、媒介话语权、媒体角色三方面，通过个案研究和数据分析考察2021年度中国职工议题媒体报道状况，发现：除关乎经济社会建设与发展的常规议题外，在政策议程导向与社会现实驱动的共同作用下，"新就业形态劳动者"群体得到普遍关注，其风险境况与权益保障被予以较广泛的报道及讨论，呈现方式依据媒体类型不同大致存在"组织化表达"与"个体化表达"的分际。如何规范平台经济健康发展、建立弹性劳动的稳定性机制，成为关乎社会治理的关键议题，在倡导劳动者权益保障的基调上，市场化媒体还呼吁对平台的"善监管"。总体而言，未来需要不同类型的媒体行动者自觉遵循新闻规律，进行有规范的新闻创新，以参差多态的具体实践在边界内充分激发"新闻行动者网络"的潜能，从而在"监测、合作、促进"三个面向均能积极作为，成为负责任的中介，助力构建美好社会、增进民众福祉。

关键词： 职工群体　职工议题　媒介能见度　媒介话语权　媒体角色

---

* 吴麟，中国劳动关系学院文化传播学院副教授，新闻学博士、社会学博士后，主要研究方向为媒介社会学、新闻传播史论、传播法与伦理。

一 问题与方法

2021 年是具有里程碑意义的一年，全国人民勠力同心实现了"十四五"的良好开局。来之不易的成绩应当充分肯定，同时亦需看到阳光交织着阴影，正如年末中央经济工作会议所言，当前我国经济发展面临"需求收缩、供给冲击、预期转弱三重压力"，并且"世纪疫情冲击下，百年变局加速演进，外部环境更趋复杂严峻和不确定"。可见，"风险"依然是我们讨论经济社会发展问题的关键词。数字新闻业时代，媒体是信息基础设施的有机构成部分，理应成为社会风险治理参与的重要行动者。自 2019 年初提出以来，"四全"媒体成为中国新型主流媒体建设的核心方案。在数字技术加持新闻业的背景下，可作如是理解："全程媒体"意味着媒体应第一时间介入当代中国社会变动的第一现场；"全息媒体"意味着修复智能算法导致的社会认知碎片化问题，以打造一个能够达成社会共识的共同事实基础；"全员媒体"强调媒体生产与传播的开放性，以拓展其在数字时代的价值版图；"全效媒体"则意味着需要实现"打造网上网下同心圆"的媒体效果目标。在风险社会及数字新闻业双重语境中，本报告的问题意识与核心关怀一如既往，仍将聚焦：我国媒体如何报道职工议题？有何具体作为？能否全面反映职工群体现实境况？改善进路何在？

作为一项有延续性的研究，本报告的逻辑起点、概念界定、衡量指标、研究方法等，与 2018 年以来的《中国职工状况研究报告》保持一致。①逻辑起点：在中国特色和谐劳动关系治理模式中，以"文件政治"的视角进行逻辑推演，媒体的利益表达与协调功能渐被强调，被视作劳资利益协调机制的有机构成部分，在"应然"意义上负有一定角色期待。然而，作为嵌入具体时空政经结构的一种社会机制，媒体在"实然"层面的作为，需要立足具体经验事实进行观察。②概念界定：职工议题是指涵盖职工群体的收入、就业、社会保障、职业安全、职业卫生、劳动关系等诸方面状况的议题。这是观察和定位职工群体境况的一个重要维度。在现代国家"利益-政治"过程中，媒体如何报道职工议题，关乎该群体在公共话语空间中能否进行利益表达以及表达是否充分。③设置"职工议题的媒介能见度"和"职工群体的媒介话语权"两个指标，前者主要是指媒体对具体职工议题的呈现频度，关注诸项职工议题的媒体报道空间；后者则侧重于职工群体在具体报道中能否发声，探寻职工群体能否实现自我利益表达。④首先通过统计媒体文章标题中所出现的特定"关键词"数量，尝试探究职工议题的媒介能见度。其次，通过考察具体新闻框架进行内容分析，寻求测量职工群体的媒介话语权。本研究自 2021 年起增设"年度职工议题报道热点案例"一项，更聚焦地观察和分析媒体对具体问题的呈现与建构，2022 年仍将继续，不仅仅追踪"热点"，还聚焦有一定典型性的事件。此外，还将尝试引入一个新的观察维度"职工议题报道媒体角色"进行分析。关于媒体角色问题，存在两种不同的"传媒理论"———一种为传媒指定在社会中应当发挥的规范性作用，而另一种则只是描述传媒在社会中扮演的实际角色。因而，媒体角色也分为规范性（normative）与经验性（empirical）两个层次：一是理想中的"规范角色"，二是实践中的"经验角色"。本报告中，我们将观察媒体在实践中的经验表现，并评判其与规范期待的差距，从而探讨媒体如何具体行动，以增进职工群体权益与维护社会稳定发展。

数字时代新闻业的实践主体是一个关联"新闻行动者网络"（journalistic actors network）。首先，可以划分为"平台型媒体"和"内容型媒体"两大类，二者"行动目标、组织逻辑和文化相差甚远"，完全融合或彼此取代并不现实，"在承认和尊重彼此差异的基础上深度合作"是目前最合适的方式，"内容型媒体"对平台的适应殊为关键。其次，每一类中仍存在相当大的差异。在"平台型媒体"中，有些更偏向于"技术/设备端形成的聚合力"，如苹果公司；有些则偏向于"算法技术形成的关系黏性"，我们所熟悉的互联网巨头企业即属此类。在中国语境中，"内容型媒体"大致划分为：传统媒体/既有媒体（或曰"有资质的新闻媒体"）、原生媒体（或曰"泛新闻内容媒体"）以及政务媒体。其中，原生媒体的来源与构成驳杂，一个核心判断标准是"是否进行持续的新闻性内容生产"，以区别于大量个人社交媒体账号上偶然的新闻实践。这三类内容型媒体的关系复杂，"合作、融合、竞争都有"且"它们之间的人员流动也较频繁"。当前中国的新闻业已演变成为多种类型媒体共同参与、多元新闻实践形态并存的格局。鉴于新闻业态变迁以及职工议题属性，我们在样本媒体选择上，尝试涵盖不同类型的媒体行动者，主要以传统媒体/既有媒体为研究重点，兼顾原生媒体与政务媒体，以及观察相关信息在平台媒体上的聚合与分发，并且尝试在具体新闻环境中进行解读。

二　年度职工议题的媒介能见度

依据"议程设置"理论，本研究设计"职工议题的媒介能见度"这一具体指标，旨在探索：在当前媒体空间中，诸项职工议题是否得以呈现及其达到什么程度？1948年，传播学先驱哈罗德·D. 拉斯韦尔在《社会传播的结构与功能》一文中，提出大众传媒具有两个重要功能：一是"监测"（surveillance），即"新闻工作者扫描环境中的信息并决定在众多新闻事件中哪些值得在新闻媒体上予以关注"；二是"协调"（correlation），即"媒体通过向公众和政策制定者传播某些问题来指引我们关注的方向"。1972年，马克斯韦尔·麦库姆斯和唐纳德·肖（Mc-Combs & Shaw）正式提出"议程设置"理论，此后经过不断扩展与完善，至今依然适用。有学者还认为，"随着新的媒介形式以及新的讯息传播方式的诞生，我们很可能会发现议程设置理论比以往更加重要"。在常规新闻生产中，媒体的议程设置实践一般有三个层次：报道或不报道哪些"议题"或"属性"；是否突出强调一些"议题"或"属性"；如何对其强调的"议题"或"属性"进行排序。综合媒体观察体会以及借鉴同行研究经验，我们根据每一年度主题文章（篇名含特定关键词）数量，将"职工议题的媒介能见度"划分为5个等级，包括：1级（0~1篇，低）；2级（1~12篇，较低）；3级（12~24篇，中等）；4级（24~48篇，较高）；5级（48篇及以上，高）。这一设计重在关注具体议题的"显著性"（salience）。

本报告仍旧以《工人日报》为样本媒体观察"职工议题的媒介能见度"。作为中华全国总工会的机关报以及当前18家中央主要新闻单位之一，该报是"偏于政治权威性、影响力"的"传统主流媒体"，在职工议题报道上更是"核心主流媒体"，是合适的分析对象。研究内容在以往基础上有所优化，先分析下列6类主题12个关键词，具体包括：①职工收入状况（"工资""讨薪/欠薪"）；②职工就业状况（"就业""失业"）；③职工保障状况（"社保""养老保险"）；④职工安全状况（"工伤""安全生产"）；⑤职工卫生状况（"职业病""职业健康"）；⑥职工劳动关系状况（"劳动合同""劳动争议"）。鉴于对女性职业境况的关注，2022年还增设"女性职工状况呈现"一类主题，以"女职工/女工"为关键词进行分析。因而，2022年度共考察7类主题13个关键词，按照下述步骤操作。①以"中国重要报纸全文数据库"作为样本数据来源。②具体参数设定——"报纸来源"为《工人日报》，"时间"为2021年1月1日至2021年12月31日，以"题名"中含特定的关键词为选项。需要说明的是，"职业健康""女职工/女工"两项乃首次考察，检索时间设定为2000年1月1日至2021年12月31日。③汇总此前年度报告数据进行整理分析。

（一）主流媒体的历时性分析与年度观察

1. 职工收入状况呈现

①"工资"议题。2000~2021年的《工人日报》，篇名含关键词"工资"的文章共2557篇，其年度分布状况为2000年25篇、2001年24篇、2002年32篇、2003年69篇、2004年56篇、2005年38篇、2006年93篇、2007年121篇、2008年147篇、2009年155篇、2010年264篇、2011年313篇、2012年190篇、2013年203篇、2014年149篇、2015年97篇、2016年110篇、2017年103篇、2018年105篇、2019年103篇、2020年88篇、2021年72篇。"工资"议题的年度文章平均数为116.2篇，历年媒介能见度为5级（高），2021年度亦是如此。

观察2021年度"工资"议题文章，有24篇全文含关键词"农民工"，占全年报道量的 1/3，涉及政策解读、地方举措、典型案例等主题，可见全面贯彻落实 2020 年 5 月 1 日正式施行的《保障农民工工资支付条例》仍是艰巨任务。有 13 篇全文含关键词"维权"，如《最低工资被"稀释"，有劳动者却不知道、不维权》（3 月 25 日）、《因差评被扣罚的工资能要回来吗?》（4 月 2 日）、《中介公司提供服务岂能两头坑?》（6 月 4 日）、《教培行业员工如何依法维权?》（11 月 11 日）等，具有鲜明问题意识，积极维护普通劳动者的权益。有 13 篇全文含关键词"集体协商"，如《"这次协商的成果远远超出预期"》（4 月 9 日）、《"原来工资可以这么谈!"》（7 月 30日）、《零点一元的"胜利"》（9 月 9 日）等，呈现了工会组织通过工资集体协商机制，努力寻求实现"职工涨了收入"和"企业稳了队伍"的双赢格局。

②"讨薪/欠薪"议题。2000~2021 年的《工人日报》，篇名含关键词"讨薪/欠薪"的文章共 725 篇，其年度分布状况为 2000 年 2 篇、2001 年 3篇、2002 年 15 篇、2003 年 22 篇、2004 年 16 篇、2005 年 9 篇、2006 年 21篇、2007 年 30 篇、2008 年 16 篇、2009 年 28 篇、2010 年 42 篇、2011 年 49篇、2012 年 42 篇、2013 年 62 篇、2014 年 52 篇、2015 年 30 篇、2016 年 46篇、2017 年 44 篇、2018 年 47 篇、2019 年 65 篇、2020 年 45 篇、2021 年 39篇。"讨薪/欠薪"议题的年度平均文章数为 33.0 篇，历年媒介能见度为 4级（较高），2021 年度亦是如此。

观察 2021 年度"讨薪/欠薪"议题文章，有 26 篇全文含关键词"农民工"，占全年报道量的 2/3，可见涉及该群体的欠薪治理依然任重道远，这从具体报道如《证据少 维权难 农民工讨薪老难题仍待解》（1 月 8 日）、《强制执行后，农民工终拿到被欠 6 年的劳务费》（3 月 12 日）等中也可见一斑。有 9 篇含关键词"工会"，旨在呈现工会组织在欠薪治理问题上的作为，既有宏观的制度建设，如《全总印发〈工会劳动法律监督办法〉》（4月 10 日），也有微观的具体行动，如《看法援律师如何拿回职工血汗钱》（12 月 23 日）。在这一议题上，一些具体的新情况、新问题也被及时地捕捉到，如《推迟发放"年终奖"可能变"欠薪"》（4 月 8 日）、《又一批欠薪企业被曝光，三成是科技公司》（10月29日）等，从中可见新闻记者的敏感。

2.职工就业状况呈现

①"就业"议题。2000～2021年的《工人日报》，篇名含关键词"就业"的文章共2948篇，其年度分布状况为2000年62篇、2001年74篇、2002年125篇、2003年187篇、2004年117篇、2005年57篇、2006年79篇、2007年156篇、2008年141篇、2009年349篇、2010年167篇、2011年122篇、2012年81篇、2013年129篇、2014年85篇、2015年66篇、2016年77篇、2017年104篇、2018年94篇、2019年152篇、2020年278篇、2021年246篇。"就业"议题年度平均文章数为134篇，历年媒介能见度为5级（高），2021年度亦是如此。

观察2021年度"就业"议题文章，有89篇全文含关键词"新就业形态"，占比超过全年报道量的1/3，可见这一伴随互联网技术进步与大众消费升级而出现的去雇主化、平台化的就业模式，已成为就业市场演变的重要趋势。聚焦新就业形态劳动者的相关文章基本主题有二：一是权益保障，如《七方面举措维护新就业形态劳动者权益》（7月20日）、《我们遇到了"申诉困境"》（10月14日）等；二是入会问题，如《南京40万"外卖小哥"有了"娘家"》（9月19日）、《以"平台思维"推动平台建"家"》（10月8日）。有39篇全文含关键词"灵活就业"，作为当前劳动者就业增收的重要途径，灵活就业对拓宽就业新渠道、培育发展新动能具有显著意义，这在《安徽每4个就业人员中就有1人为灵活就业者》（10月15日）等文章中有所体现；为支持灵活就业多渠道发展，需要积极加大保障支持力度，多篇文章集中于此主题，报道各地具体政策举措，如《北京重点群体可申请三年至五年灵活就业社保补贴》（1月1日）、《湖北"零工驿站"打造灵活就业人员新"家"》（11月5日）等。除农民工群体的"稳就业"外，保障高校毕业生等青年就业问题的迫切性也在凸显，从《让中小企业成为大学生就业"蓄水池"》（3月15日）、《团中央启动促进大学生就业行动》（12月20日）等文章中可窥一斑。

② "失业"议题。2000~2021年的《工人日报》，篇名含关键词"失业"的文章共269篇，其年度分布状况为2000年16篇、2001年17篇、2002年13篇、2003年27篇、2004年16篇、2005年11篇、2006年13篇、2007年9篇、2008年15篇、2009年28篇、2010年10篇、2011年11篇、2012年6篇、2013年7篇、2014年7篇、2015年11篇、2016年7篇、2017年10篇、2018年7篇、2019年4篇、2020年8篇、2021年16篇。"失业"议题年度平均文章数为12.2篇，历年媒介能见度为3级（中等），2021年度亦是如此。

观察2021年度"失业"议题文章，超过历年来平均值，其数量为2009年来的最高点。其中，12篇是从国家到地方层面的多种政策举措，如《失业保险和工伤保险降费率政策延期》（1月27日）、《广东出台全国首个灵活就业人员参加失业保险试行办法》（12月31日）等；2篇是促进解决失业问题的先进典型，分别为《日照有个"阳光大姐"》（4月5日）、《精准援助，不让一名就业困难人员"掉队"》（7月12日）；2篇聚焦失业群体权益维护，分别为《失业者没领失业金，哪里出现了偏差？》（1月25日）、《医院合伙骗医保 多人盯上失业保险金》（11月4日），此类报道社会价值突出。

3.职工保障状况呈现

① "社保"议题。2000~2021年的《工人日报》，篇名含关键词"社保"的文章共429篇，其年度分布状况为2000年8篇、2001年17篇、2002年7篇、2003年11篇、2004年9篇、2005年8篇、2006年23篇、2007年26篇、2008年19篇、2009年30篇、2010年18篇、2011年26篇、2012年25篇、2013年15篇、2014年16篇、2015年15篇、2016年40篇、2017年28篇、2018年17篇、2019年28篇、2020年16篇、2021年27篇。"社保"议题的年度平均文章数为19.5篇，历年媒介能见度为3级（中等），但2021年度为4级（较高）。

观察2021年度"社保"议题文章，报道数量及媒介能见度均超过历年来平均值。一类是各地政府的相关政策举措，其中新就业形态劳动者的社保参保问题成为新焦点，如《工资涨不涨？涨！社保不想缴？该缴!》（1月18日）、《让新业态劳动者权益保障"不落空"》（3月9日）、《快递企业不得以商业险代替社保》（12月6日）等；另一类是社保缴纳中需警示的问题，涉及劳动者权益保障以及企业的遵纪守法，如《企业缴纳保险不能拿"上限"当"底线"》（6月18日）、《没有保障的日结工"游击作战"出了事咋办?》（7月15日）、《为"虚拟员工"代缴社保不是"帮忙"是诈骗》（7月22日）、《社保岂容"自愿"放弃?》（11月26日）等。两类报道各有其特定价值，缺一不可。

②"养老保险"议题。2000～2021年的《工人日报》，篇名含关键词"养老保险"的文章共213篇，其年度分布状况为2000年10篇、2001年8篇、2002年4篇、2003年12篇、2004年9篇、2005年11篇、2006年6篇、2007年10篇、2008年11篇、2009年20篇、2010年17篇、2011年5篇、2012年15篇、2013年9篇、2014年11篇、2015年11篇、2016年4篇、2017年7篇、2018年14篇、2019年5篇、2020年5篇、2021年9篇。"养老保险"议题的年度平均文章数为9.7篇，历年媒介能见度为2级（较低），2021年度亦是如此。

观察2021年度"养老保险"议题文章，报道量虽较上年有所增加，但尚未达到历年来平均值。有5篇含"灵活就业人员"，如《灵活就业人员养老保险兜底措施正研究制定》（5月21日）等，可见实现该群体的养老保障已是新的政策议程。为使劳动者在基本养老保险基础上能够再添一份保障，"企业年金"问题得到一定关注，《让更多企业和员工加入企业年金"朋友圈"》（3月8日）、《上海鼓励企事业单位自主建立企业年金制度》（10月25日）皆是相关讨论。

4. 职工安全状况呈现

①"工伤"议题。2000～2021年的《工人日报》，篇名含关键词"工伤"的文章共567篇，其年度分布状况为2000年7篇、2001年5篇、2002年5篇、2003年19篇、2004年21篇、2005年12篇、2006年18篇、2007年31篇、2008年15篇、2009年28篇、2010年31篇、2011年34篇、2012

年 25 篇、2013 年 38 篇、2014 年 38 篇、2015 年 43 篇、2016 年 29 篇、2017 年 26 篇、2018 年 28 篇、2019 年 34 篇、2020 年 44 篇、2021 年 36 篇。"工伤"议题的年度平均文章数为 25.8 篇，历年媒介能见度为 4 级（较高），2021 年度亦是如此。

观察 2021 年度"工伤"议题文章，新就业形态从业者的工伤赔偿问题成为关注热点之一，《工伤赔偿最大难点是劳动关系难确定》（1 月 14 日）、《外卖员途中摔伤，协议解约后再获工伤赔偿》（2 月 26 日）、《没有医保没有工伤保险，他们的病痛只能自己扛?》（11 月 15 日）等文章皆聚焦于此。为抗击疫情，医护人员及防疫工作者奋斗在一线，如何加强其工伤保障成为政策议程的新动向，《宁夏加强疫情防控人员工伤保障》（11 月 22 日）就是一例。工伤认定中的新问题、新情况以及典型案例，得到较充分的关注，如《忙碌的 8 小时外，劳动权益咋保护》（1 月 13 日）、《出差时病发，抢救多日后死亡算工伤吗》（5 月 20 日）、《工人受伤，企业称其干私活不想赔咋办?》（9 月 3 日）、《超过法定退休年龄，还能认定工伤吗?》（9 月 30 日）、《职校生实习受伤，该不该有工伤保障?》（10 月 11 日）、《"孤独的工伤"面前，谁来帮我作证》（11 月 11 日）、《6 年历经 3 次鉴定，工伤待遇方有着落》（12 月 10 日）等多篇，倡导从有利于保护职工的立场进行工伤认定是此类文章共同的出发点。

②"安全生产"议题。检索 2000~2021 年的《工人日报》，篇名含关键词"安全生产"的文章共 433 篇，其年度分布状况为 2000 年 14 篇、2001 年 9 篇、2002 年 10 篇、2003 年 23 篇、2004 年 13 篇、2005 年 15 篇、2006 年 23 篇、2007 年 26 篇、2008 年 23 篇、2009 年 34 篇、2010 年 37 篇、2011 年 22 篇、2012 年 14 篇、2013 年 23 篇、2014 年 38 篇、2015 年 22 篇、2016 年 18 篇、2017 年 15 篇、2018 年 8 篇、2019 年 17 篇、2020 年 10 篇、2021 年 19 篇。"安全生产"议题的年度平均文章数为 19.7 篇，历年媒介能见度为 3 级（中等），2021 年度亦是如此。

观察 2021 年度"安全生产"议题文章，多为政府机构与工会组织加强安全生产的政策举措，修订《中华人民共和国安全生产法》是国家层面的政策行动，其中增加对新业态劳动者的安全生产保护相关条款是重要修订内容，《网络平台的安全生产责任应进一步压实》（6月10日）对此进行了具体报道。此外，《部分企业强收安全帽押金，不交不能上工》（7月12日）、《拉闸限电应避免影响安全生产和民生》（9月29日）等舆论监督报道对于促进安全生产具有重要意义。

5. 职工卫生状况呈现

①"职业病"议题。2000~2021年的《工人日报》，篇名含关键词"职业病"的文章共220篇，其年度分布状况为2000年1篇、2001年2篇、2002年10篇、2003年9篇、2004年9篇、2005年7篇、2006年11篇、2007年14篇、2008年5篇、2009年12篇、2010年21篇、2011年19篇、2012年13篇、2013年8篇、2014年8篇、2015年16篇、2016年8篇、2017年9篇、2018年10篇、2019年16篇、2020年7篇、2021年5篇。"职业病"议题的年度平均文章数为10.0篇，历年媒介能见度为2级（较低），2021年度亦是如此。

观察2021年度"职业病"议题文章，报道量相当低。国家卫生健康委1月公布了新版《职业病诊断与鉴定管理办法》，相关报道《诊断机构当在收齐材料起30日内作出诊断结论》（2月23日）释读政策，突出了其亮点——"没有证据否定职业病危害因素与病人临床表现之间的必然联系的，应当诊断为职业病"；配发评论《远离职业病危害，事后救济和事前管理一个不能少》（3月2日），强调职业病是劳动者从事职业活动难以避免、控制的重大职业风险之一，倡导需要合力"让相关制度更完善、预防措施更有效、控制手段更精准、健康管理更科学"。此外，《职业危害因素不断"上新"，职业病目录何时"更新"》（4月26日），通过深入采访，呈现专业人士"应该适时、灵活、适度调整《职业病分类和目录》"的倡议，是一篇问题意识突出的报道。

②"职业健康"议题。2000~2021年的《工人日报》，篇名含关键词"职业健康"的文章共43篇，其年度分布状况为：2000年0篇、2001年1篇、2002年1篇、2003年0篇、2004年2篇、2005年1篇、2006年0篇、

2007年1篇、2008年0篇、2009年2篇、2010年4篇、2011年2篇、2012年2篇、2013年1篇、2014年4篇、2015年3篇、2016年2篇、2017年2篇、2018年1篇、2019年4篇、2020年1篇、2021年9篇。"职业健康"议题的年度平均文章数为2.0篇，历年媒介能见度为2级（较低），2021年度亦是如此。

观察2021年度"职业健康"议题，绝对报道量虽不高，但已远超历年来平均值。"两会"期间，来自不同领域的代表/委员均呼吁加强对劳动者的职业健康保护，《为劳动者构筑职业健康屏障刻不容缓》（3月11日）、《保护劳动者职业健康需跨过"四道坎"》（3月11日）进行了具体报道。4月25日至5月1日是第19个《职业病防治法》宣传周，其主题为"共创健康中国，共享职业健康"，评论员文章《回应公众关切，保障劳动者职业健康》（4月28日），以现有《职业病分类和目录》的完善为切入点，呼吁需要建立"一整套完整、科学的制度体系"以确保劳动者健康权益。特定群体的职业健康困境一定程度上得以呈现，如《卡车司机职业健康的"痛点"如何疏通》（9月11日），援引权威数据披露当前3000万名货车司机中患有胃病、高血压、颈椎病等"职业病"的比例高达86.5%，具有重要现实意义。

6. 职工劳动关系状况呈现

①"劳动合同"议题。2000～2021年的《工人日报》，篇名含关键词"劳动合同"的文章共425篇，其年度分布状况为2000年8篇、2001年12篇、2002年7篇、2003年25篇、2004年13篇、2005年21篇、2006年35篇、2007年42篇、2008年36篇、2009年28篇、2010年28篇、2011年11篇、2012年11篇、2013年14篇、2014年14篇、2015年23篇、2016年12篇、2017年12篇、2018年10篇、2019年21篇、2020年24篇、2021年18篇。"劳动合同"议题的年度平均文章数为19.3篇，历年媒介能见度为3级（中等），2021年度亦是如此。

观察2021年度"劳动合同"议题文章，报道量较低。不过，其中多篇文章聚焦典型案例，深入分析未签订劳动合同或劳动合同不规范所导致的具体问题，如《警惕！"留白"的劳动合同里留的多是"坑"》（1月11日）、《单位未签劳动合同　被判赔偿二倍工资》（1月14日）、《企业员工私自招聘，企业该不该认所招的人？》（1月22日）、《打工者一波三折获认工伤》（3月5日）、《设计师因怀孕"岗位灭失"仲裁裁决公司违法》（4月29日）、《劳资双方"手拉手"诉讼　法院识破虚假"双簧戏"》（8月5日）、《有用工事实没劳动合同，单位也难逃法律责任》（9月2日）、《我的工伤待遇还能落实吗？》（10月29日），对于维护劳动者的合法权益具有启示价值。

②"劳动争议"议题。2000～2021年的《工人日报》，篇名含关键词"劳动争议"的文章共481篇，其年度分布状况为2000年11篇、2001年5篇、2002年8篇、2003年12篇、2004年15篇、2005年9篇、2006年23篇、2007年27篇、2008年30篇、2009年30篇、2010年29篇、2011年26篇、2012年20篇、2013年23篇、2014年15篇、2015年16篇、2016年29篇、2017年24篇、2018年20篇、2019年27篇、2020年41篇、2021年41篇。"劳动争议"议题的年度平均文章数为21.9篇，历年的媒介能见度为3级（中等），但2021年度为4级（较高）。

观察2021年度"劳动争议"议题文章，报道量保持较高趋势。有26篇全文含关键词"工会"，充分呈现各级工会组织化解劳动争议的具体行动，多运用"柔性""多元""一站式""全链式""高效""便捷""提速"等词语描述其机制创新及效果。如何既维护员工合法权益，又使企业正当诉求得到保证，是构建和谐稳定劳动关系的关键，《员工一年内告了9家用人单位　法院认定"碰瓷"罚款5万元》（5月13日）、《事假怎么请、能请多长，劳动双方要商量着定》（5月24日）、《怎样的企业"家规"会赢得司法尊重》（8月26日）、《企业任性辞高管，一下赔了40多万》（9月30日）皆是相关讨论。

7. 女性职工状况呈现

2000～2021年的《工人日报》，篇名含关键词"女职工/女工"的文章共548篇，其年度分布状况为2000年12篇、2001年6篇、2002年7篇、

2003年23篇、2004年25篇、2005年10篇、2006年27篇、2007年49篇、2008年18篇、2009年41篇、2010年34篇、2011年35篇、2012年38篇、2013年30篇、2014年26篇、2015年27篇、2016年19篇、2017年24篇、2018年23篇、2019年23篇、2020年20篇、2021年31篇。"女职工/女工"议题的年度平均文章数为24.9篇，历年媒介能见度为4级（较高），2021年度亦是如此。

观察2021年度"女职工/女工"议题文章，全文含关键词"工会"的有17篇，多方面呈现工会组织在女职工工作领域的具体行动，集中于权益维护与关爱服务，其主旨可概括为——回应"她"所盼、凝聚"她"力量。2021年修订的《中华人民共和国人口与计划生育法》正式规定国家提倡适龄婚育、优生优育，一对夫妻可以生育三个子女。这一重大政策变动对于女性职业状况有着深刻影响，若无充足配套举措，很可能会造成女性进一步地陷入职业困境。这成为本年度的讨论热点，全文含关键词"怀孕/生育"的文章有11篇，其中《因生育第三胎被解雇违法吗》（4月1日）、《"延长试用期"女工怀孕遭辞退　仲裁裁决恢复劳动关系》（4月8日）等文章，既关注女职工生育权的维护，也注意到企业用人成本问题，报道颇为全面。全文含关键词"性骚扰"的文章有7篇，呈现工会在女职工性骚扰防护上的立场及举措，如《苏州工会力挺职工向职场性骚扰说"不"》（8月11日）、《助推用人单位完善制度机制　向工作场所性骚扰说"不"!》（9月3日）等，提出"性骚扰是性别歧视的一种形式，是基于性别的暴力"，强调"用人单位有责任预防和制止工作场所性骚扰，实现体面劳动"。

（二）职工议题的媒介能见度：常中有变与协同行动

上述以《工人日报》为个案，主要运用关键词考察的方法，探究主流媒体对职工议题的呈现状况。此前的报告中，我们使用过"非均衡的呈现""结构性的偏向""结构性稳定中的波动"，描述《工人日报》职工议题的媒介能见度的整体特征。样本媒体状况保持稳定，这些判断依然适用。基于历时性的数据与年度状况观察（见表1），2021年度的状况可概括为"常中有变",所谓"常",是指由宏观的政策规制、中观的媒体机构、微观的新闻生产所共同形塑的"常规";所谓"变",则指随相应社会状况、政策动向、公众需求等的变动而进行的"调适"。具体言之,"常"为主调,体现为:①重点突出经济社会建设与发展议题,"就业""工资"两项议题的报道量分别居第一、二位,历年及年度媒介能见度均为5级(高);②注重契合媒体机构定位的特色议题,如"讨薪/欠薪""工伤""女职工/女工"诸项议题,历年及年度媒介能见度均为4级(较高);③适当呈现专业或一定风险性的议题,如"劳动合同""安全生产""失业""职业健康""职业病"诸项议题,历年及年度媒介能见度均为3级(中等)或2级(较低)。"变"则指具体议题媒介能见度的适时调整,"社保""劳动争议"两项议题的报道量有所增加,其历年媒介能见度均为3级(中等),2021年度则升为4级(较高),这与新就业形态在稳定和增加就业方面的实际影响,以及维护新就业形态劳动者劳动保障权益的政策动向,有着密切关联。

表1　《工人日报》职工议题的媒介能见度

年度报道量排序 (2021年)	职工议题	历年媒介能见度 (2000~2021年)	年度媒介能见度 (2021年)	变化情况
1	就业	5级(高)	5级(高)	—
2	工资	5级(高)	5级(高)	—
3	劳动争议	3级(中等)	4级(较高)	↑
4	讨薪/欠薪	4级(较高)	4级(较高)	—
5	工伤	4级(较高)	4级(较高)	—
6	女职工/女工	4级(较高)	4级(较高)	—
7	社保	3级(中等)	4级(较高)	↑
8	劳动合同	3级(中等)	3级(中等)	—
9	安全生产	3级(中等)	3级(中等)	—
10	失业	3级(中等)	3级(中等)	—
11	养老保险	2级(较低)	2级(较低)	—
12	职业健康	2级(较低)	2级(较低)	—
13	职业病	2级(较低)	2级(较低)	—

根据新闻生产规律，这一从样本媒体中得出的判断可作推论，基本适用于当前国内的传统媒体/既有媒体，特别是其中"机关报媒体"，它们的职工议题报道整体上也是"常中有变"。其中，"常"大致包括三点：①重点关注建设与发展议题；②注重契合媒体定位的议题；③低度呈现风险与冲突议题。至于"变"则主要集中于一点：着力突出年度关键议题。在"中国重要报纸全文数据库"中检索表 1 所列 13 项具体议题的年度报道量，由于媒体定位不同，在当前中央主要新闻单位中，《工人日报》的职工议题报道最为聚焦与全面；舆论引导需求及社会现实驱动下，"新就业形态劳动者"则成为共同的年度议题。

前述数字时代新闻业的实践主体是一个关联"新闻行动者网络"，提升职工议题的媒介能见度需要诸行动者协同行动，尤其是传统媒体/既有媒体、原生媒体、政务媒体等"内容型媒体"，应加强优质内容的产出与传播，多报道职工群体在收入、就业、社会保障、职业安全、职业卫生、劳动关系等诸方面的具体境况与现实问题。在此方面，《财新周刊》值得观察。在"财新App"中通览了 2021 年的 50 期杂志后，我们发现多篇文章涉及职工议题，其中包括《卡车变道》《洞庭湖里的"挖藕人"》《求解矿难新局》《互联网劳资焦虑》《高球厂职业病赔偿困局》《卡车司机的爱与情》《社保补缴之困》《安全评价乱象整治》《互联网告别"996"》《退休老人再就业》《字节跳动告别"996"》《鸿森大厦，楼里人间》《求解新业态劳动权益保障》《解剖医生收入问题》《"非升即走"背后的青年学者困境》等报道，以及《惟创新引领高质量发展》《延迟退休应开门制定方案》《平台经济的强监管与善监管》《乱罚款缘何难除根》《鼓励生育，不靠补贴靠改革》《职业教育须让社会认可》等社论，既有对具体境况的客观及时报道，亦有对复杂现象的深度专业分析，以及立场鲜明的政策建言，兼具突出的专业性与建设性追求。

三 年度职工群体的媒介话语权

人们对世界的一切感知、言说、书写，"都是以特定话语系统为前提的"。福柯的"权力-话语"理论认为，权力与话语之间是一种相互建构的关系。借助这一洞见，可以认为：社会意义上的"可见性"（visibility）是一种权力。作为社会体系的基本构成要素，"权力"在社会实践意义上是一种"改造能力"。媒介化社会中，媒介话语维度的"可见"与否，本质上是"权力"问题。因而，话语权可界定为：个人或群体能够自主表达其利益、意见和思想，从而对其他个人或群体产生影响的能力。它反映了在社会话语系统中个人或群体话语表达的实际地位、拥有的话语表达资源，以及其话语表达的潜在效果。相应地，"媒介话语权"是指个人或群体运用媒体自主表达其利益、意见和思想，从而对其他个人或群体产生影响的能力。

（一）媒介话语权的分析方法与研究样本说明

本研究继续运用内容分析法，通过考察新闻框架以呈现职工群体的媒介话语权的具体状况。"新闻是通往世界的一扇窗"，其职责是"告诉我们想知道、需要知道和应该知道的东西"。但是，"就跟其他勾勒世界轮廓的框架一样，新闻框架或许也存在问题。透过窗口看到的景致取决于窗子的大小、窗格的多寡、玻璃的透明度，窗口正对的是街道还是后院"。简言之，新闻可视为框架。按照戈夫曼的观点，"框架"（frame）是指"特定的组织原则，它们统辖事件——至少是社会事件——以及我们在事件中的主观介入"；框架组织日常世界的"截片"（strips），即"从连绵不断的活动溪流中任意截取的切片"。可见追溯其源，"框架"概念旨在解答"人们如何建构社会现实"问题，即尝试理解人们在具体情景中如何组织经验及赋予意义。选择以何种"框架"来建构"现实一隅"或"意义的一个特定范畴"则是动态的"架构"（framing）过程，新闻架构分析的要旨是探讨"位处特定历史、经济、政治坐标点的社会个体或团体达成其特定理解或意义所遵循的认识和话语的组织原则"。

前述"职工议题的媒介能见度"分析显示，"新就业形态劳动者"是重要年度议题，为"新闻行动者网络"广泛关注。那么，作为平台经济时代新兴的职工群体，其媒介话语权的具体状况如何？综合考虑样本典型性与研究可行性，我们以 2021 年《工人日报》对"新就业形态劳动者"议题的报道为内容分析对象，具体将从三个方面展开探索。其一，报道主题。构建新闻框架的第一步是选择主题，新闻媒体往往通过对主题的选择来"框定"受众关注焦点。我们将这一议题报道分为下列类目：①政策举措；②先进典型；③权益维护；④综合；⑤其他。其中，一个研究样本中若同时涉及多个主题，选择其中相对较重要的进行归类；若多个主题的地位相对均衡，则视之为"综合"。其二，行动主体。为了实现报道意图，新闻报道通常会直接或间接地对具体的个人或组织予以突出呈现。此处，行动主体是指报道中出现并且被重点引用或刻画的"主角"，设置下列类目：①政府；②企业；③工会；④职工；⑤专家学者；⑥代表/委员；⑦综合；⑧其他。其中，一个研究样本中若同时涉及多个行动主体，选择其中相对较重要的进行归类；若多个行动主体的地位相对均衡，则视之为"综合"。其三，话语引述。新闻报道中是否出现具体的、相关的话语引述，是衡量特定群体媒介话语权状况的一个重要指标。本研究侧重于探讨相关新闻报道中是否引述新就业形态劳动者的话语以及话语倾向，设置下列类目：①正面/满意；②中性/无明显的倾向；③负面/不满；④无话语引述。

此前的报告中，分析"职工群体的媒介话语权"时，我们提出：需要将能否实现"主体性表达"，即话语表达是否能够彰显主体地位、反映主体意识、体现能动关系，作为衡量媒体报道弱势社群新闻框架优劣的重要标准。讨论职工群体的媒介话语权，需要注重观察其在媒介话语空间中能否自主、能动地表达其利益、意见和思想。"主体性表达"实现与否，可以通过分析新闻的具体架构进行探究，诸如是否报道他们最为关心的主题、是否以他们作为行动主体、是否引述他们的负面/不满话语等。据此分析进路，我们得出过"弱主体性表达""低度的主体性""有限的主体性"等具体的判断，旨在强调：职工群体的媒介话语权的建设任重道远，媒体报道应尽可能地在具体新闻架构中更多彰显其主体地位，反映其自主意识、体现其能动关系。职工多是普通劳动者，易遭遇失业、欠薪、过度劳动等职业风险，作为原子化的个体或者弱势群体，很可能缺乏必要的、有力的应对举措，提升媒介话语维度的"可见性"有助于实现体面劳动。本年度报告中,这一基本立场不变;同时,我们日益感知到"实践逻辑"的重要性,需要在现实时空语境中理解相关数据,避免纯粹从理论逻辑或者话语逻辑来讨论。

(二)职工群体的媒介话语权:权益导向的组织化表达

按照相关政策文件对"新就业形态劳动者"内涵的界定,我们在"中国重要报纸全文数据库"中检索,发现:2021 年 1 月 1 日至 12 月 31 日,《工人日报》刊发"题名"含特定关键词的文章分别有"货车司机"30 篇、"快递员"32 篇、"骑手"24 篇、"网约车司机"7 篇、"新业态/新就业形态"126 篇,合并相同文章后共有 202 篇,再剔除 6 篇新闻评论,共获得 196 篇新闻报道作为"新就业形态劳动者"议题的研究样本($N=196$);之后,从报道主题、行动主体、话语引述三个方面逐篇编码;采用 SPSS 25.0 进行统计分析,包括相关题项的描述分析(见表2)与交叉分析(表3至表5)。

表 2　2021 年《工人日报》"新就业形态劳动者"议题报道特征

单位:篇,%

题项	选项	频率	百分比	有效百分比	累计百分比
报道主题	政策举措	65	33.2	33.2	33.2
	先进典型	57	29.1	29.1	62.2
	权益维护	44	22.4	22.4	84.7
	综合	21	10.7	10.7	95.4
	其他	9	4.6	4.6	100.0
行动主体	政府	18	9.2	9.2	9.2
	企业	4	2.0	2.0	11.2
	工会	115	58.7	58.7	69.9
	职工	14	7.1	7.1	77.0
	专家学者	7	3.6	3.6	80.6
	代表/委员	5	2.6	2.6	83.2
	综合	32	16.3	16.3	99.5
	其他	1	0.5	0.5	100.0

续表

题项	选项	频率	百分比	有效百分比	累计百分比
话语引述	正面/满意	54	27.6	27.6	27.6
	中性/无明显的倾向	5	2.6	2.6	30.1
	负面/不满	21	10.7	10.7	40.8
	无话语引述	116	59.2	59.2	100.0

1. 报道主题分布状况

2021年《工人日报》的"新就业形态劳动者"议题报道，其报道主题分布状况为："政策举措"居首，占比为33.2%；"先进典型"次之，占比为29.1%；"权益维护"居第3位，占比为22.4%；涉及多个主题的"综合"居第4位，占比为10.7%，其中不少报道也涉及"权益维护"；居于末位的是"其他"一项，占比为4.6%。考虑《工人日报》的结构性位置及相应的新闻生产常规，"权益维护"主题的报道所占比例其实已相当突出。

具体分析报道文本，"权益维护"（$N=44$）一类所报道的内容，聚焦于新就业形态劳动者劳动权益保障短板。如《工伤赔偿最大难点是劳动关系难确定》（1月14日），详细报道在一场研讨会上专业人士讨论如何提高外卖员、快递员等从业者的工伤保障水平，其中多处直接引述不同外卖员对职业困境的表达，"我们连职业保障都没有，工伤保障更不敢奢求""没有劳动合同，也没有劳务合同，这才是最不正规的"等。《如何给众包骑手多一些权益保障?》（1月15日），聚焦当时热点事件———一名外卖骑手在送餐途中猝死，分析外卖平台企业为降低成本和减轻压力倾向于采用"骑手众包模式"，由于难以认定劳动关系，大量众包骑手的保险结构不合理，"意外险是唯一的保障"；进而援引专家建议，提出应为这一群体提供灵活合理的保障方案。多篇报道以案说法，通过典型案例探讨如何实现具体权益保障，《骑手送餐撞伤人 平台所属公司被判赔27万元》（2月5日）突出法院判决考虑权益相统一的原则，强调"法院认为若要求受害者追究骑手与哪家公司存在劳动关系再去追偿，会加重其诉讼负担"；《因差评被扣罚的工资能要回来吗》（4 月 2 日）报道一名快递员无故被克扣工资并因投诉被扣罚，离职后历经波折终于维权成功，从中可见普通劳动者的权益困境；《外卖平台说骑手是"个体户" 否认双方劳动关系》（5 月 26 日），通过分析一件江苏省 2020 年劳动人事争议典型案例，突出法院主张"应以是否符合劳动关系本质特征作为判断标准"。对于新就业形态劳动者的劳动关系认定困境，《外卖配送承揽服务协议不能否认劳动关系》（7 月 22 日）、《"临时"货车司机是"临时工"吗?》（9 月 3 日）、《层层转包把外卖骑手的劳动关系"转晕了"》（9 月 30 日）、《自备交通工具的快递员是快递公司员工吗》（12 月 23 日）等报道均从不同角度切入。对于这一现实难题，样本媒体所持的基本立场是维护劳动者群体的权益，这在《三问外卖骑手"个体工商户化"》（9 月 28 日）中体现颇为鲜明，通过分析"有多少已经注册？注册后影响几何？如何避免强迫诱导注册?"三个问题，援引专家观点，提出："个体工商户化"后对骑手的主要影响是平时没法缴纳社保，发生劳动争议后认定劳动关系困难；应当强化个体工商户注册程序管理，防止企业不正当地"去劳动关系化"。

2. 行动主体分布状况

2021 年《工人日报》的"新就业形态劳动者"议题报道，其行动主体分布状况为："工会"居首，占比为 58.7%；涉及多个行动主体的"综合"次之，占比为 16.3%；居于第 3、4 位的是"政府""职工"，占比分别是 9.2%、7.1%；余下依次为"专家学者""代表/委员""企业""其他"，占比分别为 3.6%、2.6%、2.0%、0.5%。

具体分析报道文本，"工会"（$N=115$）是最为突出的行动主体，相关报道集中呈现各级工会组织切实维护新就业形态劳动者劳动保障权益的诸项具体行动，如《成都打造关爱户外劳动者个性化驿站》《上海市总提案呼吁建立职业安全保障制度》《江苏工会精准服务快递员送餐员等群体》《青海货车司机有了补充医保》《组织和关爱外卖骑手行动暨户外劳动者服务站点合作项目在京启动》等，其中"加快推进建会入会"可谓重点议题，旨在突出各地积极探索如何最大限度吸引新就业形态劳动者加入工会，这是一项需要高度政治责任感和敏锐性的工作。

以"职工"（$N=14$）作为行动主体的一类议题报道总体数量偏低，除《与时间赛跑的"生命快递员"》（3月12日）等数篇"先进典型"报道外，《是谁在忽悠外卖骑手贷款买车?》（7月7日）、《我们遇到了"申诉困境"》（10月14日）、《南宁派件费上调，一些快递员没感受到》（10月15日）、《外卖骑手为你我送餐，他们在哪儿吃饭?》（10月18日）等，聚焦新就业形态劳动者在工作与生活中具体且实在的困难。行动主体为"专家学者"（$N=7$）与"代表/委员"（$N=5$）的两类，皆是倡导权益保障，如《为新业态从业者织密养老保障网》《网约工易受"伤"，职业伤害保障快跟上》《尽快为快递员等人员提供职业伤害保障》《让新业态从业者保障全一点、职业健康安全网密一点》等。其中，"两会"期间，全国政协总工会界别提交界别提案，呼吁莫让新就业形态劳动者"困在系统里"。

3. 话语引述分布状况

2021年《工人日报》的"新就业形态劳动者"议题报道，其话语引述分布状况为："无话语引述"居首，占比为59.2%；"正面/满意"居第2位，占比为27.6%；而"负面/不满"居第3位，占比达10.7%；"中性/无明显的倾向"居于末位，占比为2.6%。本研究中"话语引述"特指是否引述普通职工的话语。以往历年报告中我们以《工人日报》为样本媒体分析过多项议题的话语引述情况，发现由于其结构性位置及相应的新闻生产常规，"负面/不满"话语达到一成已是不易。

具体分析报道文本，"负面/不满"话语（$N=21$）集中于"权益维护"主题，涉及职业伤害保障、劳动关系认定、养老保险缴费、平台薪酬机制、工作时间超长等普遍议题，以及入职时被忽悠贷款购买电动车、外卖电动车鲜有定期性能检查等具体问题。报道中所直接引述的话语具体、平实，诸如："我和我周围大部分快递员都不太在意工伤保险。我们最在意的是一单能挣多少? 今天能挣多少? 因为没有发生的事情对我们来说太遥远了。""很多人工作地点不固定，一旦更换城市，有的人索性就不缴了。""不算还好，一算心里更烦，比如，平台规定每单抽成20%，但其实算下来远不止20%。""睡觉前都在手机上选品，醒来发现手机还拿在手上。"这一操作实践将个体境遇与结构问题充分勾连起来，赋予了"寻常之事"（mere happenings）以"公共性"（public charter），使具体新闻框架的建构更为有效。

4. 相关情况交叉分析

不同主题类型的新闻报道，行动主体分布状况存在区别。交叉分析（见表3）显示："政策举措"的行动主体只有"工会"（83.1%）、"政府"（10.8%）和"综合"（6.2%）三类。"先进典型"的行动主体则有五类——"工会"（75.4%）、"职工"（14.0%）、"综合"（5.3%）、"政府"（3.5%）、"企业"（1.8%）。"权益维护"涉及多个行动主体，类型相对较为丰富，包括"综合"（38.6%）、"专家学者"（16.0%）、"职工"（13.6%）、"代表/委员"（11.4%）、"工会"（9.1%）、企业（6.8%）以及"政府"（4.5%）。涉及多个报道主题的"综合"一项，行动主体也只有"工会"（61.9%）、"政府"（19.0%）和"综合"（19.0%）三类。

不同行动主体的新闻报道，话语引述分布状况存在区别。交叉分析显示（见表4）："政府"作为行动主体的报道中，"无话语引述"状况最为突出（83.3%），有少量"正面/满意"话语（11.1%）和"中性/无明显的倾向"话语（5.6%），无"负面/不满"话语。"工会"作为行动主体的报道中，"无话语引述"状况也相当突出（65.2%），"正面/满意"话语比例颇高（33.9%），还有个别"负面/不满"话语（0.9%）。"职工"作为行动主体的报道中，均有话语引述，且"负面/不满"话语（35.7%）和"中性/无明显的倾向"话语（21.4%）两者比重超过"正面/满意"话语（42.9%）。"专家学者"作为行动主体的报道中，"负面/不满"话语占比超过一半（57.1%）。涉及多个行动主体的"综合"一项，"负面/不满"话语占比也超过了1/3（34.4%）。

不同主题类型的新闻报道，话语引述分布状况存在区别。交叉分析显示（见表5）：对"政策举措"的报道，"无话语引述"（81.5%）和"正面/满意"话语（15.4%）占绝大多数，只有少量"中性/无明显的倾向"话语（1.5%）和"负面/不满"话语（1.5%）。对"先进典型"的报道，涉及多个主题的"综合"一项，基本情况类似，而且无"负面/不满"话语。对"权益维护"的报道，"负面/不满"话语颇为突出（45.5%），与"无话语引述"的占比（45.5%）持平，同时还有少量"正面/满意"话语（6.8%）。

表3　2021年《工人日报》"新就业形态劳动者"议题的"报道主题×行动主体"特征

单位：篇，%

	政策举措	先进典型	权益维护	综合	其他
政府	7 10.8	2 3.5	2 4.5	4 19.0	3 33.3
企业	0 0	1 1.8	3 6.8	0 0	0 0
工会	54 83.1	43 75.4	4 9.1	13 61.9	1 11.1
职工	0 0	8 14.0	6 13.6	0 0	0 0
专家学者	0 0	0 0	7 16.0	0 0	0 0
代表/委员	0 0	0 0	5 11.4	0 0	0 0
综合	4 6.2	3 5.3	17 38.6	4 19.0	4 44.4
其他	0 0	0 0	0 0	0 0	1 11.1
总计	65 100.0	57 100.0	44 100.0	21 100.0	9 100.0

表4　2021年《工人日报》"新就业形态劳动者"议题的"行动主体×话语引述"特征

单位：篇，%

	正面/ 满意	中性/无明显的 倾向	负面/ 不满	无话语 引述	总计
政府	2 11.1	1 5.6	0 0	15 83.3	18 100
企业	2 50.0	0 0	0 0	2 50.0	4 100

续表

	正面/满意	中性/无明显的倾向	负面/不满	无话语引述	总计
工会	39 33.9	0 0	1 0.9	75 65.2	115 100
职工	6 42.9	3 21.4	5 35.7	0 0	14 100
专家学者	0 0	0 0	4 57.1	3 42.9	7 100
代表/委员	0 0	0 0	0 0	5 100.0	5 100
综合	5 15.6	1 3.1	11 34.4	15 46.9	32 100
其他	0 0	0 0	0 0	1 100.0	1 100

表5　2021年《工人日报》"新就业形态劳动者"议题的"报道主题×话语引述"特征

单位：篇，%

	正面/满意	中性/无明显的倾向	负面/不满	无话语引述	总计
政策举措	10 15.4	1 1.5	1 1.5	53 81.5	65 100
先进典型	37 64.9	2 3.5	0 0	18 31.6	57 100
权益维护	3 6.8	1 2.3	20 45.5	20 45.5	44 100
综合	3 14.3	1 4.8	0 0	17 81.0	21 100
其他	1 11.1	0 0	0 0	8 88.9	9 100

　　本研究主要运用内容分析法考察2021年《工人日报》"新就业形态劳动者"议题的新闻。近年来随着平台经济的迅速发展，依托互联网平台就业的新就业形态劳动者数量大幅增加，其劳动权益保障面临诸多新情况新问

题，政府逐渐强化规范管理。2021年7月16日，市场监管总局等七部门联合发布《关于落实网络餐饮平台责任切实维护外卖送餐员权益的指导意见》（国市监网监发〔2021〕38号），提出"科学设置报酬规则，保障合理劳动收入""优化平台派单机制，切实保障劳动安全"等10条意见。人力资源和社会保障部等八部门联合出台《关于维护新就业形态劳动者劳动保障权益的指导意见》（人社部发〔2021〕56号），提出"规范用工，明确劳动者权益保障责任""健全制度，补齐劳动者权益保障短板""提升效能，优化劳动者权益保障服务""齐抓共管，完善劳动者权益保障工作机制"4类19条意见；强调需要"加强政策宣传，积极引导社会舆论，增强新就业形态劳动者职业荣誉感，努力营造良好环境，确保各项劳动保障权益落到实处"。7月28日，中华全国总工会发布《中华全国总工会关于切实维护新就业形态劳动者劳动保障权益的意见》（总工发〔2021〕12号），提出工会将采取"强化思想政治引领""加快推进建会入会""切实维护合法权益""推动健全劳动保障法律制度""及时提供优质服务""提升网上服务水平""加强素质能力建设"等举措；将"加大宣传力度"作为"组织保障"的重要组成部分，强调需要"通过现代媒体平台扩大舆论影响，广泛凝聚共识，推动形成全社会共同关爱和服务新就业形态劳动者群体的良好氛围"。这一宏观政策语境决定了"新就业形态劳动者"必然是本年度主流媒体的重要报道议题。

基于以上分析，可发现《工人日报》本年度的相关报道具有如下特征。①报道主题紧密贴合宏观政策形势。"政策举措"和"先进典型"依旧是报道重心，旨在进行政治引导与思想引领，这可视作报道常规；不同之处在于，"权益维护"主题显著性有明显提升，与政治文件的导向高度一致，较密集地关注新就业形态劳动者群体在劳动保障权益领域面临的困难和问题。②行动主体的行政与组织特色鲜明。作为机构出现的"工会"成为最重要的行动主体，显示出工会在此议题上的鲜明旗帜和坚定立场——认真履行维护职工合法权益、竭诚服务职工群体的基本职责。因为议题属性，"职工"也成为有一定分量的行动主体，几乎平均地分布于"先进典型"和"权益维护"两个主题。③话语引述的状况契合报道主题。"无话语引述"与"正面/满意"话语是主要面向，这也由报道常规所决定，体现对政府和工会两类行动主体的认同。同时，"负面/不满"与"中性/无明显的倾向"也占有一定比例，主要用于呈现新就业形态劳动者在劳动保护、社会保障、劳动保障等方面的具体困境，佐证"权益维护"乃是迫切的现实需求。除作为分析样本的196篇新闻外，6篇相关新闻评论同样值得关注，分别是《保护新就业形态劳动者权益，要从实践中蹚出新路》（3月9日）、《创新机制，畅通新就业形态劳动者入会通道》（8月4日）、《迈出有效维护新就业形态劳动者权益的第一步》（9月7日）、《推进新就业形态劳动者入会，从实践中探寻有效的路径和模式》（9月29日）、《让集体协商在维护新就业形态劳动者权利上彰显积极作用》（11月30日）以及《以案说法，为新就业形态劳动者维权服务增添"法律之翼"》（12月15日），均以"权益维护"为论述主题，多角度讨论工会的实践。

综上，对于"新就业形态劳动者"议题，《工人日报》的报道总体上以"舆论引导"框架为主，同时突出了"舆论监督"的框架；其间职工群体的媒介话语权状况可概括为"权益导向的组织化表达"。这是一种旨在寻求切实维护劳动保障权益的"组织化利益表达"，其与个体原子化（anomic）的利益表达不同，主要是团体式（associational）的利益表达。本报告中以工会立场为基调的表达，积极维护职工合法权益，当然能够反映职工群体的主体性及相应利益诉求。然而，虑及群体与个体之间可能的现实张力，如何进一步打捞"沉默的声音"，让职工群众的利益表达更为充分、自主和能动，还需在新闻生产实践中继续探索。

职工群体的媒介话语权状况，由党的路线方针、当前政策形势、相关法律法规、媒体具体定位等要素的综合作用而定。在"新就业形态劳动者"议题上，当前"新闻行动者网络"中诸行动者的实践，与样本媒体呈现的"权益导向的组织化表达"状况，既有共同特征亦存鲜明差别。其一，关切劳动者的权益是"同"，是否为明确权益导向乃"异"。市场化尤其是偏财经的媒体也非常关注平台企业的发展状况，如《财新周刊》呼吁对平台经济不仅要"强监管"更要"善监管"，提出"监管效果不仅与监管强度有关，更取决于监管规则是否完备、明晰，监管能力和水平是否符合平台经济健康发展的需求"。其二，注重呈现劳动者的权益困境是"同"，是否以"组织化表达"为主乃"异"。近年来"非虚构写作"理念与实践的兴起，使得众多的原生数字媒体以及市场化媒体，多注重挖掘与记录个体的际遇。如《为拼多多守边疆的女孩，凌晨倒在了-20 ℃的冬夜》（"豹变"公众号/2021 年1 月4 日）、《外卖骑手，倒在寒冬里》（"人物"公众号/2021 年1 月15 日）、《一个农民工思考海德格尔是再正常不过的事》（"谷雨实验室-腾讯新闻"公众号/2021 年11 月8 日）等报道，均注重记录"具体的悲伤"。只要能够促进社会公平正义，推动改革发展成果更多惠及职工，媒体行动者的参差多态乃是理想目标，这是其协力行动提升职工群体社会"可见性"的现实基础。

四　年度职工议题报道媒体角色

中国正处于经济社会转型时期，职工群体及其利益诉求呈多元化，是必须直面的经验现实。作为嵌入社会时空结构中的一种中介机制，媒体能否作为及其活动空间，通常取决于政治、经济与技术三重逻辑的共同作用，需要在动态"关系网络"中进行分析。这是讨论职工议题报道媒体角色时必须虑及的语境。以下拟以本年度的典型案例为中心展开观察。强调典型性，意味着案例"体现了某一类别的现象或共性的性质"。

案例 1：卡车司机超载困境

物流业已成为现代社会最重要的服务性产业之一。与之蓬勃发展相伴而生的是当前规模约为 3000 万人的卡车司机群体，作为生产与流通的枢纽之一，他们在当前中国经济社会建设中扮演着重要角色。清华大学沈原教授领衔的课题组自 2017 年起对这一群体展开持续深入调研，至 2019 年已正式出版《中国卡车司机调查报告》三部曲，尝试全方位地透视其工作与生活境况。第一部是揭示卡车司机的群体特征和劳动过程的基本特点；第二、三部围绕"他雇卡车司机、卡嫂、组织化、女性卡车司机、装卸工和物流商"六个主题展开分析。2020 年，就新冠肺炎疫情下卡车司机的境况，"澎湃新闻·思想市场"又相继发布了该研究团队的两份调查报告：《疫情下的卡车司机：逆行者、坚守者和忍耐者》《卡车司机复工调查报告：自雇司机收入普降，高速免费喜忧参半》。总体上，卡车司机的生存境遇可从两方面概括：一是"多重卷入"的劳动形态，包括"多主体的卷入""再生产活动向生产活动的卷入""情绪劳动与情感劳动的卷入"；二是生计状况呈现"下行螺旋"的趋势，即在市场竞争、技术水平、国家政策等因素共同影响下，卡车司机遭遇到成本上涨、运价降低和随之而来的收入大幅下跌困境。面对艰辛的劳动和下行的生计，"卡车司机选择了忍受以及更积极的自我剥削，但是他们心里充满了剥夺感和不公正感"。鉴于此，如何推动面向卡车司机的社会治理成为迫切需要解决的问题。2021 年媒体对"卡车司机金德强之死"的报道，激发了对这一问题较广泛的关注。

金德强是一名 50 岁（生于 1971 年 1 月）的货车司机，从事这一职业已有 10 年，2021 年 4 月 5 日下午驾驶卡车从河北唐山前往廊坊送货途中，被交通执法部门查出北斗卫星定位行驶记录仪掉线，因此被扣车并处罚款 2000 元。在与执法人员沟通无果后，他购买了一瓶农药，在检查站里服毒自杀；后工作人员将其送医，但于当晚抢救无效去世。在其决定自杀前，金德强曾在微信群中表示："我不是不值 2000 元钱，我是为了广大卡车司机说句话……今天在丰润区超限站被抓，说我北斗掉线罚款 2000 元。请问我们一个司机怎么会知道……所以我用我的死来唤醒领导对这个事情的重视……"该事件在网络曝光后引发关注，4 月 6 日晚间唐山丰润区政府发布消息称当地已成立联合调查组。4 月 7 日，财新网发布报道《被扣车罚款后河北一卡车司机服毒自杀》，采访到金德强的家人并披露其遗言全文。4 月 8 日，发表"火线评论"《卡车司机超限站服毒自杀　执法如何改进》，提出"所谓的'掉线'究竟是怎么回事，是不是被认定为故意破坏，存在哪些破坏或者伪造等行为，这是处罚的正当性和合理性所在，执法部门有责任也有义务给予详细说明，并与当事人充分沟通"；当天还推出了报道《河北卡车司机自杀追踪：各方探讨卫星定位记录仪掉线》，文中呈现了涉事司机的朋友、同行、卫星导航定位专家、记录仪制造商、物联网科技公司负责人、卫星定位记录仪后台客服等各方说法。4月10日，追踪报道《河北自杀司机金德强已下葬》，报告官方公布的调查情况；同时提及"多位卡车司机反映丰润区查车乱象"；当天还推出"火线评论"《卡车司机自杀调查公布 谁来回答生命之问》，犀利指出"调查结果只是介绍了案件基本过程，并未对作为处罚主要依据的北斗定位系统掉线究竟是怎么回事、具体执法是否存在瑕疵等核心问题做出结论"。4月19日出版的第15期《财新周刊》发表"社论"《乱罚款缘何难除根》，就"金德强事件"及另一桩同类事件"卡车司机赵洪军在广东省清远市新庄超限站割臂自伤"，呼吁从根本上消除乱罚款的激励机制——"这些事件应当从反面促进中国国家治理体系的现代化建设。为了真正把权力关进制度的笼子，必须不断追问两个根本问题：权为谁所赋，权为谁所用？"对此事件及相关现象，多家媒体均有关注，诸如："极目新闻"报道《司机疑因服毒自杀 调查情况公布》（4月10日）和《卡车司机被罚款后自杀，最后遗言曝光，令人泪目……》（4月11日）；《经济观察报》的报道《货车司机导航掉线后》及评论《不要让科技成为"金德强们"的负累》（4月12日）；《南方都市报》的深度报道《货车司机生存现状调查：易因超重被罚 对货运平台依赖性大》（4月14日）；"澎湃新闻"的评论《规范执法，为了3000万的货车司机》（4月23日）以及风波后的"回访"《服毒货车司机亲属寄希望下一代，知情人称赔偿款已买房》（2022年1月1日）；等等。概括而言，媒体报道均着力呈现卡车司机的生存困境，积极呼吁制度层面的规范执法。

案例2：制造业劳动力短缺

近年来"工厂招工难"的新闻时有出现，在"中国重要报纸全文数据库"中检索，2021年题名中含关键词"招工难"的新闻就有44篇，典型如《经济日报》的报道《制造业招工难、用工荒求新解——江苏、湖南部分制造业企业招工用工情况调查》（7月6日）。这反映出制造业劳动力短缺的现实困境。人才供给与产业需求的结构性矛盾、零工经济和服务业发展的虹吸效应等因素均是症结所在。国家统计局的《2021年农民工监测调查报告》显示：从事制造业的农民工比重为27.1%，比上年下降0.2个百分点。2021年12月12日，"财经国家周刊"公众号推送文章《年轻人不爱进工厂，制造业用工缺口怎么填》引发一定关注，相继为"瞭望智库"公众号及"澎湃号-政务"平台所转载。纵览对这一问题的探讨，2021年第18期《三联生活周刊》封面故事《谁来当工人》值得圈点。

这期专题由3篇报道《谁来当工人》《"蓝领"是否正在崛起？》《服装女工：如何在职场中熬出头》、1篇访谈《面对"结构性"的劳动力短缺，或许不用太悲观》以及3篇口述《"95后"的跨行业"游荡"》《小海：一个车间工人的诗意和失意》《从农民工到女商贩的这些年》构成；当期"荐读Book"栏目的主题为《蓝领观察书单，带你了解社会的大多数》，推荐《中国女工》《乡下人的悲歌》《当代中国社会分层》《客房服务员》《在城望乡：田野中国五讲》5本书，作为深入了解当下蓝领群体境况的资料；此外，还有1篇"专栏"文章《招工难与"延时满足"稀缺》，亦与主题相关。上述所列报道、访谈、观点，均聚焦于一个实质问题：作为立国之本、强国之基的中国制造业，正处于技术升级与劳动力结构转型的过程中，当老一代工人老去，谁是操纵新机器的新工人？当前中国制造业面临劳动力紧缺的现实困境，专题围绕这一状况的形成、影响及可能解决之道展开探索。其中，一个关键问题是"年轻的劳动力都去了哪里"。原来较之父辈，新一代更热衷于"零工经济"，从制造业投身于服务业。通过采访素有积累的研究者，专题深入分析了零工经济用工模式的吸引力，诸如营造出"自由"的劳动体验、通过管理策略"制造同意"、相对于正规就业的收入溢价等。当"零工"成为青年的一种普遍职业选择后，就会出现一个悖论现象——年轻人不愿意进工厂，进了工厂也不愿意长待，工厂则不停地招聘，以短期的高工资吸引工人，却进一步提升了年轻蓝领的流动性，如此循环，以致"工厂用工成本抬升，工人也失去了实现职业进阶的机会"。对其间具体情形及相应影响，专题进行了细致的呈现，不仅有"主动选择做'临时工'""工厂缺人：供需关系早已倒挂""招不来和留不住""高级技工缺口，即使年薪50万"等片段，还提供了典型个案——一位"95后"青年在制造业和服务业之间反复来去经历的口述，提出：如果缺乏必要的职业规划和技能增长，跨行业"游荡"的生活总是难以摆脱。同时，专题也分析了制造业的固有问题，诸如工厂里工人的上升通道狭窄、流水线工作的异化与低技能等，以致年轻人的意愿低迷。其中，女性工人更是面临性别困境——女工作为服装行业的主要劳动力，既要熟悉不同技术工序实现职业发展，又需克服这一过程中家庭带来的拉扯，"熬下去"是必由之路。这比单纯渲染"零工经济"的冲击更能趋近事实全貌。至于如何突破现实困境，专题在倾听多方后明确主张"蓝领崛起"，提出：需要完善人力资本积累体系适应社会经济发展，改革现有职业教育体系以及合理设置职业教育与通识教育的比例关系，是一个重要的方向性选择。此外，还突出了专家的观点并用个案佐证——个体层面，个人需要培养"企业家精神和终身学习的能力"；社会层面，公共政策则需关注如何为个人发展提供"开放、竞争、流动的要素市场环境"。整体而言，该专题聚焦"劳动力的结构性短缺"，既呈现了现实的斑驳复杂，又具备面向未来的积极感，行文中汲取诸多专业研究洞见，提升了论述的深度。

在风险社会的结构性背景下，实现良好社会治理的关键是建立一种尽可能健全的多元主体利益协调机制。媒体作为一种社会中介机制，无论是政治逻辑赋予的应然角色，抑或过往事实所蕴含的实然经验，皆显示出媒体应当作为行动者积极参与社会风险治理。因而，在报道职工议题时，我们主张媒体的"规范角色"是成为"社会风险治理参与的行动者"。这一角色期待的关键是：媒体在新闻实践中需要秉持专业性与建设性；而且在具体行动中，建设性需建基于专业性，专业性则应以建设性为旨趣。知名媒介伦理学者克利福德·G.克里斯琴斯等人系统阐述西方语境下的媒体实践，提出：当今时代新闻业有着四个关键角色，各自有着属于自身的独特使命，"监测角色的使命是揭露，促进角色的使命是商议，合作角色的使命是动员，而激进角色的使命则是反对"。这些角色之间存在对立和潜在的冲突关系，不过，"媒体角色是在特定的情境中和特定的时间节点上被付诸实践的。在任何时候，大多数新闻媒体都会扮演多种角色"，而且"不同的角色可以并行不悖"。在体察中国语境的基础上借鉴这一理论阐述的洞见，我们讨论的"规范角色"主要包括"监测、合作、促进"三个面向，这意味着媒体需要在事实告知、政治动员、共识建构诸方面积极作为。其中，"监测"是最基本的角色，其服务对象应囊括社会权力系统中的底层与边缘群体。如果将"规范角色"的完成程度大致划分为"高、较高、中等、较低、低"五个等级，那么综合上述媒介能见度、媒介话语权以及典型案例的分析，我们认为：在年度职工议题报道上，整体而言，媒体所实践的"经验角色"在不同面向的完成度有所区别，"合作"面向为"高"，"监测"与"促进"两个面向为"中等"，距离规范期待尚有一定距离。当然，这只是根据当前中国的新闻生态与媒体个案所做的大略观察，精准分析需要更系统的案例考察以及大数据的支持。

五　结论与建议

当下，平台经济的发展正在重塑社会关系和社会结构。国家信息中心发布的《中国共享经济发展报告（2022）》显示：2021年，以"利用互联网平台将分散资源进行优化配置"为基础的共享经济，市场交易规模同比增长约9.2%，在助力实现"六稳""六保"、推动经济社会数字化转型方面的作用进一步凸显。平台经济所形塑的"平台型就业"，促使亿万劳动者的生计模式由标准就业向弹性就业转变。数字劳动，这一"依托数字平台建立的劳动模式"，日益普遍化，在实践中显现出"自由、异化与共享"的多元面向。面对劳动关系、劳动保障、劳动伦理等方面的新问题，我们需要反思：如何更好地实现劳动者生计与社会的联结？如何具体促进他们的权益保障进而实现体面劳动愿景？

　　基于"媒体是一种嵌入性的社会中介机制"的认知，本报告从媒介能见度、媒介话语权、媒体角色三方面，通过个案研究和数据分析考察2021年度中国职工议题媒体报道状况。我们发现：除关乎经济社会建设与发展的常规议题外，在政策议程导向与社会现实驱动的共同作用下，"新就业形态劳动者"群体得到普遍关注，其风险境况与权益保障被予以较广泛的报道及讨论，呈现方式依据媒体类型不同大致存在"组织化表达"与"个体化表达"的分际。如何规范平台经济健康发展、建立弹性劳动的稳定性机制，成为关乎社会治理的关键议题，在倡导劳动者权益保障的基调上，市场化媒体还呼吁对平台的"善监管"。总体而言，未来仍然需要诸媒体行动者深度的协同努力，以参差多态的具体实践在边界内充分激发"新闻行动者网络"的潜能，从而在"监测、合作、促进"三个面向均能积极作为，使媒体的经验角色不断趋近规范期待。

　　此前的研究报告中，关于如何改善现有职工议题媒体报道状况，我们提出多点建议，涵盖了制度、理念、实践等诸方面，包括：①现有"国家－媒体"关系需要审慎而积极地调整；②主流媒体应提升公共性以更充分地履行社会责任；③媒体系统诸行动者共同致力于为多元主体赋权；④主流媒体需要共同努力在公民权的视野下报道职工议题；⑤传统主流媒体应积极地在新闻生产中实践专业主义理念；⑥新主流媒体应突破固定的议程设置以更全面地反映现实；⑦拓宽"协商区域"边界以提升风险议题可见性；⑧运用"复杂思维"以呈现具体问题的实践逻辑；⑨在融媒体环境下以"媒介可供性"视角守正创新；⑩以"建设性新闻"路径激发媒体的治理参与潜能。就其内在旨趣而言，这些建议均与我们对风险社会结构性背景下媒体角色的认知相关联，此即：在规范性维度上，媒体需要成为"社会风险治理参与的行动者"。由此，在职工议题报道上，媒体努力的核心进路应当是：在现实活动空间中，媒体需要尽可能地以专业性与建设性为理念进行新闻实践。其中，专业性是建设性的根基，建设性是专业性的旨归。鉴于当前"新闻场"较为稳定的结构性特征，以及我们对于新闻业的社会使命的理解，本报告认为上述建议依然适用，需要以调适的智慧将之付诸行动。此外，上年的报告中倡导"新闻创新",基于对 2021 年"新闻行动者网络"具体实践的观察,2022 年我们更进一步建议:遵循新闻规律,进行有规范的新闻创新。

何谓新闻创新,我们认同潘忠党的界定——"涉及新闻信息这个形态的社会知识和意义建构的各种新观念、新做法、新技术的应用(包括新形态的技术应用),新的社会关系(包括生产关系)和组织结构,还包括产生、评估和筛选这些新事物的动态过程"。由此,新闻创新可能发生于下述范畴:①新闻文本类型的创新;②新闻生产和传递实践的创新;③新闻生产"场所"的创新;④新闻事实、真相探寻的"宪章"或"构成"(constitution)的创新;⑤"元新闻话语"及其展开的创新。这意味着新闻创新的领域相当广阔,"新闻业的前台和后台、产品和过程、场所和情境、实践和话语"都有可能进行创新。当前中国互联网空间中观念的分化相当严峻,"互联网上的观念之争和个体观念的固化,使得具有同质性特征的基础性社会结构单位之内出现普遍的观念的'割席',并且日益强化"。这一突出的"群内区隔"现象意味着观念的撕裂,以及系统性的共识难以形成,可能会对社会治理造成"个体心态的极端化、社会撕裂的弥散化、交往结构的封闭化、意识形态的隐喻化"等消极后果。媒体是观念建构的重要影响因素,因而任何具体创新都应追求的基本规范是:通过"发掘事实、呈现真相"服务公共生活。为此,不同类型的媒体行动者须自觉遵循新闻规律,并且将一般规律和特殊规律进行有机结合,妥善协调"结构"与"能动性"的关系,寻求成为负责任的中介,公正呈现不同利益主体的诉求、实现多元主体间的沟通与连接。

参考文献

陈云松:《"观念"的割席——当代中国互联网空间的群内区隔》,《社会学研究》2022 年第 4 期。

黄冬娅：《组织化利益表达：理论假设与经验争论》，《中山大学学报》（社会科学版）2013 年第 1 期。

潘忠党：《架构分析：一个亟需理论澄清的领域》，《传播与社会学刊》（香港）2006 年第 1 期。

潘忠党：《走向有追求、有规范的新闻创新——新闻业的危机及认知的危机》，《新闻记者》2021 年第 11 期。

王宁：《代表性还是典型性？——个案的属性与个案研究方法的逻辑基础》，《社会学研究》2002 年第 5 期。

新闻创新实验室研究团队：《2021 年全球新闻创新报告》，《新闻记者》2022 年第 1 期。

朱春阳：《敬畏数字新闻业》，《新闻大学》2022 年第 3 期。

周潇：《深入实践调查研究的厚重成果——〈中国卡车司机调查报告〉三部曲评介》，《行政管理改革》2021 年第 6 期。

佟新主编《数字劳动：自由与牢笼》，中国工人出版社，2022。

谢立中：《走向多元话语分析：后现代思潮的社会学意涵》，中国人民大学出版社，2009。

〔美〕克利福德·G. 克里斯琴斯等：《传媒规范理论》，黄典林、陈世华译，中国人民大学出版社，2022。

〔美〕盖伊·塔克曼：《做新闻：现实的社会建构》，李红涛译，中国人民大学出版社，2022。

〔美〕理查德·韦斯特、林恩·H. 特纳：《传播理论导引：分析与应用》（第 6 版），刘海龙、于瀛译，中国人民大学出版社，2022。

Erving Goffman, *Frame Analysis* (Philadelphia：University of Pennsylvania Press，1974).

专 题 报 告

劳动报酬占比差异：提高企业职工
劳动收入的逻辑起点

信卫平　燕晓飞*

摘　要： 本报告基于国家统计局编制的资金流量表，对 20 年来初次分配
领域宏观分配格局、雇员经济部门构成、企业部门各要素收入
占比、政府部门财产收入构成进行了简要的梳理与分析，并得
出如下主要结论：首先，观察我国初次分配中劳动报酬占比变
化情况，可以直接通过观察雇员经济部门的劳动报酬占比变化
情况来进行；其次，与其他部门相比，企业部门劳动报酬占比
最低，因此，提高企业部门劳动者特别是一线劳动者的劳动报
酬水平是提高我国劳动报酬占比的关键；再次，2000 年以来企
业部门初次分配中生产经营者是受益的一方，无论是营业盈余
还是初次分配总收入的占比都呈现波动上升的趋势，而劳动者
报酬占比则经历了长达 12 年的下降过程，虽有企业负税上升的

---

* 信卫平，中国劳动关系学院教授，主要研究领域为收入分配理论、劳动关系与职工状况等；
燕晓飞，中国劳动关系学院教授、劳动关系与工会研究院院长，主要研究领域为劳动收入、
劳动就业和劳动者教育培训。

因素，但企业部门占比过多也是不争的事实；最后，政府部门红利收入和地租收入的稳定增长为实施进一步减税降费提供了可能，但根据资金流量表的数据分析，2019年实施的更大规模的减税降费，无论是初次分配还是再分配环节，企业部门收入占比变化均低于预期值。基于上述分析，本报告给出了相应的政策建议。

关键词： 劳动报酬占比　企业部门　初次收入分配　资金流量表

提高人民收入水平始终是我国改革、发展的重要议题。党的十八大以来，我国收入分配制度改革取得了积极进展，人民收入水平有了稳步提高。但与高质量发展和"不断增强人民群众获得感、幸福感、安全感，促进人的全面发展和社会全面进步"的要求相比，还存在不少问题与体制机制障碍。其中，初次分配中劳动者报酬占比偏低一直是我国经济发展过程中存在的问题，进而导致企业职工收入水平较低，在分享经济增长成果、实现共同富裕方面存在问题。为此，党中央、国务院自2019年10月以来，多次在党的重要文件中提到要"增加劳动者特别是一线劳动者劳动报酬，提高劳动报酬在初次分配中的比重"。① 党中央以这样的频率和力度强调这一问题是改革开放以来前所未有的，具有重要的理论和现实意义。

一　我国初次分配领域劳动报酬占比的变动趋势

劳动报酬占比是指劳动者所获得的劳动报酬在 GDP 中所占的比重，是度量国民收入初次分配中劳动者分享程度的重要指标。观察我国劳动报酬在

---

① 《中共中央关于坚持和完善中国特色社会主义制度　推进国家治理体系和治理能力现代化若干重大问题的决定》（2019年10月31日）；《中共中央　国务院关于构建更加完善的要素市场化配置体制机制的意见》（2020年4月9日）；《中共中央　国务院关于新时代加快完善社会主义市场经济体制的意见》（2020年5月11日）；《中共中央关于制定国民经济和社会发展第十四个五年规划和二〇三五年远景目标的建议》（2020年10月29日）。

初次分配中的比重（以下简称劳动报酬占比）可以通过资金流量表来进行。国家统计局于 2010 年和 2012 年分别对 2004~2008 年及 2000~2009 年的资金流量表进行了修订。因此，资金流量表目前被学术界认为是测算我国劳动报酬占比时最可靠的数据来源。[①] 在资金流量表中，有四个机构部门，即非金融企业部门、金融机构部门、广义政府部门和住户部门。四个部门劳动报酬占比反映了各个部门初次分配的情况，四个部门劳动报酬总和与当年度 GDP 的比值就构成了全社会劳动报酬占比。

在劳动报酬核算上，我国只是针对所有劳动者单一设置劳动报酬指标。非金融企业部门、金融机构部门、广义政府部门由于有着明确的雇佣劳动关系，劳动和资本的贡献容易区分，能够实现按要素贡献进行分配，因此，在国民账户体系中，这些部门又统称为雇员经济部门。

住户部门中就业的个体经营户和农户，其就业人员的劳动报酬和经营所获得的利润不宜区分，按照混合收入计算。目前我国的做法是依据经济普查资料计算的每一行业相近规模企业的劳动者报酬和营业盈余的比例，将个体经营户的混合收入分为业主劳动报酬和营业盈余两个部分，并将业主劳动报酬计入劳动者报酬，农户的收入则全部计入劳动报酬。在国民账户体系中，住户部门又称为自雇经济部门。自雇经济部门的劳动报酬占比存在一定程度的高估。

通过对表 1 中的数据的计算和分析可以发现，我国现阶段初次分配中劳动报酬占比有以下几个特点。

表 1　2000~2019 年我国劳动报酬占比和构成的变化情况

单位：%

年份	劳动报酬占各部门 GDP 比重			劳动报酬的构成		
	雇员经济部门	自雇经济部门	合计	雇员经济部门	自雇经济部门	合计
2000	49.25	59.96	52.70	63.40	36.60	100.00
2001	48.42	61.79	52.51	64.05	35.95	100.00
2002	48.27	67.00	53.62	64.32	35.68	100.00

---

① 参见吕光明《我国劳动报酬占比测算中的几个数据质量问题》，《商业经济与管理》2015 年第 5 期。

续表

年份	劳动报酬占各部门 GDP 比重			劳动报酬的构成		
	雇员经济部门	自雇经济部门	合计	雇员经济部门	自雇经济部门	合计
2003	47.90	64.63	52.81	64.13	35.87	100.00
2004	44.49	66.36	50.60	63.35	36.65	100.00
2005	44.11	66.30	50.30	63.21	36.79	100.00
2006	42.92	65.16	49.10	63.14	36.86	100.00
2007	42.03	63.73	48.00	63.47	36.53	100.00
2008	41.36	65.50	47.79	63.53	36.47	100.00
2009	42.79	65.06	48.83	63.85	36.15	100.00
2010	42.01	61.04	47.33	63.94	36.06	100.00
2011	41.47	60.47	46.81	63.70	36.30	100.00
2012	43.30	64.39	49.20	65.96	34.04	100.00
2013	44.37	69.95	50.67	65.96	34.04	100.00
2014	44.56	69.95	50.74	66.44	33.56	100.00
2015	45.66	69.95	51.57	66.99	33.01	100.00
2016	45.97	69.95	51.80	67.15	32.85	100.00
2017	47.26	67.27	51.57	71.89	28.11	100.00
2018	47.44	68.97	51.67	73.77	26.23	100.00
2019	47.73	69.20	52.03	73.40	26.60	100.00

资料来源：根据国家统计局 2001~2020 年《中国统计年鉴》数据计算所得。

（1）2019 年我国全社会劳动报酬占比为 52.03%。近 20 年来呈现先下降后上升的变动趋势。2000~2011 年劳动报酬占比从 52.70% 下降到 46.81%，下降了 5.89 个百分点；2012~2019 年劳动报酬占比从 49.20% 上升到 52.03%，上升了 2.83 个百分点，20 年间整体变动趋势呈 U 形曲线形状。目前基本接近 21 世纪初的水平，因此，我们将 2012 年以来我国劳动报酬占比上升称为恢复性增长。

（2）从部门劳动报酬占比看，雇员经济部门的劳动报酬占比 2019 年为 47.73%。近 20 年来劳动报酬占比呈现先下降后上升的变动趋势。2000~2011 年劳动报酬占比从 49.25% 下降到 41.47%，下降了 7.78 个百分点；

2012~2019 年劳动报酬占比从 43.30%上升到 47.73%，上升了 4.43 个百分点，但仍低于 2000 年劳动报酬占比水平；雇员经济部门的劳动报酬占比变动趋势与全社会劳动报酬占比的变动趋势基本相同，但整体水平更低一些。

（3）从劳动报酬构成看，雇员经济部门的劳动报酬占全社会劳动报酬的比重从 2000 年的 63.40%提高到 2019 年的 73.40%。同期，其 GDP 占比从 67.83%提高到 80.00%，表明随着我国经济活动雇员化程度的提高，其在全部劳动报酬中的比重也在增加，并决定着全社会劳动报酬占比的变动趋势。因此，观察我国劳动报酬占比变化情况可以直接通过观察雇员经济部门的劳动报酬占比变化情况来进行。

（4）自雇经济部门的劳动报酬占全社会劳动报酬的比重从 2000 年的 36.60%下降到 2019 年的 26.60%。同期，其 GDP 占比从 32.17%下降到 20.00%。表明城镇化过程转移走了部分农村劳动力，农村就业人员从 2000 年的 49876 万人减少到 2019 年的 33224 万人，[1] 减少了 33.39%，使得自雇经济部门的经济规模在缩小，劳动报酬总量和 GDP 总量在国民经济中比重出现持续下降。

（5）目前，我国整体劳动报酬占比水平与国际劳工组织最新估算的世界劳动报酬占比中位数 51.4%相比较相差无几。[2] 但是，由于我国自雇经济部门比重偏高，2019 年自雇经济部门就业人员约占全社会就业人员的 41.3%，远高于发达国家 15%的水平，而且自雇经济部门的劳动报酬核算数据中包括了个体经营业主劳动报酬和农户的混合收入，造成比较的口径不一致，[3] 存在劳动报酬占比高估的因素，若由此盲目乐观则不利于我们在提高劳动报酬占比时精准施策。

（6）分部门看，2019 年雇员经济部门的劳动报酬占本部门 GDP 的比重为

---

① 国家统计局编《中国统计年鉴》（2001~2020），中国统计出版社。
② 国际劳工组织：《世界就业和社会展望：2020 年趋势》，经济科学出版社，2021。
③ 根据国际劳工组织的数据，发达国家雇员约占就业人口的 85%，但在新兴与发展中经济体中这个比例往往要低得多。因此，对于新兴和发展中经济体更适合只比较雇员经济部门的劳动报酬占比。参见国际劳工组织《2014/2015 全球工作报告——工资和收入不平等》。

47.73%，低于自雇经济部门的 69.20%，从而拉低了我国整体的劳动报酬占比水平。因此，提高劳动报酬在初次分配中的比重的重点在雇员经济部门。

二 提高我国初次分配领域劳动报酬占比的关键是企业部门

在资金流量表中，雇员经济部门主要包括非金融企业部门、金融机构部门、广义政府部门这三个机构部门。在进行宏观收入分配研究时，通常将非金融企业部门、金融机构部门两个部门归并为企业部门。企业部门主要从事生产和积累活动，不进行消费，其中金融机构部门主要提供金融服务，如银行、证券、保险、信托服务等；非金融企业部门主要从事市场化的货物生产和非金融服务。广义政府部门由所有从事非市场化生产并受政府控制的常住法人单位组成，广义政府部门的主要职能是利用征税和其他方式获得的资金向社会和公众提供货物和服务；通过转移支付，对社会收入和财产进行再分配；从事非市场性生产。它主要包括各级党政机关、群众团体、事业单位、基层群众的自治组织等。由于这两个部门职能不同，所以这两个部门之间劳动报酬占比情况并不可比，但这并不影响我们对雇员经济部门的劳动报酬占比变动情况的分析。

从表 2 中我们可以看到，2000~2019 年，我国雇员经济各部门劳动报酬占比具有以下特点。

表 2 2000~2019 年雇员经济各部门劳动报酬占比和构成的变化情况

单位：%

年份	劳动报酬占本部门 GDP 比重		劳动报酬的构成		
	企业部门	广义政府部门	企业部门	广义政府部门	合计
2000	44.89	82.45	80.58	19.42	100.00
2001	42.99	88.39	78.16	21.84	100.00
2002	42.62	85.28	76.60	23.40	100.00
2003	41.94	88.35	76.28	23.72	100.00

年份	劳动报酬占本部门 GDP 比重		劳动报酬的构成		
	企业部门	广义政府部门	企业部门	广义政府部门	合计
2004	38.21	88.18	75.09	24.91	100.00
2005	38.15	84.56	75.39	24.61	100.00
2006	36.98	83.61	75.17	24.83	100.00
2007	35.84	84.93	74.51	25.49	100.00
2008	35.58	80.47	74.94	25.06	100.00
2009	36.62	82.75	74.13	25.87	100.00
2010	35.85	85.15	74.67	25.33	100.00
2011	35.58	85.23	75.62	24.38	100.00
2012	38.31	86.05	79.25	20.75	100.00
2013	39.82	87.13	81.13	18.87	100.00
2014	40.07	85.88	81.11	18.89	100.00
2015	40.78	86.42	79.75	20.25	100.00
2016	40.89	86.83	79.13	20.87	100.00
2017	42.28	87.15	79.56	20.44	100.00
2018	41.60	88.56	76.76	23.24	100.00
2019	41.76	88.56	76.31	23.69	100.00

资料来源：根据国家统计局 2001~2020 年《中国统计年鉴》数据计算所得。

（1）从劳动报酬占比方面看，20 年来企业部门劳动报酬占比呈现先下降后上升的变动趋势。2000～2011 年劳动报酬占比从 44.89% 下降到 35.58%，下降了 9.31 个百分点；2012~2019 年劳动报酬占比从 38.31% 上升到 41.76%，上升了 3.45 个百分点，20 年整体变动趋势呈 U 形曲线形状，2019 年劳动报酬占比仍未恢复到 2000 年的水平。广义政府部门劳动报酬占比 20 年来呈现两次上升的变动趋势。2000~2007 年劳动报酬占比从 82.45% 上升到 84.93%，上升了 2.48 个百分点；2008 年出现了下降，2009~2019 年劳动报酬占比又开始波动上升，从 82.75% 上升到 88.56%，上升了 5.81 个百分点，20 年来共提高了 6.11 个百分点。

（2）从劳动报酬构成方面看，企业部门劳动报酬从 2000 年的 80.58% 下降到 2019 年的 76.31%，下降了 4.27 个百分点。广义政府部门劳动报酬从 2000 年的 19.42% 上升到 2019 年的 23.69%，表明相对于企业部门，广义政府部门的扩张使得其劳动报酬的规模有所扩大。

（3）由于企业部门劳动报酬占比在构成上远大于广义政府部门，因此企业部门劳动报酬占比的变动直接决定着雇员经济部门劳动报酬占比的走向，并最终决定着全社会劳动报酬占比的变动趋势，见图1。只是企业部门劳动报酬占比水平低于雇员经济部门的劳动报酬占比水平，更低于全社会劳动报酬占比水平。因此，提高我国初次分配领域劳动报酬占比的关键是提高企业部门劳动报酬占比水平。

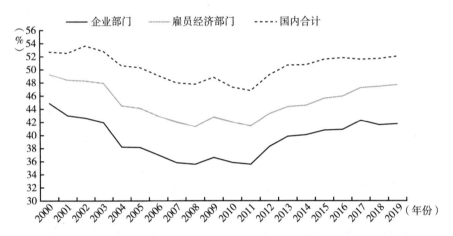

图1　2000～2019年企业部门、雇员经济部门和全社会劳动报酬占比变动情况

（4）在雇员经济部门中，广义政府部门主要从事非市场性生产；只有企业部门从事市场性生产活动，且该部门的劳动者每年新创造的增加值（GDP）占雇员经济部门GDP的87%、劳动报酬占76%，我国约2.2亿的产业工人队伍均在企业部门中。2019年企业部门劳动报酬占比为41.76%，不仅低于雇员经济部门的47.73%，更低于全社会的52.03%。因此，提高企业部门劳动报酬占比是提高我国劳动报酬占比的关键。

三　企业部门初次分配中各要素收入状况

收入初次分配是生产活动创造的价值在参与生产活动的生产要素所有者

及政府之间的分配，生产活动的最终成果是增加值。生产要素主要包括劳动力、资本、自然资源，初次分配的结果形成各个机构部门的初次分配总收入。企业部门初次分配过程就是其生产的最终成果（增加值）在劳动者、企业、政府之间的分配过程。

在企业部门初次分配中，企业部门以生产经营者的身份参与生产活动，其初次分配收入由营业盈余和净财产收入两项构成。营业盈余等于企业部门增加值减去劳动者报酬和生产税净额。营业盈余加净财产收入就构成企业部门的初次分配总收入。由于企业部门每年的新增加值是一个定量，因此，企业部门初次分配过程就是年度新创造的价值在劳动者报酬、生产税净额和营业盈余之间进行分配的一场零和博弈。

从表3可以看到，2000～2011年，生产税净额占比从18.00%增加到20.26%，增加了2.26个百分点。同期，营业盈余占比从37.11%增加到44.16%，增加了7.05个百分点。与此同时，劳动者报酬占比从44.89%减少到35.58%，减少了9.31个百分点，可见营业盈余和生产税净额增加的份额恰是劳动者报酬减少的份额。企业部门劳动者报酬在这一时期出现这样大幅度的下降是由多种因素所致,[①] 也有学者认为"虽然有企业总体税负上升的因素，但企业部门压榨劳动者的因素也难辞其咎"[②]。

表3　2000～2019年企业部门各要素收入占增加值的比重

单位：%

年份	劳动者报酬	生产税净额	营业盈余	净财产收入	初次分配总收入
2000	44.89	18.00	37.11	-4.62	32.49
2001	42.99	17.67	39.34	-4.85	34.49
2002	42.62	18.14	39.24	-4.78	34.46
2003	41.94	18.88	39.18	-3.23	35.95
2004	38.21	18.92	42.87	-3.11	39.76
2005	38.15	18.91	42.94	-4.20	38.74

---

① 国际劳工组织：《2014/2015全球工作报告——工资和收入不平等》，2014。

② 魏众：《2000—2011年中国宏观分配格局中的问题分析——基于资金流量表的分析》，《经济学动态》2014年第11期。

续表

年份	劳动者报酬	生产税净额	营业盈余	净财产收入	初次分配总收入
2006	36.98	18.89	44.13	-4.94	39.19
2007	35.84	18.97	45.19	-4.60	40.59
2008	35.58	18.42	46.00	-4.12	41.88
2009	36.62	19.13	44.25	-5.14	39.11
2010	35.85	20.31	43.84	-5.13	38.71
2011	35.58	20.26	44.16	-6.73	37.43
2012	38.31	19.89	41.80	-6.64	35.16
2013	39.82	17.55	42.63	-7.49	35.14
2014	40.07	17.11	42.82	-6.62	36.20
2015	40.78	16.15	43.07	-7.45	35.62
2016	40.89	16.35	42.76	-6.87	35.89
2017	42.28	15.45	42.27	-5.87	36.40
2018	41.60	14.53	43.87	-7.07	36.80
2019	41.76	13.97	44.27	-7.30	36.97

资料来源：根据国家统计局2001~2020年《中国统计年鉴》数据计算所得。

2012~2019年，生产税净额占比从19.89%减少到13.97%，减少了5.92个百分点。同期，营业盈余占比从41.80%增加到44.27%，增加了2.47个百分点，基本回到2011年的水平上。与此同时，劳动者报酬占比从38.31%增加到41.76%，增加了3.45个百分点，可见，在这一时期劳动者报酬和营业盈余增加的份额恰是生产税净额减少的份额，企业部门初次分配总收入在此期间基本稳定在36%左右。

综上所述，现阶段提高企业部门劳动报酬占比的关键是对新增加值分配时，在协调好劳动者、企业、政府三者的关系的同时，适当加大对劳动者报酬的倾斜。从表3的数据可以看到，企业生产经营者的营业盈余占比20年来呈波动上升趋势，所不同的是，2000~2011年营业盈余的上升对应的是劳动报酬占比的快速下降，2012~2019年随着劳动报酬占比的回升对应的是营业盈余的上升速度减缓。总之，在这20年间的初次分配中，生产经营者是受益的一方。

由于 2012 年以来劳动者报酬占比回升主要与政府减税降费的政策实施有关，而政府部门有无进一步减税降费的可能，则需要对政府部门初次分配收入状况做进一步的分析。

四　政府部门初次分配收入状况分析

政府部门既包括从事社会经济管理的行政单位，也包括从事非市场化生产的事业单位，政府部门初次分配收入包括以社会管理者身份参与生产活动应得的生产税净额、以生产经营者身份从事生产活动应得的营业盈余总额和财产净收入。政府部门初次分配收入＝生产税净额+营业盈余总额+财产净收入。

从表 4 可以看到，政府部门初次分配收入中，生产税净额占的比重最高，2000 年生产税净额为 11869.4 亿元，占当年政府初次分配收入的92.26%；2019 年生产税净额为 97632.2 亿元，占当年政府初次分配收入的78.34%；20 年间生产税净额年均增速为 11.73%，其中前 10 年的年均增速为 14.50%，后 10 年的年均增速为 7.16%，总体看，生产税净额占当年政府初次分配收入的比重呈波动向下的趋势。2012 年以来下降幅度加快，这与政府连年的减税政策有关。政府之所以能够实施减税政策，与政府财政收入结构变化有着直接的关系。

表 4　2000~2019 年政府部门初次分配各项收入占比情况

单位：%

年份	生产税净额占比	营业盈余占比	净财产收入占比	初次分配总收入
2000	92.26	10.65	−2.91	100.00
2001	93.79	7.72	−1.52	100.00
2002	88.02	10.10	1.88	100.00
2003	94.35	7.82	−2.17	100.00
2004	92.45	7.81	−0.27	100.00
2005	89.24	10.13	0.63	100.00

续表

年份	生产税净额占比	营业盈余占比	净财产收入占比	初次分配总收入
2006	86.61	10.40	2.99	100.00
2007	88.40	9.33	2.27	100.00
2008	83.91	12.46	3.63	100.00
2009	84.17	11.56	4.28	100.00
2010	87.47	8.96	3.57	100.00
2011	85.99	8.27	5.74	100.00
2012	84.72	6.73	8.55	100.00
2013	82.54	6.17	11.29	100.00
2014	79.72	6.86	13.42	100.00
2015	77.33	7.38	15.29	100.00
2016	80.47	7.64	11.89	100.00
2017	81.23	7.97	10.80	100.00
2018	81.49	9.00	9.51	100.00
2019	78.34	9.26	12.41	100.00

资料来源：根据国家统计局2001~2020年《中国统计年鉴》数据计算所得。

我们发现政府部门财产收入中的净财产收入占比变化最大，从2000年的-2.91%增加到2019年的12.41%。根据对2000年以来的资金流量表中的数据分析，政府的财产收入来源发生了较大的结构性变化，从以前的利息收入为主逐渐发展为利息收入、红利收入、地租收入并举的局面（见表5）。

政府红利收入是指政府部门持有的国有股获得的红利收入，既包括资本市场上市公司的分红所得，也包括国有股减持的收益，从表5的数据看，政府部门的红利收入自2008年以来逐渐趋于稳定增长，2019年红利收入为11257.3亿元，与2010年的1465.8亿元相比较，增长了6.68倍，年均增速达到25.42%，占政府部门年度财产收入的40.95%。

政府的土地租金收入是指政府通过土地使用权转让给个人和企业部门获得的土地出让金，然后根据土地使用年限分摊计算为每年的土地租金收入。随着我国城镇化进程加速和房地产开发扩张，2000年以来，政府部门获得的土地租金收入呈稳步上升态势，2019年地租收入为8496.2亿元，与2010

年的 2428.7 亿元相比较，增长了 2.50 倍，年均增速达到 14.93%，占政府部门年度财产收入的 30.90%。

表5　2000~2019 年政府部门各项财产收入及增速

单位：亿元，%

年份	财产收入	财产支出	净财产收入				
			净利息	红利	地租	其他	合计
2000	500.2	874.9	−458.5	20.6	84.2	−21.1	−374.8
2001	754.0	962.1	−543.6	263.1	92.8	−20.4	−208.0
2002	1183.1	870.7	−420.3	618.9	110.5	3.2	312.4
2003	847.8	1246.4	−639.3	78.1	126.2	36.5	−398.6
2004	1053.2	1111.4	−327.7	99.8	175.1	−5.5	−58.2
2005	1496.1	1332.1	−331.4	192.0	306.1	−2.6	164.0
2006	2837.1	1898.4	−332.8	329.7	579.9	361.9	938.7
2007	3438.4	2545.4	−726.6	271.0	965.7	382.9	893.1
2008	5546.2	3854.3	−1693.7	1598.6	1337.1	449.8	1691.9
2009	6252.9	4131.1	−2107.2	2064.9	1733.8	430.1	2121.6
2010	7140.1	5000.0	−2419.6	1465.8	2428.7	665.2	2140.1
2011	10922.6	6788.9	−2020.6	2391.0	3075.5	687.8	4133.7
2012	14622.3	7697.5	−622.2	2104.2	4411.2	1031.5	6924.7
2013	15777.2	5760.2	−126.4	3463.5	5127.9	1552.0	10017.0
2014	19498.1	6313.1	1744.3	4224.0	5869.4	1347.3	13185.0
2015	23450.7	7758.5	238.5	8483.3	6743.0	227.4	15692.2
2016	22236.2	9498.1	−543.1	8054.5	6877.4	−1650.6	12738.2
2017	22180.8	9756.3	−26.48	6555.5	7822.0	−1926.5	12424.5
2018	21597.9	10485.0	−1376.5	6522.9	7691.4	−1725.0	11112.9
2019	27491.7	12026.9	−2159.0	11257.3	8496.2	−2129.7	15464.8
近10年年均增速	16.16	10.24		25.42	14.93		24.58

资料来源：根据国家统计局 2001~2020 年《中国统计年鉴》数据计算所得。

政府红利收入和土地租金收入的快速增长改变了政府部门 2004 年前净财产收入经常为负收入的状态，使得净财产收入在政府部门初次分配总收入中的占比不断提高，弥补了因减税政策造成的生产税净额占比下降带来的影响（见表4），近10年来政府部门初次分配总收入年均增长率依然保持在 8.48% 的水平上。

五　国民收入初次分配和再分配格局的变化

上述分析表明，企业部门劳动者报酬的提高与政府部门的生产税净额、企业生产经营者的营业盈余密切相关。劳动者报酬占比能否进一步提高，不仅取决于政府部门和企业部门在初次分配环节收益情况，还取决于二者在再分配环节收益变动情况，因此，有必要对从国民收入初次分配到再分配格局的变化过程做进一步分析。

国民收入再分配是指在初次分配总收入的基础上，通过经常转移的形式对各机构部门初次分配总收入进行再次分配。再分配的结果形成各个机构部门的可支配总收入。各部门的可支配总收入之和称为国民可支配总收入。就各机构部门而言，就是在初次分配总收入的基础上再加上经常转移净收入。

通常，企业部门的经常转移收入小于经常转移支出，其经常转移支出项主要是所得税、财产税等经常税，2019 年这一项占企业转移支出的 76.0%。政府部门的经常转移收入大于经常转移支出，其经常转移收入项主要是所得税、财产税等经常税收入和社会保险缴款收入，2019 年这两项占政府经常转移收入的 92.6%。住户部门经常转移收入与经常转移支出相差不大，其再分配份额与初次收入分配份额相比几乎毫无二致。经过国民收入再分配环节，形成各机构部门的可支配总收入。

从表 6 中可以看到，与初次分配环节相比较，经过再分配环节，国民收入的格局发生了较大的变化。

表 6　2000~2019 年国民收入初次分配和再分配格局的变化

单位：%

年份	初次分配总收入			可支配总收入		
	企业部门	政府部门	住户部门	企业部门	政府部门	住户部门
2000	19.72	13.13	67.15	17.94	14.53	67.54
2001	21.40	12.67	65.93	18.92	15.01	66.07
2002	21.57	13.94	64.49	19.34	16.23	64.43

年份	初次分配总收入			可支配总收入		
	企业部门	政府部门	住户部门	企业部门	政府部门	住户部门
2003	22.28	13.62	64.09	19.94	16.09	63.97
2004	25.12	13.74	61.14	22.51	16.43	61.05
2005	24.52	14.20	61.28	21.60	17.55	60.84
2006	24.74	14.53	60.73	21.54	18.21	60.25
2007	25.65	14.74	59.61	22.10	19.01	58.89
2008	26.61	14.73	58.66	22.74	18.98	58.28
2009	24.73	14.58	60.69	21.19	18.28	60.53
2010	24.51	14.99	60.50	21.19	18.41	60.40
2011	23.95	15.38	60.67	20.03	19.19	60.78
2012	22.73	15.63	61.65	18.47	19.54	61.99
2013	24.12	15.22	60.66	19.77	18.94	61.29
2014	24.67	15.24	60.09	20.50	18.85	60.65
2015	24.16	14.95	60.89	19.81	18.55	61.64
2016	24.25	14.46	61.28	20.01	17.89	62.10
2017	25.41	14.03	60.56	21.19	17.96	60.85
2018	26.03	12.79	61.19	21.84	18.73	59.43
2019	25.91	12.67	61.42	21.88	17.81	60.31

资料来源：根据国家统计局 2001~2020 年《中国统计年鉴》数据计算所得。

具体看，企业部门在可支配总收入中的占比与初次分配总收入中的占比相比较，呈不断缩小的趋势，从 2000 年缩小 1.78 个百分点到 2019 年缩小 4.03 个百分点，作为企业部门转移支出的主要项，所得税、财产税等经常税近 10 年年均增长率为 12.58%，高于可支配总收入 11.21% 的年均增长率。2019 年经过再分配环节，企业部门可支配总收入仅为初次分配总收入的 84.50%，减少了 4.03 个百分点，见图 2。

政府部门在可支配总收入中的占比与初次分配总收入中的占比相比较，呈不断扩大的趋势，从 2000 年扩大 1.40 个百分点到 2019 年扩大 5.14 个百分点。其中两项经常转移收入所得税、财产税等经常税和社会保险缴款，近 10 年年均增长率分别为 11.66% 和 13.44%，均高于可支配总收入年均

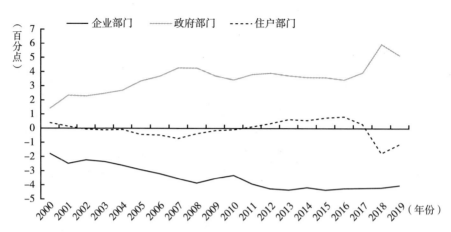

图 2　2000~2019 年各部门可支配总收入占比与初次分配总收入占比差的变化

资料来源：根据国家统计局 2001~2020 年《中国统计年鉴》数据计算所得。

10.04%的增长率。2019 年经过再分配环节，政府部门可支配总收入为初次分配总收入的 140.71%。

住户部门在可支配总收入中的占比与初次分配总收入中的占比相比较，呈波动下降的趋势，从 2000 年扩大 0.39 个百分点到 2019 年缩小 1.11 个百分点。2019 年经过再分配环节，住户部门可支配总收入为初次分配总收入的 98.26%。

总之，与初次分配相比较，经过再分配环节，国民收入的格局是企业部门在可支配总收入中的占比下降，政府部门的占比上升，住户部门基本不变。

六　减税降费对宏观收入分配格局的影响

2019 年我国实行了更大规模的减税降费，这次减税，着眼"放水养鱼"、增强发展后劲并考虑财政可持续，是减轻企业负担、激发市场活力的重大举措，是完善税制、优化收入分配格局的重要改革，是宏观政策支持稳增长、保就业、调结构的重大抉择。[1] 具体措施主要有：一是实施更大规模

――――――――――

[1]　李克强：《政府工作报告》，第十三届全国人民代表大会第二次会议，2019 年 3 月 5 日。

的减税，降低增值税税率，重点降低制造业和小微企业税收负担；二是明显减轻企业社保缴费负担，下调城镇职工基本养老保险单位缴费比例，减轻企业特别是小微企业社保缴费负担；三是继续提高企业职工基本养老保险基金中央调剂比例、划转部分国有资本充实社保基金；四是增加特定国有金融机构和央企上缴利润。

对此，社科院的一项研究预测，2019 年的减税降费政策的实施，将会使国民收入分配格局发生变化，企业部门收益最大，住户部门次之，政府部门收入下降。① 研究报告预测在 2019 年初次分配中，企业部门、政府部门、住户部门占比分别为 27.7%、12.2% 和 60.1%。在再分配中，企业部门、政府部门、住户部门占比分别为 23.0%、16.2% 和 60.9%。

根据资金流量表的数据计算，2019 年，企业部门、政府部门、住户部门在初次分配环节实际占比分别为 25.9%、12.7% 和 61.4%，与预测值相比较，企业部门低于预测值，政府部门和住户部门略高于预测值。在再分配环节中，各部门实际占比分别为 21.9%、17.8% 和 60.3%，与预测值相比较，企业部门、住户部门低于预测值，政府部门高于预测值。

进一步分析表明，尽管降低了增值税税率，但在 2019 年企业部门初次分配环节，生产税净额仍比上一年增加了 2368.2 亿元，增长率为 2.49%。在再分配环节，企业部门所得税、财产税等经常税比上一年增加了 1980.1 亿元，增长率为 5.61%；住户部门所得税、财产税等经常税比上一年减少了 3505.3 亿元，增长率为 -25.21%。政府减税政策的影响在再分配环节的住户部门更加显著。

七　结论与建议

本报告旨在研究如何提高企业部门劳动报酬在初次分配中的比重问题，通过对资金流量表中 20 年来我国初次分配领域宏观分配格局、雇员经济部

---

① 张车伟、赵文：《国民收入分配形势分析及建议》，《经济学动态》2020 年第 6 期。

门构成、企业部门各要素收入占比、政府部门财产收入构成进行的简要梳理与分析，认为现阶段提高全社会劳动报酬在初次分配中占比的关键在于企业部门，通过计算与分析，得出如下主要结论。

（1）随着我国经济活动雇员化程度的提高，雇员经济部门的劳动报酬占全社会劳动报酬的比重已超过70%，并决定着国内劳动报酬占比的变动趋势。因此，观察我国初次分配中劳动报酬占比变化情况可以直接通过观察雇员经济部门的劳动报酬占比变化情况来进行。

（2）在雇员经济部门中由于企业部门劳动报酬占比在结构上远大于政府部门，因此企业部门劳动报酬占比的变动直接决定着雇员部门劳动报酬占比的走向，并最终决定着全社会劳动报酬占比的变动趋势。因此，提高企业部门劳动者特别是一线劳动者的劳动报酬水平是现阶段提高我国劳动报酬占比的关键。

（3）由于企业部门每年新创造的增加值总是一个定量，因此，企业部门初次分配过程就是新增价值在劳动者报酬、生产税净额和营业盈余之间如何分配的问题。

（4）通过对资金流量表数据的分析表明，2000年以来在企业部门初次分配中生产经营者是受益的一方，无论是营业盈余还是初次分配总收入的占比都呈现波动上升的变动趋势。而劳动者报酬占比则经历了长达12年的下降过程，虽有企业负税上升的因素，但企业部门挤压劳动者报酬也是不争的事实。2012年以来劳动者报酬占比回升更多是政府减税让利政策实施的结果，但仍未回到2000年的水平上。

（5）2005年以来，政府部门初次分配收入中的红利收入和土地租金收入的快速稳定增长改变了政府部门之前的净财产收入为负的状态。净财产收入在政府部门初次分配总收入中的占比不断提高，也为政府部门减税降费的实施提供了有力的支撑。

（6）2019年我国实行了更大规模的减税降费，通过降低增值税税率来减轻企业负担，预期企业部门收益最大。但根据资金流量表的数据分析，无论是初次分配还是再分配环节，企业部门占比变化均低于预期值2个百分点左右，这势必会影响企业部门初次分配中劳动报酬占比偏低状况的改善。

从"十四五"规划的发展要求看，我国劳动报酬在初次分配中的比重偏低问题已经影响到我国"双循环"的经济发展战略，在国际环境日益复杂多变、新冠肺炎疫情仍未结束的情况下，为继续保持我国劳动报酬近年来不断上升的势头，本报告提出如下政策建议。

1. 继续实施大规模的减税降费政策，巩固近年来的成果

自 2000 年以来，新冠肺炎疫情与经济下行叠加，对我国经济发展产生了重大的影响，对企业特别是中小微企业的经营产生了重大冲击，企业职工特别是一线职工的收入增长率出现了明显的下降，企业部门劳动报酬占比连续 8 年上升的势头有可能被打断，为此，我们认为，继续实施大规模的减税降费政策，以减轻疫情对企业部门劳动者收入的冲击，确保"十四五"规划的"双循环"经济发展战略按计划实现。

2. 转变经济增长方式，加大人力资本投资，畅通劳动者人力资本实现的通道

很长一段时期，我国经济增长主要依靠投资来拉动，这种发展方式决定资本要素在初次分配中的占比偏高；劳动者在劳资关系中处于弱势，造成劳动要素的价值不能得到真正实现，劳动报酬的占比偏低。从长期来看，劳动报酬的占比偏低带来的更深层次的问题是人力资本积累不足。进入新时代以来，为应对人工智能技术带来的社会变革，唯有加大人力资本投入。为此，党中央、国务院做出了一系列战略性部署，出台了一系列重大政策，明确指出："加大人力资本投入，增强职业技术教育适应性，深化职普融通、产教融合、校企合作，探索中国特色学徒制，大力培养技术技能人才。"① 加大人力资本投入的核心就是提高技能劳动者工资待遇，通过制定符合企业特点的技能人才薪酬分配制度，打通技能人才成长的通道，畅通人力资本实现途径。与此同时，在分配制度上确认一线劳动者工龄和经验为人力资本积累，并给予在劳动报酬上的兑现。

---

① 参见《中共中央关于制定国民经济和社会发展第十四个五年规划和二〇三五年远景目标的建议》。

3. 加大最低工资标准的调整幅度

劳动报酬占比问题是收入分配领域基础性问题，当前主要是企业部门劳动者报酬偏低所致，减税降费的政策只是权宜之计。为此，建议全国总工会推动相关部委适时修订《最低工资规定》，加大最低工资标准调整幅度，以提高基础工资水平，其理由如下。

首先，目前，我国大量制造业、低端服务业企业一线员工的工资构成，主要就是基本工资和加班费，其中基本工资也就是当地最低工资标准或者略高 50~100 块钱，基本工资也是劳动者计算加班费的基数。在新冠肺炎疫情发生以来的三年中，一些职工因当地疫情防控需要，工作时断时续，一些职工在家远程办公，其收入水平也降至当地最低工资标准水平。由于缺乏有效的集体谈判能力，这些职工在劳动力市场上处于弱者的地位，上调最低工资标准能给他们直接带来工资增长，如果不调整最低工资标准，企业一般很少会主动调整这些一线职工的工资。

其次，目前我国最低工资标准过低，且未能与经济增长同步。2019 年世界上 149 个有法定最低工资标准国家的最低工资中位数为每月 486 美元（按购买力平价），我国按购买力平价计算为 353 美元，按当年汇率计算为 217 美元，最低工资水平明显偏低，即使在亚太地区的 30 个国家中也仅排在第 18 位。[①] 2021 年我国最低工资标准占城镇职工平均工资的比重为 18.20%，近几年呈下降趋势，与 2015 年的 24.38% 相比，下降了 6.18 个百分点。因此，加快最低工资标准调整的频率和提高最低工资标准调整的幅度应是今后最低工资标准调整的重点。

最后，《最低工资规定》自 2004 年颁布至今已有 18 年的时间了，这期间我国经济社会发展已经发生了重大的变化，当前发展中的矛盾和问题集中体现在发展质量上。最低工资标准定位与目标要与新发展阶段相适应，要体现一个国家在一定发展时期的经济社会发展战略。[②] 建议将最低工资的定位

[①] 参见国际劳工组织《全球工资报告 2020-21：新冠肺炎疫情时期的工资和最低工资》。

[②] 日本在《日本劳动基准法》（1976）中专门设有技工培养一章的内容，目的是使最低工资法的定位包含提高劳动人口素质的目标。

与目标修改为：为了维护劳动者取得劳动报酬的合法权益，保障劳动者个人及其家庭成员的基本生活，促进劳动者素质不断提高和国家经济的高质量发展。

参考文献

国家统计局编 2009~2021 年《中国统计年鉴》，中国统计出版社。

许宪春主编《中国收入分配统计问题研究》，北京大学出版社，2015。

魏众：《2000—2011 年中国宏观分配格局中的问题分析——基于资金流量表的分析》，《经济学动态》2014 年第 11 期。

张车伟、赵文：《中国劳动报酬份额问题》，《中国社会科学》2015 年第 12 期。

吕光明：《我国劳动报酬占比测算中的几个数据质量问题》，《商业经济与管理》2015 年第 5 期。

张车伟、赵文：《国民收入分配形势分析及建议》，《经济学动态》2020 年第 6 期。

《中共中央 国务院关于构建更加完善的要素市场化配置体制机制的意见》，中国政府网，http://www.gov.cn/zhengce/2020 - 04/09/content_ 5500622.htm，2020 年 4 月 9 日。

《关于新时代加快完善社会主义市场经济体制的意见》，中国政府网，http://www.gov.cn/zhengce/2020-05/18/content_ 5512696.htm，2020 年 5 月 11 日。

《中共中央关于制定国民经济和社会发展第十四个五年规划和二○三五年远景目标的建议》，中国政府网，http://www.gov.cn/zhengce/2020-11/03/content_ 5556991.htm，2020 年 11 月 3 日。

国际劳工组织：《2012/2013 全球工作报告——工资和公平增长》，2012。

国际劳工组织：《2014/2015 全球工作报告——工资和收入不平等》，2014。

国际货币基金组织：《世界经济展望：增长势头增强?》，2017。

国际劳工组织：《全球工资报告 2020 - 21：新冠肺炎疫情时期的工资和最低工资》，2020。

国际劳工组织：《世界就业和社会展望：2020 年趋势》，经济科学出版社，2021。

改革开放以来广东省职工队伍的历史变迁

窦学伟

摘　要： 作为改革开放的先锋和前沿地带，广东省在保持经济快速增长的同时，打造了一支庞大的职工队伍。本研究以全国职工队伍状况调查和广东省总工会出版的内部刊物为研究资料，系统梳理了广东省职工队伍在改革开放进程中的主要变化。研究发现，广东省职工队伍的变化既与国家和地方的劳动政策（包括户籍政策、农民工政策、人口政策或社会保障政策以及与之相关的配套政策）息息相关，也与国内外经济结构的变化密切关联。社会主义市场经济体制的逐步确立，缩小了公有制单位职工队伍的规模，逐步增加了民营和外资企业职工队伍的比重，职工队伍的主要构成从国企工人逐步演变为农民工，在成为"世界制造中心"或"世界工厂"的同时，广东省吸纳了数以亿计的农民工。与此同时，工会对职工的定义也在发生根本性变化，逐步确立了"以工资报酬为主要生活来源"的核心标准。由于广东省往往最先面对职工队伍的新特点和新问题，因而，广东省职工队伍的变迁可以视为中国职工队伍变迁的一个缩影。

关键词： 广东省　职工队伍　历史变迁

改革开放四十多年来，广东省经济持续快速增长。从 1989 年起，广东省经济综合实力连续三十多年位居全国第一。据统计，2021 年广东省地区生产总值为 12.44 万亿元，已经占到全国的 10.9%。伴随着经济发展、工业化和现代化进程的推进，广东省迅速积聚了来自全国的劳动力人口，形成了庞大的职工队伍。在规模迅速变大的同时，随着经济体制的变革，职工队伍的定义、范围和结构也在发生根本性变革。在经济增长和改革开放领先全国的同时，广东省职工队伍的发展往往也走在全国前列，即广东省往往最先面对职工队伍的新特点和新问题。广东省职工队伍的变迁成为全国职工队伍变迁的一个缩影，为探究职工概念的演化、规模的变化和结构的变革提供了重要的观察视窗。

本研究系统梳理广东省职工队伍在改革开放进程中的主要变化，依据的资料主要包括全国总工会全国职工队伍状况调查报告、历年《广东统计年鉴》以及《广东工会工作》与《广东工运》等内部刊物。其中，全国总工会全国职工队伍状况调查报告是最主要的数据来源。在过去四十多年，全国总工会共组织了八次全国职工队伍状况调查，广东省每次都在调查范围内，并且每次调查后都形成了详尽的研究报告。其中，1982 年的第一次全国职工队伍状况调查，主要是为了正确估计经过十年动乱后职工队伍的基本状况，其数据由于种种因素没有公布。1986 年的第二次调查中，广东省工业、交通、财贸、基建、邮电、农林水电和文教等系统所属 45 个企事业单位的4 万多名职工参与调查。从 1992 年的第三次调查开始，每次调查均包括问卷调查、典型调查、个案访谈和座谈会等多种形式。根据每次调查抽样设计的不同，广东省的样本量在 4000 人到 8000 人不等，其规模足以作为独立样本分析本省职工的基本状况。除此之外，广东省总工会和其所属地方工会在不同时间点独立或委托研究机构进行过小规模截面式的职工队伍状况调查研究。这些资料为本报告提供了丰富的素材。

从这些资料中，我们发现，改革开放四十多年里，广东省职工队伍的变化既与国家和地方的劳动政策（包括户籍政策、农民工政策、人口政策或社会保障政策以及与之相关的配套政策）息息相关，也与国内外经济形势的变化有关。改革开放意味着"社会主义市场经济"的逐步确立，在国有经济占据国民经济命脉的同时，以乡镇企业、民营经济、外资经济和个体经济为主要形式的非公有制经济获得长足发展。非公有制经济的发展需要海量的劳动力人口，这对广东省庞大的职工队伍的形成起到了巨大的作用。进入新时期以来，移动互联网的普及促生了大量依赖网络平台的新经济用工方式，由此产生的大量平台用工方式对职工队伍的结构产生了深刻影响。

在改革开放最初的十五年里，国家在劳动力市场自由化的道路上摸索前行，虽有踟蹰不前和短暂后退，但总体方向是逐步放开管制。与此同时，非公有制经济从无到有、从小到大逐步发展起来。这使得，一方面，固定用工的制度被打破，公有制经济中开始推行合同制用工；另一方面，大量来自农村的剩余劳动力就近或跨省流动到经济最具活力的改革开放前沿，开始形成了农民工群体。随后的十年里，国有企业深化改革造成了大量国企工人下岗，与此同时，越来越宽松的人口流动政策促使越来越多的农民工流入城市、流入广东，形成了下岗与流动双潮涌动的局面。2003年之后，随着广东省尤其是珠三角地区成为"世界制造中心"或"世界工厂"，以及人口流动政策的进一步放开，流入广东省的农民工占全国的一成以上，也成为广东省职工队伍的主体。与此同时，国有企业和集体企业的职工已经完全不同于改革之前，基本上从铁饭碗变成了合同制（可能是长期合同或无固定期限合同）用工。从2013年开始，多种内外因素的影响使我国经济进入新常态，劳动力总体短缺的趋势出现，广东省职工队伍的增长进入相对稳定时期，开始呈现一系列的新特点。为了留住高素质的劳动者，广东省率先推行"积分入户"等政策，将农民工纳入"新市民"的行业。

当然，广东省职工队伍也不全然是国家和市场所塑造，它们也有自己发展的动力，尤其是职工队伍的代际交替。从20世纪八九十年代的第一代农民工（1980年及以前出生），到20世纪最初十年的第二代农民工（主要是80后），再到当下的新一代农民工（主要是90后甚至00后），每一代农民工都呈现全新思想状态和精神面貌。

接下来，我们将广东省职工队伍的变化分为四个主要时期，分段描述职工队伍的基本面貌。

一　1978~1992年，合同工与农民工

改革开放之后，广东省下辖三个经济特区，获得了中央"特殊政策、灵活措施"的支持，国民经济和生产建设快速发展。在劳动用工体制的改革上，广东省进行了很多务实性探索，取得了许多突破性进展。

在国务院1986年出台劳动合同用工制度四个"暂行规定"之前，广东省就在深圳、珠海两个经济特区和清远县进行了试点试验工作，总结经验、制定各种相关的方针政策和具体的规章制度，并在全省进行推广。1986年之后，在巩固和发展劳动合同用工制度的基础上，广东省进一步推进了工资分配制度、社会保险制度，以及住房、物价和劳动监察等配套制度的改革和完善。在公有制经济中，统包分配的固定工劳动用工制度逐渐转变成全员劳动合同用工制度。另外，作为改革开放的先行先试区，广东省的非公有制经济也获得了发展空间，乡镇企业和非公有制经济（三来一补的外资经济、私营经济和个体经济等）逐步发展起来，吸纳了大量农民工，"洗脚上田、穿鞋进厂"成为当时的富余农业劳动者初步工业化的形象标志。

随着全员合同制的推进和农民工的大量出现，广东省职工队伍无论是规模还是结构都发生了巨大的变化。职工队伍的规模增长很快；职工队伍的主体在公有制经济下就业，但从20世纪80年代中后期开始，在外资经济和私营经济下就业的职工翻番式增长；在公有制经济中，合同制用工的比例越来越大；职工队伍的年龄下降，越来越年轻化，与此同时，其文化水平和技术素质也获得提高。

（一）规模与结构

1993年以前，"职工"通常是指在城镇单位就业人员（以城镇国有单位和集体单位从业人员为主）。随着改革开放的纵深发展，非公有制就业人数增长迅速，逐渐被纳入职工队伍中来，这使得广东省的职工队伍不断壮大。1978年，广东省职工人数约为516万人，到1991年底则发展到了1520多万

人（其中，城镇全民和集体企事业职工为 761 万人，三资企业职工、乡镇企业职工以及散布在各类企业中的农民工约为 760 万人），十几年间增长了两倍，年均增长 13.3%。

职工规模的增长与多种经济部门的增长密切相关。如图 1 所示，城镇国有单位职工的数量从 1978 年的 369.0 万人增长到 1992 年的 559.7 万人，增长了 51.7%。城镇集体单位职工从 1978 年的 146.8 万人增长到 1992 年的 216.6 万人，增长了 47.5%。

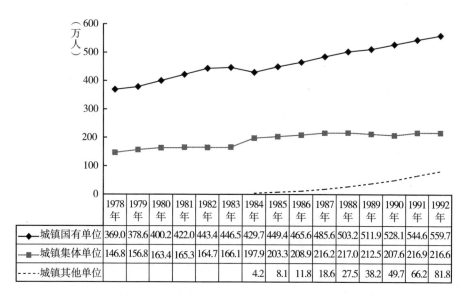

	1978年	1979年	1980年	1981年	1982年	1983年	1984年	1985年	1986年	1987年	1988年	1989年	1990年	1991年	1992年
城镇国有单位	369.0	378.6	400.2	422.0	443.4	446.5	429.7	449.4	465.6	485.6	503.2	511.9	528.1	544.6	559.7
城镇集体单位	146.8	156.8	163.4	165.3	164.7	166.1	197.9	203.3	208.9	216.2	217.0	212.5	207.6	216.9	216.6
城镇其他单位							4.2	8.1	11.8	18.6	27.5	38.2	49.7	66.2	81.8

图 1　1978~1992 年广东省职工队伍三个主要部分的变化情况

说明：由于统计口径的差别，本研究计算的职工队伍规模，与广东省总工会报告数据通常有一些出入。为了便于分析，本研究以统计年鉴数据考察职工队伍各组成部分的变化情况，而以全国总工会和广东省总工会的报告数据讨论职工队伍的总体规模及其变化情况。

资料来源：历年《广东统计年鉴》。

非公有制经济也获得了长足发展。图 1 显示，城镇其他单位就业人员的数量从 1984 年的 4.2 万人增长到 1992 年的 81.8 万人，增长了 18.5 倍。据 1986 年全国职工队伍状况调查估计，到 1985 年为止，全省兴办三资企业 1108 个，有职工 8 万多人。1991 年底，全省三资企业职工已达 200 万人。乡镇企业职工特别是外来务工人员开始作为新的劳动者大军发展壮大。从地域分布来看，深圳、珠海、汕头经济特区和广州等沿海开放城市职工增加的数量较多。1991年，广州、深圳等7个市的全民、集体企业（不含乡镇企业）有职工414.74万人，占全省全民所有制单位和城镇集体所有制单位全部职工761.41万人的54.47%。全省700多万来自广东山区和外省农村的"农民工"，也主要集中在珠三角地区。

改革开放以来，广东省职工队伍变化的一个重要特点是：单一所有制结构被打破，职工队伍开始由多种所有制成分职工组成。国有经济成分的职工数量虽然在增长，但其在整个职工队伍中的比重下降了，这主要是因为三资企业和乡镇企业从无到有、从小到大的飞速发展，比国有经济发展还要快，因而职工队伍的增长速度也快。

据广东省总工会的报告数据，1991年，在总计1500多万人的职工总体中，全民所有制企业职工总数为476.5万人，占31.1%；集体所有制企业职工为647.4万人，占42.2%；民营企业职工为152万人，占10.8%；混合所有制经济职工为65.5万人，占4.3%。80年代初期，广东省职工队伍还是以全民所有制企业职工为主体的，其占比一直在50%以上；从80年代后期开始，全民所有制企业职工的比重不断下降，集体所有制企业的职工数量大增，比重上升。不同所有制经济下的职工，政治地位和经济利益都有差异。从政治地位来看，职工在企业中的主人翁地位和权利的体现程度和实现程度不同。从经济利益来看，一方面，劳动关系的性质差别，使得不同所有制下职工在直接分配上产生一些差异；另一方面，在间接分配上也存在差异，主要体现在社会保障制度和社会福利上。以上数据都表明了这一时期职工队伍的规模发生了剧烈变化，也反映了职工队伍的结构在所有制性质上的分布。"以公有制经济为主体、多种经济成分适当发展"的格局使得公有制经济的职工人数占据绝对的主导地位。

（二）职工队伍更新换代

1. 年龄结构变化

1984年以后，广东经济高速发展，创造了大量的新就业岗位，而新就业的职工绝大多数是青年学生和农村青年。这就造成了这一时期职工队伍年龄结构的整体下降，职工队伍呈现年轻化的显著趋势。

据 1986 年的第二次全国职工队伍状况调查，广东省的青年职工的比例继续上升，老年职工的比例逐渐下降。35 岁及以下的青年职工已经占整个职工队伍的 65% 左右。据 1992 年的第三次全国职工队伍状况调查，35 岁及以下的职工占整个职工队伍的 59.6%，深圳、珠海和汕头三个经济特区及佛山、东莞和中山等珠三角地区职工队伍的平均年龄低于全省职工的平均年龄，均为 30 岁以下。从其参加工作时间来看，70 年代参加工作的占 26.6%，80 年代参加工作的接近一半（48.7%），近一半职工生于六七十年代，成长于改革开放时期。这样年轻化的职工队伍充满了朝气和活力。

2. 合同工的发展

广东省用工制度的改革，是 1980 年首先在深圳经济特区试行合同制开始的。随着改革的深入，广东省合同制职工的规模日益庞大，合同制职工的比重不断上升，固定工的比重逐步下降，正向全员合同制的方向演变。

1983 年到 1986 年，全省共招收了合同制职工 36 万多人，约占新增职工的 20%。到 1991 年底，全省合同制职工达 110 万人，占全省同类企业职工总人数 761.4 万人（不包含乡镇企业职工数）的 14.4%。其中，全民所有制单位合同制职工为 55.6 万人，是 1985 年的 1.7 倍，而固定工则由 75.4% 下降为 66.3%。合同制职工主要集中在第三产业、三资企业和纺织、建筑、矿山等行业，一些企业的主要工种已由合同制职工担任。

1992 年 8 月对广州市南方大厦股份集团公司的调查发现，这家以商业为主、多业经营、多种经济形式并存的大企业，合同制已经成为最主要的用工方式。在 4602 名职工中，全民合同制工人为 3002 人，占 65%。1991 年底，在中外合资企业——广州美特容器有限公司的 418 名员工中，合同制员工占 54%；全国 500 强企业之一的韶关冶炼厂，从 1986 年开始招收合同工，到 1991 年合同工已达 645 人，占 12.9%（全厂总计 5007 人）。这些工人主要集中在一线当生产工人，并日益成为该厂生产的重要力量。1984 年投产的新会市环城丝织厂，截止到 1992 年 8 月底，共有 447 名职工，其中固定工 258 人，占总数的 57.7%；合同工 189 人，占总数的 42.3%。

3. 农民工的涌现

农民工的出现与劳动政策的变革密切相关。一方面，家庭联产承包责任制的改革，农业生产率的提高，解放了农村的大量剩余劳动力。他们开始涌入附近城镇，在迅速增长的国民经济中寻找工作机会。1992 年，广东省农民工在规模上与城镇户籍的职工旗鼓相当。另一方面，农村剩余劳动力的流动受到各种劳动政策的限制。在城乡分割的二元体制（包括户籍制度以及与之配套的差别化的就业制度和社会保障制度）下，国家对农民工的流动政策经历了一个转变过程：1978 年至 1983 年的基调是严格控制，其原因主要是食品供给不足、知青回城导致大量城镇剩余劳动力和城乡隔绝的体制历史；1984 年至 1988 年的基调是允许和鼓励流动，国家准许农民自筹资金、自理口粮，进入城镇务工经商；1989 年至 1991 年重新调整为干预和控制盲目流动，其原因是大规模农村剩余劳动力的跨区域流动造成诸多管理和社会问题。

从广东省职工队伍的来源来看，以当地城镇新增劳动力为单一来源对象的格局已经打破，职工队伍来源呈多元化状态，即既吸纳城镇新增劳动力，又消化农村剩余劳动力。而且，吸纳农村剩余劳动力，成为改革开放以来广东省职工队伍发展壮大的最为显著的特点之一。大部分进入职工队伍中的农村剩余劳动力，都是刚从学校（初高中）毕业的农村青年，他们原来参与农村劳动的时间并不多，进厂务工后，基本上脱离了农业生产。也有少部分是"洗脚上田、穿鞋进厂"的农民，这些人往往进入当地或离家不远的乡镇企业工作，在农忙和节假日时间，还是少量参加一些农业劳动，据对江门市的农民工的不完全统计，这些农民工中的 80% 是从学校毕业后直接进厂务工的，务工后从未参加过农业劳动。

二 1993~2002年，下岗与流动

1992 年，邓小平同志南方谈话和党的十四大的召开，确立了建立社会

主义市场经济体制的目标，我国的改革开放事业进一步向纵深发展。广东省作为改革开放的前沿地带，其职工队伍也经历了快速发展。

自1992年以来，国家在人口流动和农民工政策上发生明显的变化，即从控制盲目流动到规范有序，开始鼓励、引导和实行以证卡管理为显著特征的管理制度。为了适应社会主义市场经济的发展，尤其是满足三资经济、私营经济和个体经济的发展，广东省的人口流动政策相对宽松。另外，这一时期国有企业改革不断深化，城市中的下岗职工大量增加，如何解决这部分人员的再就业问题成为全国范围内各级政府的重要任务。但对广东省而言，由于非公有制经济发达，国企改革中的人员分流和下岗职工的再就业难题并不突出。因此，广东省没有像其他一些省份那样出台各种限制农村劳动力进城及外来劳动力务工的规定和政策。政策和市场的推动使广东省成为全国农民工趋之若鹜的首选流动目的地。

在1997年的第四次全国职工队伍状况调查中，全国总工会更新了职工的概念，由以往国家劳动行政部门按计划管理的劳动者拓展为"以工资收入为主要收入来源的工薪劳动者"，即所有工薪劳动者都成为职工队伍的一分子。2002年的第五次全国职工队伍状况调查中，"企业、事业单位、机关团体以及城镇个体经济单位中以工资收入为主要生活来源的体力劳动者和脑力劳动者"都被视为职工，进一步明确了进城农民工为职工队伍的一员。在2003年9月召开的中国工会十四大上，农民工加入工会被首次写入大会报告中。报告首次提出"一大批进城务工人员成为工人阶级的新成员"，从而在职工概念上突破了城乡之间户籍制度的束缚。职工概念的拓展回应了职工队伍来源多样化的历史事实，也使职工队伍的数量在统计中有大幅度增长。农民工正式被认定为职工队伍的重要组成部分。

从这一阶段开始，广东省职工队伍的结构逐步成型。一方面，国有企业改革不断推进，国企工人面临许多前所未有的新情况，承受着改革带来的压力和阵痛，为改革、发展和稳定做出了重大的贡献、付出了巨大的牺牲；另一方面，非公有制经济的发展和人口流动管制政策的放松促成了大量流动农民工的形成。

（一）规模与结构

这十年是广东省经济飞速发展的时期，也是职工队伍迅速增长的时期。据广东省总工会估计，1996 年广东省职工总数约为 1800 万人，而到 2002 年，这一数字已经达到 2000 万人。

这十年广东省职工队伍规模的增长趋势，与职工队伍来源结构的变化密切相关。从图 2 来看，城镇国有单位和集体单位的职工，在 1996 年之前处于相对稳定、略有减少的趋势，自 1997 年之后迅速减少，从 1997 年的 738 万人降低到 2002 年的约 466 万人。与此同时，非公有制经济职工的数量经过了持续增长，从 1992 年底的 255 万人，增长到 2002 年的 884 万人，增长了 2.5 倍。值得注意的是，从 1999 年起，非公有制经济职工的规模就超过了国有单位和集体单位职工的规模。造成这一现象的主要原因是 20 世纪 90 年代的国企改革造成大量国企工人的流失。而以外资经济、私营经济为代表的非公有制经济获得了长足发展，职工的来源或就业渠道发生了历史性的转变。

进一步从图 2 来看，1993 年到 1996 年，城镇国有单位和集体单位人数变化不大，略有减少，但是城镇其他单位就业人员和私营企业职工人数增加很快；1997 年到 1999 年，城镇国有单位和集体单位职工人数开始加速下滑，超过非公有制经济职工的增长速度，造成职工人数的整体减少。1999 年，城镇国有单位和集体单位职工人数的减少与其他经济职工人数的增加相抵消，造成接下来两年职工规模的稳定。直到 2002 年私营企业职工规模的迅速增长打破僵局。

这一阶段职工规模的增长，主要归功于城镇其他单位（以港澳台资企业和外资企业为主）、私营企业和个体户等非公有制经济的发展。2002 年，国有单位和集体单位职工的数量下降到 465.7 万人，1993 年，两类单位职工数量为 763.6 万人。与此同时，其他三类用工单位的职工人数有了非常明显的增长。就私营企业职工而言，1993 年规模为 55.2 万人，经过持续增长后，2002 年达到 221.4 万人，增长了 3 倍多；城镇其他单位（包括联营经济、股份制单位、港澳台资企业和外商投资企业等）职工人数也一直呈现

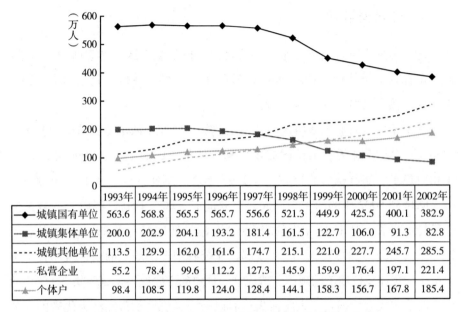

	1993年	1994年	1995年	1996年	1997年	1998年	1999年	2000年	2001年	2002年
◆— 城镇国有单位	563.6	568.8	565.5	565.7	556.6	521.3	449.9	425.5	400.1	382.9
■— 城镇集体单位	200.0	202.9	204.1	193.2	181.4	161.5	122.7	106.0	91.3	82.8
--- 城镇其他单位	113.5	129.9	162.0	161.6	174.7	215.1	221.0	227.7	245.7	285.5
--- 私营企业	55.2	78.4	99.6	112.2	127.3	145.9	159.9	176.4	197.1	221.4
▲— 个体户	98.4	108.5	119.8	124.0	128.4	144.1	158.3	156.7	167.8	185.4

图2　1993~2002年广东省职工队伍五个主要部分的变化情况

说明：私营企业职工人数为私营企业就业人员人数减去私营企业投资者人数，而个体户职工人数为个体就业人数减去个体户数。

资料来源：历年《广东统计年鉴》。

增长趋势，从1993年的113.5万人增长到2002年285.5万人，增长了1.5倍。个体户中的职工人数从1993年的98.4万人增长到2002年的185.4万人，增长了九成多。由以国有和集体等公有制经济为主向以非公有制经济为主的职工结构的转变，是十年来广东省职工队伍发展的突出特征。

非公有制单位职工逐渐成为广东省职工队伍中的主体，这一转变与这十年里国有经济改革和非公有制经济的快速增长有关。国有单位和集体单位因为自身的饱和，从90年代以来，对城镇待业人员的吸纳能力便不断下降。这是两方面原因造成的：一方面是这两类单位由于自身的经营状况，没有能力增加新的工作岗位；另一方面是这两类单位都在改革中遇到了困难，对城镇待业人员的吸引力不大。与此同时，城镇待业人员流向其他经济单位和私营企业的人数不断增长，也有越来越多的待业人员成为个体劳动者。这种就业观念的改变，是新中国成立以后历史上首次出现的现象。保险社会统筹的实现，住房制度的改革，经济成分新观念的提出，使国有、集体单位的优势进一步减弱；随着国有资产转制工作的进一步深入，下岗、失业的影响，进一步模糊了各种所有制职工在地位和心理上的差距。

（二）职工队伍的变化

1.年龄结构变化

随着国有企业改革力度的加大，不少企业实施下岗分流和减员增效，事业单位开始实行全员聘任制，党政机关进行机构改革等，加快了职工队伍结构的变化。

从1997年全国职工队伍状况调查数据来看，3382名受访职工平均年龄为37.7岁，其中35岁及以下的占47.7%，36~50岁的占42.9%，51岁及以上的占9.4%。与前两次调查相比偏大，与全国平均水平相比也略大。1997年全国职工平均年龄为37.0岁，但35岁及以下职工的比例为46.8%，低于广东省水平。

从2002年的全国职工队伍状况调查数据来看，1380名受访职工平均年龄为40.6岁，其中35岁及以下的占28%，36~50岁的占61.3%，51岁及以上的占10.7%。与1997年调查数据相比明显偏大，与全国平均水平相比也略大。2002年全国职工平均年龄为40.9岁，35岁及以下职工的比例为27.1%，36~50岁的占59.3%，51岁及以上的占13.6%。

2002年广东省职工队伍的年龄结构与全国相比更年轻。但从纵向的比较来看，2002年广东省职工队伍的年龄比改革开放最初十五年要大得多，也比1997年的数据高。最初十五年是极为特殊的历史阶段，压抑了几十年的剩余劳动力和其就业意愿在极短时间内被释放，大量新生血液进入职工队伍。经过十几年的发展之后，就业市场趋于正常化，职工的年龄结构变迁开始与人口的更替水平相适应。

2.国企改制与下岗工人

国有企业改革是深刻影响职工权益的大事件。在经济体制改革的过程中，随着国有企业和集体企业的改制，数目庞大的职工一度处于下岗和失业状态，给全省的就业工作和社会稳定带来相当大的压力。但在各级党政的高度重视和有效努力下，大多数改制下岗工人得到有效安置，实现了再就业。

广东省下岗职工再就业工作较早实行了下岗进中心和分流进市场的"双规"运作。2000年广东省要求国有新的减员直接进入市场就业，逐步把工作重点从保障基本生活转到促进再就业上来。到2002年7月底，广东省国企下岗职工累计分流150.1万人，其中进中心后分流74.5万人，未进企业再就业服务中心直接解除劳动关系分流75.6万人。下岗分流的150.1万人中实现再就业的有103.8万人，再就业率为69.2%。

广东省总工会的一份调查报告显示，随着企业改革深化和经济增长方式转变，经济体制中的深层次矛盾日益暴露，职工的失业情况日趋严重。职工中已经形成一支人数众多的失业队伍，1996年一季度末，全省职工中处于显性失业和隐性失业状态的职工达到193万人。其中约23万人在劳动部门登记，富余职工110多万人，停产半停产的国有和县以上集体企业职工60万人。第一种是显性失业，后两种是隐性失业。显性失业急剧增加，失业职工再就业率大幅度下降，再就业难。绝大多处于失业状态的职工生活困难，人心浮动，已成为一个需要重视的社会不稳定因素。面对这种状况，党和政策采取多种措施，如广开就业门路提供就业机会，控制失业，尽量避免企业破产倒闭，减少工人失业流向社会，鼓励和帮助职工再就业，建立社会保障制度。

3.第一代流动农民工

进入90年代，随着政策的进一步放宽，外来农民工已经名正言顺地被承认为工人的一部分。由于现有的管理体制不完善及其本身流动性大的特点，较难对其人数有准确的估计。根据各方面有关资料估计，1997年广东省外来工和农民工的人数为800多万人。他们大多集中在私营企业和外商投资企业中，分别占这两类企业职工人数的93.4%和36.2%。

农民工总体的文化程度较低。根据广东省1997年针对农民工的问卷调查，农民工初中及以下文化程度的占56.6%；农民工的技术技能较差，进企业前会一门技术的不到一半;法律意识较为薄弱,自我维护意识同样薄弱,地方主义、帮派思想较为严重;社会保障制度很少覆盖他们。由于管理体制不完善,外来人员常对社会治安造成一定程度的不良影响。广东省还出台招工新政策,要求各类用工单位招聘合同制职工时,必须严格执行先城镇后农村、先本地后外地、先省内后省外和优先招用失业人员、下岗职工的原则,还规定各地级市招用外省劳动力的比例,以保障城镇失业人员、下岗职工能更充分就业。

1993 年广东省总调研室就外商投资企业职工权益保障状况进行了一次规模较大的问卷抽样调查。结果显示,32.8%的职工未与企业签订劳动合同,另有 7%的职工不知道劳动合同为何物;打骂、侮辱、体罚、搜身、扣押证件、威胁开除等涉及职工人格尊严和人身权利的事件时有发生;加班加点现象非常严重,六成以上职工没有休息日;工作收入悬殊;养老保险、医疗保险和待业保险的覆盖率很低;许多法定的节假日职工并不能享受;集体食堂和宿舍的条件比较差。这反映了外商投资企业侵犯职工合法权益的情况比较严重,外资企业发生劳动争议、停工罢工、集体上访的事件也在增多;侵犯职工合法权益的根本问题在于法规不健全,违法成本比较低。

三　2003～2012年,农民工:职工队伍的主体

广东省以农民工为主体的劳动者大军形成。从这一阶段起,农民工成为广东省职工队伍的主体,也成为广东省劳动关系调整和工会工作的主要对象。2002 年前后,国内外因素共同促进了广东省职工队伍的发展:一是国内政策层面,国家和地方对农民工的跨区域流动限制越来越少,甚至变为鼓励流动;二是国际环境层面,中国加入世界贸易组织,广东省的外向型经济获得了绝佳的发展机遇。这些因素加上广东省经济转入科学发展轨道,经济社会持续、稳定和健康的发展,使得广东省职工规模逐年扩大,队伍迅速壮大,尤其是非公有制经济企业职工增速较快,制造业的职工规模很大,居全国首位。

（一）规模与结构

2007 年，在第六次全国职工队伍状况调查中，全国总工会对职工概念的界定是"在中国境内的企业、事业、机关单位中以工资收入为主要生活来源、与用人单位建立劳动关系或事实劳动关系的体力劳动者和脑力劳动者"。因此，"未与用人单位建立劳动关系的流动就业人员、乡镇村个体经营户中就业人员、离退休及离退休后再就业人员、民办教师和在城镇单位中工作的外方及港澳台人员"均不包括在职工范围内。其中，农民工的情况比较复杂，一部分农民工是在各类单位内就业，并与单位建立了相对稳定的劳动关系，这部分农民工被包括在职工的范围之内。不过，还有一部分农民工虽然脱离了农业生产劳动，但并未与雇主单位建立劳动关系，或者保持高流动性。这部分农民工无论从输入地还是从输出地都难以统计，因此难以包括在职工队伍的大规模调查中。

2012 年，全国职工队伍状况调查指出，职工是指"在中国境内的企业、事业、机关及其他单位中就业，与用人单位建立了劳动关系（包括人事关系）或存在事实劳动关系，并由单位支付劳动报酬的体力劳动者和脑力劳动者的总和"。这一定义拓展了 2007 年的职工概念，既包括正式职工、合同制职工，也包括在岗的临时工、季节工和小时工，还包括了由于各种原因已经离开本单位的生产和工作岗位，且不在本单位从事其他工作，但仍保留劳动关系、尚未找到相对稳定工作的不在岗职工，即下岗、内退人员。

2012 年修订后的"职工"概念有两个明显变化，一是将是否与用人单位建立了劳动关系（包括人事关系）或存在事实劳动关系放在了首位；二是将"以工资收入为主要生活来源"的属性修改为"由单位支付劳动报酬"，这一属性的修改，扩大了职工的外延，以更好地适应新时代社会经济发展的需要。

按照全国总工会的统计口径，结合省统计局、省工商局和省中小企业局公布的有关数据测算，截止到 2006 年底，全省职工总数为 2617.6 万人，其中城镇国有单位职工人数为 973.6 万人，城镇私营企业职工人数为 382.2 万人，城镇个体经济单位职工人数为604.4万人,乡镇企业职工人数为657.5万人。

其中,非公有制企业职工增速快。随着国有经济战略性调整力度增大,国有和集体单位在人力资源配置过程中的吸纳能力逐渐减弱;非公有制经济进入了一个新的发展时期,就业渠道和规模不断扩大。2006年末,广东省国有企业职工为131.75万人,集体企业职工为67.25万人,其他类型企业职工为502.41万人,私营、个体和其他从业人员为914.54万人。从2002~2006年不同经济类型单位职工的增长率来看,国有单位职工减少了5.7%,集体企业职工减少了30.9%,其他类型单位职工增长了74.8%,私营、个体及其他从业人员增长了110.1%。由此可见,国有、集体企业吸收的职工人数减少,非公有制单位成为新增就业的主要渠道。

制造业职工规模仍高居国民经济各行业的首位。加入WTO后,许多发达国家的制造业开始向广东,特别是珠江三角洲进行战略性转移,不少世界500强企业都将生产基地建在广东,使广东逐渐成为"世界制造业中心"。随着产业结构的调整,制造业职工人数也大量增加,一支数量庞大的产业大军正在广东形成。从2002年到2006年,广东省制造业职工人数增长迅速,从296万人增加到633万人,增加了337万人,增长了113.9%,居广东国民经济各行业的首位。采掘业、建筑业、电力/燃气及水的生产和供应业、房地产业职工人数与2002年相比,增幅也较大。2007年全国职工队伍状况调查显示,制造业职工占职工总数的41.4%,比重最大,其次为批发和零售业,占9.4%;再次为公共管理、社会保障和社会组织,占6.9%;居民服务、修理和其他服务业占6.7%,住宿和餐饮业占5.2%,交通运输、仓储和邮政业占4.7%。与2002年相比,制造业仍是职工人数最多的行业,并且增加了16.5%。

根据全国总工会2012年全国职工队伍状况调查数据,到2011年底,全省职工总数为3600多万人。其中,城镇国有单位职工数为424万人,城镇集体经济职工数为63万人,城镇其他单位从业人员为752万人,城镇私营企业从业人员为899万人,城镇个体从业人员为433万人。据2012年的数据,广东省非公有制企业职工多。企业职工占72.8%,个体经营户占8.9%,事业单位占7.6%,机关占5.6%。非公有制占79.7%,国有占

13.9%，集体占 6.4%。加工制造业职工多。制造业占 52.7%，是较大的比例；批发和零售业次之，占 7.3%；公共管理、社会保障和社会组织第三，占 7.2%。十年间，广东省不断优化中小企业发展环境，加强对中小企业的服务，积极支持引导中小企业加快提升素质和核心竞争力。

从图 3 可以看出，2003~2012 年，广东省职工总数发生了巨大的增长，这一增长主要源自非公有制经济职工的增长。城镇国有单位职工人数从 2003 年的 376.6 万人增长到 2012 年的 430.3 万人；城镇集体单位职工人数从 2003 年的 78.5 万人减少至 2012 年的 55.3 万人。两类单位的职工人数十年间仅增长了 30 多万人。与之相比，城镇其他单位（以外资企业为主）和私营企业的职工人数维持快速的上涨趋势，前者从 2003 年的 326.1 万人增长到 2012 年的 818.4 万人，后者从 2003 的 285.0 万人增长到 2012 年的 856.6 万人，分别增长了 1.5 倍和 2 倍多。个体户中的职工人数也从 2003 年的 204.4 万人增长到 2012 年的 349.3 万人，增长了 70% 多。

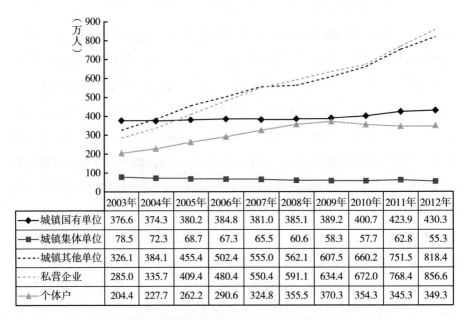

	2003年	2004年	2005年	2006年	2007年	2008年	2009年	2010年	2011年	2012年
◆— 城镇国有单位	376.6	374.3	380.2	384.8	381.0	385.1	389.2	400.7	423.9	430.3
■— 城镇集体单位	78.5	72.3	68.7	67.3	65.5	60.6	58.3	57.7	62.8	55.3
---- 城镇其他单位	326.1	384.1	455.4	502.4	555.0	562.1	607.5	660.2	751.5	818.4
- - 私营企业	285.0	335.7	409.4	480.4	550.4	591.1	634.4	672.0	768.4	856.6
▲— 个体户	204.4	227.7	262.2	290.6	324.8	355.5	370.3	354.3	345.3	349.3

图 3　2003~2012 年广东省职工队伍的变化

资料来源：历年《广东统计年鉴》。

（二）职工队伍的变化

1. 年龄结构变化

随着大量80后的第二代农民工进城务工，职工队伍越来越年轻。2007年全国职工队伍状况调查发现，广东省职工的平均年龄为35.13岁，与2002年相比，职工的平均年龄下降了5.49岁。15~25岁的职工占20.0%，26~35岁的占34.5%，36~45岁的占29.2%，46~55岁的占8.6%，55岁以上的占2.4%。也就是说，35岁及以下的职工占整个职工队伍的54.5%，比2002年增加了26.5个百分点，职工队伍越来越年轻化。其中，5年及以下工龄者，占19.7%；6~10年工龄者，占19.1%；11~20年工龄者居多，占31.0%；21~30年工龄者，占20.3%；30年以上工龄者人数最少，占10.0%。与2002年相比，10年及以下工龄者增加了23.3个百分点，11~20年工龄者持平，都是31%，21~30年工龄者则下降了18.6个百分点，30年以上工龄者则下降了4.8个百分点。

在2012年全国职工队伍状况调查中，职工的平均年龄为32.75岁，与2007年相比下降了2.38岁，参加工作时年龄平均为21.1岁，有年轻化趋势。40岁及以下职工占77.7%，其中，18~30岁占45.1%，31~40岁占31.6%，41~50岁占16.2%，50岁以上占5.5%。

2. 第二代农民工成为主体

在非公有制经济下的职工逐步成为职工队伍主体的同时，农民工群体也从数量上逐渐占据职工队伍的主体地位。进入21世纪以来，第二代农民工，或者80后农民工开始进城务工，农民工群体的代际更替逐渐开启。

广东省农民工群体具有六个显著特点。（1）数量庞大。（2）从事工作领域相对集中，男性多集中在运输、建筑、机械、冶金、纺织和建材等重体力行业，工种岗位大多为一些苦、累、脏、险岗位；女性多集中在服务业、制造业等行业。（3）流动性大，特别是第二代农民工对职业的期望不一致或用工单位不能满足要求时，他们就会选择跳槽。（4）非公有制经济部门已成为农民工就业的主渠道。（5）文化程度逐步提高，他们的文化程度已经接近城镇工人的平均水平。（6）工资收入增长较快，对未来生活更为乐观。广东省农民工收入水平与非农户口工人不相上下，对未来生活的改善和社会地位变化的信心也比非农户口工人大。广东省农民工参加社会保障人数在全国最高。

作为农民工输入大省，随着农民工年轻化趋势的发展，新生代农民工成为主要力量，已占农民工总数的75%。新生代农民工的新特征、新情况，也使其面临许多问题。首先，新生代农民工的流动性更大，与企业的持续、稳定用工要求产生冲突，难以长久扎根。新生代农民工摆脱了生存压力，寻找工作的自由度加大，再加上大多没有一技之长，因为就业的流动性增加，易出现盲目择业、轻易辞职的现象。农民工流动性增强，就其自身原因是目标不明确，总在实现自身价值、外出历练学习、改变农民身份等多重追求之间游移不定。这也造成了新生代农民工的大规模流动迁徙，易形成民工潮和用工荒，对于企业和本省经济的长远发展多有不利。其次，新生代农民工融入城市的愿望与各种制度限制的矛盾。农民工特别是新生代农民工在流入地的社会融合存在困难。流入城市的农民工子女，新生代农民工与其父辈不同，他们中的绝大多数已经没有再回到农村的打算，但是，要想融入当地社会存在诸多障碍。其原因之一在于长期以来实行的城乡二元分割户籍制度。尽管国家政策规定容许有合法住所、有稳定就业或收入来源的农民工在城镇落户，但从各地的实践看，许多地方的户籍制度改革停留在"投资移民、技术移民"上，农民工变市民的门槛依然很高。由于没有城市户口，就无法享受城市人口的各种保障待遇。另外，新生代农民工在城市中的交际圈也较为狭窄，心理上和情感上易与城市市民形成隔阂。最后，收入增长缓慢和过度消费的矛盾。与其他行业的从业人员相比，农民工，特别是刚参加工作的新生代农民工的生活方式和生活习惯也发生了巨大变化，其消费水平有了较大提升，但在缺乏科学的消费指导下容易出现盲目消费、透支消费的情况，由此引发的社会问题也层出不穷。

四 2013年至今，新市民与平台用工

"十二五"期间，各地建立健全城乡平等的就业制度，消除对农村劳动力转移就业的政策障碍，农村劳动力进城务工环境得到有效改善，农民工就业规模持续扩大。"十二五"以来，我国以农民工市民化为核心的政策框架基本形成。农民工发展进入了市民化的新阶段。户籍制度改革积极推进，"十二五"期间，大量农民工及其家属在就业地城镇落户成为新市民。农民工享受基本公共服务的范围逐步扩大。农民工居住条件不断改善，全国大部分城市已经把符合条件的、有稳定就业的农民工纳入当地住房保障范围。人力资源和社会保障部负责人表示，"十三五"时期是推进农民工市民化的关键时期，今后还要着力推动农民工逐步实现平等享受城镇基本公共服务和在城镇落户，让发展成果更多地惠及全体农民工。

同时，由于国际国内经济环境的深刻变化，我国经济进入发展的新常态。人口增长趋缓、劳动力供给和需求的对比关系发生转折，开始出现劳动力供应不足和用工荒的问题。这些因素都在深刻影响着广东省职工队伍的变化。

（一）规模与结构

在2017年的第八次全国职工队伍状况调查中，全国总工会给予职工的含义为，"在中国境内的企业、事业、机关及其他单位中就业，与用人单位建立了劳动关系（包括人事关系）或存在事实劳动关系，由单位支付劳动报酬的体力劳动者和脑力劳动者"。这一定义与2012年的相同，即认为职工的要素主要是与对应的一个用人单位之间建立稳定的劳动关系或存在事实劳动关系。而目前的共享经济或平台经济等新经济形式的出现造成了大量的非正式非标准的用工形式。这类劳动者由于多种因素难以被认定为存在劳动关系，也影响到其权益的保障问题。是否将这一规模庞大且增长迅速的劳动者纳入职工队伍的范围内，成为当下讨论的

热点问题。在 2022 年开始执行的《工会法》的第三条修订中，"在中国境内的企业、事业单位、机关、社会组织（以下统称用人单位）中以工资收入为主要生活来源的劳动者，不分民族、种族、性别、职业、宗教信仰、受教育程度，都有依法参加和组织工会的权利"。这意味着职工概念的内涵和外延均获得较大的突破，大量的传统认知范围外的，尤其是依靠互联网平台谋生的不稳定就业和灵活就业劳动者，逐步被纳入职工的范畴。

从图 4 可以看出，由于私营企业职工人数的增加，广东省职工队伍的规模依然处于较快的增长之中。其中，城镇国有单位和集体单位职工数量维持较为稳定的状态，2013 年为 461.3 万人，2020 年为 460.2 万人，总人数降低了 1 万多人。私营企业的职工人数依然保持快速增长，从 2013 年的 928.9 万人增长到 2019 年的 2540.9 万人。

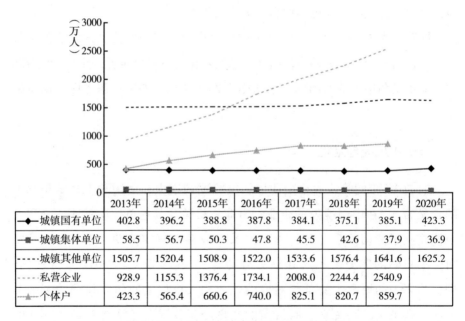

	2013年	2014年	2015年	2016年	2017年	2018年	2019年	2020年
城镇国有单位	402.8	396.2	388.8	387.8	384.1	375.1	385.1	423.3
城镇集体单位	58.5	56.7	50.3	47.8	45.5	42.6	37.9	36.9
城镇其他单位	1505.7	1520.4	1508.9	1522.0	1533.6	1576.4	1641.6	1625.2
私营企业	928.9	1155.3	1376.4	1734.1	2008.0	2244.4	2540.9	
个体户	423.3	565.4	660.6	740.0	825.1	820.7	859.7	

图 4　2013~2020 年广东省职工队伍的变化

说明：暂缺 2020 年私营企业和个体户职工人数。
资料来源：历年《广东统计年鉴》。

（二）人口特征的变化

1. 规模与结构

2017 年的第八次全国职工队伍状况调查发现，职工的平均年龄为 35.6 岁，与 2012 年相比上升了 2.8 岁，参加工作时平均年龄为 22.5 岁，比 2012 年高出 1.4 岁。40 岁及以下职工占 67.8%，其中 18~30 岁占 4.4%，31~40 岁占 3.4%。41~50 岁占 24.6%，50 岁以上占 7.5%，与 2012 年相比，40 岁以上的职工比例上升了 9.9 个百分点。这些数据显示，在过去的五年里，广东省职工队伍的年龄结构越来越偏老。

从户籍分布来看，外地户口职工（33.2%）占比低于本地户口职工（66.8%），农民工职工（44.7%）占比低于城镇职工（55.3%），但也占据至少半壁江山。

从教育分布来看，职工平均受教育年限为 13.2 年，与 2012 年相比增长了 0.5 年。高中（中专）及以上学历占 82.2%，其中过半的职工拥有大专（高职）及以上学历，占 50.9%，大学本科及以上学历占 21.5%。受过职业教育的职工占 44.6%，初级技工占 13.4%，中级工及以上占 11.7%。初级职称的专业技术人员占 17.3%，中级职称占 13.3%，高级职称占 2.8%。

2. 新市民与不稳定工人

党的十八大以后，广东省职工队伍的变化还表现出两个突出的特征，即越来越多的农民工通过积分入户等政策实现市民化，以及越来越多的工人在非标准劳动关系下成为不稳定的工人。

2009 年，广东省中山市率先推行流动人员积分制管理，为广东实施农民工积分入户"试水"。2010 年 6 月，广东省人民政府办公厅发布《关于开展农民工积分制入户城镇工作的指导意见（试行）》（粤府办〔2010〕32 号），在全省实施农民工积分入户。2011 年 12 月，广东省人力资源和金额社会保障厅等 12 个部门联合颁布《关于进一步做好农民工积分制入户和融入城镇的意见》。这两份文件构成广东省农民工积分入户的基本制度安排。

其主要做法是，广东省流动人口办理了居住证并愿意将户口迁入流入地城市的，可以对照省市制定的入户条件评分标准，将自己的条件折算成一定的分值，达到基本分值后，就可与其他申请者竞争，根据省政府统一分配到不同城市的入户计划，由高分到低分的顺序获取入户指标。如果自己的分值能够进入省政府规定的计划与同一城市申请者分值按由高到低顺序组合形成的榜单，则取得将户口迁入流入地的资格，在身份上可以实现由外来流动人口向本地人的转变。这一政策在实施过程中面临的问题包括：指标偏少，指标分配偏向欠发达地区，积分标准具有人才和投资"偏好"。虽然存在各种各样的问题，但这一制度的实施对于打破户籍制度的约束，实现农民工的合法权益具有重要的意义。户籍制度改革是重要的，但是，仅仅改革户籍制度，或者户籍制度改革与社会福利保障制度改革不协调，户籍制度改革的步伐必然不快。农民工市民化的核心是农民工平等地享有城市居民的经济和社会权利，户籍的转换只是"形"，获得城市居民的公共服务才是"实"。

积分入户改革既顺应了时代发展的需要，又实现了大多数外来流动人口的"城市人"梦想。但是户口与公共服务和社会福利挂钩、中央财政按行政区划转移支付的模式仍旧是珠三角地区积分制改革无法冲破的藩篱。弱化户口所附带的福利水平，强化城乡居民公共服务均等化，提高珠三角地区积分制改革的行政服务能力与水平，可能是珠三角地区积分制改革的可持续路径。

所谓不稳定的工人主要来自两个方面。

一是非正规就业的发展。非正规就业往往存在非正式的劳动关系、未进入政府监管体系、就业性质和效果处于低层次和边缘地位的劳动就业，从而导致部分职工面临就业不稳定。当前存在的非正规就业主要有三种。（1）劳务派遣。近十年来，劳务派遣现象非常普遍，2017年调查显示，使用劳务派遣工的企业比例为16.1%。从企业使用差异看，57.1%的大型企业使用劳务派遣工；从工资差异看，约一成的单位劳务派遣工的平均工资低于同岗位的正式职工。（2）学生工。部分中等职业学校把学生以"实习"的名义送往工作强度较大的工厂，使学生成为廉价劳动力。由于不存在劳动关系，学生工的劳动经济权益很难受到法律的保障，随意加班、增加工作量的现象普遍，出现工伤等问题不能得到妥善补偿。（3）散工。一部分农民工处于打零工的非正规就业状态，在制造业、建筑业中大量存在，从事电工、泥工、木工和搬运工等。据统计，广东约六成外出农民工未签订劳动合同，近三成外出农民工就业稳定性差。2016年接近1/3的农民工不满2年就换工作。

二是在平台经济下网约工大量出现。近些年共享经济或平台经济的发展吸引了大量劳动力的加入。2017年调查发现，9.4%的职工正在或曾经专兼职开网店、卖东西，而11.3%的职工打算去做；5%的职工打算去专兼职开快车专车、做自媒体、开公众号、送外卖/快递和提供网约生活服务等。随着新业态的发展，大量新就业形态的工作岗位被创造出来，在促进就业的同时，也增加了个体面对市场的风险，尤其是对现有的劳动权益保护提出了相关的挑战。目前，在共享经济下劳动者与平台机构更多地表现为一种劳动合作关系，而非传统的劳动合同关系，以现有的《劳动合同法》以及《关于确立劳动关系有关事项的通知》，还无法解决这一新就业形态中的劳动争议问题。按照现行职工的定义，这些劳动者由于未与用人单位建立劳动关系而只能算作流动就业人员或自谋职业者。劳动者通过平台实现事实上的就业后，是否存在劳动关系这一问题的实质，涉及在目前劳动关系背后的劳动者社会保障问题，因为现行的职工定义中明确规定职工不包括未与用人单位建立劳动关系的流动就业人员或自谋职业者，这将成为共享经济对职工队伍属性认定的新课题。

五 总结

改革开放四十多年，广东作为我国农民工流入第一大省，不仅经济建设居于全国前列，职工队伍也在不断发展壮大。在规模发展的同时，职工队伍的内部结构也发生了翻天覆地的变化。改革开放初期，国民经济以公有制经济为主，非公有制经济的成分很小，职工队伍基本上来自公有制单位，如1978年广东省职工队伍的构成是369万城镇国有单位职工和147万城镇集体单位职工。作为经济体制改革的排头兵和先行者，随着改革开放的不断深入，广东省的乡镇企业、外资经济、私营经济和个体经济迅猛发展，吸纳了大量劳动者，职工队伍的构成也随之发生剧烈变化。到 2019 年，非公有制经济职工已经成为广东省职工队伍的主体。

在规模发展和结构变化的同时，人们对职工的认定也在发生变化。改革开放之初，职工意味着公有制单位的从业人员；现如今，只要是"在中国境内的企业、事业、机关及其他单位中就业，与用人单位建立了劳动关系（包括人事关系）或存在事实劳动关系，由单位支付劳动报酬的体力劳动者和脑力劳动者"，就被视为职工队伍的一分子。"劳动关系（以及人事关系）"和"由单位支付劳动报酬"成为认定职工身份的主要维度。这一认识的变化，与时代发展相适应，扩大了职工的外延，也确立了"农民工"作为职工的身份合法性。

但是，这一转变并不容易，可谓几历波折。1979 年，深圳蛇口工业区建立，数万农民"穿鞋进厂"，成为"带着农民的户口在城市和工厂从事生产和服务的工人"。此后的三十多年里，数千万农民工涌入这片改革热土。不过，由于城乡分离的户籍管理制度和与之相配套的劳动就业、社会保障、教育培训等制度的存在，在很长的时间里，农民工在城市中和工厂里一直被区别对待，甚至在某些时期被限制流动。1984 年的中央一号文件提出，"各省、自治区、直辖市可选若干集镇进行试点，允许务工、经商、办服务业的农民自理口粮到集镇落户"，这标志着国家政策在农村剩余劳动力进城就业问题上由严格控制转向允许流动。由此，大量农民工涌入城市，1989 年出现了第一次"民工潮"，广州火车站成为全国关注的焦点。随后几年，农民工政策开始转向，一方面"民工潮"带来城市治理和交通运输等多方面的问题，另一方面农民工的涌入对本地城镇人口的就业造成了一定冲击，于是"严格控制民工外出"和"控制民工盲目外流"成为 1989～1992 年主要政策导向。1993～2002 年，国家逐步放宽农民进城务工的条件，政策导向由控制流动转向"鼓励、引导和实行宏观调控下的有序流动"，并开始建立以证卡为中心的管理制度，农民工的身份隔离日益"制度化"。2002 年之后，党和国家开始着手改变日益固化的"城乡隔离",在政策层面开始出现一些积极的变化,一方面,取消对农民进城就业的各种不合理限制,逐步实现城乡劳动力市场的一体化;另一方面,取消对农民工的政策歧视,积极推进农民工在就业、社会保障、户籍、教育和其他公共服务等多方面的配套改革,出台了一系列法律法规政策来维护农民工的合法权益。2002年中央2号文件提出"公平对待、合理引导、完善管理、搞好服务"十六字方针;2004年中央一号文件首次提出"进城就业的农民工已经成为产业工人的重要组成部分",要求"健全有关法律法规,依法保障进城就业农民的各项权益"。2012年,进入新时代后,党的十八届三中全会和中央城镇化工作会议将城镇化的核心定义为"人的城镇化",把有序推进农业转移人口的市民化作为新型城镇化的首要任务。随后,一系列政策文件的出台和实施,为"人的城镇化"和"农业转移人口的市民化"扫清了政策障碍。

近年来,绝大多数城市降低了户籍准入门槛,农民工的劳动报酬权益和社会保障权益得到了很大程度的改善,随迁子女的受教育权基本得到保障,城市公共服务的提供也实现了普遍化。暂住证、劳务证、生育证、就业证、介绍信、就业证明等,已经成为农民工博物馆的文物。作为市场经济氛围浓厚的改革前沿,广东省致力于促进农民工市民化。这是因为,一方面,迅猛发展的非公有制经济需要大量的自由劳动力;另一方面,只有高质量的社会保障和公共服务才能留住高素质的外来人口。2010年,中山市在全国率先实行"积分入户"和"积分入学"制度,被誉为"户籍制度改革的大突破"。从2012年开始,这些政策在广东省全面实施。只要有入户愿望的人,通过努力,都有希望获得城市户口,获得同等的市民待遇。

从过去四十多年的变革轨迹中,我们可以预见广东省职工队伍发展的三个趋势:一是适应制造业转型升级的需求,高素质、高技能的产业工人变得越来重要,日益成为职工队伍中的骨干力量;二是与平台经济和零工经济相适应的灵活用工人群,如外卖骑手、快递小哥、网约车司机等新就业形态劳动者群体将保持在一定的规模;三是职工队伍的社会保障水平,尤其是在户籍、子女教育等方面的权益,将在共同富裕等大政方针的指引下取得相当的进步。

从农民到工人，从农民工到新市民，广东省职工群众是改革开放的亲历者、见证者和奉献者。没有他们的辛勤汗水和牺牲奉献，就没有广东的经济繁荣和社会稳定。正是职工队伍的这种活力和奉献付出，保障了改革开放初期广东省经济和社会发展的启动与起飞。在这场变革中，广大职工充分发挥社会主义建设主力军作用，付出了辛勤汗水，做出了牺牲奉献，他们以主人翁的精神面貌，极大地推动了社会生产力的解放和发展，为广东改革开放事业的成功做出了历史性贡献。

参考文献

傅晨、李飞武：《农业转移人口市民化背景下户籍制度创新探索——广东"农民工积分入户"研究》，《广东社会科学》2014年第3期。

刘小年：《农民工市民化与户籍改革：对广东积分入户政策的分析》，《农业经济问题》2011年第3期。

邓雪琳：《外来流动人口积分制改革存在的问题与对策分析——以珠三角地区为例》，《湖北行政学院学报》2014年第4期。

广东省总工运研究室：《失业情况和对策——广东省职工失业问题调查报告》，《广东工运》1996年第6期。

广东省总调研室：《关于我省外商投资企业职工权益保障状况的调查》，《广东工会工作》1993年第11期。

文军：《从分治到融合：近50年来我国劳动力移民制度的演变及其影响》，《学术研究》2004年第7期。

广东省总工会、广州市总工会联合调查组：《广州市南方大厦股份集团公司工人阶级队伍状况调查报告》，《广东工会工作》2013年第1期。

调 研 报 告

北京中关村科学城非公高科技
企业职工队伍状况调研报告

中关村科学城总工会课题组*

摘　要： 为深入了解非公高科技企业职工队伍状况，课题组于 2022 年 4 月在中关村科学城开展了深入调研，发现：新冠肺炎疫情持续对大部分建会企业产生一定影响，但职工队伍总体较为稳定，劳动合同期限以中长期为主。建会企业工资激励制度较为完善，法定社会保险覆盖率高，过半职工享有非法定福利，但部分职工工资增长率较低。建会企业普遍建立了职工技术技能激励机制，超八成职工过去一年参加过工作相关的培训，但职工获得技术等级或职务晋升的机会有限。近七成职工平均每周工作时间超过 40 小时，约1/3 的职工上班路程（单程）时长超过 1 小时，超六成职工反映工作压力大。男职工比例约占六成，80 后是职工的主

---

* 本报告是中关村科学城总工会重点课题"中关村科学城总工会产业工人队伍建设试点项目"的阶段性成果。课题是在中关村科学城总工会主席王晖的指导和帮助下开展，课题负责人为李洪坚（中国劳动关系学院），课题组成员有：林燕玲（中国劳动关系学院）、王远霞（中关村科学城总工会）、董惠心（中关村科学城总工会）、钟翎（中关村科学城总工会）、王潇（中国劳动关系学院）。报告执笔人为李洪坚。

力军，超过 2/3 的职工为外地户口，超过 1/4 的职工为中共党员，85%的职工为大学本科及以上学历，超过一成职工有境外学习、进修或工作的经历，接近四成职工有技术职称或技能等级，大部分职工学习技术技能的意愿强烈。接近四成职工为未婚状态，约八成已婚职工育有一个或以上子女，接近三成职工不打算生育。接近五成职工租房居住，超过五成职工有房贷压力，超过七成职工认为近 3 年家庭经济负担加重。为此，建议政府进一步推动企业高质量发展，完善住房保障供应体系，持续完善公共设施和服务；企业应完善人力资源管理机制，关注职工的工作生活平衡；工会应切实开展工会工作先行先试探索，提升维权服务质效，推进智慧工会建设。

关键词： 中关村科学城　高科技企业　职工　工会

一　调研背景

中关村科学城是北京国际科技创新中心核心区，以大信息产业为支柱的高精尖产业体系持续引领示范。截至 2021 年 11 月 30 日，中关村科学城国家级高新技术企业保有量达 10604 家，约占北京市的 37%；独角兽企业为 40 余家；上市企业为 252 家，连续多年位居全国地级市（区）首位。高科技企业是我国产业转型升级，实现从中国制造向中国创造、中国速度向中国质量、中国产品向中国品牌转变的重要方向。当前，中关村科学城持续聚焦科技创新出发地、原始创新策源地、自主创新主阵地功能定位，放大"两区"与中关村国家自主创新示范区核心区政策叠加效应，始终走在国际科技创新中心建设最前头，走在中关村先行先试最前头，走在全市高质量发展最前头，努力率先建成世界一流科学城。这一宏伟奋斗目标对中关村科学城工会工作和产业工人队伍建设改革提出了更高的要求。

　　中关村科学城总工会长期以来遵循"为广大职工服务，为企业创新服务，为科学城发展服务"的工作理念和"全心全意依靠工人阶级，建立协调稳定的劳动关系，维护职工的合法权益，构建和谐科技创新之城"的工作目标，不断研究、探索符合非公高科技企业和职工特点的工会工作思路和方法，成为一支职工信赖、企业认可的工作团队。为深入了解中关村科学城企业职工队伍状况，推进产业工人队伍建设工作，2022年初，中关村科学城总工会与中国劳动关系学院共同成立课题组开展调研。

　　2022年4月，中关村科学城总工会向直属基层工会①发放问卷调查，要求建会企业协助填答1份企业工会问卷，并由企业工会主席（或熟悉企业工会和人力资源管理工作的工作人员）填写。职工问卷采取按企业现有职工规模进行分层比例抽样的方法。具体要求如下。一是根据企业职工人数选取一定数量的职工参与填答。职工人数在50人及以下企业，填写5份职工问卷（职工定义为公司中除老板、大股东之外，以领取工资为主要收入的各类人员）；职工人数为51~100人的企业，填写10份职工问卷；职工人数在101人及以上的企业，按15%~20%的人员比例抽取职工填答。二是职工选取应具有一定的代表性。参与调查的职工尽可能涉及行政职能、技术研发、生产和市场等不同类型部门，并尽量覆盖不同年龄段、性别、岗位人员。此外，中关村科学城总工会通过职工微信群直接向职工发放和回收部分问卷，因此有部分职工分布在未参与企业工会问卷调查的企业中。调查共回收110份有效企业工会问卷，3500份有效职工问卷。同时，课题组对6家建会企业进行了深入的调研访谈。值得注意的是，由于参与调研的企业均为工会关系隶属中关村科学城总工会的非公高科技企业，因此调查样本分布与中关村科学城企业实际分布存在一定的差异。

　　在报告写作过程中，为分析中关村科学城近年来企业工会和职工状况的变化，引用了中关村科技园区海淀园工会工作委员会（中关村科学城总工

――――――――――

　　①　本报告出现的基层工会，如无特别说明，均是指企业工会。

会前身）《2017年度中关村科技园区海淀园职工队伍状况调查项目报告》的部分数据。本报告中凡是涉及2017年数据，均来自此报告。由于中关村科学城的前身为中关村科技园区海淀园，因此报告中不对这两个名称做严格区分。

二　中关村科学城企业及其劳动关系状况

（一）企业行业和类型分布

信息传输、软件和信息技术服务业企业占比接近半数。参与调查的企业中，信息传输、软件和信息技术服务业企业占比为45.1%，制造业企业占比为9.8%，科学研究和技术服务业企业占比为8.5%，水利、环境和公共设施管理业企业占比为6.3%。农业、建筑业、金融业、教育等行业企业占比相对较低，均在5%以下（见图1）。此外，部分企业填写为其他行业，主要为多元化程度较高、业务分属于多个行业的企业。

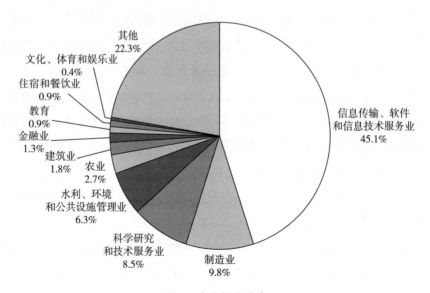

图1　企业行业分布

大部分企业为内资企业和非公有限责任公司。从投资来源来看，87.9%的企业为内资企业，8.5%的企业为外商投资企业（含中外合资），3.6%为港澳台商投资企业。从企业性质看，国有企业占比为5%，还有个别为集体企业，其余主要为各类非公企业；股份有限公司占29.1%，其余均为有限责任公司。

高科技企业占比较高。调查显示，48.2%的企业被认定为中关村高新技术企业，8.6%的企业被认定为国家高新技术产业开发区高新技术企业，11.8%的企业建有市级、国家级研发机构及实验室。从企业主营业务涉及北京市重点引导和支持产业的比例看，占比最高的前五个产业分别是：软件和信息服务、科技服务、节能环保、新一代信息技术和智能装备产业。此外还有一定比例的集成电路、人工智能、医药健康、新材料和新能源汽车企业（见图2）。

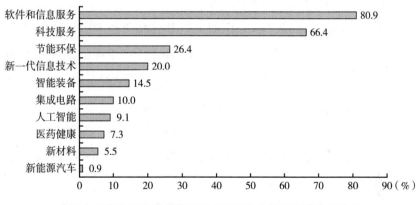

图2 主营业务涉及北京市重点引导和支持产业的企业比例

（二）疫情对企业经营发展影响

新冠肺炎疫情持续对大部分企业生产经营产生一定影响。问及新冠肺炎疫情持续对企业生产经营的影响，24.5%的企业认为负面影响很大，68.2%的企业认为有一定负面影响，有6.4%的企业认为无影响，此外，还有0.9%的企业认为有一定促进作用。

大部分工会主席对企业下一阶段经营发展信心较强。在问及对企业下一阶段经营发展信心时，参与调研企业工会主席中，很有信心的占41.3%，较有信心的占41.3%，认为说不好的占11.9%，信心不足的占5.5%。由于大部分工会主席兼任管理职务，对企业状况较为了解，对企业的前景判断具有一定的参考意义。

（三）企业职工人数和岗位分布

人员规模以中小型企业为主体。参与调研企业的平均职工人数为428人。其中，42.7%的企业职工人数在100人以下，38.2%的企业职工人数为100~499人，19.1%的企业职工人数在500人及以上。[①] 与2017年调研相比，100人以下规模企业比例略有上升，500人及以上规模的企业比例略有下降。2017年，100人以下、100~499人和500人及以上职工人数规模的企业比例分别为38.4%、37.9%和23.7%。

2021年企业职工数量总体变化不大。参与调研企业中，与2020年相比，2021年职工数量有所增加的企业占30.0%，有所下降的企业占23.6%，保持稳定不变的企业占46.4%。其中，职工数量下降的企业，平均下降比例为11.1%；职工数量有所增加的企业，平均增加比例为12.7%。新冠肺炎疫情对企业复工复产的影响主要发生在2020年上半年。虽然2021年疫情依然零星散发，但是已经进入常态化防控阶段，对企业冲击趋于缓和，因此企业减员并不明显。

专业技术人员占比过半。从职工岗位分布看，54.9%的职工为专业技术人员，16.4%的职工为管理人员，10.9%的职工为行政后勤人员，8.4%的职工为其他（含运营专业技术人员、财务人员等），7.6%的职工为市场营销人员（业务员），1.8%的职工为生产操作工人（见图3）。专业技术人员占比较高，与高科技企业业务较多依赖专业技术人员有关。生产操作工人，即传统意义的产业工人数量较少，与近年北京市和海淀区进一步疏解非首都

[①] 数据来源：中关村科学城总工会2021年问卷调查。

核心功能，优化产业结构，以及北京市产业空间总体布局中先进制造业主要
集中于北京南部地区和郊区有关。调研发现，中关村科学城部分企业在国内
外其他地区设立分子公司，承担生产制造等方面职能。

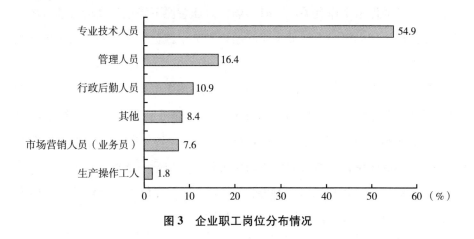

图3 企业职工岗位分布情况

（四）企业职工稳定性和离职率

职工队伍总体较为稳定。参与调查职工的平均工龄为 10.9 年，在目前企
业的平均工作年限（司龄）为 6.3 年。其中，司龄在 1 年及以下的职工占
21.5%，1~3 年（含）的职工占 20.8%，3~5 年（含）的职工占 14.5%，5~
10 年（含）的职工占 23.2%，10 年以上的职工占 19.9%（见表1）。职工到本
企业前平均有 1.6 段工作经历。其中，24.7% 的职工在进入本企业前没有工作
经历，即通过校园招聘进入企业。

职工劳动合同期限以中长期为主。参与调研职工中，与企业签订无固定
期限劳动合同的职工占 32.4%，签订 5 年及以上劳动合同的职工占 8.3%，
签订 3~5 年（不含 5 年）劳动合同的职工占 36.5%，签订 1~3 年（不含 3
年）劳动合同的职工占 21.0%，签订 1 年以下（不含 1 年）的职工仅占
0.4%（见表1）。此外，还有 1.3% 的职工与企业签订的是其他形式合同，
包括劳务合同、以完成一定工作任务为期限的劳动合同、劳务派遣合同等。

大部分企业职工离职率较低。企业调研显示，63.2% 的企业职工离职率

在 10%及以下，20.5%的企业职工离职率为 11%~20%，16.4%的企业职工离职率高于 20%（见表 1）。通常而言，高科技企业和互联网企业职工离职率较高，但是参与调研企业职工离职率总体较低，这与中关村科学城企业普遍重视职工的保留工作有关。同时，职工离职意愿下降也与疫情持续对部分企业经营产生负面影响、部分企业冻结招聘甚至裁员、企业外部招聘机会减少等因素有关。

研发岗位离职率相对较高。在问及企业哪类岗位是高离职率岗位时，选研发岗位的企业比例为 32.3%，选销售岗位的企业比例为 15%，选市场岗位的企业比例为 10.5%，选管理岗位的比例为 6.4%（见表 1）。此外还有很多企业选其他岗位，从填写的具体岗位名称看，包括一线生产工人、业务技术人员（如测试工程师）、前台和客服人员。研发岗位离职率较高，与研发人员作为专业技术人员在市场上面临的招聘机会较多有关。

表 1   企业职工稳定性和离职率情况

单位：%

职工本企业就职年限	1 年及以下	1~3 年(含)	3~5 年(含)	5~10 年(含)	10 年以上	
	21.5	20.8	14.5	23.2	19.9	
劳动合同期限	1 年以下（不含 1 年）	1~3 年（不含 3 年）	3~5 年（不含 5 年）	5 年及以上	无固定期限	其他
	0.4	21.0	36.5	8.3	32.4	1.3
企业离职率	0~5%	6%~10%	11%~20%	21%~30%	31%及以上	
	40.5	22.7	20.5	9.1	7.3	
高离职率岗位	研发	销售	市场	管理	其他	
	32.3	15.0	10.5	6.4	35.9	

三成职工认为离开目前企业容易找到工作。在问及离开本企业找到比现在更理想的新工作是否容易时，35.7%的职工表示不清楚，32.5%的职工认为容易（包括很容易和比较容易），31.7%的职工认为难（包括很难和比较难）。从不同岗位类型看，专业技术人员认为找到新工作机会容易的占比最高，认为找到新工作机会难的比例也最低（见图 4）。

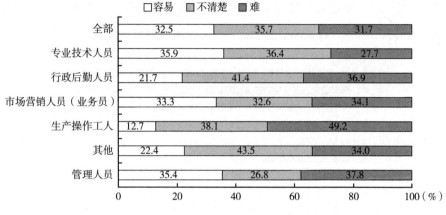

图4 职工认为离开本企业找到新工作的机会

（五）企业职工工资和福利状况

大部分企业工资激励制度完善。企业问卷调查显示，82.7%的企业为员工建立了管理、技术和操作等不同职业发展通道以及相应的工资调整机制；72.7%为职工设立职称（技能）等级工资或津贴；65.5%的企业有职工技术成果参与分配的激励方式，其中最常见的是提供奖金，占58.2%，还有部分企业有技术入股的安排。

法定社会保险覆盖率高，过半职工享有非法定福利。职工问卷调查显示，97.8%的职工有五险（养老、医疗、失业、生育、工伤），88.7%的职工有住房公积金，51.7%的职工有商业保险，12.8%的职工有大病互助，10.7%的职工有单位/企业年金，2.1%的职工不清楚缴纳情况，还有1.7%的职工选择了其他福利。可见，参与调研企业基本能依法依规为职工缴纳法定的社会保险，部分企业还根据自身条件和职工需求为职工提供了各类非法定福利。企业最常见的非法定福利项目包括商业保险、伙食补贴、通信补助、交通补贴、健身设施和保健计划、免费午餐、免费宿舍、免费班车和住房补贴（见图5）。此外，还有部分企业提供了其他福利，包括生日和节日福利、团体体检、旅游等，个别企业设有员工福利自选计划。企业福利在提升职工满意度、保留职工方面具有重要意义。参与调研的企业福利制度完善，与企业人力资源管理专业化水平较高，以及高科技企业人才竞争激烈有较大关系。

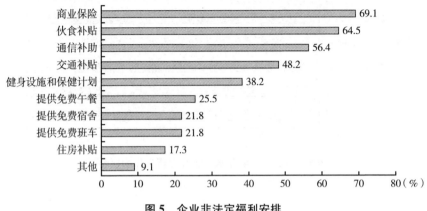

图5　企业非法定福利安排

部分职工工资增长率较低。调研显示，2019～2021年这三年，职工年均工资增长情况为：31.7%的职工为1%～5%，23.5%的职工为零增长，18.3%的职工为6%～10%，9.0%的职工为11%～15%，5.6%的职工为16%～20%，4.6%的职工为21%～30%，3.1%的职工为31%及以上。同时，还有4.3%的职工为负增长（见图6）。部分职工工资增长率偏低，与近年国际经贸摩擦增加以及新冠肺炎疫情持续，部分企业经营压力增大有关。

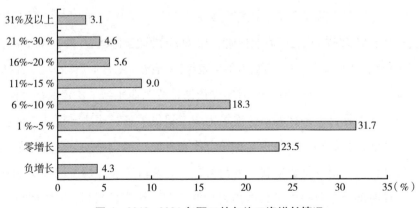

图6　2019～2021年职工的年均工资增长情况

（六）企业培训工作和职工参与

大部分企业建立了职工技术技能激励机制。62.5%的职工表示在目前工作单位，如果自己技术技能等级提高，可以涨工资；44.3%的职工表示会被提拔任用；30.9%的职工表示会发奖金；30.3%的职工表示会有精神鼓励；26.7%的职工表示即使技术技能等级提高，在当前工作单位，对自己也没有影响；13.4%的职工表示会有外出培训机会；5.3%的职工表示会有旅游休假机会；还有2.1%的职工选择了其他（见图7）。

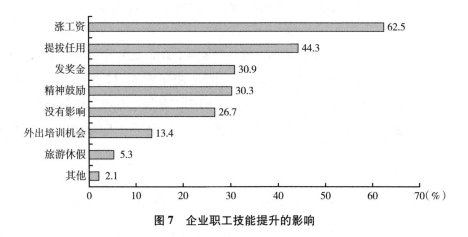

图7　企业职工技能提升的影响

超八成职工过去一年参加过工作相关的培训。从职工参加过与工作相关的培训或进修情况看，2021年，15.7%的职工未参加过培训或进修，53.7%的职工参加过1~3次，15.1%的职工参加过4~6次，4.0%的职工参加过7~9次，11.5%的职工参加过10次及以上。可见，对部分企业而言，职工的培训覆盖率仍有待提高，培训投入还有待加大。

超过2/3的职工参加与工作相关的培训或进修时长在一周以内。从2021年职工参加与工作相关的培训或进修的时间看，21.9%的职工培训时长不足1天，45.8%的职工培训时长为1~5天（不含5天），16.4%的职工培训时长为5~10天（不含10天），6.6%的职工为10~15天（不含15天），培训时长为15~30天（不含30天）和30天及以上的职工比例均为4.7%（见图8）。

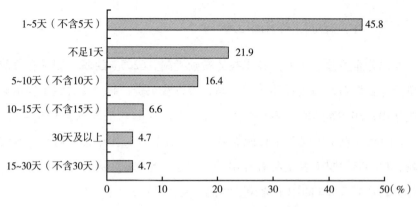

图8　2021年职工参加与工作相关的培训或进修时长

企业文化、战略、制度培训的覆盖率最高。在企业组织的学习培训内容方面，71.1%的职工参加过企业文化、战略、制度培训，62.4%的职工参加过团队精神、管理沟通技能培训，59.0%的职工参加过专项工作技能培训，50.8%的职工参加过职业安全与卫生方面的培训，还有2.8%的职工参加了其他培训（见图9）。

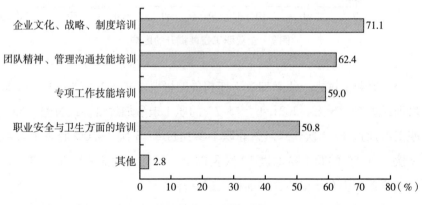

图9　2021年职工参加过企业组织的学习培训内容

（七）企业职工的职业发展机会

大多数职工过去三年没有获得过技术等级或职务晋升。虽然有82.7%

的企业建立了管理、技术和操作等不同的职业发展通道，但是对职工近三年的晋升情况进行考察发现，在参与调查的职工中，73.6%的职工没有获得过晋升，20.9%的职工有过 1 次晋升，5.5%的职工有过 2 次或以上的晋升。职工晋升机会有限，与高科技企业组织扁平化有关。同时，由于晋升通常与工资增长相联系，在企业经营受疫情冲击的背景下，部分企业会冻结或减少晋升比例，从而控制工资成本。此外，44.5%的企业有岗位轮换制度，在一定程度上可以减少职工长期从事单一工作而产生的职业倦怠现象。

不足三成职工对未来三年内获得职业升迁机会持乐观态度。30.4%的职工认为根据自己的判断，未来三年内不太可能获得提拔或者晋升，13.7%的职工表示几乎不可能，28.0%的职工认为不知道/不好说，25.1%的职工表示很有可能，2.8%的职工表示几乎肯定会（见图 10）。在经济增速下行的大背景下，企业的晋升发展机会减少，导致职场职工产生分化，一部分职工选择"内卷"，导致职场压力加大；另一部分职工则选择"躺平"，降低自身欲望的同时，降低自身努力程度。

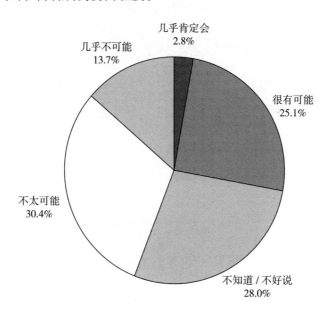

图 10　职工未来三年职业升迁机会估计

（八）企业职工加班和工作压力

近七成职工平均每周工作时间超过40小时。参与调研职工中，平均每周工作时长在57小时及以上的职工占6.8%，工作49~56小时的职工占23.3%，工作41~48小时的职工占37.9%，工作40小时的职工占25.6%，工作20~39小时的职工占4.6%，工作19小时及以下的职工占1.9%（见图11）。职工加班现象较为普遍，这与高科技企业，特别是互联网相关行业竞争激烈有关。企业调研显示，61.8%的企业有弹性工时安排，即职工在保证工作时长的基础上，上下班时间有一定自由度，即早上班则早下班，晚上班则晚下班。这种安排客观上有利于职工的工作生活平衡，比如可以灵活安排时间接送孩子上学等。

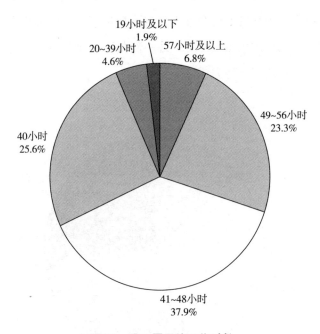

图11 职工周平均工作时长

超六成职工反映工作压力大。参与调查职工中，11.6%的职工表示工作压力很大，50.3%的职工表示工作压力比较大，34.5%的职工表示工作压力一般，3.0%的职工表示工作压力不太大，只有0.6%的职工表示工作没有压力。职工工作压力大，与企业工作量大、锦标赛式绩效考核、末位淘汰制度、激烈的职场竞争和"内卷"现象，以及通勤时间长等方面因素有关。

不同岗位类别职工加班和工作压力情况存在差异。从存在加班现象（平均每周工作时间超过40小时）比例看，专业技术人员加班比例高达74.5%，管理人员加班比例为66.6%，市场营销人员（业务员）加班比例为58.4%。专业技术人员是高科技企业业务工作的核心力量，如互联网行业的程序员，是"996"对象的主体，因此加班现象更为突出。从工作压力角度看，认为工作压力大（包括很大和比较大）的管理人员比例为74.4%，市场营销人员（业务员）比例为67.8%，专业技术人员为63.0%。行政后勤人员、生产操作工人工作压力大和每周加班比例均相对较低（见图12）。管理人员和市场营销人员（业务员）承担的绩效指标更为直观和量化，特别是管理人员还承担着被管理人员的绩效责任，因此背负的压力更大。专业技术人员，如研发人员的绩效难以量化，研发能否出成果，有时并不取决于研发人员的努力程度，因此虽然工作时间更长，但压力相对管理人员和市场营销人员（业务员）要小一些。

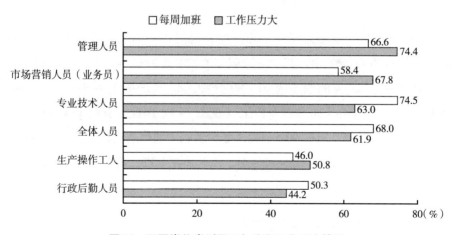

图12　不同岗位类别职工加班和工作压力情况

（九）企业职工通勤方式和时间

约四成职工采用公共交通方式通勤。参与调查职工中，41.7%的职工通勤主要是乘坐公交、地铁，23.6%的职工为自驾车，10.3%的职工为摩托车或电动车，9.3%的职工骑自行车，7.1%的职工走路，4.0%的职工通过出租车/网约车/顺风车通勤，3.1%的职工通过单位班车上班，还有0.8%的职工选择其他方式（见图13）。

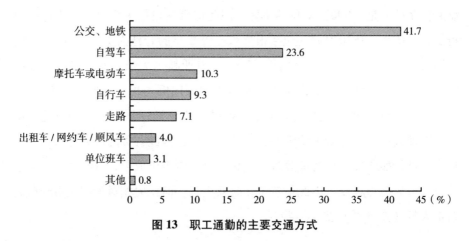

图13　职工通勤的主要交通方式

约1/3的职工上班路程（单程）时长超过1小时。问及职工上班路程时长，参与调查职工中，27.9%的职工在30分钟以内，38.5%的职工为30~60分钟，22.7%的职工为61~90分钟，8.1%的职工为91~120分钟，还有2.7%的职工在121分钟及以上（见图14）。因此，有约1/3的职工每天在路途上的时间就超过两个小时，考虑到职工加班现象较为普遍，因此对部分职工而言，每天除了回家睡觉外，"不是在上班，就是在上班的路上"，工作和生活失衡。

（十）企业劳动关系和劳动争议

企业劳动关系总体较为和谐稳定。企业问卷调查显示，97.3%的企业认为劳动关系和谐稳定；2.7%的企业认为劳动关系比较稳定，但不和谐。与

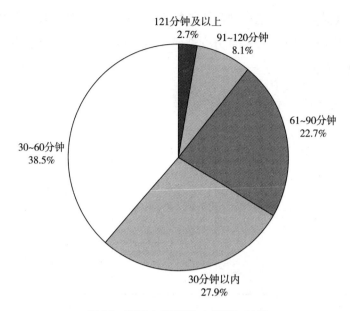

图 14 职工上班路程（单程）时长

此对应，2017 年，78.4%的企业认为劳动关系和谐稳定；18.9%的企业认为劳动关系比较稳定，但不和谐；2.1%的企业认为劳动关系不稳定；0.5%的企业认为劳资双方关系紧张。同时，过去一年，无劳动争议发生的企业占比达到 79.1%，其余企业的劳动争议次数均在 5 次以下。当前中关村科学城建会企业劳动关系总体较为和谐稳定，这与企业管理较为规范有关，也与人才在企业竞争中发挥关键作用，企业出于吸引和保留人才，维护雇主形象和品牌的需要有关。

三 中关村科学城职工基本情况和特征

（一）职工性别分布

男职工比例约占六成。参与调查职工中，男性占比为 58.4%，女性占比为 41.6%。相较于 2017 年，中关村科学城企业男性职工占比增加了 6.4

个百分点（见图15）。这一现象值得关注，可能与计划生育政策调整后，企业减少雇用女性职工，或是部分女性职工因为难以兼顾工作和抚养子女，主动退出职场有关。

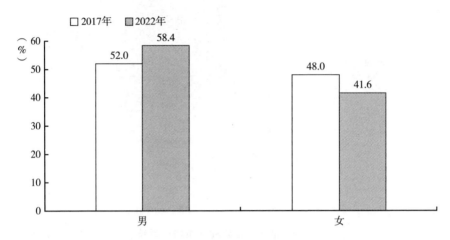

图15 2017年和2022年中关村科学城企业职工性别分布情况

（二）职工年龄分布

80后是中关村科学城职工的主力军。从年龄段上看，在参与调查职工中，25岁及以下职工占比为10.3%，26~30岁职工占比为24.5%，31~40岁职工占比为47.5%，41~50岁职工占比15.5%，51岁及以上职工占比较低，仅占2.2%（见图16）。参与调研职工中，41岁及以上的职工比例较低，这与高科技企业知识更新较快，工作压力大，更为适合年轻职工有关。新闻报道反映有互联网企业曾出现劝退35岁以上员工的现象。同时，还可能与本次调研主要采取网络调研方式进行，年龄大职工参与度低有关。值得注意的是，90后职工和00后职工的比例并没有想象中的高，这与近年北京市控制人口数量，以及北京作为一线城市，工作和生活成本较高，而大量二线、三线城市出台系列吸引大学生落户政策有关。从北京部分高校毕业生的流向可以看出，近年来留京毕业生的比例相较过去有所下降。

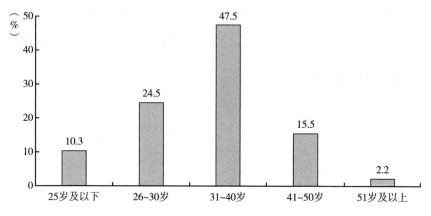

图 16　企业职工年龄分布

（三）职工户籍分布

超过 2/3 的职工为外地户口。参与调查职工中，外地户口职工占比接近七成（69.7%），北京户口职工占比为 30.3%。对比发现，外地户口职工比例比 2017 年上升了 10.7 个百分点（见图 17）。这显示，随着近年北京疏解非核心功能，控制人口数量，职工获得北京户口难度加大。北京户口与子女教育等公共服务紧密相连，因此北京户口是很多外地户口职工的重要诉求。同时，部分企业骨干职工会因为子女上学问题，选择离开北京而到外地就业，从而

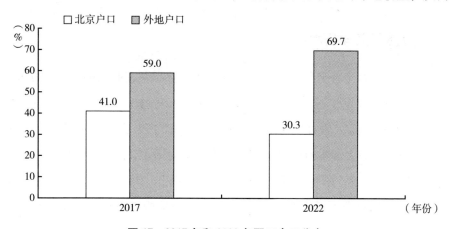

图 17　2017 年和 2022 年职工户口分布

影响企业人才保留。因此帮职工解决户口问题也是企业的重要诉求，部分企业会积极为职工申办北京工作居住证，以帮助职工获取北京的部分公共服务。

（四）职工政治面貌

超过 1/4 的职工为中共党员。参与调查职工中，51.5%的职工政治面貌为群众，26.9%的职工为中共党员，19.9%的职工为共青团员，还有 1.5%的职工选择了其他。相较于 2017 年，职工中政治面貌为中共党员的比例上升了 1.1 个百分点（见图 18）。

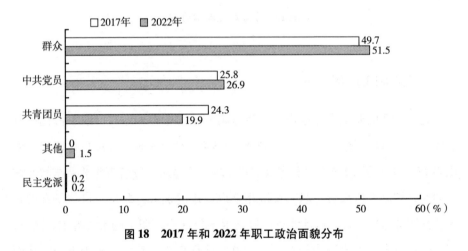

图 18　2017 年和 2022 年职工政治面貌分布

（五）职工学历水平

职工学历水平普遍较高，并呈上升态势。参与调查职工中，85%的职工为大学本科及以上学历。高中（职高）、中专（中技）、初中及以下学历的职工占比均较低，均在 2% 以下。11.9%的职工为大专（高职）学历，62.3%的职工为大学本科学历，22.1%的职工为硕士，0.6%的职工为博士。与 2017 年相比较，职工学历水平有了较大的提升，其中大学本科和硕士学历职工比例均提升了近 10%，大专（高职）学历职工占比下降了 8.5 个百分点，高中（职高）及以下学历职工比例也有所下降（见图 19）。

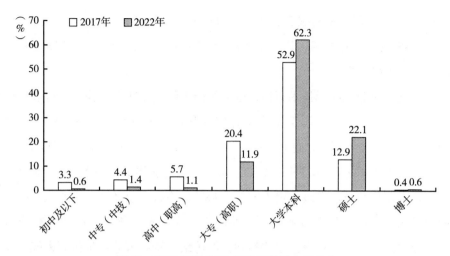

图19　2017 年和 2022 年职工学历水平分布

（六）职工境外经历

超过一成职工有境外学习、进修或工作的经历。参与调查职工中，89.8%的职工没有境外学习、进修或工作的经历，4.1%的职工有 1 年以下的境外相关经历，3.7%的职工有 1～3 年（不含 3 年）的境外相关经历，2.5%的职工有 3 年及以上的境外相关经历。当前，企业面临激烈的国际竞争，部分企业已经开启国际化进程，参与到"一带一路"建设，需要大量的国际化人才。海外经历是培养国际化人才的重要方式。一批具有海外经历的职工在中关村科学城就业创业，与北京市、海淀区和中关村科学城出台系列人才政策有关，更与企业提供的良好发展机会和事业平台有关。

（七）职工职称和技能等级

超过三成职工获得政府认定的技术职称。参与调查职工中，68.0%的职工没有专业技术职称，10.4%的职工具有初级职称，15.6%的职工具有中级职称，6.0%的职工具有高级职称（含正高和副高）。

近三成职工具有技能等级或职业资格认证。对职工技能等级或职业资格认证（政府认定）情况进行调查，73.7%的职工没有技能等级或职业资格认证，6.9%的职工是初级工，10.5%的职工是中级工，5.0%的职工是高级工，0.8%的职工是技师，1.2%的职工是高级技师，还有 2.0%的职工具有其他职业资格证书。

超过六成职工既无技术职称，也无技能等级。基于职工技术职称和技能等级的交叉分析显示，职工中既没有技术职称，也没有技能等级的比例为62.9%；既有技术职称，也有技能等级的职工占 21.3%；只有技术职称，没有技能等级的职工占 10.7%；无技术职称，有技能等级的占 5.0%。非公企业在技术职称和技能等级评定方面普遍缺乏自主权，以及部分企业认为职工的技术职称和技能等级与企业需求关联度不大，不会给予专门的补贴或激励，导致大量职工未获得技术职称和技能等级，现行人才评价机制未能在非公企业有效发挥促进职工技术和技能提升的应有作用。

（八）职工培训意愿、方式和障碍

近九成职工认为现有的知识和技能可以满足当前工作要求。64.4%的职工认为自己现有的知识和技能基本能满足工作要求，25.4%的职工认为完全能满足，仅有 7.5%的职工认为不太能满足，还有 2.7%的职工表示说不好。绝大部分职工认为知识和技能符合工作要求，一方面，显示企业人力资源管理水平较高，能做到人岗匹配，人适其事；另一方面，非公企业对职工的价值创造能力十分敏感，通过绩效考核结果动态调整人员，实行人员"能进能出，能上能下"的市场化用人机制，不养"闲人"，因此留下来的职工知识和技能基本都能符合工作要求。

大部分职工学习技术技能的意愿强烈。参与调查职工中，38.0%的职工表示学习意愿十分强烈，49.9%的职工表示学习技术技能的意愿比较强烈，11.3%的职工表示学习意愿一般，只有 0.8%的职工表示没有什么意愿学习技术技能。职工学习意愿较强，与高科技行业知识技术更新迭代较快有关，也与职工学历层次普遍较高，形成了良好的学习习惯有关。

职工获取工作所需技能的最主要来源是自己边学边干、企业内部培训以及大学本科及以上正规高等教育。在问及目前工作所需技能主要的来源时，

89.0%的职工认为是通过自己边学边干获得，54.8%的职工认为是通过企业内部培训获得，28.4%的职工认为是通过大学本科及以上正规高等教育获得，20.8%的职工通过跟师傅学习获得，11.7%的职工表示是通过社会上的职业培训班获得，还有部分职工通过其他学历阶段、业余自学、网络公开课等方式获取相关知识和技能（见图20）。

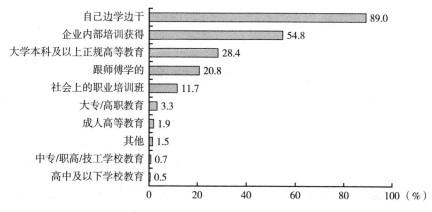

图20　中关村科学城职工获取工作所需技能的主要来源

缺乏时间、培训渠道和资源是职工学习技术技能的主要障碍。在问及提升自身技术技能的主要障碍时，69.6%的职工认为是缺乏时间，52.4%的职工认为是缺乏培训渠道和资源，31.8%的职工认为是缺乏培训经费，10.0%的职工认为是学习能力不足，6.3%的职工表示是行业前景不佳，没有动力进行自身技术技能的提升。此外，4.6%的职工认为所在岗位不需要学习新技能，还有1.7%的职工选择了其他（如没有障碍）（见图21）。

（九）职工婚姻和生育状况

接近四成职工为未婚状态。参与调查职工中，61.5%的职工已婚，36.5%的职工未婚，1.8%的职工离异，0.1%的职工丧偶。相较于2017年，已婚职工比例下降了将近10个百分点，与此对应的是，处于未婚和离异状态的职工比例上升（见图22）。近年未婚和离异状态的职工比例上升，原因

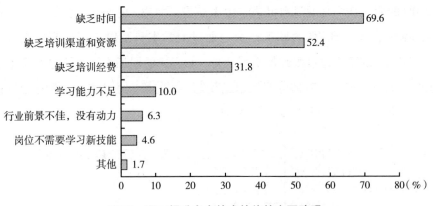

图 21　职工提升自身技术技能的主要障碍

说明：此题为多选题。

是多方面的：一是部分年轻职工婚姻观念更为淡薄；二是住房成本高等现实原因的制约；三是工作压力大，加班较多，缺乏恋爱交往时间；四是新冠肺炎疫情导致职工社会活动和社会交往减少。婚恋问题已经在一定程度上影响到职工的工作生活平衡和幸福，应对职工的婚恋问题予以必要的关注。

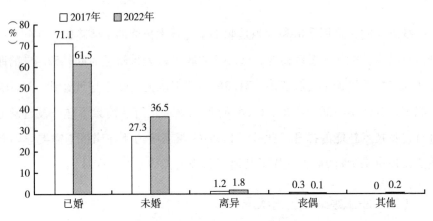

图 22　2017 年和 2022 年中关村科学城企业职工婚姻状况

约八成已婚职工育有一个或以上子女。已婚职工中，目前没有子女的占19.5%，有一个子女的职工占 61.8%，有两个子女的职工占 18.1%，有三个子女的职工仅占 0.6%。从参与调查的职工角度看，共有 51.17% 的职工已经生育子女，而 2017 年调研时则有 59.8% 的职工已经育有子女，可见近年职工已生育比例下降幅度明显。国家计划生育政策的调整，在非公企业职工中并没有发挥明显的生育促进作用。

接近三成职工不打算生育。对职工生育意愿进行考察，28.1% 的职工不打算要孩子，45.3% 的职工计划生育 1 个孩子，24.4% 的职工计划生育 2 个孩子，2.2% 的职工计划生育 3 个及以上孩子。部分职工生育意愿下降，与婚姻家庭观念变化，子女照料与工作时间冲突，以及住房、教育、医疗等方面的压力有关。

（十）职工住房、房贷和经济负担

接近五成职工租房居住。参与调查职工中，47.0% 的职工为租房居住，46.9% 的职工住在自己购置或者家里的房子，2.6% 的职工住在单位的收费宿舍，1.7% 的职工住在单位的免费宿舍，1.2% 的职工住在亲友家，0.6% 的职工为其他居住方式（见图 23）。

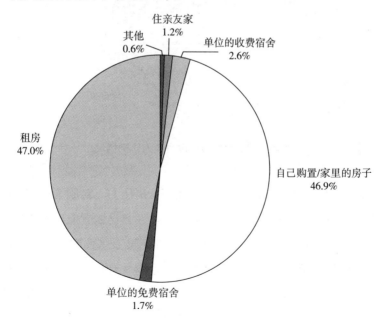

图 23　职工住宿情况

超过五成职工有房贷压力。参与调查职工中，54.4%的职工有房贷。在有房贷的职工中，28.5%的职工房贷占家庭月收入的40%及以上。具体而言，5.8%的职工房贷占家庭月收入不到10%，18.8%的职工房贷占家庭月收入的10%~20%（不含20%），26.5%的职工房贷占家庭月收入的20%~30%（不含30%），20.4%的职工房贷占家庭月收入的30%~40%（不含40%），12.7%的职工房贷占家庭月收入的40%~50%（不含50%），8.0%的职工房贷占家庭月收入的50%~60%（不含60%），7.8%的职工房贷占家庭月收入的60%及以上（见图24）。

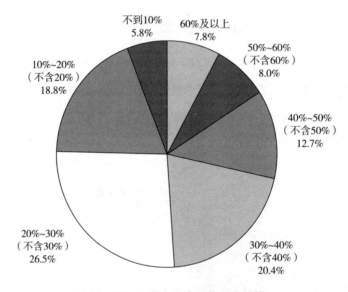

图24 职工房贷占家庭月收入比例情况

不到两成职工目前没有住房方面的经济支出压力。对职工住宿情况与职工房贷情况进行交叉分析有以下发现。一是住在自己购置或者家里房子的职工中，有33.8%的职工没有房贷，占参与调查职工总数的15.9%；同时部分职工住在单位的免费宿舍、住在亲友家，目前没有住房带来的直接经济支出压力，共计占参与调查职工总数的18.7%。二是在租房和住单位的收费宿舍的职工中，有44.0%的职工同时还有房贷，占参与调查职工总数的

21.8%，也就是说这部分职工既要还房贷，还要付房租。这种情形通常有两种情况：一种是职工买了期房，房子还没有交付；另一种是买的房子距离单位或者孩子学校较远，或者面积过小无法满足居住需要，因此还要租房。三是有26.3%的职工租房或在单位的收费宿舍居住，没有房贷。考虑到北京房租价格较高，房租也是这部分职工重要的经济负担。

超过七成职工认为近3年家庭经济负担加重。48.5%的职工认为近3年家庭经济负担有所加重，25.3%的职工认为近3年家庭经济负担大幅加重，22.8%的职工认为近3年家庭经济负担变化不大，只有2.9%的职工认为负担有所减轻，0.4%的职工认为负担大幅减轻。疫情持续对社会经济运行产生重要影响，部分职工收入增速下降，甚至收入水平下降，职工家庭成员也可能面临失业或工资收入下降的情形，加之房租等生活支出上升，导致部分职工家庭经济负担加重。

四 对策与建议

基于对中关村科学城非公高科技企业职工队伍状况调研分析，结合职工群体的特征变化和需求，对政府相关部门、企业和工会组织有以下建议。

（一）政府应进一步完善政策、公共设施和服务，促进城市品质提升

一是推动企业高质量发展。由于新冠肺炎疫情持续、劳动力成本上升、供应链挑战和国际经贸摩擦增加的影响，部分非公高科技企业面临压力和挑战。政府应深化"放管服"改革，持续打造更优营商环境，继续实施减税降费、援企稳岗等举措，减轻外部冲击对企业和职工的负面影响。不断深化人才评价制度改革，加大非公高科技企业人才职称评价服务力度，推动企业开展技能人才自主评价，通过人才评价的导向激励作用，鼓励和引导各类人才到非公高科技企业就业、创业和创新。

二是完善住房保障供应体系。坚持政府引导、市场化运作，多渠道、多

形式降低职工住房方面的压力。落实"房住不炒"政策定位，促进房产租赁市场健康发展。加大公租房、共有产权住房的建设力度，增加保障性住房的供应量。继续推进实施人才公寓计划，增加人才公寓数量，适当放宽申请条件，简化申请流程。鼓励和引导企业为职工提供住房补贴、员工宿舍。

三是持续完善公共设施和服务。优化城市空间布局，推进区域"产城一体"和职住平衡。进一步完善公共交通、自行车步行系统、道路网络结构，疏解交通堵点，加强与共享单车企业的协调合作，解决出行"最后一公里"难题，切实减少职工通勤时间。推进教育均衡发展，不断完善从幼儿园、小学到中学的教育链条，推进教育资源整合，缩小不同学校师资差距，降低职工为孩子择校的成本和压力，提升职工生育意愿。

（二）企业应提高人力资源管理水平，促进共商共建共享

一是完善企业人力资源管理机制。高素质的职工队伍是高科技企业核心竞争力，吸引、保留和激励优秀职工符合企业的长远利益。完善人力资源规划、招聘配置、技能评价、培训开发、绩效管理、薪酬激励和员工职业生涯发展等方面的机制；密切职工能力水平（含职称、技能证书）与工资、晋升的联系，畅通职工发展通道，增加职工职务职级晋升机会；健全技术创新激励机制，探索实行股权制、期权制等薪酬激励模式，鼓励职工成长为知识型、创新型、领军型人才，激发职工创新创造活力；积极开展工资集体协商，建立工资正常增长机制，提高职工工资收入水平，促进企业与职工的共商共建共享。

二是关注职工的工作生活平衡。依法保障职工的休息权，优化工作设计，合理确定工作定额，积极实施弹性工作、远程工作安排，减少职工加班和通勤时间；加强职工压力管理，消除不合理的职工压力源，改善工作环境，加强组织沟通，培育合作包容的企业文化，营造良好的人际关系氛围；强化人文关怀，定期组织各类文体活动，关心职工的工作和生活，帮助职工解决实际困难；积极实施员工援助计划（EAP），帮助职工解决工作和生活中的各种心理问题。

（三）工会应充分发挥职能作用，促进职工福祉增进

一是切实开展工会工作先行先试探索。"先行先试"是中关村的核心要义和最大政策。整体来看，中关村科学城是我国少有的科教资源和人才资源富集区，非公高科技企业云集，创新意愿强烈、创新活跃度高、改革经验丰富，在培育世界级科技企业、打造世界级产业集群等方面形成引领态势，有基础、有条件、有优势开展包括工会工作在内的各领域的先行先试。如何进一步解决非公高科技企业建会难、工会干部力量薄弱、工会既有工作方法适应性差等难题需要在体制机制上通过先行先试改革去探索突破。

二是提升维权服务质效。非公高科技企业职工的需要呈现多样化多层次多方面的特点，主要体现在提升收入、住房、教育、医疗、交通等生活品质的基础诉求，自我调适、释放情绪的压力诉求，以及具有赋能价值和实在福利的精神文化诉求。应坚持经费向基层工会和一线职工倾斜，各级工会应充分发挥项目制扶持的激励效应和引导优势，最大限度促进企业工会"应做的事"与"可用的钱"更为匹配，推动基层运转更为优化、更有活力。坚持集成"基层首创"，鼓励基层工会解放思想、敢闯敢试，引导支持基层工会探索更多原创性、差异化、能解决实际问题的好办法。坚持服务"量身定制"，梳理契合非公高科技职工高层次需求的服务内容、服务方式、服务载体，一方面，建立健全鼓励激励机制，用职工感兴趣、听得懂、传得开的方式优化工会系统荣誉评选，充分体现职工独特的社会声誉和职业发展需求；另一方面，将普惠服务与个性化服务相结合、线上服务与线下服务相结合、工会服务与社会服务相结合，推出衣食住行、心理疏导、婚姻生育、亲子教育等多元化、多层次、多类型的优质服务。

三是推进智慧工会建设。突出聚数赋能，抢抓智慧工会建设机遇，打通组建、维权、服务、帮扶、阵地、活动等各项工会业务数据，贯通多级管理（如中关村科学城总工会-企业工会-工会干部），面向会员服务、企业管理、内部办公的多维端口，搭建起"功能集成、汇聚共享、扁平一体、协同有力、运转高效"的智慧工会管理服务体系，具备极简审批协同联办、数据

所见即所通、服务事项主动精准告知等多重功能，为基层减负、为管理增效，让非公高科技企业兼职工会干部有更多时间和精力解决实际问题。鼓励、引导、支持基层工会紧贴本企业职工需求特点和关注重点，依托企业协同办公系统拓展个性化、智慧化服务功能，打造基层工会网上职工之家，使职工随时随地看得见、找得到工会，提升工会服务便利化水平。

北京地区酒店女职工基本状况
及敬业度调研报告

郑治伟

摘　要： 2020 年至今，新冠肺炎疫情持续之下，给酒店业的发展带来巨
大冲击。本研究在问卷调查的基础上，了解疫情期间酒店女职工
的基本状况和敬业度状况，发现酒店女职工总体收入水平较低，
处于行业中下等水平；职工的权益保障机制有一定的提升空间；
女职工职业发展前景不景气，对收入水平满意度较低。对此本研
究提出四项政策建议，完善劳动分配制度，提高职工劳动报酬；
酒店进一步做好女职工合法权益和特殊利益保护工作；多方面加
强对女职工职业发展的保护；提升酒店女职工的敬业度。

关键词： 酒店　女职工　敬业度

受新冠肺炎疫情影响，酒店职工是疫情冲击下劳动力市场中受影响最大的
群体之一。酒店业属于我国第三产业，女职工是酒店业不可缺少的一部分，是
酒店业发展的核心力量。酒店业中女性劳动者数量庞大，她们认真完成工作，
不断进步实现自身的价值，但在相同条件下，女职工的付出要远大于男职工，
因为她们不仅要做好本职工作，还要承担一系列家庭责任，例如，洗衣做饭、
带孩子等。但在疫情强烈的冲击下酒店女职工凭借认真、细心和冷静稳住了自
己的工作，既确保了自己的收入来源，又为酒店可持续发展提供帮助。

敬业度（engagement）概念最早由 Kahn（1990）提出，敬业度的基本
含义为：员工对待工作积极主动、发自内心、心甘情愿，全身心投入，在工

作中获得幸福感和自豪感。① 结合酒店女职工的工作特点、工作认可与价值感等进行分析得到他们与敬业度的关系，为敬业度科学研究和政策咨询提供参考。近年来，敬业度已成为全球组织管理研究关注的焦点问题，② 酒店中女职工的发展和敬业度也成为重点关注的问题。

2022 年，中国劳动关系学院通过问卷调查方式收集酒店女职工相关数据，调查时间为 2022 年 5 月 7 日至 8 月 7 日，调查对象为北京市各星级酒店女职工，调查问卷有效样本数量为 258 份，目的是了解酒店女职工队伍基本情况，分析劳动关系，掌握女性职业发展和女职工敬业度。

一　样本基本情况

本报告第一部分为样本基本情况，主要对受访女职工的年龄、文化程度、政治面貌（见表 1）、婚姻状况及配偶基本情况（见表 2）、子女基本情况（见图 1、图 2）进行统计及分析。

（一）年龄

本次受访的酒店女职工平均年龄为 42 岁，其中最高年龄女职工为 60 岁（2 人），最低年龄女职工为 18 岁（7 人）。受访女职工中年龄在 18~30 岁（包含 30 岁）的占比最大，达 43.4%；受访女职工年龄在 30~40 岁（包含 40 岁）的占比为 29.8%；受访女职工年龄在 40~50 岁（包含 50 岁）的占比为 20.2%；受访女职工年龄在 50~60 岁（包含 60 岁）的占比最少，为 6.6%。酒店女职工的主体为青年（18~40 岁），占 73.2%。酒店职工的年龄年轻化，会使酒店的创新力、团队活力更高，在行业中更具竞争力。

（二）文化程度

有半数以上比例的受访女职工拥有大学文凭（专科、高职院校等及大

---

① W. A. Kahn, "Psychological Conditions of Personal Engagement and Disengagement at Work," *Academy of Management Journal* 3（1990）: 692-724.
② 曾晖、韩经纶:《提高员工敬业度》,《企业管理》2015 年第 5 期。

学本科），另外有2.71%的受访女职工拥有研究生及以上学历，占比偏低。酒店业人员的基本学历情况为，拥有大学文凭的从业人员占比较高，高学历从业人员占比偏低，体现了培养与引进高素质人才的重要性与及时性。

（三）政治面貌

本次调查受访女职工有258人，其中政治面貌为群众的占比最大，达62.79%；共青团员占比为28.29%；中共党员占比为8.91%。

表1 2022年酒店女职工样本概况

单位：%，人

选项		比例
年龄	18~30岁（包含30岁）	43.4
	30~40岁（包含40岁）	29.8
	40~50岁（包含50岁）	20.2
	50~60岁（包含60岁）	6.6
文化程度	小学及以下	1.16
	初中	17.83
	高中、中专等	17.83
	专科、高职院校等	30.23
	大学本科	30.23
	研究生及以上	2.71
政治面貌	群众	62.79
	共青团员	28.29
	民主党派	0
	中共党员	8.91
样本数		258

（四）婚姻状况及配偶基本情况

本次调查受访女职工有258人，其中已婚人数为137人，占比为53.10%；未婚人数为102人，占比为39.53%；离婚人数为17人，占比为6.59%；丧偶人数为2人，占比为0.78%。配偶与受访者在本市居住在一起的占比最大，达

68.61%（94人），其余配偶居住状况为在本市，但不住在一起、老家及其他地区，分别占13.87%、11.68%及5.84%；受访者配偶从事的工作以第三产业服务业为主，比例超过50%；受访者配偶每月收入集中在3001~10000元，比例为67.89%（见表2）。

表2 2022年酒店女职工婚姻状况及配偶基本情况

单位：%，人

	选项	样本状况
	未婚	39.53
	已婚	53.10
	离婚	6.59
	丧偶	0.78
配偶居住情况	本市，和我住在一起	68.61
	本市，但不和我住在一起	13.87
	老家	11.68
	其他地区	5.84
配偶工作岗位	政府机关干部/公务员	5.11
	企业管理者	8.03
	办事人员（办公室文员等）	3.65
	专业人员	8.76
	普通工人	17.52
	商业服务业员工	20.44
	个体经营者/承包商	16.06
	军人	0.73
	农林牧渔劳动者	0.73
	无业	10.22
	其他	8.76
配偶每月收入	没有收入	5.84
	1000元以下	0
	1001~2000元	1.46
	2001~3000元	4.38
	3001~4000元	11.68
	4001~5000元	16.79
	5001~6000元	14.60
	6001~8000元	13.14
	8001~10000元	11.68
	10000元以上	20.44
样本数		137

（五）子女基本情况

258 名受访女职工中已婚、离婚、丧偶的人数为 156 人，其中 135 人拥有自己的子女，并且拥有一个子女的占比最大，为 62.18%；子女的年龄主要集中在 7~18 岁，占比为 54.08%（见图 1、图 2）。抚养一个孩子需要拥有一定的经济基础并且投入大量的时间和精力，加之近两年受疫情影响酒店业不景气，从业人员的收入普遍降低，因此受经济收入和时间的影响，酒店大多数女职工会选择生育一个子女。

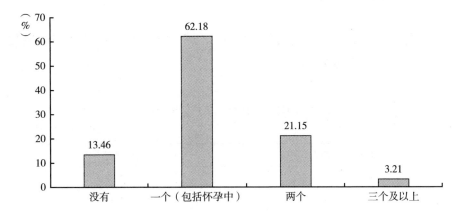

图 1　2022 年酒店女职工拥有子女情况

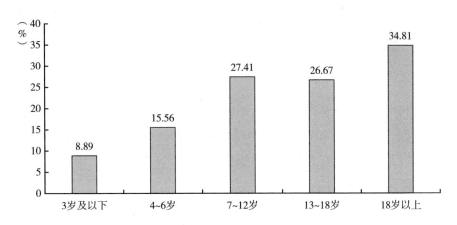

图 2　2022 年酒店女职工子女年龄分布

二 职工队伍的稳定性

通过调查发现，酒店在职工户口登记情况、居住情况、家庭情况、劳动合同签订情况等方面体现了较强的稳定性：职工以农业户口和城镇户口为主，居住方面以酒店提供的宿舍或住房为主，家庭人口为 3~4 人的占主要部分，合同以劳动合同为主。

（一）户口登记情况

酒店女职工农业户口占比为 52.33%，城镇户口占比为 46.12%，其他情况占为 1.15%（见表 3）。

表 3 2022 年酒店女职工户口登记情况

单位：%，人

户口登记情况	样本状况
农业户口	52.33
城镇户口	46.12
其他	1.55
样本数	258

（二）居住情况

从表 4 居住情况可得出，有近四成的受访女职工住在酒店提供的宿舍或住房，近三成的受访女职工住在自己的房子（购买、继承等）中，超过两成的受访女职工自己在外租房住。根据距离远近、费用、交通等因素，酒店女职工倾向于酒店提供的宿舍或住房。

表 4 2022 年酒店女职工居住情况

单位：%，人

居住情况	样本状况
酒店提供的宿舍或住房	39.92
自己在外租房住	25.58
自己的房子(购买、继承等)	28.68
其他	5.81
样本数	258

（三）家庭情况及社会保障项目

从家庭人口来看，受访女职工平均家庭人口为 3.77 人，有 80% 以上的人拥有基本养老保险和基本医疗保险，65% 以上的女职工酒店为其缴纳生育保险。酒店为女职工缴纳生育保险使女职工基本生活得到保障，同时也是提高人口素质的需要。

（四）劳动合同签订情况

从劳动合同的签署和类型来看，有超过 93% 的受访女职工与单位签署了劳动合同，并且签订三年及以上劳动合同的受访女职工比例达到 53.93%，无固定期限劳动合同的占比为 22.47%，签署一年或两年劳动合同的比例相对较低（见图 3）。

受访女职工的上述特征从多角度表明，酒店女职工具有"稳定性"特点，集中体现在户口登记情况、居住情况、家庭情况及劳动合同签订情况等方面，这些特点成为影响酒店女职工工作、收入、权益保障和群体心理等诸多方面的关键因素。

三 工作及收入

工作、收入和权益保障是酒店女职工状况调查的重点之一。近三年受疫

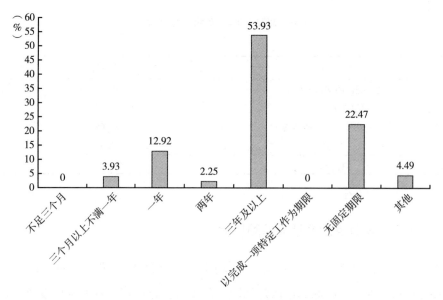

图3　2022 年酒店女职工劳动合同类型情况

情影响，不少酒店业出现资金垄断、停产停工、轮岗轮休等现象，尽可能地实现酒店女职工收入稳定、工作时间稳定。本报告从工作岗位、工作时间、收入水平及员工满意度等方面进行说明。

（一）工作岗位

受访女职工的工作岗位中，基层员工占比最大，为 42.25%，中层和高层人员占比较少，分别为 4.65%、10.85%。调查结果表明，受访女职工的工作岗位与受教育水平分布状况一致，即受教育水平与工作岗位层次正相关，即受教育水平越高，工作岗位层次越高（见表5）。

表5　2022 年酒店女职工工作岗位分布情况

单位：%，人

工作岗位	样本状况
实习生	7.36
基层员工	42.25

续表

工作岗位	样本状况
领班	10.08
主管	13.95
经理	10.85
副经理	4.65
部门总监	5.04
其他	5.81
样本数	258

（二）工作时间

受访女职工平均每天工作 8.5 小时，每天工作 8 小时的受访女职工比例达 67.05%，每天工作 10 小时以上的受访女职工的比例为 5.43%（见表 6）。受访女职工在酒店工作年限主要分布在 1~3 年和 5~10 年两个阶段。在回答"上个月是否有加班情况"时，有 59.3% 的受访女职工回答没加班，这说明受访女职工大多每周可以休息一至两天，每天工作 8 小时，有充足的时间自由支配，经常加班或没有休息日的职工占比较低。

表 6　2022 年酒店女职工平均每天工作时长

单位：%，人

每天工作时长	样本状况
8 小时	67.05
9 小时	20.16
10 小时	7.36
10 小时以上	5.43
样本数	258

在有加班的情况下，加班后的补偿显得格外重要。通过调查发现，受访女职工在加班后获得补偿的比例接近 50%。在加班补偿方式上，主要是按

加班时间安排倒休，占比接近半数。但仍有 14.73% 的受访女职工表示未得到任何加班补偿。从加班补偿的角度看，员工的权益并未得到很好的保护。《劳动法》规定，用人单位安排劳动者在标准工作时间以外工作的，应按照相应的标准进行补偿，法定休假日工作的，应按照不低于日或小时工资基数的 300% 支付加班费；在日标准工作时间以外延长工作时间的，应按照不低于小时工资基数的 150% 进行支付，保障员工的合法权益。关于员工加班补偿方式的调查结果如下（见表 7）。

表 7　2022 年酒店女职工加班补偿方式

单位：%，人

加班补偿方式	样本状况
足额加班费	16.28
按加班时间安排倒休	49.61
部分倒休，部分拿加班费	14.34
不足时间的倒休或不足额的加班费	2.33
没有任何形式的补偿	14.73
其他形式	2.71
样本数	258

（三）收入水平

大部分受访女职工的平均月收入在 2001~5000 元，比例为 61.23%，平均月收入在 5001~6000 元的受访女职工占比为 10.85%，平均月收入在 10000 元以上的受访女职工比例为 12.02%（见表 8）。此数据表明，酒店女职工整体工资水平较低。北京市统计局发布的北京市城镇非私营单位就业人员年平均工资为 145766 元，折合月平均工资为 12147 元，数据表明受访女职工的平均月收入明显低于社会月平均工资，并且具有相当大的差距。

表8　2022年酒店女职工平均月收入水平

单位：%，人

平均月收入	样本状况
2000元以下	0.78
2001~3000元	27.13
3001~4000元	18.60
4001~5000元	15.50
5001~6000元	10.85
6001~7000元	3.49
7001~8000元	5.43
8001~9000元	2.71
9001~10000元	3.49
10000元以上	12.02
样本数	258

　　在回答"对自己的收入是否满意"时，有超过50%的受访女职工回答"一般"，比较满意和非常满意分别占17.83%和5.04%，在回答"目前薪资水平竞争力"时，只有9.3%的受访女职工回答"很有竞争力"（见表9）。

表9　2022年酒店女职工收入满意度、薪资竞争力和工作满意度

单位：%，人

指标		样本情况
收入满意度	非常满意	5.04
	比较满意	17.83
	一般	55.04
	不满意	15.89
	非常不满意	6.2
薪资竞争力	很有竞争力	9.3
	处于平均水平	42.64
	竞争力较弱	29.07
	不清楚	18.99
工作满意度	非常满意	12.02
	比较满意	41.09
	一般	42.25
	不满意	3.49
	非常不满意	1.16
样本数		258

以上数据表明，酒店基层女员工占比较大，且整个酒店岗位人数分布情况呈传统的"金字塔"状，近三年即便受到新冠肺炎疫情的影响，酒店的基层女员工也没有大幅度流失，而是呈现相对稳定的状况；受访女职工平均每天工作 8.5 小时，属于比较常规的日均工作时长，部分需要加班的职工也得到了相应的加班补偿，因此，女职工们在忙于工作的同时有较为充足的时间照顾家庭；但与此同时也暴露出薪资方面的问题，受访女职工对薪资的满意度不高，薪资竞争力处于中等偏下的水平。

四　工会认知与评价

调查显示，258 名受访女职工中 193 人回答"酒店有工会"，其中是工会会员的有 115 人，工会会员比例较高，为 59.59%；受访女职工中对工会"了解"和"知道"的比例达到 89.12%。以上数据表明，绝大多数受访女职工熟悉酒店工会（见表 10）。

表 10　2022 年酒店女职工工会认知情况

单位：%，人

职工对工会认知	样本状况	
	比例	样本量
酒店有工会	74.81	258
对工会有了解	89.12	193
是工会会员	59.59	193

受访女职工在集体协商、文体活动、生活服务、困难帮扶、技能培训、在维护职工合法权益发挥作用六个方面，认为"一般"的均在 40% 以上，认为"非常满意""比较满意"之和也均在 40% 以上（见图 4）。

受访女职工在回答"希望得到工会哪些帮助"时送清凉、送温暖、技能培训三项占比最高，分别为 50.79%、64.55%、61.90%；在回答"接受过工会哪些帮助"时，七成以上的人接受过工会送食品和生活用品/工会福

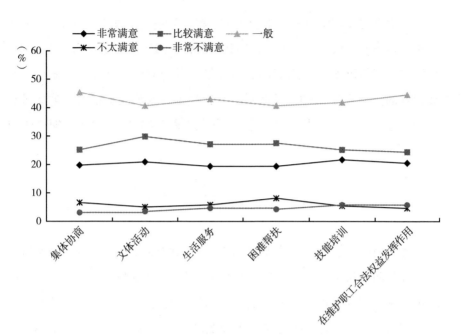

图 4　2022 年酒店女职工工会满意度

利，由此看出，酒店工会注重对员工的关心和慰问。受访女职工希望得到工会帮助情况如图 5 所示。

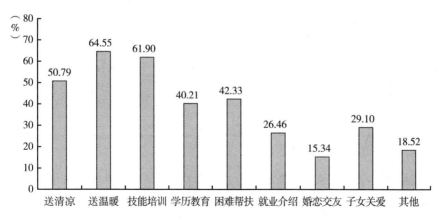

图 5　2022 年酒店女职工希望得到工会帮助情况（多选项）

大多数受访女职工对酒店工会有所了解，且超过半数的受访女职工是工会会员，这表明酒店在工会方面做得比较到位。酒店应当考虑到女职工对工会的需求，积极落实以"送保障、送体检、送清凉、送温暖、送安全"为主要内容的"五送"活动，及时提供法律援助、素质技能提升、职工疗休养、帮困送温暖、文体活动、公益乐学等其他服务项目，对困难女职工及其子女进行关心关怀。

五　集体协商劳动关系

集体协商是工会工作的重要内容之一，从数据来看，酒店工会开展深入人心，深受职工认可。受访女职工在回答"酒店管理者及领导者与基层员工之间关系"时"很融洽"和"比较融洽"占比达79.07%，该数据可以反映出员工与酒店管理者之间的关系十分融洽，工作氛围轻松等。调研显示，受访女职工对本酒店劳动关系整体情况较为满意（见表11）。

表11　2022年酒店劳动关系整体情况

单位：%，人

融洽程度	样本状况
很融洽	34.11
比较融洽	44.96
一般	18.60
不太融洽	1.55
很不融洽	0.78
样本数	258

对于受访女职工来说，影响劳动关系的主要因素是"普通员工收入低，增长慢"，有79.46%的受访女职工选择这一项，除此之外有31.01%的受访女职工选择"酒店内部收入差距太大"。总的来说，这两个影响因素都与收入有关，反映出酒店女职工收入水平较低，平均月收入低于社会月收入标准（见表12）。

表 12　2022 年影响酒店劳动关系的主要因素（多选项）

单位：%，人

影响因素	样本状况
普通员工收入低,增长慢	79.46
酒店内部收入差距太大	31.01
员工无权参与酒店管理	18.60
工作时间太长,休息权得不到保障	15.89
领导/管理者不尊重员工	7.36
劳动争议得不到有效解决	8.53
工作环境差,存在安全健康隐患	4.65
员工合法权益得不到落实	15.89
工会组织不能有效发挥作用	8.91
其他	6.98
样本数	258

　　酒店管理者与职工之间关系较为融洽，普通员工薪资低且增长缓慢，酒店内部不同岗位之间的收入差距太大都会对这一关系产生负面影响。

六　生育政策与职业发展

　　首先，生育对女性职业发展有影响，此外，在养育孩子的过程中，多数母亲会比父亲付出更多的精力。本报告从生育政策为女性带来的影响、女性职业发展现状进行说明。

　　对于女性来说做到工作与家庭之间平衡是非常不容易的，从调研数据来看，生育影响女性的职业发展，主要对"就业及再就业方面"和"升职加薪方面"有影响，占比分别为 46.51%、23.64%，二者之和占到 70.15%（见表 13）。对于自身职业的发展，受访女职工更注重酒店增加女性福利，树立积极进取的职业观、为女性提供结合女性自身特点的职业发展指导、减轻女性生活负担，改善女性就业环境，让女性更好地专注职业发展。

表 13　2022 年生育对酒店女职工职业发展的影响

单位：%，人

影响	样本状况
没有影响	15.50
就业及再就业方面	46.51
升职加薪方面	23.64
其他	14.34
样本数	258

从调研数据来看，有 65.12%的受访女职工不愿意生第二胎、第三胎，客观因素主要是精力不足、工作压力大和经济负担等，主观因素是女性生育之后重返职场会面临很多困难，有 53.49%的受访女职工面临"工作内容长时间不接触，感觉生疏"甚至一切都要从头开始；26.74%的受访者遭遇"之前的岗位被取消或顶替"问题，因此全面放开二孩、三孩的生育政策并未真正挖掘出生育潜能，相反这些因素阻碍了产后女性的职业发展（见表 14）。

表 14　2022 年酒店女职工生育后返回职场的经历情况

单位：%，人

生育后职场经历	样本状况
之前的岗位被取消或顶替	26.74
自己的知识结构已经无法跟上职场发展速度	19.77
工作内容长时间不接触，感觉生疏	53.49
样本数	258

数据显示，有 66.27%的受访女职工对生育福利和保障有较多的了解，但在回答酒店对女职工生育福利方面的支持力度时，只有 27.52%的受访女职工回答"支持力度很大"，更多的是"支持力度一般"或"其他"（见表 15）。

表 15　2022 年酒店对女职工生育福利方面支持力度情况

单位：%，人

支持力度	样本状况
支持力度很大	27.52
支持力度一般	34.50
支持力度较小	9.30
完全不支持	1.94
其他	26.74
样本数	258

　　研究发现女职工选择离开酒店更多的是因为个人晋升空间小、结婚后家庭更重要、酒店工作时间不适应，占比分别为 50.78%、37.60%、34.11%（见表 16）。

表 16　2022 年酒店女职工放弃酒店工作的影响因素（多选项）

单位：%，人

影响因素	样本状况
个人晋升空间小	50.78
酒店工作时间不适应	34.11
结婚后家庭更重要	37.60
没有明确的规划目标	27.91
酒店业竞争激烈	13.95
他人干扰	5.43
其他	20.16
样本数	258

　　以上数据表明，大多数女职工受到了生育的影响，生育已然成为阻碍女性职业发展的重要因素。今后需充分保障女性就业合法权益，降低女性生育机会成本，探索适合职业女性的弹性工作制度和灵活办公方式，促进酒店在就业机会、就业培训、职业升迁、薪资待遇等方面实现性别平等，特别是保障女性平等晋升空间。

七　职工敬业度

基于对员工敬业度的理论基础——契约理论的分析，并结合文献综述中部分学者的相关研究，本研究报告将酒店女职工敬业度进一步划分为两个维度：工作敬业度和组织敬业度。在 Kahn（1990）、May（2004）、Maslach（2001）等学者的研究和盖洛普公司对员工敬业度影响因素的研究，本研究报告提炼出工作特点、工作认可与价值感、公平感、组织管理程序、组织支持、内部关系六个主要的员工敬业度影响因素。为了探讨影响员工敬业度的各个因素如何影响和作用于女职工敬业度的两个维度，以及员工敬业度内两个维度之间的相互关系，结合国内外学者的相关研究，提出了本研究报告的研究模型。

（一）研究模型

本研究报告的研究模型有两层含义，一方面是假设各影响因素与员工敬业度的两个维度之间存在显著正相关关系；另一方面指出关系的方向，即假设各影响因素对员工敬业度两个维度有显著影响。本报告的研究模型如图6所示。

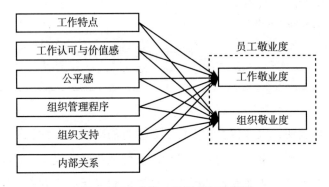

图6　酒店女职工敬业度研究模型

（二）研究假设

基于此，提出如下假设。

假设一：工作敬业度与组织敬业度有显著正相关关系

假设二：工作特点与员工敬业度有显著正相关关系

    H2.1 工作特点与工作敬业度有显著正相关关系

    H2.2 工作特点与组织敬业度有显著正相关关系

假设三：工作认可与价值感与员工敬业度有显著正相关关系

    H3.1 工作认可与价值感与工作敬业度有显著正相关关系

    H3.2 工作认可与价值感与组织敬业度有显著正相关关系

假设四：公平感与员工敬业度有显著正相关关系

    H4.1 公平感与工作敬业度有显著正相关关系

    H4.2 公平感与组织敬业度有显著正相关关系

假设五：组织管理程序与员工敬业度有显著正相关关系

    H5.1 组织管理程序与工作敬业度有显著正相关关系

    H5.2 组织管理程序与组织敬业度有显著正相关关系

假设六：组织支持与员工敬业度有显著正相关关系

    H6.1 组织支持与工作敬业度有显著正相关关系

    H6.2 组织支持与组织敬业度有显著正相关关系

假设七：内部关系与员工敬业度有显著正相关关系

    H7.1 内部关系与工作敬业度有显著正相关关系

    H7.2 内部关系与组织敬业度有显著正相关关系

（三）变量说明

本研究的因变量是工作敬业度和组织敬业度，自变量有工作特点、工作认可与价值感、公平感、组织管理程序、组织支持和内部关系，依据前面对文献的探讨，现对各变量逐一进行说明。

1. 员工敬业度

基于文献综述对员工敬业度的理论基础的探讨，以及 Kahn（1990）等学者提出的敬业度可以进一步分为工作敬业度和组织敬业度，员工敬业度进一步分为工作敬业度和组织敬业度两个维度，这两个敬业度的概念和内涵如下。

①工作敬业度。它指的是员工对自己工作的投入程度，对自己工作的敬业、奉献的程度。敬业的员工是百分之百地投入工作中，并在工作中发挥自己的特长，他们熟悉工作范围，一直在寻找完成工作的最佳方法。

②组织敬业度。它指的是员工在自身发展的基础上对企业的高度认同。对公司发展的奉献和归属程度与公司的命运相联系。对组织有奉献精神的员工认同公司的文化和环境，相信公司能够为其提供发展机会，并将个人发展融入公司的发展之中。

2. 影响因素

目前国外对员工敬业度影响因素的研究体系并不完善，国内研究几乎处于空白状态，但正如文献中提到的，Kahn（1990）和 May（2004）对员工敬业度的影响因素进行了研究，Maslach（2001）等学者的研究对工作倦怠的影响因素进行了整理和总结，研究者认为员工敬业度是工作倦怠的反面，因此也提供了影响员工敬业度的因素。本报告在其研究的基础上，对提出的共同影响因素进行了提炼，总结出六个主要影响因素：工作特点、工作认可与价值感、公平感、组织管理程序、组织支持、内部关系。

①工作特点。根据 Kahn（1990）的模型，任务特点是影响员工敬业度的一个重要因素，如果工作较典型，员工就可以有更多的在工作中发挥自己优势的空间，从而也就更敬业。

②工作认可与价值感。要衡量的是员工的工作是否得到认可及是否感到自身工作有价值。

③公平感。公平感主要体现在员工在回报和个人发展方面纵向和横向的对比。

④组织管理程序。主要包括组织程序和规则的合理性、持续性等。

⑤组织支持。Eisenberger 等人提出组织支持感受（Perceived Organization Support）的概念，并将其定义为"员工对于组织重视他们贡献和关注他们幸福

感的全面看法"，组织支持感受的结果变量通常是促使员工产生帮助组织实现目标的一般性义务感和对组织产生情感承诺。

⑥内部关系。内部关系主要侧重于与主管和同事之间良好的支持和信任关系。

（四）研究方法

1.问卷调查和分析方法

本问卷包括两个部分，第一部分为被访者基本信息，涵盖年龄、性别、工作性质等问题；第二部分是对员工敬业度六个影响因素和员工敬业度的两个维度即工作敬业度和组织敬业度的测量。问卷主体调研共计36题。问卷填答方式采用 Likert 5 分制衡量法。受测者依其对于问卷各题描述的主观认知进行回答。在问卷中，数字"5"代表非常认同，数字"1"代表非常不认同，认同程度由 5 向 1 依次递减。

本研究的资料采用 SPSS 13.0 统计软件进行分析。社会科学中，量化研究常用的统计方法有两类：描述统计和推论统计。本研究所采用的统计分析方法有以下几种。

（1）信度和效度分析

信度是指测量结果的可靠程度，即问卷调查所得的测量结果的一致性和稳定性。Cronbach's a 系数是衡量内部一致性最为普遍的方法，常用于 Likert 量表的信度分析，Cronbach's a 系数值在 0.6 以上是可以接受的信度值，而在 0.8 以上则表明量表有较高的信度。本研究采用 Cronbach's a 系数来检验问卷中各衡量变量的内部一致性程度。

量表效度检验涉及对量表测量与外部标准之间关系的评价，是指一种测量工具真正能够准确测量出所欲测量的事物的特质和属性的程度。由于效度内容包含范畴比较广泛，本报告的问卷效度分析主要涉及内容效度问题。

（2）相关分析

相关分析能探测变量之间关系的密切程度。通常用相关系数描述两个变量间的关联程度，本报告采用 Pearson 相关分析来分析各影响因素与员工敬业度两个维度的关联程度，以及工作敬业度和组织敬业度的相互关系，并进一步用偏相关分析来分析各影响因素与员工敬业度两个变量的直接关联性。

（3）回归分析

回归分析能探测一个被解释的变量（因变量）与一个或多个解释变量（自变量）之间的统计关系，通过回归分析可以建立起表示变量间相互关系的方程。本报告利用多元回归分析来验证员工敬业度影响因素对员工敬业度两个维度的影响力。

（五）数据分析

1.信效度分析

所谓效度是指一个测验能够测到该测验所欲测的心理和行为的程度，即测量接近真实的程度。研究效度包括内部效度和外部效度两种。内部效度研究叙述的正确性与真实性，即研究者所判定的两变量间关系的可信程度；外部效度是指研究者所证实假设的可推广性，亦即适用于其他对象、情境、空间的程度。效度的测量分为三类，即内容效度、准则效度和建构效度，在此仅讨论内容效度。所谓内容效度，是指效度的逻辑类型，取决于研究者的主观判断。若问卷的内容是以理论为基础，并参考以往学者类似研究的问卷加以修订，并与学者专家讨论过，即可认为具有相当的内容效度。本研究的问题设计均以相关理论和文献作为基础，多引用学者曾经使用过的量表，且经过多次修订，并与指导教授讨论过，依此准则，本研究所使用的测量工具符合内容效度的要求。通过上述的信度分析，总体信度均超过0.6，这说明调查问卷有较高的信度（见表17）。

表17　2022年酒店女职工调查问卷信效度分析

	Cronbach's α 系数	标准化后 Cronbach's α 系数
工作敬业度	0.621	0.618
组织敬业度	0.912	0.911
工作特点	0.685	0.681

	Cronbach's α 系数	标准化后 Cronbach's α 系数
工作认可与价值感	0.882	0.875
公平感	0.924	0.911
组织管理程序	0.898	0.897
组织支持	0.861	0.852
内部关系	0.815	0.811
总体信度	0.942	0.943

2. 员工敬业度与其影响因素的相关分析

相关分析能研究变量之间的不确定关系，本报告将利用相关分析探讨工作敬业度与组织敬业度之间的相互关系，并分析各影响因素与工作敬业度和组织敬业度之间的关系。在相关分析中，相关系数 r 介于 -1 到 $+1$ 之间，相关系数绝对值越接近于 1 时，表示变量的关联情形越明显，相关系数绝对值在 $0 \sim 0.1$ 表示相关微弱；相关系数绝对值在 $0.1 \sim 0.4$ 表明低度相关；相关系数绝对值在 $0.4 \sim 0.7$ 表明中度相关；而相关系数绝对值在 0.7 以上则表示高度相关。

（1）Pearson 相关分析

由表 18 可以看出，工作敬业度与组织敬业度存在非常显著的正相关关系，这印证了本报告假设一的假设。

表 18　2022 年酒店女职工工作敬业度与组织敬业度的相关的分析

		组织敬业度
工作敬业度	相关系数	0.751
	Sig 值（双尾）	0.000

由表 19 可以看出，各影响因素与工作敬业度和组织敬业度之间的 Pearson 相关分析都达到了显著性水平，证明这些影响因素与员工敬业度有普遍的关联性。

表19　2022年酒店女职工敬业度的相关分析

		工作敬业度	组织敬业度
工作特点	相关系数	0.767	0.627
	Sig值(双尾)	0.000	0.000
工作认可与价值感	相关系数	0.718	0.712
	Sig值(双尾)	0.000	0.000
公平感	相关系数	0.571	0.768
	Sig值(双尾)	0.000	0.000
组织管理程序	相关系数	0.517	0.745
	Sig值(双尾)	0.000	0.000
组织支持	相关系数	0.686	0.867
	Sig值(双尾)	0.000	0.000
内部关系	相关系数	0.817	0.752
	Sig值(双尾)	0.000	0.000

（2）偏相关分析

在分析各因素与工作敬业度的关系时，考虑到工作敬业度和组织敬业度显著正相关，将组织敬业度作为控制变量；同理，在分析各因素与组织敬业度的关系时，考虑到工作敬业度和组织敬业度显著正相关，将工作敬业度作为控制变量。

由表20可以看出，工作特点、工作认可与价值感、内部关系三个因素与工作敬业度呈显著正相关，且相关系数均在0.4~0.7，达到了中度相关。对于组织敬业度，除工作特点这一因素外，其他几个因素变量均与组织敬业度显著正相关，其中组织支持与组织敬业度的相关程度较高，相关系数为0.732，工作认可与价值感与组织敬业度的相关程度较低，相关系数没有达到0.4。

表20　2022年酒店女职工敬业度的偏相关分析

	工作敬业度	组织敬业度
工作特点	0.627	0.079
工作认可与价值感	0.436	0.374
公平感	−0.016	0.674

	工作敬业度	组织敬业度
组织管理程序	-0.017	0.631
组织支持	0.174	0.732
内部关系	0.622	0.414

3. 员工敬业度影响因素的回归分析

相关分析是判断各因素之间是否存在关系以及关系的紧密程度的有效方法，多元线性回归分析是分析一个随机变量与多个变量之间线性关系的最常用的统计方法，可以进一步指出关系的方向，检验影响变量的显著程度和比较它们的作用大小，进而用两个或多个变量的变化解释和预测另一个变量的变化。本报告采用逐步回归的方法进行回归分析。

为了保证正确地使用模型并且得到科学的结论，在对模型进行回归分析之前首先对各模型进行多重共线性和序列相关检验。多重共线性是指解释变量之间存在严重的线性相关，即多个变量有共同的变化趋势。对多重共线性进行诊断常用的参数有容许度、方差膨胀因子（VIF）和条件参数。经验判断方法表明：当 VIF 值介于 0~10 时，不存在多重共线性。序列相关指的是回归模型中的不同残差项之间具有相互关系，可以通过计算回归模型中的 Durbin-Watson（DW）值来检验模型的序列相关问题。若 DW 值介于 1.5~2.5，则表示误差项之间不存在自我相关现象。

（1）影响因素对工作敬业度的回归分析

为了进一步确认各影响因素对工作敬业度的作用，下面将采用多元逐步回归的方法进行分析。经检验，工作敬业度回归模型的自变量方差膨胀因子均小于 2.5，DW 值为 2.29，多重共线性和序列相关检验的值都在正常范围内。

由表 21 可以看出，第三步回归方程对总变异的解释度达到了 82.4%，回归方差分析结果中，$F = 247.445$，达到了比较显著的水平。

表21　2022年酒店女职工工作敬业度的回归分析1

模型	复相关系数	判定系数	调整判定系数	F 值	显著性概率
1	0.835	0.695	0.694	258.664	0.000
2	0.812	0.769	0.781	269.551	0.000
3	0.947	0.812	0.824	247.445	0.000

从表22回归分析结果可以看出，员工敬业度影响因素中有三个因素进入了回归方程，从回归系数及显著性检验中可以得知，内部关系、工作特点、工作认可与价值感自变量对应系数的检验值都小于0.01，说明在0.01的显著性水平上，这些自变量的系数显著异于0。根据回归分析结果，可以得到标准回归方程：工作敬业度 = 0.362×内部关系 + 0.391×工作特点 + 0.306×工作认可与价值感。

表22　2022年酒店女职工工作敬业度的回归分析2

模型	标准误差	标准化回归系数	显著性概率
内部关系	0.057	0.362	0.000
工作特点	0.051	0.391	0.000
工作认可与价值感	0.048	0.306	0.000

（2）影响因素对组织敬业度的回归分析

对于组织敬业度，依然采用逐步回归法分析员工敬业度各影响因对其产生的影响。经检验，组织敬业度回归模型的自变量方差膨胀因子均小于3，DW值为2.08，多重共线性和序列相关检验的值都在正常范围内，由表23可得，第四步回归方程对总变异的解释度达到了88.1%，$F = 322.499$，达到了比较显著的水平。

表23　2022年酒店女职工组织敬业度的回归分析1

模型	复相关系数	判定系数	调整判定系数	F 值	显著性概率
1	0.821	0.702	0.701	241.264	0.000
2	0.812	0.769	0.781	269.551	0.000
3	0.905	0.842	0.824	247.445	0.000
4	0.912	0.884	0.881	322.499	0.000

回归分析结果如表24所示，员工敬业度影响因素中有四个因素进入了回归方程中，从回归系数及显著性检验中可以得知，内部关系、组织支持、公平感、组织管理程序自变量对应系数的检验值都小于0.01，说明在0.01的显著性水平上，这些自变量的系数显著异于0。根据回归分析结果，可以得到标准回归方程：组织敬业度＝0.339×组织支持＋0.227×公平感＋0.298×内部关系＋0.204×组织管理程序。

表24　2022年酒店女职工组织敬业度的回归分析2

模型	标准误差	标准化回归系数	显著性概率
组织支持	0.054	0.339	0.000
公平感	0.041	0.227	0.000
内部关系	0.037	0.298	0.000
组织管理程序	0.048	0.204	0.000

（六）假设检验结果

假设检验结果如表25和图7所示，受访女职工对工作的敬业度较高，尤其在工作敬业度和组织敬业度方面。女职工的工作特点、工作认可与价值感、内部关系与工作敬业度正相关。公平感、组织管理程序、组织支持、内部关系与组织敬业度正相关。同时工作绩效和组织绩效也影响职工的敬业度，职工要将自我和工作内角色结合起来，在生理、认知上认同工作角色内的绩效，就能够带来良好的角色内绩效和报酬，进而带来满意，[1] 而满意度提高能降低员工的离职意向。[2]

---

[1]　方来坛、时勘、张风华、高鹏：《员工敬业度、工作绩效与工作满意度的关系研究》，《管理评论》2011年第12期。

[2]　汤超颖、辛蕾：《IT企业员工工作压力与离职意向关系的实证研究》，《管理评论》2007年第9期。

表 25　2022 年酒店女职工敬业度调查的假设检验结果

相关性假设	验证结果
假设一:工作敬业度与组织敬业度有显著正相关关系	成立
假设二:工作特点与员工敬业度有显著正相关关系	成立
H2.1 工作特点与工作敬业度有显著正相关关系	成立
H2.2 工作特点与组织敬业度有显著正相关关系	不成立
假设三:工作认可与价值感与员工敬业度有显著正相关关系	成立
H3.1 工作认可与价值感与工作敬业度有显著正相关关系	成立
H3.2 工作认可与价值感与组织敬业度有显著正相关关系	不成立
假设四:公平感与员工敬业度有显著正相关关系	成立
H4.1 公平感与工作敬业度有显著正相关关系	不成立
H4.2 公平感与组织敬业度有显著正相关关系	成立
假设五:组织管理程序与员工敬业度有显著正相关关系	成立
H5.1 组织管理程序与工作敬业度有显著正相关关系	不成立
H5.2 组织管理程序与组织敬业度有显著正相关关系	成立
假设六:组织支持与员工敬业度有显著正相关关系	成立
H6.1 组织支持与工作敬业度有显著正相关关系	不成立
H6.2 组织支持与组织敬业度有显著正相关关系	成立
假设七:内部关系与员工敬业度有显著正相关关系	成立
H7.1 内部关系与工作敬业度有显著正相关关系	成立
H7.2 内部关系与组织敬业度有显著正相关关系	成立

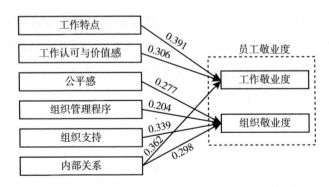

图 7　2022 年酒店女职工敬业度的结构方程模型

八　研究结论

对于中国酒店业而言，受新冠肺炎疫情的负面影响，业内统计数据显示，自 2020 年以来超过 10 万家中小单体酒店"退场"。[①] 对此，政府及相关部门已出台多项复苏酒店业的支持政策举措。针对酒店从业人员进行技能提升培训、对经济上有困难的员工进行帮助等。[②] 2020 年疫情期间，中华全国总工会下拨 2.5 亿元中央财政专项帮扶资金，保障疫情期间工会困难职工的生活。企业还应做好服务指导及监测处置工作，协调劳动关系三方机构加强对企业劳动关系维稳工作的服务，并做好实时监察，全力做好劳动关系领域的风险防范工作。同时，企业应强化日常疫情防控与职工的劳动保护，为每位职工配备充足的口罩、消毒用品等防疫用品，配备体温检测设备并设置专人进行检测，做好职工食堂、宿舍等工作场所的消毒卫生，为职工提供工作班车等后勤保障服务。一旦发现感染员工，应及时上报并采取必要防护措施。随着我国进入疫情防控常态化时期，国内酒店业虽然走上复苏之路，但其所面临的发展环境已经发生巨大变化：一方面，局部疫情的反复，预示着疫情防控常态化时期酒店业将要面临一种可能成为常态化的风险因素；另一方面，以国内经济大循环为主体、国内国际双循环相互促进的新发展格局，给酒店业带来了新机遇。

根据北京地区酒店业总体状况及本报告问卷调查数据，对酒店女职工队伍做以下特点总结。

（一）酒店女职工劳动经济效益总体水平偏低

1.职工收入偏低，收入差距大

数据显示，酒店女职工总体收入水平不高，这符合酒店业大部分从业人

---

① 国家统计局官网，http：//www.stats.gov.cn。
② 《北京市人力资源和社会保障局关于做好疫情防控期间维护劳动关系稳定有关问题的通知》（京人社劳字〔2020〕11 号），北京市人民政府官网，http：//www.beijing.gov.cn/zhengce/gfxwj/202001/t20200124_1621272.html。

员的薪资水准，但与北京社会月平均工资相比差距巨大。绝大多数受访女职工工资在 2001~5000 元，月收入 10000 元以上职工比例较低，酒店内部职工收入差距大，容易引起员工不满。

2. 职工加班情况较少，可自由支配时间较充裕

疫情期间，大部分酒店生意惨淡、客流量大幅下降。为此酒店为降低经营成本，采取与实际工作量相匹配的轮岗轮休工作模式，致力于酒店更长远地保持团队稳定性和发展性。同时职工的休息时间得到保障。

（二）酒店女职工保障机制落实不到位

女职工生育保障措施落实效果不佳。女职工对生育福利和保障有较多的了解，但酒店在女职工生育福利和保障方面的支持力度很小。一是产假待遇遇到缩水现象，产假工资不能按照产前待遇发放；二是产后不能返回原岗位，产后尴尬较多，酒店未设立女职工特殊时期保护机制；三是因长时间脱离职场，返回职场面对无从下手的工作情绪波动大；四是由于女职工对自身的合法权益缺乏了解，依法维权意识较差。

（三）酒店对女职工职业发展缺乏重视，女职工自身压力大

酒店尚未重视女职工职业发展。酒店忽略了生育与家庭照顾给女性职业发展造成的影响不仅仅局限于"四期"。首先，因生育而在一段时间内离开工作岗位，将对女性职业生涯发展和晋升产生负面影响，[①] 这使女职工担心生育后是否能胜任原工作或职业晋升中的劣势，数据显示，有 26.74% 的受访女职工面临之前的岗位被取消或顶替问题，有一半以上的受访女职工认为因生育工作内容长时间不接触，感到生疏。其次，国家"三孩"政策的实施，无疑会对女性职业发展及就业产生影响，如果一个家庭有三个以上的孩子，则需要投入大量的时间和精力，酒店或企业必定会考虑职工的工作精力

---

① 苏津津、李婕：《生育对职业女性职业生涯发展的影响及对策》，《中国人力资源开发》2015 年第 5 期。

投入及用工安排,因此更多的女职工选择离开职场加入"家庭主妇"行列,数据显示,有近40%的受访女职工认为结婚后家庭更重要而离开职场。

(四)酒店女职工敬业度

员工敬业度是指旨在增强员工归属感和共同目标的各种实践和技术。数据分析显示,影响因素的不同所反映出员工的敬业度也不相同,员工敬业度又分为工作敬业度和组织敬业度。从以上数据中可以得出,影响员工敬业度的因素主要有工作特点、工作认可与价值感、内部关系、公平感、组织管理程序、组织支持,这些因素与员工敬业度之间呈正相关。同时工作绩效和组织绩效也影响职工的敬业度,因此职工要将自我和工作内角色结合起来,充分认可工作角色内的绩效,从而带来良好的角色内绩效和报酬。

九　政策建议

在上述研究分析和研究结论的基础上,本报告提出以下四点建议。

(一)完善劳动分配制度,提高职工劳动报酬

首先,酒店应当站在长远发展的角度来制定职工工资的增长幅度,以最大限度地缩小职工之间收入差距。根据实际情况建立工资集体协商机制,切实保证工资增长的合理性,同时调动酒店职工的劳动积极性。其次,发挥酒店工会的作用,加大对酒店职工劳动经济效益保障制度实施的监督力度,深入了解职工内心的真实想法,实现酒店与职工利益共享、效益共创的新局面。[1]

(二)进一步做好女职工合法权益和特殊利益保护工作

充分发挥酒店工会的组织和保障作用,切实保护女职工合法权益。当

---

[1]　王平:《关于企业女职工权益的法律保护建议》,《法制博览》2021年第33期。

生育期女职工的权益受到侵害时，酒店工会要作为权益受害的女职工的代表，通过与酒店沟通、谈判等手段，保护女职工在生育期的合法权益。①在日常生活中，工会举办一些关于生育期间女职工劳动权益的活动，增强女职工法律意识与维权意识。增强酒店社会责任感，保护女职工特殊利益。首先，提供物质方面支持，满足女职工生育期间的诉求，针对生育后女职工可建立休息室、冲洗室等，缓解疲劳状态提高工作效率。其次，为女职工提供生育后返岗专项支持，以缓解育龄职工的育儿负担，平衡劳动者工作与家庭间的矛盾，为女职工产后重返职场保驾护航。②最后，提供心理疏导，女职工生育后重返职场，因长时间远离职场，无法适应环境导致情绪不稳定，这时，酒店就需要为她们提供心理疏导，使她们重新返回职场保持良好心态。

（三）多方面加强对女职工职业发展的保护

女职工在享受生育保障制度带来权益的同时，也成为高雇佣成本劳动力，因此从企业、政府、法律多方面加强对女职工职业发展的保护。一是引导企业承担社会责任；二是政府建立合理生育成本分担机制，采取政府、个人、单位、社会保险多方分担原则，提高生育保险的补助额度，或给予企业财政补贴等多形式补偿措施；三是从法律法规层面为女性创造平等的发展环境，加快制定《反就业歧视法》，从人文关怀角度，根据女职工不同年龄段特点制定相应的扶持政策，制定较为公平的职称晋升机制，保证其公平的晋升环境；四是积极推进家政服务业的发展，为职业女性提供从子女看护和家庭事务中解放出来的途径，降低生育对女性职业发展所造成的负面影响，维持女性职业与家庭的平衡。③

---

① 程绍德：《为女性营造更公平的就业环境》，《西江日报》2018年3月2日，第F02版。
② 王念哲：《二孩政策下女性就业权的法律保护》，《山东女子学院学报》2017年第2期。
③ 赵彤彤、李为、段旭：《中小企业员工敬业度问题研究——以浙江某公司为例》，《经济师》2022年第7期。

（四）提升酒店女职工的敬业度

1. 制定合理的工作岗位和内容，提升女职工的敬业度

首先，酒店中拥有较高学历的管理层职工，她们期望自己的知识及技能能够在工作中得到发挥和提升，所以酒店要为她们设立与自身情况相适应的岗位，以发挥自己的效能，达到良好的工作状态，提高她们的敬业度。其次，女职工具有很强的自我价值实现的需要，她们热衷于有挑战性的工作，因此酒店要将她们的工作丰富化、增加难度。

2. 重视酒店女职工未来发展规划，以此来提高她们的敬业度

首先，深入了解每位职工的不同需求，设立职工认同的以及能满足其自身未来发展和实现人生目标的职业发展规划。[①] 其次，制定职业发展规划时，应充分了解职工的目标、兴趣爱好，适当给予她们自主权和决定权。

3. 注重培养良好的企业文化，提升她们的敬业度

在企业文化建设过程中，将"人文关怀"的理念作为核心内容，营造一种团结友爱、公众法治的组织氛围，使她们在工作中体会到组织的关心与支持，将自身的价值观与企业文化内容相融合，让她们在精神上产生对组织的认可，以此来提升敬业度。

---

① 单彬：《心理契约与员工有效激励》，《现代商业》2014 年第 15 期。

产业工人群体的就业与劳动经济权益现状调查

高雪原*

摘　要： 产业工人是工人阶级中发挥支撑作用的主体力量，是创造社会财富的中坚力量，是创新驱动发展的骨干力量，是实施制造强国战略的有生力量。了解产业工人群体的就业与劳动经济权益现状是维护该群体合法权益的重要前提，也是进一步推进产业工人队伍建设改革向纵深发展的基础。本研究依托全国总工会权益保障部2021年度在全国范围内展开的职工就业和劳动经济权益状况的调查，基于问卷调查法，分别从个体基本信息、就业与收入、社会保障、工作满意度以及就业培训与工会工作几个方面展开，对产业工人队伍整体的就业与劳动经济权益现状进行了深入分析。研究发现，目前我国产业工人队伍在劳动经济权益保护方面仍存在诸如就业稳定性较差、工资增长幅度较缓、劳动合同与社会保障水平群体内差异较大等问题，针对发现的问题，本研究在最后提出了相应的对策与建议。

关键词： 产业工人　就业现状　劳动经济权益

一　引言

产业工人是工人阶级中发挥支撑作用的主体力量，是创造社会财富的中

---

* 高雪原，中国劳动关系学院讲师，研究领域为个体职业发展与组织行为。

坚力量,是创新驱动发展的骨干力量,是实施制造强国战略的有生力量。2017 年 2 月 6 日,中共中央、国务院印发《新时期产业工人队伍建设改革方案》(以下简称《改革方案》),明确提出,要把产业工人队伍建设作为实施科教兴国战略、人才强国战略、创新驱动发展战略的重要支撑和基础保障,纳入国家和地方经济社会发展规划。《改革方案》提出后,为确保产业工人队伍建设改革向纵深发展,各有关部门纷纷出台相关政策文件。例如,2018 年 4 月,国务院常务会议通过《关于推行终身职业技能培训制度的意见》,确定推行终身职业技能培训制度的政策措施;2019 年 5 月,国务院办公厅印发《职业技能提升行动方案(2019—2021 年)》,要求大力推行终身职业技能培训制度,大规模开展职业技能培训;2020 年 9 月,由教育部等九部门印发的《职业教育提质培优行动计划(2020—2023 年)》走向实践阶段;同年 12 月,全国总工会办公厅印发了《全国职工素质建设工程五年规划(2021—2025 年)》。从已出台的相关政策文件不难看出,对产业工人队伍的关注点多聚焦于其职业技能方面,然而为进一步推进产业工人队伍建设改革向纵深发展,除了强调素质技能水平的提升外,更重要、更基础的则是摸清楚该群体的就业现状以及劳动经济权益状况,因为根据马斯洛的需求层次理论,人的需求有层次之分,在基本权益得到保障的前提下,产业工人才有可能追求更高水平的发展,才能保证推动产业工人队伍建设改革的相关措施得到有效落实,同时为后续开展相关工作找准方向。基于这一逻辑起点,本研究将基于问卷调查法,从个体基本信息、就业与收入、社会保障、工作满意度以及就业培训与工会工作几个方面,对产业工人队伍的就业与劳动经济权益现状展开深入分析。

二 产业工人队伍就业现状分析

基于全国总工会权益保障部 2021 年度在全国范围内展开的职工就业和劳动经济权益状况调查数据,本研究聚焦产业工人群体进行深度分析。此次调研由全国总工会权益保障部牵头,中国海员建设工会、中国国防邮电工

会、中国财贸轻纺烟草工会、中国农林水利气象工会参与，组织 31 个省
（区、市）各级工会通过微信小程序发放网络调查问卷，有效问卷共计
238175 份，其中有近 8 万名产业工人参与调研并完成有效问卷。本部分从
产业工人队伍基本特征、就业单位性质、就业意愿、就业状况影响因素以及
工作满意度几个方面切入，对产业工人队伍的就业现状予以展开。

（一）产业工人队伍基本特征

基本特征部分主要包含了产业工人的性别结构、年龄结构、地区分布以
及受教育程度四个方面的内容。数据统计结果显示，参与调查的产业工人共
计 79923 人，主要来自生产、制造、纺织、服装加工、建筑、装修等领域。从
性别分布来看，男性占比为 68.2%；女性占比为 31.8%，男性比女性多出 1 倍
以上。从年龄结构来看，参与调查的产业工人中，32～42 岁年龄段（1980～
1990 年出生）的人数最多，占总人数的 39.1%；其次是 42～52 岁年龄段
（1970～1980 年出生）的群体，占总人数的 28.7%；22～32 岁年龄段（1990～
2000 年出生）的产业工人数量居第三，占总人数的 21.7%。从地区分布情况来
看，参与调查的群体中，来自中部地区的人数最多，占调查总人数的 41.1%。从
受教育程度来看，产业工人中拥有大学专科/高职学历水平的人数最多，占总人
数的 30.5%，其次是高中/中专文化程度的，占总人数的 29.5%。

（二）就业单位性质与个体就业意愿

从产业工人目前就业的单位性质分布来看，参与调查的群体中，就业单
位性质主要集中于国有企业。具体地，在国有企业就业的产业工人占调查总
人数的 48.25%，在民营企业就业的占比为 19.6%，在事业单位/政府机构就
业的占比为 7.73%，在合资企业就业的占比为 6.33%，3.56% 的劳动者为个体
工商户，另有 4.52% 的产业工人表示不清楚就业单位性质。从行业分布与企
业类型的交叉分析来看，从事"生产/制造/纺织/服装加工等"工作的受访产
业工人中，48.95% 的产业工人就职于有国有企业，19.97% 的产业工人就职于
民营企业，10.23% 的产业工人就职于外企，7.83% 的产业工人就职于事业单

位/政府机构，5.38%的产业工人就职于合资企业，3.19%的产业工人为个体工商户，另有4.49%的产业工人表示不清楚就业单位性质。从事"建筑/装修"工作的受访工人中，44.87%的产业工人就职于国有企业，17.79%的产业工人就职于民营企业，10.88%的产业工人就职于合资企业，8.81%的产业工人就职于外企，7.22%的产业工人就职于事业单位/政府机构，5.64%的产业工人为个体工商户，另有4.67%的产业工人表示不清楚业单位性质。

本研究将以个体"换工作的意愿"侧面反映就业意愿。总体上，在接受调查的产业工人中，73.59%的人没有换工作打算，14.28%的人打算换工作，12.14%的人表示目前还没有想好。对不同行业产业工人的对比分析结果表明，从事"生产/制造/纺织/服装加工等"工作的产业工人中，77.15%的人没有换工作打算，10.59%的人有换工作打算，12.26%的人表示目前还没有想好；而从事"建筑/装修"工作的产业工人中，56.5%的人没有换工作打算，32.01%的人有换工作打算，11.52%的人表示目前还没有想好。因此，总体上建筑业产业工人更换工作意愿要高于制造业产业工人。更进一步地，我们对有换工作打算的产业工人新的工作意向进行分析，结果表明，70%的产业工人仍打算从事制造业或建筑业工作，46.62%打算从事"生产/制造/纺织/服装加工等"工作，23.38%打算从事"建筑/装修"工作，另有30%的人打算从事第三产业相关工作，10.2%打算从事"服务员/保洁员/保安"工作，5.04%打算加入新就业形态行业，3.93%打算从事"家政/月嫂"工作，2.81%打算从事"人事/行政/财务/法务"工作，2.06%打算成为"非企业从业者"，1.86%打算从事"互联网/IT/电子/通信"工作，1.26%打算从事"教育/培训/科研（含在线教育）"工作，1.45%打算从事"其他城市服务业务（厨师、理发师、房产中介等）"工作，另有1.12%的人打算从事上述职业以外的"其他"工作。总体上，多数产业工人仍打算留在制造业或建筑业工作。

（三）就业状况影响因素

紧接上一部分的分析结果，本研究通过产业工人换工作的影响因素来反映对就业状况的影响。调查结果显示，有换工作意愿的产业工人中，24.29%的劳动者是因为"工作累，压力大"，24.16%的人是因为"在其他城市找到了更稳定的工作"打算换工作，18.45%的人则是由于"工资低"打算换工作，17.64%的人是因为"社保没有转移过来，看病、生孩子不方便"打算换工作，7.02%的人是"为了孩子上学"打算换工作，6.09%的人打算换工作的原因是"在老家的亲人需要照顾"，另外有2.34%的人是因为上述原因以外的"其他"原因打算换工作。整体来看，影响产业工人就业的因素（影响产业工人换工作的因素）多集中于劳动强度、工作稳定性以及工资收入三个方面。

（四）工作满意度

工作满意度是个体主观劳动体验的最直接反应。相关数据中既包含了产业工人看重的工作因素，同时也包含劳动者个体对工作现状的满意度。就产业工人看重的工作因素而言，26.4%的产业工人报告自己最关注"工资收入"问题，26%的产业工人更关注"有无社保"，产业工人群体对上述两类工作条件的关注度最高。其次是"工作稳定性"，参与调查的产业工人群体中有18.4%的人更关注个人职业的稳定性。从产业工人对工作现状的满意程度来看，约30.7%的产业工人表示目前"工资待遇不高"，17.3%的产业工人强调"单位没有缴纳社保"，另13.4%的产业工人提到"拖欠工资"的问题。由此可见，产业工人整体对工作的不满意集中于工资、加班和社保三个方面。进一步基于性别的横向比较分析结果表明，在对现在工作的不满意因素中，产业工人的性别差异表现不明显，女性产业工人对收入的不满意程度略高于男性产业工人。

三 产业工人队伍劳动经济权益状况分析

产业工人队伍劳动经济权益部分的调研主要涵盖收入水平、工作时间和休息休假情况、社会保障现状、培训现状以及入会和工会服务情况五大方面的内容。此外，在纵向分析劳动经济权益的基础上，本研究横向对比了个体人口学特征在上述不同劳动经济权益细项中所表现出的差异性。

（一）收入水平

调查显示，产业工人群体中，6.9%的工人月收入在 2000 元以下，35.8%的工人月收入为 2000~4000 元，34.3%的工人月收入为 4000~6000 元，13.6%的工人月收入为 6000~8000 元，5.8%的工人月收入在 8000 元以上，3.4%的工人月收入在万元以上。这一组数据表明，随着产业工人队伍建设改革的持续推进，产业工人队伍中中等收入群体（月收入为 4000~8000 元的工人）所占的比例有所扩大，覆盖了近一半的调查对象，但与此同时，产业工人队伍中的低收入群体（月收入在 4000 元以下的工人）值得关注，这一群体仍占到调查总体的四成以上。

进一步基于性别的横向比较分析结果表明，男性产业工人月收入高于4000 元的比例达到 64.2%，而女性产业工人中这一比例为 57.3%，总体上男性产业工人的月收入高于女性产业工人；基于受教育程度的横向比较分析结果表明，初中以及下学历的产业工人月收入超过 4000 元的比例为 43%，高中/中专学历为 53.7%，大专/高职学历为 56.7%，大学本科及以上学历达到 71.6%，说明产业工人工资收入具有明显的学历效应，随着受教育程度的提高，工资收入具有明显的提升趋势。

（二）工作时间和休息休假情况

调查显示，从日工作时长来看，超过 8 小时的产业工人占调查总人数的近七成，且有 20.5%的产业工人日工作时长超过 10 小时，不到 30%的产业工人日工作时长在 6~8 小时；从周休息天数来看，16.1%的产业工人从不休息，约四成产业工人每周休息不到 1 天。现行《劳动法》规定，标准工时制度要求员工每日工作不超过 8 小时、平均每周不超过 44 小时。对比之下，以上数据充分说明目前我国产业工人群体总体上工作时间长、休息休假少。

进一步基于性别的横向比较分析结果表明，无论在日工作时长抑或是周休息天数上，男性产业工人与女性产业工人间的差异均不大，说明工作时间长、休息休假少在产业工人群体中是很普遍的现象，男性与女性产业工人过度劳动的风险均较高。基于受教育程度的横向比较分析结果表明，在日工作时长方面，初中学历产业工人日均工作 10 小时以上的比例超过 26.1%，高中（中专）学历产业工人这一比例为 21.2%，大学（专、本科）学历产业工人约为 16.6%；在周休息天数方面，初中学历产业工人"每周没有休息时间"的人数占比为 18.8%，高中（中专）学历产业工人这一比例为 14.9%，大学（专、本科）学历产业工人该比例低于 11.6%。以上结果表明，受教育程度的高低与劳动强度具有明显的内在联系，即受教育程度越低的产业工人过度劳动的倾向越高。

（三）社会保障现状

以国家立法实施的社会保障制度在劳动者经济权益保护方面发挥重要作用，尤其是对于中低收入的劳动者。以往的数据显示，产业工人参加职工养老保险和医疗保险的比例较低。从社会保险覆盖率来看，本次调查显示约 90%的产业工人参加了社会保险（包括城镇职工、城乡居民和新农合）。在参加社会保险的产业工人中，81.9%参加的是城镇职工的养老和医疗保险，13.3%参加的是城乡居民和新农合的养老、医疗保险。另外，在没有参加社会保险的产业工人群体中（约 10%），有 4.2%的产业工人自己购买了商业保险。整体上，产业工人社会保障覆盖率较高。从劳动合同的签订情况来看，本次调查显示，超八成产业工人签订了劳动合同，一成产业工人签订了劳务合同。由于劳动合同以法律形式确立了劳动者与用人单位的劳动关系，明确了劳动者与用人单位的权利与义务，具有法律约束力，因此是否签订劳动合同对于产业工人的权益保障有着重要影响。

进一步基于性别的横向比较分析结果表明，男性产业工人与女性产业工人的合同（劳动或劳务）签订比例均较高，其中男性这一比例为 93.9%，女性为 93.1%，不存在明显的性别差异；基于受教育程度对是否参与社会保险的横向比较分析结果表明，一方面，产业工人学历越高，参加社会保险的比例越高。小学及以下学历的产业工人参加社会保险的比例为48.1%，初中学历为74%，高中（中专）学历为79.5%，大专/高职及以上超90%；另一方面，产业工人学历越高，参加城镇职工养老和医疗保险的比例越高。总体上表明，产业工人是否参与社会保险具有明显的学历效应。

（四）培训现状

培训是促进产业工人素质技能提升的关键环节。调查显示，整体上产业工人参加职业培训的比例较低。参加过培训的产业工人占调查总人数的46.2%，其中"参加过培训且感觉有帮助"的产业工人占比为20.9%，"参加过培训但感觉没有帮助"的占比为25.2%；"没参加过，因为培训项目不适合自己"的产业工人占比为31.4%；"没参加过，不想参加任何培训"的产业工人占比为22.4%。从产业工人最想获得的培训类型来看，45.4%的产业工人希望获得职业技能方面的培训，27.1%的产业工人希望获得职业安全方面的培训，8.3%的产业工人希望获得创业指导方面的培训。

（五）入会和工会服务情况

我们从产业工人入会比例以及工会服务两个角度对数据进行分析解读。结果表明，在参与调研的产业工人群体中，有72.4%的工人为工会会员，会员人数达5.7万人，表明整体上产业工人队伍加入工会的比例较高。从工会提供服务内容来看，在入会的产业工人群体中，工会服务获得的比例最高的是"针对工资或福利待遇与企业进行协商"，有30%的产业工人获得过此项服务；其次是"发放福利用品"，有23%的产业工人获得过此项服务；紧排其后的有"帮助解决生活困难""技能培训/学历教育""送温暖"，获得过相关服务内容的产业工人占比分别为13%、12%和8%。从产业工人个人最希望获得工会服务项目来看，数据显示，将近四成产业工人最希望得到的工会服务是"针对工资或福利待遇与企业进行协商"，23%的产业工人希望工会发放福利用品/组织活动，16%的产业工人希望工会能够帮助解决生活困难。

接下来，我们从受教育程度、劳动合同签订、培训三个方面，分别对是否加入工会进行横向对比分析。从受教育程度来看，小学和初中学历产业工人加入工会的比例为56%，高中（中专）学历产业工人加入工会的比例为67%，大专/高职学历产业工人72%加入工会，而大学本科及以上学历产业工人75%加入工会，结果表明，学历水平越高的产业工人加入工会的比例也越高。从劳动合同签订来看，加入工会的产业工人与单位签订劳动合同的比例更高，达到84.6%，而没有入会的产业工人签订劳动合同的比例为68.2%。此外，加入工会而没有签订劳动合同的产业工人相比加入工会且签订劳动合同的产业工人享受到工会"发放福利用品"和"针对工资或福利待遇与企业进行协商"的比例相对要小，前者分别为23%和31%，后者分别为24%和32%。从培训情况来看，加入工会使得产业工人参与职业培训的比例高达87.5%，属于工会会员的产业工人参加过职业培训且有收获的比例高于非工会会员的产业工人。另外，加入工会的产业工人中认为培训有价值的比例达到75.5%，而没加入工会的产业工人中这一比例为67.3%。

四　产业工人劳动经济权益保护存在的问题与挑战

（一）疫情影响之下，部分产业工人的就业稳定性较差

2021年以来，随着经济持续稳定恢复、稳就业保就业政策精准发力，我国就业形势呈现总体稳定、稳中向好的发展态势。然而，当前疫情仍在全球蔓延，对我国经济造成较大冲击。在我国，目前部分行业和企业生产经营还未恢复到疫情前水平，部分中小企业扩大吸纳就业的能力下降，就业的结构性矛盾尚未得到根本缓解。通过调查发现，近三成产业工人已有换工作的想法或对于是否换工作还没有想好，其中工作稳定性与受个体受教育程度、年龄等因素具有较强的相关性。例如，调查发现年龄低于30岁的青年产业

工人的工作稳定性更差。此外是否享受社会保障、是否加入工会也对工作稳定性具有较大的影响。

通过工作类型与换工作计划的交互分析可以发现，建筑装修行业的产业工人的工作稳定性较差，数据显示，有37.1%的建筑装修行业产业工人有换工作的计划；而生产制造行业的产业工人工作稳定性较强，数据显示，仅有12.0%的生产制造行业的产业工人有换工作的计划。

（二）产业工人工资有所增长，但增长幅度不大

从不同工作类型的产业工人工资变化情况来看，虽然生产制造类与建筑装修类产业工人的工资增加比例均高于职工平均水平，但高出的幅度并不大。调查数据显示，职工工资增加比例平均为24.2%，生产制造类产业工人的工资增加比例为29.2%，而建筑装修类产业工人的工资增加比例仅为26.1%。从"工资待遇不高"的申诉比例来看，生产制造类产业工人的申诉比例高达60%，同时建筑装修类产业工人群体中，也有近一半（44.4%）的产业工人申诉"工资待遇不高"。另外，前述分析结果已表明，产业工人队伍中的中等收入群体（月收入为4000~8000元的工人）所占比例虽有所增加，但低收入群体（月收入在4000元以下的工人）仍然占到总调查人数的四成以上。以上数据表明，产业工人待遇提升任重而道远。

通过工资收入与受教育程度的交互分析可以发现，产业工人受教育程度对其收入的提升有着直接且明显的影响。根据前述分析的结果，月收入在4000元以上的产业工人中，初中以及下学历占比仅为43%，高中/中专学历占比为53.7%，大专/高职学历占比为56.7%，大学本科及以上学历占比已达到71.6%。

（三）不同类型产业工人的劳动合同与社保水平差异较大

由劳动合同和社会保障覆盖形成的职业分割明显存在，签订劳动合同的职工享受社保覆盖的比例更高，而缺失劳动合同保障的职工保险真空的比例更高。此次调查的数据分析结果表明，不同类型产业工人群体的劳动

合同签订情况存在较大的差异。其中，生产制造类产业工人签订劳动合同的比例为85.9%，签订劳务合同/协议的比例为7.8%，而建筑装修类产业工人签订劳动合同的比例为60.9%，签订劳务合同/协议的比例为19.8%。此外，不同类型产业工人群体的社会保险覆盖情况存在较大的差异。其中，生产制造类产业工人的社会保险与商业保险覆盖率分别为93.3%和2.5%，而建筑装修类产业工人的社会保险与商业保险覆盖率分别为74.4%和13.1%。

五 对策与建议

基于以上调查结果，为改善产业工人群体的就业状况、切实保障其劳动经济权益，推进产业工人队伍建设改革走深走实，应重点关注和解决以下几方面的问题。

（一）通过全国工会就业服务平台为建筑装修行业产业工人、青年产业工人等重点群体提供就业服务

本次调查发现，建筑装修行业产业工人以及年龄低于30岁的青年产业工人的工作稳定性较差，就业稳定性受到疫情冲击较大。随着信息科技的发展，互联网已成为职工寻找工作的主要方式和途径。全国工会就业服务平台成立以来，通过持续更新招聘信息，不断拓展服务项目，逐步开展线上技能培训、创业扶持、法律援助、心理咨询，为广大职工提供普惠化、常态化、精准化就业服务。

一是聚焦重点群体，在全国工会就业服务平台中增加面向建筑装修行业产业工人和青年产业工人的专栏就业服务。通过开辟专栏、举办专场招聘会等形式为这些重点群体提供就业信息以及就业服务，提高帮扶精准性，有针对性地解决此次调研发现的上述两类产业工人群体就业稳定性较差和就业难的问题。

二是创新服务方式，在全国工会就业服务平台开展直播带岗招聘活动。

通过抖音、微信视频号等直播平台与全国工会就业服务平台开展线上直播带岗活动。例如，湖北十堰市首场直播带岗走进东风双星轮胎有限公司车间现场，为求职者直观地展示了工作环境、招聘岗位等，吸引近 12 万人次观看，宣传了企业，也促进了招工用工。

（二）警惕机器换人带来的去技能化发展路径对制造业产业工人劳动经济权益的损害

本次调查针对产业工人收入状况的调查结果显示，42.7% 的产业工人平均月收入低于 4000 元，其中 6.9% 的产业工人月收入在 2000 元以下，35.8% 的产业工人月收入分布在 2000~4000 元。在工作不满意方面的调查中，60% 的制造业产业工人认为"工资待遇不高"是最主要的因素。当前推动产业工人队伍建设改革的一个突出问题就是产业工人共享改革发展成果不够充分问题。产业工人收入水平在行业之间、地域之间、岗位之间存在较大差异；在企业内部，一线技术工人的收入与专业技术人员、管理人员的收入仍有较大差距。如何构建向生产操作一线技能劳动者倾斜的收入分配机制，需要从当前制造业产业转型升级特别是智能制造和机器换人采取的不同发展路径来提高认识。

当前全球制造业正加快迈向数字化、智能化时代，智能制造对制造业竞争力的影响越来越大。我国当前制造业正处于一个发展转型、多种生产模式并存的时代，为了避免"劳动-机器/劳动者-管理者"关系的持续冲突式螺旋上升，一方面，建议政府把技能、生产模式、企业治理与更广范围内的社会关系放在国家转型发展的目标下综合考察，避免陷入去技能化带来的制造业竞争力的长期衰退；另一方面，建议将产业工人收入提升计划作为进一步深化产业工人队伍建设改革的"牛鼻子"和突破口，借鉴德国制定技能人才的最低工资标准的先进经验，建立适合本地区的按市场确定的各级技能人才的最低工资标准。在国家层面率先建立各级技能人才最低工资标准，各地区则以劳动技能、责任、强度等基本要素评价为基础，加大技术工人工资水平与技能等级挂钩的力度，引导企业结合实际在此基础上建立自己的技能人才最低工资标准，稳步推动一线产业工人收入水平提升。此外，在提高产业工人的待遇水平时，应该从精神激励和物质激励两个维度设计出一整套强刺激的待遇保障制度，让产业工人无论是在企业内还是在企业外，无论是公共服务还是社会礼遇，无论是技术晋级还是工资增长都享受优待，进而切实提升产业工人现实获得感。

大 事 记

2021年中国职工状况大事记

2021年1月7日 全国应急管理工作会议在京召开。会议强调，要充分认识和把握安全风险的规律特点，全面排查风险、找准最大风险、有效化解风险。要善于运用大概率思维应对小概率事件，全面落实责任制特别是在落实企业主体责任方面要有大的突破，坚持群众路线和用好信息化手段，筑牢风险防控的人民防线。要坚持标本兼治，践行新发展理念，强化源头治理，同时紧盯危化品、煤矿、非煤矿山、消防等行业领域，强化重点管控，从预案、力量、装备、物资等方面做好应急准备，坚决打好这场攻坚战、主动战。

2021年1月21日 人力资源社会保障部等八部委联合印发《工伤预防五年行动计划（2021—2025年）》，部署"十四五"时期工伤预防工作，更好发挥工伤保险积极功能，切实降低工伤发生率，促进经济社会持续健康发展。

2021年1月26日 人力资源社会保障部发布《人力资源社会保障部办

---

* 张佳楠，中国劳动关系学院科研处，研究领域为马克思主义中国化。

公厅关于印发〈技能人才薪酬分配指引〉的通知》，以推动企业建立健全符合技能人才特点的工资分配制度，激励广大青年走技能成才、技能报国之路。

2021 年 2 月 1 日 人力资源社会保障部会同财政部印发《关于充分发挥职业技能提升行动专账资金效能 扎实推进职业技能提升行动的通知》，指导各地科学合理确定职业培训补贴标准，建立动态评估调整机制，加大培训资金直补企业的工作力度，努力推动职业技能提升行动提质增效。

2021 年 2 月 7 日 人力资源社会保障部印发《关于 2021 年组织开展职业技能提升行动质量年活动的通知》，从提高培训层次、强化岗位培训、开展线上培训等八方面，对推进职业技能提升行动，高质量开展职业技能培训提出具体要求。

2021 年 2 月 26 日 中共中央政治局就完善覆盖全民的社会保障体系进行第二十八次集体学习。中共中央总书记习近平在主持学习时强调，要为广大人民群众提供更可靠、更充分的保障，不断满足人民群众多层次多样化需求，健全覆盖全民、统筹城乡、公平统一、可持续的多层次社会保障体系，进一步织密社会保障安全网，促进我国社会保障事业高质量发展、可持续发展。

2021 年 3 月 10 日 人力资源社会保障部印发《关于做好 2021 年全国高校毕业生就业创业工作的通知》，提出 9 条具体工作措施，要求各地将高校毕业生就业作为就业工作重中之重，以实施高校毕业生就业创业促进计划为统领，以品质就业服务为支撑，精准施策，多方发力，确保高校毕业生就业局势总体稳定。

2021 年 4 月 1 日 人力资源社会保障部、财政部印发《关于 2021 年调整退休人员基本养老金的通知》，从 2021 年 1 月 1 日起调整企业和机关事业单位退休人员基本养老金水平。

2021 年 4 月 10 日 中共中央总书记、国家主席、中央军委主席习近平就安全生产做出重要指示强调，当前，全国正在复工复产，要加强安全生产监管，分区分类加强安全监管执法，强化企业主体责任落实，牢牢守住安全生产底线，切实维护人民群众生命财产安全。

2021年4月15日 国务院办公厅印发《关于服务"六稳""六保"进一步做好"放管服"改革有关工作的意见》，提出要围绕"六稳""六保"进一步激发市场主体活力和社会创造力。要进一步推动减轻市场主体负担，健全惠企服务机制，推广财政资金直达机制的有效做法，研究将具备条件的惠企资金纳入直达机制，提升金融、社保等惠企政策覆盖度、精准性和有效性。

2021年4月21日 全国推进产业工人队伍建设改革工作经验交流会在江苏无锡召开。全国人大常委会副委员长、中华全国总工会主席王东明出席会议并讲话。王东明指出，产业工人队伍建设改革是习近平总书记亲自谋划和部署的重大改革，是全面深化改革的重要内容。要不断增强推进产业工人队伍建设改革的思想自觉、政治自觉和行动自觉，提高政治站位，聚焦重点难点，以踏石留印、抓铁有痕的精神推进产业工人队伍建设改革走深走实。

2021年5月4日 人力资源社会保障部、国家发展改革委、国家乡村振兴局等多部门联合印发《关于切实加强就业帮扶巩固拓展脱贫攻坚成果助力乡村振兴的指导意见》，提出就业是巩固脱贫攻坚成果的基本措施，要求从稳定外出务工规模、支持就地就近就业、健全就业帮扶长效机制等方面持续做好脱贫人口、农村低收入人口就业帮扶。

2021年5月12日 国务院总理李克强主持召开国务院常务会议，会议确定进一步支持灵活就业的措施，一是研究制定灵活就业人员参加城乡居民基本养老保险的兜底措施。推动放开灵活就业人员在就业地参加社保的户籍限制。二是开展平台灵活就业人员职业伤害保障试点，合理界定平台企业责任，探索用工企业购买商业保险、保险公司适当让利、政府加大支持的机制。三是抓紧清理和取消不符合上位法或不合理的收费罚款规定，为灵活就业创造好的环境。

2021年5月20日 人力资源社会保障部、国家发展改革委、教育部、财政部、中央军委国防动员部联合印发《关于延续实施部分减负稳岗扩就业政策措施的通知》，提出继续实施普惠性失业保险稳岗返还政策和失业保险保障扩围政策等，相关政策受理期限截至 2021 年 12 月 31 日。

2021 年 6 月 1 日　国务院安委会办公室、应急管理部在京举行全国"安全生产月"和"安全生产万里行"活动启动仪式。国务院安委办、应急管理部要求，各地区、各有关部门和单位要紧紧围绕安全生产专项整治三年行动计划，深入排查安全风险，切实消除事故隐患，筑牢安全防线；紧密结合实际，落实"外防输入、内防反弹"总体防控要求和"六稳""六保"重要任务，积极推进常态化疫情防控前提下的安全生产工作；线上线下相结合，采取丰富多彩的形式，组织开展好各类活动，确保活动实效，切实达到以活动促工作、以活动保安全的目的；广泛调动社会各方面参与积极性，拓展社会宣传渠道和覆盖面，积极营造全社会关心安全生产、参与安全发展的浓厚氛围，为决胜全面建成小康社会、决战脱贫攻坚创造稳定的安全生产环境。

2021 年 6 月 8 日　人力资源社会保障部、财政部等五部门共同印发《关于全面推行中国特色企业新型学徒制　加强技能人才培养的指导意见》，全面推行中国特色企业新型学徒制，加强技能人才培养。

2021 年 6 月 10 日　第十三届全国人民代表大会常务委员会第二十九次会议通过《中华人民共和国数据安全法》，自 9 月 1 日起施行，旨在"规范数据处理活动，保障数据安全，促进数据开发利用，保护个人、组织的合法权益，维护国家主权、安全和发展利益"。

2021 年 6 月 17 日　国务院安委会召开全国安全生产电视电话会议。会议要求认真贯彻落实习近平总书记关于安全生产的重要指示精神，按照李克强总理重要批示要求，充分发挥制度优势，举一反三、压实责任，全力抓好安全生产，坚决遏制各类事故多发势头，为庆祝建党一百周年创造安全稳定环境。

2021 年 6 月 28 日　人力资源社会保障部、国家乡村振兴局印发《国家乡村振兴重点帮扶地区职业技能提升工程实施方案》，提出要健全人社领域常态化帮扶机制，加强高技能人才和乡村工匠培育，加大东西部职业技能开发对口协作力度，增强国家乡村振兴重点帮扶地区职业技能培训资源供给，加强创新型、应用型、技能型人才培养。

2021年6月29日 人力资源社会保障部印发《人力资源和社会保障事业发展"十四五"规划》。其中要求坚持权责清晰、保障适度、应保尽保原则，按照兜底线、织密网、建机制的要求，健全覆盖全民、统筹城乡、公平统一、可持续的多层次社会保障体系。

2021年6月30日 人力资源社会保障部印发《"技能中国行动"实施方案》，在"十四五"期间组织实施"技能中国行动"。

2021年7月1日 人力资源社会保障部发布《人力资源社会保障部办公厅关于发布〈电子劳动合同订立指引〉的通知》。

2021年7月7日 人力资源社会保障部等十部门印发《工程建设领域农民工工资专用账户管理暂行办法》。

2021年7月16日 人力资源社会保障部等八部门联合出台《关于维护新就业形态劳动者劳动保障权益的指导意见》（人社部发〔2021〕56号），其中强调需要"加强政策宣传，积极引导社会舆论，增强新就业形态劳动者职业荣誉感，努力营造良好环境，确保各项劳动保障权益落到实处"。就支持和规范发展新就业形态，切实维护新就业形态劳动者劳动保障权益，促进平台经济规范健康持续发展，提出十九条相关意见。

2021年7月21日 中共中央总书记、国家主席、中央军委主席习近平对进一步做好防汛救灾工作做出重要指示。他强调，各级党委和政府要压实责任、勇于担当，各级领导干部要深入一线、靠前指挥，组织广大干部群众，采取更加有力有效的措施，切实做好监测预警、堤库排查、应急处置、受灾群众安置等各项工作，全力抢险救援，尽最大努力保障人民群众生命财产安全。国家防总、应急管理部、水利部等部门要加强统筹协调，科学调配救援力量和救灾物资。驻地解放军和武警部队要积极参与抢险救灾工作。

2021年7月28日 中华全国总工会出台《关于切实维护新就业形态劳动者劳动保障权益的意见》（总工发〔2021〕12号），其中提出将"加大宣传力度"作为"组织保障"的重要构成，强调需要"通过现代媒体平台扩大舆论影响，广泛凝聚共识，推动形成全社会共同关爱和服务新就业形态劳动者群体的良好氛围"。

2021 年 8 月 17 日　人力资源社会保障部联合住房和城乡建设部、交通运输部、水利部、银保监会、铁路局、民航局印发《工程建设领域农民工工资保证金规定》。

2021 年 8 月 20 日　第十三届全国人民代表大会常务委员会第三十次会议通过《中华人民共和国个人信息保护法》，自 2021 年 11 月 1 日起施行，旨在"保护个人信息权益，规范个人信息处理活动，促进个人信息合理利用"。

2021 年 8 月 22 日　人力资源社会保障部、民政部、财政部、国家税务总局、国家乡村振兴局、中国残疾人联合会联合印发《关于巩固拓展社会保险扶贫成果助力全面实施乡村振兴战略的通知》，提出完善困难群体社会保险帮扶政策，推动社会保险法定人员全覆盖，提高社会保险保障能力，提升社会保险经办服务水平，充分发挥社会保险在保障和改善民生、维护社会公平、增进人民福祉等方面的积极作用，有效防止参保人员因年老、工伤、失业返贫致贫，为巩固拓展脱贫攻坚成果、全面推进乡村振兴贡献力量，推动人的全面发展、全体人民共同富裕取得更为明显的实质性进展。

2021 年 9 月 2 日　人力资源社会保障部会同财政部印发《关于拓宽职业技能培训资金使用范围提升使用效能的通知》，进一步扩大职业培训补贴政策覆盖范围，延长以工代训实施期限。

2021 年 9 月 3 日　全国总工会召开中央新闻媒体（网站）工会新闻宣传座谈会，深入学习贯彻习近平总书记关于宣传思想工作的重要论述、关于工人阶级和工会工作的重要论述，就进一步做好工会新闻宣传工作听取中央新闻单位、重点新闻网站的意见建议。全总党组书记、副主席、书记处第一书记陈刚出席座谈会并讲话。会议强调，各级工会要适应时代变化，完善常态化宣传机制，树立工会宣传品牌，加强宣传干部队伍建设，提升工会宣传工作的传播力、感染力，把党中央声音传递出去，把职工诉求表达出来，针对涉及职工的社会热点问题及时发声亮剑。

2021年9月28日 全国工会宣传工作会议以电视电话会议形式召开。全国总工会党组书记、副主席、书记处第一书记陈刚出席会议并讲话。会议指出，工会宣传工作是党的宣传工作重要组成部分，在工会工作中具有基础性、全局性、先导性的作用，是工会履行引导职工听党话跟党走政治职责的重要体现。近年来，工会宣传工作取得了明显进展，同时也面临不少新形势新任务。工会宣传工作要坚持正确政治方向、舆论导向、价值取向，不断增强"四个意识"、坚定"四个自信"、做到"两个维护"，引导广大职工坚定不移听党话、矢志不渝跟党走。

2021年9月30日 人力资源社会保障部发布《人力资源社会保障部办公厅关于做好共享用工指导和服务的通知》，旨在加强对共享用工的指导和服务，促进共享用工有序开展，以进一步发挥共享用工对稳就业的作用。

2021年10月27日 全国总工会党组书记、副主席、书记处第一书记陈刚在工人日报社调研时强调，让工会声音在职工中传播得更加广泛、更加响亮。推进新时代工会宣传工作高质量发展，工会媒体要聚焦工会重点工作和职工的所想所盼，把握传播规律，创新工作思路，强化改革意识，重视技术驱动，推进媒体融合发展，立体化、多角度地对工会重点工作进行宣传。要创新方式方法，适应职工群众的思维方式和接受习惯，适应分众化、差异化传播趋势，更好地反映职工生产生活和工会工作的生动实践。要将宣传视角更多聚焦基层一线、劳模职工，特别是下大力气推动新就业形态劳动者等重点群体的权益保障，推出更多"冒着热气、沾着汗水、粘着泥土"的精品力作。要强化工会宣传的接近性、可见性、覆盖面，多角度、宽广度加强职工思想政治引领，让职工愿看愿读愿听工会宣传产品，从内心深处增强工会与职工的贴近性、亲和力。

2021年10月28日 国务院根治拖欠农民工工资工作领导小组办公室发布《国务院根治拖欠农民工工资工作领导小组办公室关于开展根治欠薪

冬季专项行动的通知》。依法维护农民工劳动报酬权益，对查实的欠薪问题要在 2022 年春节前全部办结，让被欠薪农民工及时拿到应得的工资返乡过年，确保不发生因欠薪引发的重大群体性事件或恶性极端事件，维护社会和谐稳定大局。

2021 年 11 月 7 日　中华全国新闻工作者协会主办的第三十一届中国新闻奖揭晓。《工人日报》刊发的评论《"自愿"不能成为职场伤害的"美丽借口"》（林琳/2020 年 11 月 10 日）荣获二等奖。该评论作品由一家游戏公司"员工自愿降薪 10%"的热门话题入手，分析员工"自愿"表象之下"被自愿"的弱势地位，批判职场 PUA 套路，呼吁尊重劳动者、保障员工权益。

2021 年 11 月 8 日　人力资源社会保障部、国家发展改革委、财政部等五部门印发《关于推进新时代人力资源服务业高质量发展的意见》，提出要大力提升人力资源服务水平，进一步推动创新发展；不断强化人力资源支撑经济高质量发展作用，进一步推动协同发展；健全完善高水平人力资源服务产业园体系，进一步推动集聚发展；着力促进人力资源服务助力共建"一带一路"，进一步推动开放发展；抓紧建设高标准人力资源市场体系，进一步推动规范发展。

2021 年 11 月 9 日　人力资源社会保障部办公厅、财政部办公厅印发《关于畅通失业保险关系跨省转移接续的通知》，进一步规范个人申请失业保险关系跨省（自治区、直辖市）转移接续，畅通失业保险待遇申领渠道，保障劳动者的失业保险权益。

2021 年 12 月 7 日　国家卫生健康委、中共中央宣传部、国家发展改革委等多部门联合发布《关于印发国家职业病防治规划（2021—2025 年）的通知》。

2021 年 12 月 15 日　人力资源社会保障部会同教育部、国家发展改革委、财政部印发《"十四五"职业技能培训规划》，明确了"十四五"期间"坚持就业导向，提质扩容"等职业技能培训工作的基本原则。

2021 年 12 月 17 日　中共中央总书记、国家主席、中央军委主席、中央全面深化改革委员会主任习近平主持召开中央全面深化改革委员会第二十三次会议，审议通过了《关于推动个人养老金发展的意见》，提出要推动发展适合中国国情、政府政策支持、个人自愿参加、市场化运营的个人养老金，与基本养老保险、企业（职业）年金相衔接，实现养老保险补充功能。

附　　录

人力资源社会保障部　工业和信息化部
民政部　交通运输部　国务院扶贫办
全国总工会　全国妇联关于开展
"迎新春送温暖、稳岗留工"
专项行动的通知

人社部函〔2021〕8号

各省、自治区、直辖市及新疆生产建设兵团人力资源社会保障厅（局）、工（经）信厅（委、局）、民政厅（局）、交通厅（委、局）、扶贫办（对口办、合作办、扶贫移民局）、总工会、妇联：

当前疫情防控形势复杂严峻。为贯彻落实党中央国务院决策部署，巩固来之不易的防控成果，确保员工健康安全、企业生产有序、就业形势总体稳定，人力资源社会保障部、工业和信息化部、民政部、交通运输部、国务院扶贫办、全国总工会、全国妇联决定春节前后在全国范围内开展"迎新春送温暖、稳岗留工"专项行动。现将有关事项通知如下：

一 行动主题

迎新春送温暖 稳岗留工

二 行动时间

2021 年 1 月 21 日至 3 月 31 日

三 服务对象

（一）就地过年农民工等务工人员；

（二）有转移就业意愿的农村劳动力；

（三）脱贫人口、农村低收入人口等重点帮扶对象；

（四）重要医用物资生产、生活必需品生产、保障城市运转、重点产业链等企业，重大投资项目相关企业；

（五）其他有用工需求的用人单位。

四 行动目标

（一）鼓励引导农民工等务工人员就地过年，使他们能得到就业服务、权益维护等相关支持帮助，感受到党和政府的温暖关心，实现就地过年有关怀。

（二）使重点企业和其他有用工需求的用人单位能享受相关用工服务和政策支持，正常稳定运转和健康发展，实现开工复工有保障。

（三）使有转移就业意愿的农村劳动力、重点帮扶对象、节后返岗农民工等能得到政策咨询、岗位信息、劳务对接等服务，实现节后务工有支持。

五　主要内容

（一）送温暖留心。各地要主动向农民工等务工人员发出节日慰问信，组织多种形式的"送温暖"和集体过年活动，引导务工人员留在就业地安心过春节。鼓励企业结合生产经营实际，采取发放留岗红包、过年礼包、安排文化娱乐活动等措施，落实好工资、休假等待遇保障，吸引职工就地过年、在企休假。协调强化餐饮商超、医疗卫生、治安消防等服务供应保障，确保企业和务工人员正常生产生活。加大对农民工留守子女的关爱帮扶。

（二）强政策留岗。各地要引导企业合理安排生产，鼓励制定错峰放假和调休计划，以岗留工、以薪留工。鼓励企业结合需要灵活安排职工在岗培训和技能提升培训，引导企业不裁员、少裁员，按规定落实失业保险稳岗返还、职业技能培训补贴等相关政策。支持中高风险地区、重点行业开展以工代训，结合实际适当提高补贴标准。

（三）稳生产留工。各地要强化实施重点企业用工调度保障机制，优先支持重点企业、重大项目、重大工程连续生产、保障供应。支持阶段性用工需求量较大的企业与生产不饱和、富余员工较多的企业加强对接，开展用工余缺调剂。开发一批消杀防疫、保洁环卫、社区服务等临时性岗位，兜底帮扶确实难以通过市场渠道实现就业的务工人员。有条件的地方可通过多种形式对春节期间连续生产的重要医用物资生产、生活必需品生产、保障城市运转的企业给予适当支持。

（四）优服务留人。各地要持续不间断开展线上招聘活动，有序组织线下服务，加大岗位信息、远程招聘、网上面试、网络培训等服务供给，多频次、分行业、分岗位举办特色鲜明的专场招聘，加强人岗匹配和精准服务。面向重点群体开展"131"服务，提供至少 1 次职业指导、3 个适合的岗位信息、1 个培训项目。开通快速申领通道，及时对符合条件人员兑现失业保险待遇、临时生活补助，有条件的地方可结合实际提供心理咨询、临时住所等。

六 工作要求

（一）精心组织实施。各地要提高政治站位，在当地党委政府领导下，分别结合输出地和输入地工作实际，尊重劳动者和企业意愿，精心设计安排，明确任务分工，认真组织实施。充分发挥部门优势，动员社会机构、企业和劳动者广泛参与，指导劳务服务站切实发挥作用。对公共就业人才服务机构和经营性人力资源服务机构面向重点群体提供基本公共就业创业服务的，按规定给予就业创业服务补助。

（二）提前谋划节后有序务工。各地要提早摸清春节前后企业开工复工和农民工返乡返岗情况，组织开展"春风行动"，强化输出地和输入地信息对接和劳务协作，根据实际需要和疫情防控要求开展农民工"点对点、一站式"返岗复工服务。扩大农民工就地就近就业机会，组织参与春播春种农业生产、城乡基础设施建设和以工代赈项目，支持返乡入乡创业。对脱贫人口、农村低收入人口等重点帮扶对象，优先支持外出，优先稳岗就业，优先兜底帮扶。

（三）加强风险防控。各地要及时开展就业形势监测分析，准确把握企业减员、农民工回流等情况，做好应对预案。畅通劳动保障维权渠道，加大监管执法力度，推进根治欠薪冬季专项行动。清理整顿人力资源市场秩序，严厉打击"黑中介"、虚假招聘、就业歧视等违法违规行为。加强对在异地暂遇困难人员的关心关爱，及时疏解疏导，做好相关服务保障。

（四）做好宣传引导。各地要及时发布活动安排，加强公共就业服务政策和劳动保障法律法规宣传，营造良好氛围。分阶段将工作信息、图文影像、新闻线索等发至专设邮箱（chunfeng@cettic.gov.cn）。中国公共招聘网（http：//job.mohrss.gov.cn）、中国就业网（http：//chinajob.mohrss.gov.cn）、"就业在线"平台（https：//www.jobonline.gov.cn）将开设宣传专栏。

各地要按照党委、政府统一安排，落实常态化疫情防控措施，分区分级实施精准防控，根据实际需要灵活多样组织开展活动。各地各有关部门要加强与上级部门的联系，于 1 月 18 日前上报工作联系人和联系方式，1 月 28 日前报送初步安排和考虑，4 月 6 日前上报活动总结，重大情况及时上报。

人力资源社会保障部　工业和信息化部　民政部　交通运输部

国务院扶贫办　全国总工会　全国妇联

2021 年 1 月 14 日

人力资源社会保障部办公厅关于印发《技能人才薪酬分配指引》的通知

人社厅发〔2021〕7号

各省、自治区、直辖市及新疆生产建设兵团人力资源社会保障厅（局）：

为更好服务中国制造、中国创造，深入实施人才强国、创新驱动发展战略，推动企业建立健全符合技能人才特点的工资分配制度，激励广大青年走技能成才、技能报国之路，我部组织编写了《技能人才薪酬分配指引》，现印发给你们，供指导企业时参考。

各地区要高度重视提高技能人才工资待遇，加强对企业工资分配的指导和服务，抓好宣传培训，推广典型经验，结合本地实际，加强示范引领，推动培养造就一支高素质技能人才队伍。

人力资源社会保障部办公厅
2021年1月26日

技能人才薪酬分配指引

第一章　总则

第一条　为健全技能人才培养、使用、评价、激励制度，推动企业建立多职级的技能人才职业发展通道，建立以体现技能价值为导向的技能人才薪酬分配制度，大力提高技能人才职业荣誉感和经济待遇，不断发展壮大技能人才队伍，为中国制造和中国创造提供重要人才支撑，结合企业薪酬分配理论实践和技能人才特点，特制定本指引。

第二条　本指引旨在为企业提供技能人才薪酬分配可供参考的方式方法。企业可结合实际，借鉴本指引，不断建立健全适应本企业发展需要的技能人才薪酬分配体系。

第三条　本指引所称技能人才，是指在生产或服务一线从事技能操作的人员。

第四条　技能人才薪酬分配应遵循以下原则：

（一）坚持按劳分配和按要素贡献参与分配。体现多劳者多得、技高者多得的价值分配导向，合理评价技能要素贡献。

（二）坚持职业发展设计与薪酬分配相配套。充分考虑企业的组织架构、职位体系、定岗定编、岗位评价、薪酬分配、绩效管理等相互联系、相互制约的实际，使技能人才薪酬分配与职业发展通道相衔接。

（三）坚持统筹处理好工资分配关系。参考岗位测评结果、市场标杆岗位的薪酬价位，综合考虑企业内部操作技能、专业技术和经营管理等类别实际，统筹确定技能操作岗位和企业内部其他类别岗位之间薪酬分配关系。

第二章　技能人才职业发展通道设计

第五条　本指引所称技能人才职业发展通道，是在企业岗位体系的基础上，形成横向按工作性质、内容等划分不同技能序列，纵向按技能人才专业知识、技术技能、资历经验、工作业绩等因素划分层级的有机系统，既体现技能人才个人能力，又反映岗位差别。

第六条 技能人才职业发展通道一般应与企业的经营管理类、专业技术类职业发展通道并行设置，层级互相对照。企业可根据发展需要，贯通工程技术领域操作技能与工程技术序列融合发展的路径，并逐步拓宽贯通领域，扩大贯通规模。对制造业的技能人才，可以设置基本生产技能操作、辅助生产技能操作等细分类别，纵向设置多个职级（详见附表1）。其他行业企业可结合实际参照设置。

纵向成长通道一般应基于不同类别岗位的重要程度、复杂程度等因素，并考虑不同类别岗位人员的职业发展规律作出差别化安排。纵向成长通道具体层级设置数量可根据企业发展战略、主体业务、员工队伍状况等实际进行调整。

企业内部不同类别之间对应关系，技能操作类的正常成长通道最高可与部门正职/分厂厂长/分支机构正职等中层正职相当，高精尖的高技能领军人才可与企业高层管理岗相当。对企业技能操作中的基本生产技能操作工种、辅助生产技能操作工种和熟练服务工种等，一般应设置差别化成长通道。同时，在满足任职资格条件基础上，不同职业发展通道可以相互贯通。

第七条 为实现职业发展通道有效运转，需定责权，即对具体职位在工作职责、管理权限等方面作出统一规范和界定。定责权，主要是解决好职业发展通道和企业内部管理岗位之间的关系问题，总的原则是以事定责、按责配权，实现权责利的统一。职责权限的划分根据相关业务流程，通过编制岗位说明书等方式进行明确，并结合实际动态调整。

处于高职级的技能人才对本领域业务工作负有组织制订（修订）标准、指导落实、监控、审查、结果判定等职责和权限；同时，需承担本业务领域难度较大、创新性的工作任务，并负有编制培训教材、培训授课、平时指导等培训指导职责。

第八条 职业发展通道有效运转需定数量，即根据企业战略和相应的人力资源规划，参考企业所在业务领域专业细分结果，结合企业对各职位的需求以及人员结构情况，制定各职级的职数标准和比例结构。

设置职位数量的规则，一般采取两头放开、中间择优的方式安排。高层职级一般按资格条件管理，不设具体职位数量，成熟一个聘任一个，宁缺毋滥；基层职级一般不设职数，符合条件即可正常晋升；中间层级可按照细分专业数量设置职数，也可以按照一定比例进行安排。

第九条 职业发展通道有效运转需定资格，即根据履行职位职责的要求，对职位任职人员所应具备的学历、资历、能力、经验、业绩等多维度任职条件作出统一规范和界定。职位任职资格标准可将经人社部门公布的技能人才评价机构评价的职业技能等级作为重要参考，并明确相互间对应关系。

结合人才成长规律，职业发展通道一般可按三个阶段设置，形成全职业周期的成长发展通道。新进技能人才在第一个十年中，每2至3年晋升一个职级，在基层岗位职位上正常成长；第二个十年中，在中间层级岗位职位上择优晋升发展；第三个十年中，在高层级岗位职位上逐步成长为专家权威。同时，对具有特殊技能和突出贡献的高技能人才应有破格晋升的制度安排。

随着新生代劳动者成长预期的变化，以及不同类型企业的技能操作难度有差异，对技能人才的成长年限安排以及相应的任职资格标准可有所不同。

第十条 职业发展通道有效运转需定考评，即明确各类人员进入所在职级通道的考评办法，根据考评结果组织聘任，实现能上能下。

第十一条 职业发展通道有效运转需定待遇，即对进入职业发展通道的技能人才，可对新职级职位按照岗位进行管理，职位职级变化时执行岗变薪变规则。各职级人员聘任到位后，按相应岗位工资标准执行，根据绩效考核结果发放绩效工资。

第十二条 职业发展通道有效运转需动态管理，即对职位职数标准、任职人员配置以及职位体系框架的动态管理。

其中，职位职级聘任应有任期规定，高职级职位的任期可比低职级长。任期期满重新进行评聘。在职位职数规定范围内，对任期评聘成绩优秀并达到上一职级任职资格的可予以晋升，考评合格的可保留原职级，考评不合格的可降低职级。

第三章 技能人才薪酬分配制度设计

第一节 工资结构设计

第十三条 按照为岗位付酬、为能力付酬、为绩效付酬的付酬因素，技能人才工资结构可由体现岗位价值的岗位工资单元、体现能力差别的能力工资单元和体现绩效贡献的绩效工资单元等组成。

第十四条 为稳定职工队伍，保障职工基本生活，企业可结合实际增加设置体现保障基本生活的基础工资单元和体现员工历史贡献积累的年功工资单元。

第十五条 在各工资单元功能不重复体现的原则下，为补偿技能人才在特定环境或承担特定任务的额外付出，可设置相应的津贴单元，包括体现夜班工作条件下额外劳动付出的夜班津贴、体现高温噪音污染等艰苦环境条件下额外劳动付出的作业环境津贴、体现技能人才技能水平的技能津贴、体现技能人才班组长额外劳动付出的班组长津贴、体现技能人才师傅带徒弟额外劳动付出的带徒津贴等。根据需要，还可设置鼓励多学技能、向复合型人才发展的多能津贴或通岗津贴等。

第十六条 企业根据需要可以合并、减少或增加相关工资单元。例如，能力工资单元可以采用设置技能人才特殊岗位津贴的形式体现，也可以采用将职级通道直接纳入岗位工资单元进行体现；年功工资单元可在岗位工资单元中设置一岗多薪、一岗多档，岗级体现不同岗位的价值度，档次用于体现同一岗位上不同员工的岗位任职时间、业绩贡献、年度正常增长等因素。

第二节 岗位工资单元设计

第十七条 岗位工资等级应以岗位评价结果为基础。岗位评价是实现不同岗位之间价值可比，体现企业薪酬分配内部公平的重要基础工作。

岗位评价一般有四种方法：一是排序法，将企业全部岗位视为一个系列，根据各个岗位对组织的贡献度和作用度不同，对岗位次序进行排列的一种方法，一般适用于工作性质单一、岗位较少的企业。二是分类套级法，将企业全部岗位分为若干系列、每个系列分为若干级别，分类别对岗位次序进行排列的一种方法。三是因素比较法，事先确定测评要素和若干主要岗位（或称标杆岗位），将每一个主要岗位的每个影响因素分别加以排序或评价。其他岗位按影响因素与已测评标杆岗位各因素测评结果分别进行比较，进而确定岗位的价值等级。四是要素计分法，根据预先规定的衡量标准，对岗位的主要影响因素逐一进行评比、估量，由此得出各个岗位的量值。

第十八条　企业采用要素计分法对技能操作类岗位进行岗位评价，通常考虑岗位对上岗人员技能水平要求的高低，岗位工作量及质量责任的轻重，体力或脑力劳动强度的大小和岗位工作条件的好差等进行评价。在此基础上，要遵循战略导向原则，从突出企业关键重要岗位的角度选择评价要素，确定评价要素权重。

第十九条　企业在评价要素的选择、评价权重的设置、评价过程的组织等方面应贯彻公正、公开原则，得到员工认可。第一步是初评，企业内各二级单位评价确定本单位内部技能操作岗位纵向岗位关系；第二步进行复测，在各单位初评结果中筛选出标杆岗位，选取熟悉技能操作类岗位职责情况、公信力高的岗位评价代表进行复测，确定不同单位之间技能操作类岗位的等级关系。

第二十条　岗位工资可采取一岗一薪、岗变薪变，也可采取一岗多薪、宽带薪酬形式。一岗多薪、宽带薪酬指的是在每个岗位等级内设多个工资档次，以体现同岗级人员不同能力、资历和不同业绩贡献的差别。一岗多薪、宽带薪酬既能体现员工的岗位价值，又能体现员工的能力素质，还可以兼顾到员工薪资的正常晋升，这一做法在实践中被较多企业选择。

实行一岗多薪、宽带薪酬的企业，技能人才可通过晋档实现工资正常增长。其中，档次晋升调整可与技能人才年度绩效考核结果挂钩，合格及以上的技能人才每年可在本岗级上晋升1档，少部分优秀的可晋升2档，个别贡献突出的还可以奖励更多晋档，极少数表现不合格的可不晋升或降档。

第二十一条　岗位工资采用一岗多薪、宽带薪酬，具体晋档条件有三种表现形式。一是条件规定形式，即明确晋档应当达到的规定条件。晋档条件有一个以上的，各条件要素需有互补性规定。针对技能操作类岗位，可设置学历与工作年限的互补条件，较长工作年限可在一定程度上弥补学历的不足。二是综合系数表现形式，即按各个晋档要素之间相对关系，将晋档条件转换为系数分数。综合系数表现形式直接实现了各个晋档要素的综合互补。晋档综合系数的确定首先依据不同职级岗位任职资格的要求来确定起步档次的条件。其次，需要将各个条件之间的相对价值进行比较，确定系数标准值，实现各个条件之间的平衡互补。三是特殊贡献表现形式。可将技能人才参加一定层级技能大赛获奖情况、技术攻关和创新等贡献情况，作为晋档或跨档条件。

第二十二条 岗位工资标准的设计，一般参考以下三个因素：一是岗位价值度评估分数。企业可参考技能操作类岗位价值度评估分数之间的倍数关系，确定不同技能操作岗位工资标准之间差别。二是人力资源市场价位情况。企业可参考人力资源市场类似岗位工资价位的绝对水平，确定技能操作类岗位工资标准；或参考市场上相应典型岗位的薪酬比例关系，优化调整相应技能操作类岗位工资标准。三是企业内部标杆技能操作类岗位之间的历史分配关系。企业可结合市场工资价位，重新评估内部技能操作岗位间的分配关系，如果体现岗位价值度的工资标准与市场比差距过小，可以调整优化，适当拉开差距。

第二十三条 岗位工资标准的设计，一般按以下步骤进行：一是首先确定内部关键点岗位（最高岗位、最低岗位、主体标杆岗位等）工资标准之间的比例关系。二是按照一定规律确定每个关键点之间不同层级的岗位工资标准关系，一般可以用等差数列关系确定（差别相对较小），也可以用等比数列确定（差别相对较大）。三是结合技能操作类内部层级因素适当调整。跨职级的差距可适当拉大，同一职级内部差距可适当缩小。经过验证，模拟测算调整，通过比较工资标准高低是否与预先设定的目标一致，最终确定岗位工资标准。

第二十四条 岗位工资标准的表现形式，一般有两种：一是以工资水平绝对值的形式表现；二是以岗位工资系数值（或薪点数）的形式表现。对不同的工资单元可以采用不同的工资标准表现形式。对于效益波动比较大的企业，岗位工资、绩效工资可采取具体的系数或薪点标准。基数值或薪点值可结合企业效益情况、工资总额承受能力、市场价位变动情况等相应确定。

第三节　绩效工资单元设计

第二十五条　绩效工资单元是体现员工实际业绩差别的工资单元，根据绩效考核结果浮动发放，对发挥工资的激励功能具有重要作用。企业可按照绩效工资总量考核发放、授权二次分配、加强监控指导的管理原则，建立绩效工资与企业效益情况（影响工资总额变动）、本部门绩效考核结果（影响本部门绩效工资额度变动）、本人绩效考核结果（影响本人实际绩效所得）联动的分配机制。年度绩效考核除影响绩效工资外，还可与岗位调整、培训、职级升降挂钩。

第二十六条　绩效考核周期的确定需综合考虑行业特点、岗位特征、考评可操作性等因素。技能人才绩效显现时间相对于管理人员、专业技术人员一般较短，可按月为主计发绩效工资。

第二十七条　绩效考核可根据技能人才的工作性质和岗位特征，采取分类考核办法。例如，主要以个人计件计酬的岗位，可以按月设立基础任务量，超过基础任务量部分可分档设立不同计件单价，根据任务完成情况核定绩效工资。

对于以班组、车间为单元集体作业的基本生产技能岗位人员，可参照上述办法将团队绩效工资总额分配到班组、车间，再由班组长、车间主任根据规定程序，按照个人工作量和个人绩效进行合理分配。

对于辅助生产技能岗位人员，可依据其支持服务的基本生产技能岗位人员月绩效工资平均值的一定比例（比如70%至95%），作为人均绩效工资分配额度，以此为基础计算辅助生产技能岗位人员绩效工资总量，再按照绩效工资系数、组织和个人绩效考核的结果进行分配。

第四节　专项津贴单元设计

第二十八条　专项津贴是对特殊条件下的额外劳动付出的补偿。针对技能人才的劳动特点，制造型企业可结合实际需求，可设置夜班津贴、作业环境津贴、技能津贴、班组长津贴、师带徒津贴等。

第二十九条　夜班津贴是对劳动者在夜晚工作额外付出的补偿，主要适用于基本生产技能岗位人员。夜班劳动对于劳动者的体力、精力、心理压力等带来较大影响。实践中，部分"四班三运转"岗位人员的月度夜班津贴水平一般占月度应发工资收入的15%至20%。企业可结合职工薪酬收入水平、当地经济社会发展实际，合理确定夜班津贴的标准水平。

第三十条　作业环境津贴是对劳动者在井下、高空、高温、低温、物理粉尘辐射、化工有毒有害等环境下作业额外付出的补偿，主要适用于技能操作类人员。企业可结合实际，根据作业环境的艰苦程度划分出不同档次，设置差别化的作业环境津贴。

第三十一条　技能等级除作为职业发展通道的晋升条件外，考虑到高技能人才整体仍然短缺的实际，企业可以设置技能津贴，对于取得高级工、技师、高级技师，并在相关技能操作类岗位工作的技能人才，发放一定额度的技能津贴，鼓励技能人才学技术、长本领。取得相应技能等级资质的技能人才，聘任到较高技能操作职级上，除适用技能津贴外，还可同时执行相应发展通道职级的工资标准。技能津贴可同样适用于"双师"（工程师、技师）型技能人才。

第三十二条　班组一般是企业管理的最基层单元，班组长在基础管理、分配任务、考勤考绩等方面均有较多的付出。对于非专职脱产人员担任班组长的，可设置班组长津贴。班组长津贴标准可采取两种方式进行安排：一是按照班组管理幅度，按照具体人数确定适用津贴标准。可在基本标准基础上，每增加1名技能人才，相应增加津贴标准。二是按照班组类别和难度大小，设置不同的档次标准。但对于班组长工资待遇已在岗位工资等级或者档次体现的，可不再重复设置班组长津贴。

第三十三条　师带徒津贴是对师傅培养培训徒弟额外劳动付出的补偿。对于签订带徒协议、明确师傅徒弟权利义务的，可向师傅支付一定额度带徒津贴。协议期满根据考核结果可另行给予奖励。徒弟在技能大赛等获奖的，也可额外对师傅进行奖励，建立徒弟成才、师傅受益的联动机制。企业通过推行"传帮带""师带徒""老带新"等多种措施，不仅可以促进整体生产效率的提升，而且能够帮助企业在长期内形成较为稳定的技能人才梯队，积蓄技能人才资源。师带徒，通过企业实践培训提高，针对性强，效果好，应大力推行。

第三十四条　津贴设置应坚持不重复体现原则。本节所提到的夜班津贴、作业环境津贴、技能津贴、班组长津贴、师带徒津贴等各类津贴，如在岗位评价要素或者职级成长通道任职资格条件中已有充分体现的，应本着不重复的原则不再单独设置。

第五节　技能人才与其他人才工资分配关系设计

第三十五条　企业可参考岗位测评结果确定技能人才岗位和其他类别岗位之间薪酬分配关系。如果不同类别岗位测评采用的要素和参评专家不同，则测评分数之间的相互关系不宜简单对应，应选择不同系列的典型岗位进行跨类别岗位测评以确定对应关系。

第三十六条　企业可参考市场标杆岗位之间的薪酬分配关系确定对应关系。如将市场上某技能操作岗位与某管理岗位等薪酬水平的对应关系，作为确定不同类别岗位分配关系的参考。同时，标杆岗位中市场招聘的薪酬价位，可以作为确定技能操作岗位和其他类别岗位起点薪酬分配关系的参考。

第三十七条　技能人才特别是高技能人才，其人力资本是个人努力和长期操作经验的累积结果，在薪酬标准上应体现其人力资本及技能要素贡献。对掌握关键操作技能、代表专业技能较高水平、能够组织技改攻关项目的，其薪酬水平可达到工程技术类人员的较高薪酬水平，或者相当于中层管理岗位薪酬水平，行业佼佼者薪酬待遇可与工程技术类高层级专家级别和企业高层管理岗的薪酬水平相当。

第四章　高技能领军人才薪酬待遇制度设计

第三十八条　高技能领军人才包括获得全国劳动模范、全国五一劳动奖章、中华技能大奖、全国技术能手等荣誉以及享受省级以上政府特殊津贴的人员，或各省（自治区、直辖市）政府认定的"高精尖缺"高技能人才。高技能领军人才是技能人才队伍中的关键少数，应提高其薪酬待遇，鼓励参照高级管理人员标准落实经济待遇。

第三十九条 年薪制是以年度为单位，依据生产经营规模和经营业绩，确定并支付薪酬的分配方式。年薪制一般适用于公司经营班子成员以及承担财务损益责任的分子公司负责人。

高技能领军人才可探索实行年薪制，应把握以下三个方面：一是合理界定适用范围。年薪制适用范围较小，一般适用于承担经营风险、业绩显现周期较长且需建立有效激励约束机制的人员。高技能领军人才具有稀缺性，贡献价值度高，可将其纳入年薪制适用范围。二是明确薪酬结构。一般由基本年薪和绩效年薪为主的薪酬构成，基本年薪占比相对较小、按月发放，绩效年薪占比相对较大、按年发放，体现业绩导向。三是建立相应的激励和约束机制。高技能领军人才应建立体现高技能领军人才特点、体现短期和长期贡献的业绩考核办法，如将关键任务攻关、技能人才队伍培养等作为年度或任期绩效考核目标，业绩考核结果与薪酬挂钩，实现业绩升、薪酬升，业绩降、薪酬降，体现责任、风险和利益的统一。

第四十条 协议薪酬制是企业和劳动者双方协商谈判确定薪酬的分配方式，主要适用于人力资源市场稀缺的核心关键岗位人才或企业重点吸引和留用的紧缺急需人才。

企业要处理好薪酬内部公平性和外部竞争性的平衡。在此基础上，对高技能领军人才实行协议薪酬，应把握以下三个方面：一是合理确定适用范围。一般而言，协议薪酬主要适用于面向社会公开招聘实行市场化管理的高技能领军人才。二是实行任期聘任制。实行协议薪酬制的高技能领军人才，可按任期聘任，按合同规定条件予以续聘或解聘。三是事先约定绩效考核要求。对实行协议薪酬制的高技能领军人才，既协商薪酬也应协商绩效要求，应签订《绩效目标责任书》，确定考评周期内的绩效目标和激励约束规则。同时，实行协议薪酬制人员，薪酬待遇按协议约定执行，一般不再适用企业主体薪酬制度中的岗位工资、绩效奖金、津补贴等分配方式。

第四十一条 专项特殊奖励是对作出重大贡献的部门和个人的专项奖励。

实行专项特殊奖励，应把握以下三个方面：一是专项特殊奖励不仅适用于高技能领军人才，也适用于包括技能人才在内的所有员工。二是对在正常绩效激励中未体现的特殊贡献，均可适用特殊奖励。其中，包括为企业生产效率提高、工作任务完成、新品试制、技改攻关等做出的巨大贡献，或为社会作出突出贡献，或为企业取得重大社会荣誉等（比如技能大赛获得名次）。三是专项特殊奖励属于非常规激励。为避免滥发或不发，应制定较为规范的企业内部专项特殊奖励管理办法。

第四十二条 结合实际探索对技能人才特别是高技能领军人才实行股权激励（包括业绩股票、股票期权、虚拟股票、股票增值权、限制性股票、员工持股等形式）、超额利润分享、项目跟投、项目分红或岗位分红等中长期激励方式。中长期激励应符合国家相关规定。

第四十三条 超额利润分享以超过企业目标利润的部分作为基数，科学合理地设计提取规则，主要适用于企业中的关键核心人才。

应把握以下三个方面：一是将技能人才特别是高技能领军人才纳入实施范围，引导企业构建"目标一致、责任共担、成果共享"的发展共同体。二是明确激励总量的确定规则。激励总量可以本年度超目标净利润增量（或减亏额）为基数，按一定比例计提，并与企业综合绩效系数挂钩调节。其中，净利润目标一般可分为基本目标、激励目标和挑战目标，计提比例可根据净利润实际达成情况按不同比例分段提取。三是明确激励额度分配办法。员工个人激励额度一般可依据激励对象的岗位系数和个人绩效考核结果系数综合确定。其中，个人岗位系数应体现所在岗位职位的正常激励水平，个人绩效考核结果系数应根据实际绩效设置，既关注岗位职位，也关注实际贡献。

第四十四条 岗位分红以企业经营收益为标的，主要适用于对企业重要岗位人员实施激励。对高技能领军人才实施岗位分红的，企业应建立规范的内部财务管理制度和员工绩效考核评价制度，评估高技能领军人才在企业的重要性和贡献，明确实施岗位分红的企业业绩和个人业绩条件。同时，处理好岗位分红所得与薪酬所得的关系，合理确定分红标准。

第五章　附则

第四十五条　各地人力资源社会保障部门应结合本地实际，加强宣传培训，可分行业或分职业类别进一步细化相关内容，发布典型案例，强化示范引领。创新企业工资宏观调控指导方式，推动企业建立健全技能人才薪酬分配体系，不断提高对本地区企业技能人才薪酬分配的指导实效。

应急管理部关于加强安全生产
执法工作的意见

应急〔2021〕23 号

中国地震局、国家矿山安监局，各省、自治区、直辖市应急管理厅（局），新疆生产建设兵团应急管理局，部消防救援局、森林消防局，部机关各司局，国家安全生产应急救援中心：

为加强安全生产执法工作，提高运用法治思维和法治方式解决安全生产问题的能力和水平，有力有效防范化解安全风险、消除事故隐患，切实维护人民群众生命财产安全和社会稳定，推动实现更为安全的发展，根据中共中央办公厅、国务院办公厅印发的《关于深化应急管理综合行政执法改革的意见》提出的"突出加强安全生产执法工作，有效防范遏制生产安全事故发生"原则要求，现提出以下意见：

一 总体要求

以习近平新时代中国特色社会主义思想为指导，认真学习贯彻落实习近平法治思想和习近平总书记关于安全生产重要论述，提高政治站位，统筹发展和安全，坚持人民至上、生命至上，建立完善与新发展阶段、新发展理念、新发展格局相适应的科学高效的安全生产执法体制机制。强化安全生产法治观念，坚持严格规范公正文明执法，切实解决多层多头重复执法和屡罚不改、屡禁不止问题。创新执法模式，科学研判风险、强化精准执法，转变工作作风、敢于动真碰硬，以高质量执法推动提升安全生产水平，切实把确保人民生命安全放在第一位落到实处，以实际行动和实际效果践行"两个维护"。

二　坚持精准执法，着力提高执法质量

（一）明确层级职责。地方各级应急管理部门对辖区内安全生产执法工作负总责，承担本级法定执法职责和对下级执法工作的监督指导、抽查检查以及跨区域执法的组织协调等工作。各省级应急管理部门要在统筹分析辖区内行业领域安全风险状况、企业规模、执法难度以及各层级执法能力水平等情况的基础上，明确省市县三级执法管辖权限，确定各级执法管辖企业名单，原则上一家企业对应一个层级的执法主体，下级应急管理部门不对上级部门负责的企业开展执法活动。对下级部门难以承担的执法案件或管辖有争议的案件，上级部门可依照程序进行管辖或指定管辖；对重大和复杂案件，要及时报告上级部门立案查处。

（二）科学确定重点检查企业。完善执法计划制度，地方各级应急管理部门要将矿山、危险化学品、烟花爆竹、金属冶炼、涉爆粉尘等重点行业领域安全风险等级较高的企业纳入年度执法计划，确定为重点检查企业，每年至少进行一次"全覆盖"执法检查，其他企业实行"双随机、一公开"执法抽查。对近三年内曾发生生产安全亡人事故、一年内因重大事故隐患被应急管理部门实施过行政处罚、存在重大事故隐患未按期整改销号、纳入失信惩戒名单、停产整顿、技改基建、关闭退出以及主要负责人安全"红线"意识不牢、责任不落实等企业单位，要纳入重点检查企业范围，在正常执法计划的基础上实施动态检查，年度内检查次数至少增加一次。对于安全生产标准化一级企业或三年以上未发生事故等守法守信的重点检查企业，可纳入执法抽查。对典型事故等暴露出的严重违法行为或落实临时性重点任务以及通过投诉举报、转办交办、动态监测等发现的问题，要及时开展执法检查，不受执法计划、固定执法时间和对象限制，确保执法检查科学有效。

（三）聚焦执法检查重点事项。依据重点行业领域重大事故隐患判定标准，分行业领域建立执法检查重点事项清单并动态更新。围绕重点事项开展有针对性的执法检查，确保企业安全风险突出易发生事故的关键环节、要害

岗位、重点设施检查到位。执法检查要坚持问题导向、目标导向、结果导向，实施精准执法，防止一般化、简单化、"大呼隆"等粗放式检查扰乱企业生产经营，以防风险、除隐患、遏事故的执法检查实效优化营商环境。

三 坚持严格执法，着力提升执法效能

（四）严格执法处罚。针对执法检查中发现的各类违法行为，要盯住不放，督促企业彻底整改，严格执法闭环管理。对于严重违法行为，要求企业主要负责人牵头负责整改落实，压实整改责任。严格依据法律法规进行处罚，不得以责令限期改正等措施代替处罚，对存在多种违法行为的案件要分别裁量、合并处罚，不得选择性处罚。对违法行为逾期未整改或整改不到位的，以及同一违法行为反复出现的，要依法严肃查处、从重处罚，坚决防止执法"宽松软"。

（五）建立典型执法案例定期报告制度。各省级、市级、县级应急管理部门分别按照每半年、每季度和每两个月的时间周期，直接向应急管理部至少报送一个执法案例，市、县两级同时抄报上一级应急管理部门。执法案例须聚焦执法检查重点事项，从执法严格、程序规范并由本级直接作出行政处罚的案件中选取。应急管理部建立典型执法案例数据库，健全案例汇总、筛选、发布和奖惩机制，选取优秀执法案例，对有关单位和执法人员依据有关规定给予记功和嘉奖；对执法不严格、程序不规范的案例将适时进行通报。

（六）密切行刑衔接。严格贯彻实施《刑法修正案（十一）》，加大危险作业行为刑事责任追究力度。发现在生产、作业中有关闭、破坏直接关系生产安全的设备设施，或篡改、隐瞒、销毁其相关数据信息，或拒不执行因存在重大事故隐患被依法责令停产停业、停止使用设备设施场所、立即采取整改措施的执法决定，或未经依法批准或许可擅自从事高度危险的生产作业活动等违反有关安全管理规定的情形，具有导致重大伤亡事故或者其他严重后果的现实危险行为，各级应急管理部门及消防救援机构要按照《安全生产行政执法与刑事司法衔接工作办法》（应急〔2019〕54号），及时移送司

法机关，依法追究刑事责任，不得以行政处罚代替移送，坚决纠正有案不送、以罚代刑等问题。对其他涉及刑事责任的违法行为，按照有关法律法规和程序，及时移交查办。

（七）加强失信联合惩戒。严格执行安全生产失信行为联合惩戒制度，对于存在严重违法行为的失信主体要及时纳入安全生产失信惩戒名单，提高执法工作严肃性和震慑力。对于列入严重失信惩戒名单的企业和人员，将相关信息推送全国信用信息共享平台，按照《关于对安全生产领域失信生产经营单位及其有关人员开展联合惩戒的合作备忘录》（发改财金〔2016〕1001号）要求，实施联合惩戒。

（八）建立联合执法机制。结合贯彻落实中共中央办公厅、国务院办公厅印发的《关于深化消防执法改革的意见》，加强地方应急管理部门与消防救援机构的协调联动，创新执法方式，强化优势互补，建立安全生产执法与消防执法联合执法机制，加强信息共享，形成执法合力。

四　规范执法行为，着力强化执法权威

（九）全面落实行政执法"三项制度"。严格落实行政执法公示制度，按照"谁执法谁公示"的原则，及时通过各级应急管理部门政府网站和政务新媒体、服务窗口等平台向社会公开行政执法基本信息和结果信息；建立健全执法决定信息公开发布、撤销和更新机制，严格按照相关规定对执法决定信息进行公开，公开期满要及时撤下。落实执法全过程记录制度，全面配备使用执法记录仪，综合运用文字记录、音像记录等方式，实现现场执法和案件办理全过程留痕和可回溯管理。严格执行重大执法决定法制审核制度，明确审核机构、审核范围、审核内容、审核责任。

（十）规范执法程序。严格规范日常执法检查、专项执法、明察暗访、交叉互检等工作方式，坚持严格执法与指导服务相结合，在对重点检查企业的检查中实行"执法告知、现场检查、交流反馈""企业主要负责人、安全管理人员、岗位操作员工全过程在场"和"执法+专家"的执法工作模式。

提前做好现场检查方案，检查前进行执法告知；检查中企业有关人员必须全过程在场，客观规范记录检查情况，对重大事故隐患排除前或者排除过程中无法保证安全的依法采取现场处理措施，对依法应当给予行政处罚的要及时立案，全面客观公正开展调查、收集证据；检查后进行交流反馈，开展"说理式"执法，注重适用法律答疑解惑，提供安全咨询和整改指导。存在法定不予处罚、从轻处罚、减轻处罚情形的，应依法执行，防止执法乱收费、乱罚款等现象。对检查中发现存在的安全问题应当由其他有关部门进行处理的，应当及时移送并形成记录备查；对需要地方政府和上级应急管理部门研究解决的重大风险和突出隐患问题，要及时报告。要综合运用约谈、警示、通报和考核巡查等手段，及时督促有关地方政府和部门单位落实安全防范措施。

（十一）加强案卷评查和执法评议考核。以执法质量作为案卷评查重点，定期对行政处罚、行政强制等执法案卷开展评查，以评查促规范，持续提高执法能力和办案水平。以落实行政执法责任制为重点，建立健全执法评议考核制度，从执法力度、办案质量、工作成效、指导服务等方面对执法工作开展评议考核，依法依规责令改正存在违法、不当情形的行政处罚。强化考核结果运用，将执法评议考核作为年度工作考核的重要指标。

五　推进执法信息化建设，着力完善执法手段

（十二）建立完善企业安全基础电子台账。地方各级应急管理部门要建立企业安全基础电子台账并进行动态更新，全面掌握辖区内企业类型和数量变化。汇总增加与安全生产有关的设备设施、安评报告、事故调查等安全管理内容，形成"一企一档"，研究分析企业安全风险状况，为确定重点检查企业提供数据支撑。

（十三）建立健全安全生产执法信息化工作机制。整合建立全国统一的应急管理监管执法信息平台，将重点检查企业生产过程监控视频和安全生产数据接入平台，充分运用风险监测预警、信用监管、投诉举报、信访等平台

数据，加强对执法对象安全风险分析研判和预测预警，推动加快实施"工业互联网+安全生产"行动计划。坚持现场执法检查和网络巡查执法"两条腿"走路，结合疫情防控常态化条件下安全生产执法工作实际，积极拓展非现场监管执法手段及应用，建立完善非现场监管执法制度办法，明确工作流程、落实责任要求。

（十四）大力推进"互联网+执法"系统应用。推进智能移动执法系统和手持终端应用，执法行为全过程要上线入网。加强生产作业现场重点设备、工艺、装置风险隐患样本库建设，提高对同类风险隐患的自动辨识能力，增强执法实效。利用执法系统实时掌握执法检查情况，实现执法计划、执法检查、统计分析的实时管理，及时提醒纠正各类违法行为。

六　加强执法力量建设，着力增强执法队伍能力水平

（十五）加强组织领导。全面加强党对安全生产执法工作的领导，各级应急管理部门党委（党组）每年要定期专题研究安全生产执法工作。要认真贯彻落实中央关于"应急管理执法体制调整后，安全生产执法工作只能加强不能削弱"的要求，充分认识加强和改进安全生产执法工作的重要性和紧迫性，加强执法队伍建设，落实执法保障，构建权责一致、权威高效的执法体制，持续提升防范化解重大风险和遏制重特大事故的执法能力。

（十六）加强执法教育培训。健全系统化执法教育培训机制，建立并规范实施入职培训、定期轮训和考核制度。制定年度执法教育培训计划，把理论学习与实践锻炼、课程讲授与实际运用有机结合，不断增强执法人员综合素质特别是一线人员的履职能力，持续提高具有安全生产专业知识和实践经验的执法人员比例。突出执法工作重点环节，采取理论考试、现场实操、模拟执法等方式组织开展执法队伍岗位比武练兵，充分发挥其检验、激励和导向作用，推动执法人员提高实战能力、锤炼工作作风、规范执法行为。

（十七）加强专业力量建设。严把专业入口关，加大紧缺专业人才引进力度，强化专业人干专业事。加大矿山、危险化学品、工贸等重点行业领域

专业执法骨干力量培养力度，从理论、实践等方面制定专门培养计划，突出培养重点，建设法治素养和安全生产专业素质齐备的执法骨干力量。突出安全生产执法专业特色，提高执法装备水平，开展执法机构业务标准化建设，加强执法保障能力。聘请相关行业领域有影响力的技术人员和专家学者等，组成执法监督员队伍，为安全生产执法工作提供理论和专业力量支撑。

各省级应急管理部门要将落实本意见重要情况，及时报告应急管理部。

应急管理部

2021 年 3 月 29 日

人力资源社会保障部　财政部关于2021年调整退休人员基本养老金的通知

人社部发〔2021〕20号

各省、自治区、直辖市人民政府，国务院各部委、各直属机构，新疆生产建设兵团：

经党中央、国务院批准，从 2021 年 1 月 1 日起调整企业和机关事业单位退休人员（以下简称退休人员）基本养老金水平。现就有关事项通知如下：

一、调整范围。2020 年 12 月 31 日前已按规定办理退休手续并按月领取基本养老金的退休人员。

二、调整水平。全国总体调整比例按照 2020 年退休人员月人均基本养老金的 4.5%确定。各省以全国总体调整比例为高限，确定本省调整比例和水平。

三、调整办法。采取定额调整、挂钩调整与适当倾斜相结合的办法，并实现企业和机关事业单位退休人员调整办法统一。定额调整要体现公平原则；挂钩调整要体现"多缴多得"、"长缴多得"的激励机制，可与退休人员本人缴费年限（或工作年限）、基本养老金水平等因素挂钩；对高龄退休人员、艰苦边远地区退休人员，可适当提高调整水平。继续确保安置到地方工作且已参加基本养老保险的企业退休军转干部基本养老金不低于当地企业退休人员平均水平。要进一步强化激励，适当加大挂钩调整所占比重。

四、资金来源。调整基本养老金所需资金，参加企业职工基本养老保险的从企业基本养老保险基金中列支，参加机关事业单位工作人员基本养老保险的从机关事业单位基本养老保险基金中列支。对中西部地区、老工业基地、新疆生产建设兵团和在京中央国家机关及所属事业单位，中央财政予以适当补助。未参加职工基本养老保险的，调整所需资金由原渠道解决。

五、组织实施。调整退休人员基本养老金，是提高保障和改善民生水平的重要措施，体现了党中央、国务院对广大退休人员的亲切关怀。各地区要高度重视，切实加强领导，精心组织实施，加强宣传解读，正确引导舆论，确保调整工作平稳进行。要按照党中央、国务院统一部署，结合本地区实际，制定具体实施方案，于 2021 年 4 月 30 日前报送人力资源社会保障部、财政部备案。要严格按照人力资源社会保障部、财政部备案同意的实施方案执行，把各项调整政策落实到位。要切实采取措施加强养老保险基金收支管理，提前做好资金安排，确保基本养老金按时足额发放，不得发生新的拖欠。未经人力资源社会保障部、财政部批准，不得自行提高退休人员基本养老金水平，不得通过设立最低养老金标准等方式变相提高待遇水平。对自行提高调整水平、突破调整政策、存在违规一次性补缴或违规办理提前退休的地区，将予以批评问责，并相应扣减中央财政补助资金和中央调剂金。在京中央和国家机关及所属事业单位的调整方案由人力资源社会保障部、财政部制定并组织实施。

人力资源社会保障部

财政部

2021 年 4 月 1 日

人力资源社会保障部　国家发展改革委教育部　财政部　中央军委国防动员部关于延续实施部分减负稳岗扩就业政策措施的通知

人社部发〔2021〕29号

各省、自治区、直辖市人民政府，新疆生产建设兵团：

2020年，新冠肺炎疫情突如其来，对经济和就业造成严重冲击。面对困难局面，党中央、国务院将稳就业、保居民就业摆在"六稳"、"六保"首位，全面强化就业优先政策，推出一系列超常规、阶段性举措，实现了就业局势逐步企稳、好于预期。为贯彻落实2021年《政府工作报告》关于就业优先政策要继续强化、聚力增效的部署，做好部分减负稳岗扩就业政策延续实施工作，经国务院同意，现就有关事项通知如下：

一、继续实施普惠性失业保险稳岗返还政策。参保企业上年度未裁员或裁员率不高于上年度全国城镇调查失业率控制目标，30人（含）以下的参保企业裁员率不高于参保职工总数20%的，可以申请失业保险稳岗返还。大型企业按不超过企业及其职工上年度实际缴纳失业保险费的30%返还，中小微企业按不超过60%返还。社会团体、基金会、社会服务机构、律师事务所、会计师事务所、以单位形式参保的个体经济组织参照实施。实施上述稳岗返还政策的统筹地区，上年度失业保险基金滚存结余备付期限应在1年以上。各地可采取后台数据比对方式，直接向符合条件的企业精准发放稳岗返还。

二、继续实施以工代训扩围政策。对中小微企业吸纳就业困难人员、零就业家庭成员、离校两年内高校毕业生、登记失业人员就业并开展以工代训的，根据吸纳人数给予企业职业培训补贴。对生产经营出现暂时困难导致停工停业的中小微企业组织职工以工代训的，根据以工代训人数给予企业职业培训补贴。各地可结合实际情况，将受疫情影响较大的住宿餐饮、文化旅游、交通运输、批发零售等行业的各类企业纳入补贴范围。

三、继续实施困难人员培训生活费补贴政策。对脱贫人口、就业困难人员、零就业家庭成员、"两后生"中的农村学员和城市低保家庭学员参加培训的，在落实职业培训补贴的同时，给予生活费（含交通费）补贴。

四、继续放宽技能提升补贴申领条件。参保职工取得职业资格证书或职业技能等级证书的，可按规定申请技能提升补贴。技能提升补贴申领条件，继续放宽至企业在职职工参加失业保险 1 年以上。

五、继续实施就业见习补贴提前发放政策。支持企业扩大见习岗位规模，对见习期未满与高校毕业生签订劳动合同的，给予见习单位剩余期限见习补贴。

六、继续实施失业保险保障扩围政策。对领取失业保险金期满仍未就业的失业人员、不符合领取失业保险金条件的参保失业人员，发放失业补助金；对参保不满 1 年的失业农民工，发放临时生活补助。保障范围为 2021 年 1 月 1 日之后新发生的参保失业人员。上年度失业保险基金滚存结余备付期限不足 2 年的省份，可结合本地区就业形势和基金支付能力，制定具体实施政策，并报人力资源社会保障部、财政部备案。

七、支持毕业生基层就业和升学入伍。稳定"三支一扶"计划等基层服务项目招募规模。适度扩大硕士研究生招生和普通高校专升本招生规模。稳定大学生应征入伍规模和征集比例，突出各级各类学校毕业生征集，拓宽高级技工学校、技师学院毕业生入伍通道。

八、支持毕业生自强自立、就业创业。对自主创业的毕业生，精准提供创业培训、创业服务，按规定落实创业担保贷款及贴息、创业补贴、场地支持等扶持政策。将支持和促进高校毕业生等重点群体创业就业有关税收优惠政策延续实施至 2025 年 12 月 31 日。灵活就业的高校毕业生参加职工基本养老保险，可选择灵活的缴费方式，在本省（自治区、直辖市）规定的个人缴费基数上下限范围内选择适当的缴费基数，选择按月、按季、按半年或按年缴费。

九、政策实施期限。上述第一至七项政策受理期限截至 2021 年 12 月 31 日。对 2020 年度已受理、享受期未满的减负稳岗扩就业政策，可继续按原政策享受至期满为止。鼓励各地根据就业工作需要，按规定制定符合本地实际的就业创业扶持政策。

各地要继续落实好各项长期就业创业扶持政策，对就业困难人员、离校两年内未就业高校毕业生灵活就业后缴纳社会保险费的，按规定给予社会保险补贴；对重点群体自主创业或被用人单位吸纳就业的，按规定给予税收减免、创业担保贷款及贴息、社会保险补贴、职业培训补贴、创业补贴等。要梳理调整本地区就业政策清单，及时公开发布。持续加大就业政策宣传落实力度，分类精准推送政策信息，提升就业政策知晓度和到达率，推动更多政策网上办、自助办、帮办快办，提高政策享受便利化水平，促进就业大局持续稳定。

人力资源社会保障部

国家发展改革委

教育部

财政部

中央军委国防动员部

2021 年 5 月 20 日

人力资源社会保障部　财政部
国务院国资委　中华全国总工会
全国工商联关于印发《关于全面
推行中国特色企业新型学徒制　加强
技能人才培养的指导意见》的通知

人社部发〔2021〕39 号

各省、自治区、直辖市及新疆生产建设兵团人力资源社会保障厅（局）、财政厅（局）、国资委、总工会、工商联：

现将《关于全面推行中国特色企业新型学徒制　加强技能人才培养的指导意见》印发给你们，请结合本地工作实际，认真贯彻执行。

人力资源社会保障部

财政部

国务院国资委

中华全国总工会

全国工商联

2021 年 6 月 8 日

关于全面推行中国特色企业新型学徒制加强技能人才培养的指导意见

为贯彻落实党的十九届五中全会精神，加强新时代技能人才培养，现就全面推行中国特色企业新型学徒制提出以下指导意见。

一　指导思想

以习近平新时代中国特色社会主义思想为指导，全面贯彻党的十九大和十九届二中、三中、四中、五中全会精神，深入贯彻落实《新时期产业工人队伍建设改革方案》，以高质量发展为引领，以深化企业改革、加大技能人才培养为宗旨，以满足培育壮大发展新动能、促进产业转型升级和提高企业竞争力为根本，以产教融合、校企合作为重要手段，持续实施职业技能提升行动，面向企业全面推行新型学徒制培训，创新中国特色技能人才培养模式，进一步扩大技能人才培养规模，为实现高质量发展提供有力的人才和技能支撑。

二　基本原则

——坚持需求导向。坚持以满足高质量发展、适应产业变革、技术变革、组织变革和企业技术创新需求为目标，瞄准企业人力资源价值提升需求，面向企业技能岗位员工开展企业新型学徒制培训，满足人岗匹配和技能人才队伍梯次发展需要。

——坚持终身培训。进一步健全终身职业技能培训制度，支持企业职工在职业生涯发展的不同阶段通过多种方式，灵活接受职业技能培训，不断提高职工岗位技能，畅通技能人才职业发展通道。

——坚持校企政联动。在充分发挥企业培训主体作用和院校教育培训优势的基础上，各地人力资源社会保障部门要加强组织管理和协调服务，有序高效开展企业新型学徒制培养工作。

——坚持以用为本。充分利用企业新型学徒制培养成果，积极为企业新型学徒提升技能、干事创业提供机会和条件。鼓励企业新型学徒参与技术革新、技术攻关，在技能岗位发挥关键作用。

三 目标任务

按照政府引导、企业为主、院校参与的原则，在企业全面推行新型学徒制培训，进一步发挥各类企业主体作用，通过企校合作、工学交替方式，组织企业技能岗位新入职、转岗员工参加企业新型学徒制培训，力争使企业技能岗位新入职员工都有机会接受高质量岗前职业技能培训；力争使企业技能岗位转岗员工都有机会接受转岗转业就业储备性技能培训，达到"转岗即能顶岗"。以企业新型学徒制培训为引领，促进企业技能人才培养，不断提升企业技术创新能力和企业竞争力。

四 主要内容

（一）培养对象和培养模式。以至少签订1年以上劳动合同的技能岗位新招用和转岗等人员为主要培养对象，企业可结合生产实际自主确定培养对象。发挥企业培养主体作用，培养和评价"双结合"，企业实训基地和院校培训基地"双基地"，企业导师和院校导师"双导师"培养模式，大型企业可依托本企业培训中心等采取"师带徒"的方式，开展企业新型学徒制培养工作。

（二）培养目标和主要方式。学徒培养目标以符合企业岗位需求的中级工、高级工及技师、高级技师为主。培养期限为 1~2 年，特殊情况可延长到 3 年。各类企业特别是规模以上企业可结合实际需求和学徒职业发展、技能提升意愿，采用举办培训班、集训班等形式，采取弹性学制和学分制等管理手段，按照"一班一方案"开展学徒培训。中小微企业培训人员较少的情况，可由地方工商联及所属商会，会同当地人力资源社会保障部门根据培训职业，统一协调和集中多个中小微企业人员开展培训。

（三）培养内容。根据产业转型升级和高质量发展要求，紧扣制造强国、质量强国、数字中国建设之急需和企业未来技能需求，依据国家职业技能标准和行业、企业培训评价规范开展相应职业（工种）培训，积极应用"互联网+"、职业培训包等培训模式。加大企业生产岗位技能、数字技能、绿色技能、安全生产技能和职业道德、职业素养、工匠精神、质量意识、法律常识、创业创新、健康卫生等方面培训力度。

（四）培养主体职责。企业新型学徒培养的主要职责由所在企业承担。企业应与学徒签订培养协议，明确培训目标、培训内容与期限、质量考核标准等内容。同一批次同类职业（工种）可签订集体培养协议。企业委托培训机构承担学徒的部分培训任务，应与培训机构签订合作协议，明确培训的方式、内容、期限、费用、双方责任等具体内容，保证学徒在企业工作的同时，能够到培训机构参加系统的、有针对性的专业知识学习和相关技能训练。

五　激励机制

（一）完善经费补贴政策。对开展学徒培训的企业按规定给予职业培训补贴，补贴资金从职业技能提升行动专账资金或就业补助资金列支。补贴标准由各市（地）以上人力资源社会保障部门会同财政部门确定，学徒每人每年的补贴标准原则上 5000 元以上，补贴期限按照实际培训期限（不超过备案期限）计算，可结合经济发展、培训成本、物价指数等情况定期调整。企业在开展学徒培训前将有关材料报所在地人力资源社会保障部门备案，备案材料应包括培训计划、学徒名册、劳动合同复印件及其他相关材料（具体清单由所在地人力资源社会保障部门自行制定），经审核后列入学徒培训计划，并按规定向企业预支补贴资金。培训任务完成后，应向所在地人力资源社会保障部门及时提交职业资格证书（或职业技能等级证书、培训合格证书、毕业证书）编号或证书复印件、培训视频材料、培训机构出具的行政事业性收费票据（或税务发票）等符合财务管理规定的凭证，由相关部门按照符合补贴申领条件的人员数量，及时拨付其余补贴资金。企业可按照学徒社保缴纳地或就业所在地申领职业培训补贴。

（二）健全企业保障机制。学徒在学习培训期间，企业应当按照劳动合同法的规定支付工资，且工资不得低于企业所在地最低工资标准。企业按照与培训机构签订的合作协议约定，向培训机构支付学徒培训费用，所需资金从企业职工教育经费列支；符合有关政策规定的，由政府提供职业培训和职业技能鉴定补贴。承担带徒任务的企业导师享受导师带徒津贴，津贴标准由企业确定，津贴由企业承担。企业对学徒开展在岗培训、业务研修等企业内部发生的费用，符合有关政策规定的，可从企业职工教育经费中列支。

（三）建立奖励激励机制。充分发挥中华技能大奖获得者、全国技术能手、劳动模范、大国工匠等技能人才传帮带优势，充分利用技能大师（专家）工作室、劳模和工匠人才创新工作室等技能人才培养阵地，鼓励"名师带高徒""师徒结对子"，激发师徒主动性和积极性。鼓励企业建立学徒奖学金、师带徒津贴（授课费、课时费），制定职业技术技能等级认定优惠政策，畅通企业间流通渠道。

六　保障措施

（一）加强组织领导。各级人力资源社会保障部门、财政部门、国资监管部门、工会以及工商联要进一步提高认识，增强责任感和紧迫感，把全面推行企业新型学徒制培训作为实施职业技能提升行动、加强高技能人才培养的重要内容，认真组织实施。要建立密切配合、协同推进的工作机制，加强组织领导，全面推动实施。国资监管部门、工商联要以重点行业、重要领域和规模以上企业为着力点，大力推行企业新型学徒制培训。

（二）协调推动实施。企业按属地管理原则纳入当地工作范畴，享受当地政策。各级人力资源社会保障部门要建立与企业的联系制度，做好工作指导。要主动对接属地中央企业，做好资金、政策的落实以及服务保障工作。要加大工作力度，加强工作力量，做好对各类企业特别是中小微企业新型学徒培训的管理服务工作。各企业要加强组织实施，建立人事（劳资）部门牵头，生产、安全、财务、工会等有关部门密切配合、协同推进的工作机制，制定工作方案，认真规划、扎实组织、全面推动。各技工院校要积极参加企业新型学徒培养工作，并将其作为校企合作的重要内容。

（三）加强考核评价。鼓励企业职工人人持证，推动企业全面自主开展技能人才评价，并将参加新型学徒制培训的人员纳入其中。指导企业将学徒技能评价融入日常企业生产活动过程中，灵活运用过程化考核、模块化考核和业绩评审、直接认定等多种方式，对学徒进行职业技能等级认定，加大学徒高级工、技师、高级技师评价工作。加大社会培训评价机构和行业组织的征集遴选力度，注重发挥工商联所属商会作用，大力推行社会化职业技能等级认定。

（四）加强宣传动员。广泛动员企业、院校、培训机构和职工积极参与学徒制培训，扩大企业新型学徒制影响力和覆盖面。强化典型示范，突出导向作用，大力宣传推行企业新型学徒制的典型经验和良好成效，努力营造全社会关心尊重技能人才、重视支持企业职工培训工作的良好社会氛围。

人力资源社会保障部关于印发"技能中国行动"实施方案的通知

人社部发〔2021〕48号

各省、自治区、直辖市及新疆生产建设兵团人力资源社会保障厅（局）：

为贯彻落实习近平总书记对技能人才工作的重要指示精神，我部决定在"十四五"期间组织实施"技能中国行动"。现将《"技能中国行动"实施方案》印发各地，请结合实际贯彻执行。

人力资源社会保障部

2021年6月30日

"技能中国行动"实施方案

技能是强国之基、立业之本。技能人才是支撑中国制造、中国创造的重要力量。为贯彻落实习近平总书记对技能人才工作的重要指示精神，在"十四五"期间，人力资源社会保障部将组织实施"技能中国行动"，特制定本实施方案。

一　指导思想

以习近平新时代中国特色社会主义思想为指导，全面贯彻党的十九大和十九届二中、三中、四中、五中全会精神，认真落实习近平总书记对技能人才工作的重要指示精神，坚持党管人才、服务发展、改革创新、需求导向原则，健全技能人才培养、使用、评价、激励制度，着力强基础、优结构、扩规模、提质量，建机制、增活力，打造技能省市，为大力实施人才强国和创新驱动发展战略，建设制造强国、质量强国、技能中国，全面建设社会主义现代化国家，实现中华民族伟大复兴的中国梦，提供坚实的技能人才保障。

二　目标任务

"十四五"时期，大力实施"技能中国行动"，以培养高技能人才、能工巧匠、大国工匠为先导，带动技能人才队伍梯次发展，形成一支规模宏大、结构合理、技能精湛、素质优良，基本满足我国经济社会高质量发展需要的技能人才队伍。"十四五"期间，新增技能人才4000万人以上，技能人才占就业人员比例达到30%，东部省份高技能人才占技能人才比例达到

35%，中西部省份高技能人才占技能人才比例在现有基础上提高2~3个百分点。

三　基本原则

（一）坚持党管人才。加强党对技能人才工作的领导，强化行业企业主体作用，吸引社会力量积极参与，构建在党委政府领导下，行业企业、院校、社会力量共同参与的技能人才工作新格局。

（二）坚持服务发展。立足新发展阶段，贯彻新发展理念，紧贴发展需求，以推进技能人才供给侧结构性改革为主线，改进和完善培养模式，加快培养知识型、技能型、创新型劳动者大军。

（三）坚持改革创新。发挥市场在人力资源配置中的决定性作用，聚焦制约技能人才工作的短板弱项，完善政策措施体系，加大体制机制改革创新力度，从根本上推动技能人才队伍高质量发展。

（四）坚持需求导向。瞄准缓解结构性就业矛盾，以提升全民技能、构建技能社会为引领，突出需求导向目标，培养更多高素质劳动者，围绕急需紧缺领域培养更多技能人才和大国工匠。

四　主要任务

（一）健全完善"技能中国"政策制度体系

1. 健全技能人才发展政策体系。加强技能人才统计分析，全面系统谋划技能人才发展目标、工作任务、政策制度、保障措施，研究制定进一步加强新时代高技能人才队伍建设的指导意见，完善相关配套政策措施，形成更加完备的技能人才工作政策制度体系。鼓励各地结合实际，创新实践，抓好各项政策措施落实落地。

2. 健全终身职业技能培训制度。建立健全覆盖城乡全体劳动者、贯穿劳动者学习工作终身、适应就业创业和人才成长需要以及高质量发展需求的终身职业技能培训制度。构建以政府补贴培训、企业自主培训、市场化培训为主要供给,以高技能人才公共实训基地、技工院校、职业院校、职业培训机构和行业企业为主要载体,以就业技能培训、岗位技能提升培训和创业创新培训为主要形式的组织实施体系。加强数字技能培训,普及提升全民数字素养。完善国家基本职业培训包制度,加强职业培训规范化、科学化管理。持续实施国家级高技能人才培训基地、技能大师工作室建设项目。推动各地建设职业覆盖面广、地域特色鲜明的高技能人才培训基地、公共实训基地、技能大师工作室。

3. 完善技能人才评价体系。深化职业资格制度改革,完善职业技能等级制度,健全以职业资格评价、职业技能等级认定和专项职业能力考核等为主要内容的技能人才评价制度。健全完善科学化、社会化、多元化的技能人才评价体系。完善新职业信息发布制度,健全职业分类动态调整机制。完善职业标准开发机制,建立健全由国家职业技能标准、行业企业评价规范、专项职业能力考核规范等构成的多层次、相互衔接的职业标准体系。加强技能人才评价监督管理,营造公开、公平、公正的技能人才评价环境。

4. 构建职业技能竞赛体系。完善以世界技能大赛为引领、中华人民共和国职业技能大赛为龙头、全国行业职业技能竞赛和地方各级职业技能竞赛以及专项赛为主体、企业和院校职业技能比赛为基础的具有中国特色的职业技能竞赛体系,不断提高职业技能竞赛的科学化、规范化、专业化水平。围绕重大战略、重大工程、重大项目、重点产业,统筹管理、定期举办各级各类职业技能竞赛活动。推广集中开放、赛展结合的职业技能竞赛模式,鼓励和引导社会力量支持、参与办赛。推动省市县普遍举办综合性职业技能竞赛,加快培养专业化人才队伍,加强职业技能竞赛工作信息化建设。建设1个世界技能大赛综合训练中心、3个世界技能大赛中国研究中心、1个世界技能大赛中国研修中心和400个左右世界技能大赛中国集训基地,支持建设世界技能博物馆、世界技能能力建设中心、世界技能资源中心,加强世界技能大赛理论研究、工作研修和成果转化。

（二）实施"技能提升"行动

5. 持续实施职业技能提升行动。大规模开展高质量职业技能培训，创新培训方式，丰富培训内容，提升劳动者就业创业能力和水平。紧贴经济社会发展，编制发布技能人才需求指引，对接技能密集型产业，实施重点群体专项培训计划，大力推行"互联网+职业技能培训"，广泛开展新职业新业态新模式从业人员技能培训。健全以技能需求和技能评价结果为导向的培训补贴政策。全面推广职业培训券，建立实名制培训信息管理系统和劳动者职业培训电子档案，实现培训信息与就业、社会保障信息联通共享。

6. 大力发展技工教育。支持技工院校建设成为集技工教育、公共实训、技师研修、竞赛集训、技能评价、就业指导等功能一体的技能人才培养综合基地。遴选建设 300 所左右优质技工院校和 500 个左右优质专业，开展 100 个左右技工教育（联盟）集团建设试点工作。稳定和扩大技工院校招生规模，推动将技工院校纳入统一招生平台。建设全国技工院校招生宣传平台。

7. 支持技能人才创业创新。开展技能人才创业创新培训，对符合条件的高技能人才，按规定落实创业担保贷款及贴息政策，支持技能人才入驻创业孵化基地创办企业。支持各地建立创新型高技能人才信息库，支持高技能人才参与国家基础研究、重点科研、企业工艺改造、产品研发中心等项目。鼓励技能人才专利创新。定期举办全国技工院校学生创业创新大赛，培育技工院校学生创业创新能力。

8. 推动国家乡村振兴重点帮扶地区技工教育和职业培训均衡发展。实施国家乡村振兴重点帮扶地区职业技能提升工程，促进区域协调发展。支持建设（新建、改扩建）100 所左右技工院校和职业培训机构、100 个左右高技能人才培训基地和 100 个左右技能大师工作室，开发 100 个左右专项职业能力考核规范，培育 100 个左右劳务品牌，培养一批高技能人才和乡村工匠。定期举办全国乡村振兴职业技能大赛，引导支持重点帮扶地区举办具有地方特色的职业技能竞赛。加大东西部职业技能开发对口协作力度，确保有提升技能意愿的劳动力都有机会参加职业学校教育和技能培训。支持重点帮扶地区开展优秀技能人才评选表彰。

（三）实施"技能强企"行动

9. 推行中国特色企业新型学徒制。全面推行"招工即招生、入企即入校、企校双师联合培养"为主要内容的中国特色企业新型学徒制。发挥企业主体作用，推行培养和评价"双结合"、企业实训基地和院校培训基地"双基地"、企业导师和院校导师"双导师"的联合培养模式。通过校企合作、工学交替等方式，组织企业技能岗位新招用和转岗人员参加学徒制培训，助推企业技能人才培养，发展壮大产业工人队伍。

10. 建立健全产教融合、校企合作机制。推动企校在产业链、创新链、人才链上深度融合，共同推动区域经济社会高质量发展。契合企校需求，整合企校资源，建立企校资源集群，构建企校发展联通、需求互通、资源融通的双赢合作格局。支持企校开展数字技能、绿色技能等领域技能人才联合培养。

11. 开展大规模岗位练兵技能比武活动。支持行业企业将技能人才队伍建设上升为企业发展战略。引导行业企业立足生产、经营、管理实际，以增强核心竞争力为导向，采取以工代训、技能竞赛等形式，大力开展岗位练兵技术比武活动，提升职工技能水平，发现优秀技能人才，传播优秀企业文化。

12. 支持企业自主开展技能等级认定。发挥职业技能等级认定在促进技能人才成长中的积极作用，推动企业自主开展职业技能等级认定。支持企业结合生产经营特点和实际需要，自主确定评价职业（工种）范围，自主设置职业技能岗位等级，自主开发制定评价标准规范，自主运用评价方法，自主开展技能人才评价。鼓励企业在职业技能等级认定工作初期，广泛开展定级评价。可根据岗位条件、职工日常表现、工作业绩等，参照有关规定直接认定职工职业技能等级。支持企业将职业技能等级认定与企业岗位练兵、技术比武、新型学徒制、职工技能培训等各类活动相结合，建立与薪酬、岗位晋升相互衔接的职业技能等级制度。打破学历、资历、年龄、身份、比例等限制，对掌握高超技能、业绩突出的企业一线职工，可按规定直接认定为高级工、技师、高级技师。

（四）实施"技能激励"行动

13. 加大高技能人才表彰奖励。建立健全以国家奖励为导向、用人单位奖励为主体、社会奖励为补充的技能人才奖励体系。定期开展中华技能大奖、全国技术能手评选表彰，选拔优秀高技能人才享受政府特殊津贴。提高高技能人才在各级各类表彰和荣誉评选中的名额分配比例，提高表彰奖励标准，拓宽表彰奖励覆盖面。广泛开展高技能领军人才技能研修交流、休疗养和节日慰问活动。

14. 提升技能人才待遇水平。落实《技能人才薪酬分配指引》，引导企业建立健全体现技能价值激励导向的薪酬分配制度。指导企业对技能人才建立岗位价值、能力素质、业绩贡献的岗位绩效工资制，合理评价技能要素贡献。同时，鼓励企业对技能人才特别是高技能领军人才实行年薪制、协议薪酬、专项特殊奖励，按规定探索实行股权激励、项目分红或岗位分红等中长期激励方式，并结合技能人才劳动特点，统筹设置技能津贴、师带徒津贴等专项津贴，更好体现技能价值激励导向。畅通为高技能人才建立企业年金的机制，提高技能人才薪酬福利水平。进一步提高失业保险参保职工技能提升补贴政策受益率。

15. 落实技能人才社会地位。探索推动面向技术工人、技工院校学生招录（招聘）事业单位工作人员，拓宽技能人才职业发展空间。技工院校高级工、预备技师（技师）班毕业生在应征入伍、就业、确定工资起点标准、参加机关事业单位招聘、职称评审、职级晋升等方面，分别按照大学专科、本科学历毕业生享受同等待遇。推动将高技能人才纳入城市直接落户范围，其配偶、子女按有关规定享受公共就业、教育、住房等保障服务。

16. 健全技能人才职业发展贯通机制。拓展技能人才职业技能等级设置，支持和引导企业增加职业技能等级层次，探索设立首席技师、特级技师等岗位职务。建立技能人才与管理人才、专业技术人才职业转换通道。建立职业资格、职业技能等级与专业技术职务比照认定制度，加强高技能人才与专业技术人才职业发展贯通。各类用人单位对在聘的高级工以上高技能人才在学习进修、岗位聘任、职务职级晋升、评优评奖、科研项目申报等方面，按相应层级专业技术人员享受同等待遇。

17. 弘扬劳模精神、劳动精神、工匠精神。创新方式方法，结合世界技能大赛、国内职业技能竞赛、高技能人才评选表彰、世界青年技能日等重大赛事、重大活动和重要节点，采取群众喜闻乐见的形式，广泛深入开展技能中国行、"迎世赛，点亮技能之光"、中华绝技等宣传活动，讲好技能成才、技能报国故事，传播技能文化，大力弘扬劳模精神、劳动精神、工匠精神。各地可利用技工院校、职业院校、博物馆、文化宫、青少年宫等教育和培训场所，推动设立技能角、技能园地等技能展示、技能互动、职业体验区域，引导广大劳动者特别是青年一代关注技能、学习技能、投身技能。技工院校、职业院校要大力开展技能教育，在劳动教育和劳动实践活动中宣传劳模精神、劳动精神、工匠精神。

（五）实施"技能合作"行动

18. 做好世界技能大赛参赛和办赛工作。精心组织上海第46届世界技能大赛，充分展示中国技能发展成就，努力办成一届"富有新意、影响广泛"的世界技能大赛。积极做好世界技能大赛备赛参赛工作，规范遴选世界技能大赛中国集训基地和技术指导专家团队，科学组织集训备赛和参赛工作。举办"一带一路"国际技能大赛等。

19. 加强技能领域国际交流合作。统筹利用亚洲合作资金和"一带一路"合作项目资源，开展多边、双边技能合作和对外援助，带动"一带一路"沿线国家完善职业技能培训体系。推进与发达国家在职业技能开发领域的交流互鉴，继续选派青年赴法国、德国等国家开展实习交流，组织职业能力建设管理人员出国交流。支持技工院校与发达国家和"一带一路"沿线国家职业院校合作办学，选派优秀学生出国交换学习。

20. 加强职业资格证书国际互认。研究制定境外职业资格境内活动管理暂行办法，规范在我国境内开展的境外各类职业资格相关活动。根据技能人才队伍建设需要，结合实际制定职业资格证书国际互认管理办法。支持持境外职业资格证书人员按规定参加职业资格评价或职业技能等级认定，促进技能人才流动。

五　实施保障

（一）加强组织领导。各地要深入学习贯彻落实习近平总书记对技能人才工作重要指示精神，充分认识进一步加强技能人才工作的重大意义，将技能人才纳入本地人才队伍建设重要工作内容和"十四五"规划，建立党委（党组）统一领导、有关部门各司其职、行业企业为主体、社会力量广泛参与的工作机制，形成推动工作合力。我部根据各地实际，通过与省级人民政府签署部省（区、市）共建协议等方式，推动各地打造技能省市。

（二）加大经费支持。各地要加大技能人才工作投入力度，按政策统筹使用职业技能提升行动专账资金、就业补助资金、失业保险基金、教育经费、人才专项资金等各类资金，发挥好政府资金的撬动作用，推动建立政府、企业、社会多元化投入机制。

（三）加大宣传引导。各地要加大"技能中国行动"宣传力度，围绕五大行动计划精心策划宣传活动，广泛解读宣传技能人才政策，及时发布工作进展和成果成效。要大力宣传行动中涌现的先进典型和先进事迹，引导社会各界关注技能人才，支持技能人才工作，营造技能人才发展的良好社会氛围。

人力资源社会保障部办公厅关于发布《电子劳动合同订立指引》的通知

各省、自治区、直辖市及新疆生产建设兵团人力资源社会保障厅（局）：

为指导用人单位和劳动者依法规范订立电子劳动合同，我部根据《中华人民共和国劳动合同法》《中华人民共和国民法典》《中华人民共和国电子签名法》等法律法规，组织编写了《电子劳动合同订立指引》，现印发给你们。

各地要加大《电子劳动合同订立指引》的宣传力度，指导有订立电子劳动合同意愿的用人单位和劳动者，参照《电子劳动合同订立指引》协商一致订立电子劳动合同，确保电子劳动合同真实、完整、准确、不被篡改。要结合本地实际，加快建设电子劳动合同业务信息系统和公共服务平台，及时公布接收电子劳动合同的数据格式和标准，逐步推进电子劳动合同在人力资源社会保障政务服务中的全面应用。

人力资源社会保障部办公厅

2021 年 7 月 1 日

电子劳动合同订立指引

第一章　总则

第一条　本指引所指电子劳动合同，是指用人单位与劳动者按照《中华人民共和国劳动合同法》《中华人民共和国民法典》《中华人民共和国电子签名法》等法律法规规定，经协商一致，以可视为书面形式的数据电文为载体，使用可靠的电子签名订立的劳动合同。

第二条　依法订立的电子劳动合同具有法律效力，用人单位与劳动者应当按照电子劳动合同的约定，全面履行各自的义务。

第二章　电子劳动合同的订立

第三条　用人单位与劳动者订立电子劳动合同的，要通过电子劳动合同订立平台订立。

第四条　电子劳动合同订立平台要通过有效的现代信息技术手段提供劳动合同订立、调取、储存、应用等服务，具备身份认证、电子签名、意愿确认、数据安全防护等能力，确保电子劳动合同信息的订立、生成、传递、储存等符合法律法规规定，满足真实、完整、准确、不可篡改和可追溯等要求。

第五条　鼓励用人单位和劳动者使用政府发布的劳动合同示范文本订立电子劳动合同。劳动合同未载明《中华人民共和国劳动合同法》规定的劳动合同必备条款或内容违反法律法规规定的，用人单位依法承担相应的法律责任。

第六条　双方同意订立电子劳动合同的，用人单位要在订立电子劳动合同前，明确告知劳动者订立电子劳动合同的流程、操作方法、注意事项和查看、下载完整的劳动合同文本的途径，并不得向劳动者收取费用。

第七条　用人单位和劳动者要确保向电子劳动合同订立平台提交的身份信息真实、完整、准确。电子劳动合同订立平台要通过数字证书、联网信息核验、生物特征识别验证、手机短信息验证码等技术手段，真实反映订立人身份和签署意愿，并记录和保存验证确认过程。具备条件的，可使用电子社保卡开展实人实名认证。

第八条　用人单位和劳动者要使用符合《中华人民共和国电子签名法》要求、依法设立的电子认证服务机构颁发的数字证书和密钥，进行电子签名。

第九条　电子劳动合同经用人单位和劳动者签署可靠的电子签名后生效，并应附带可信时间戳。

第十条　电子劳动合同订立后，用人单位要以手机短信、微信、电子邮件或者 App 信息提示等方式通知劳动者电子劳动合同已订立完成。

第三章　电子劳动合同的调取、储存、应用

第十一条　用人单位要提示劳动者及时下载和保存电子劳动合同文本，告知劳动者查看、下载电子劳动合同的方法，并提供必要的指导和帮助。

第十二条　用人单位要确保劳动者可以使用常用设备随时查看、下载、打印电子劳动合同的完整内容，不得向劳动者收取费用。

第十三条　劳动者需要电子劳动合同纸质文本的，用人单位要至少免费提供一份，并通过盖章等方式证明与数据电文原件一致。

第十四条　电子劳动合同的储存期限要符合《中华人民共和国劳动合同法》关于劳动合同保存期限的规定。

第十五条　鼓励用人单位和劳动者优先选用人力资源社会保障部门等政府部门建设的电子劳动合同订立平台（以下简称政府平台）。用人单位和劳动者未通过政府平台订立电子劳动合同的，要按照当地人力资源社会保障部门公布的数据格式和标准，提交满足电子政务要求的电子劳动合同数据，便捷办理就业创业、劳动用工备案、社会保险、人事人才、职业培训等业务。非政府平台的电子劳动合同订立平台要支持用人单位和劳动者及时提交相关数据。

第十六条　电子劳动合同订立平台要留存订立和管理电子劳动合同全过程证据，包括身份认证、签署意愿、电子签名等，保证电子证据链的完整性，确保相关信息可查询、可调用，为用人单位、劳动者以及法律法规授权机构查询和提取电子数据提供便利。

第四章　信息保护和安全

第十七条　电子劳动合同信息的管理、调取和应用要符合《中华人民共和国网络安全法》《互联网信息服务管理办法》等法律法规，不得侵害信息主体合法权益。

第十八条　电子劳动合同订立平台及其所依赖的服务环境，要按照《信息安全等级保护管理办法》第三级的相关要求实施网络安全等级保护，确保平台稳定运行，提供连续服务，防止所收集或使用的身份信息、合同内容信息、日志信息泄漏、篡改、丢失。

第十九条　电子劳动合同订立平台要建立健全电子劳动合同信息保护制度，不得非法收集、使用、加工、传输、提供、公开电子劳动合同信息。未经信息主体同意或者法律法规授权，电子劳动合同订立平台不得向他人非法提供电子劳动合同查阅、调取等服务。

第五章　附则

第二十条　本指引中主要用语的含义：

（一）数据电文，是指以电子、光学、磁或者类似手段生成、发送、接收或者储存的信息。

（二）可视为书面形式的数据电文，是指能够有形地表现所载内容，并可以随时调取查用的数据电文。

（三）电子签名，是指数据电文中以电子形式所含、所附用于识别签名人身份并表明签名人认可其中内容的数据。

（四）可靠的电子签名，是指同时符合下列条件的电子签名：

1. 电子签名制作数据用于电子签名时，属于电子签名人专有；

2. 签署时电子签名制作数据仅由电子签名人控制；

3. 签署后对电子签名的任何改动能够被发现；

4. 签署后对数据电文内容和形式的任何改动能够被发现。

（五）可信时间戳，是指权威机构使用数字签名技术产生的能够证明所签名的原始文件在签名时间之前已经存在的数据。

第二十一条 本指引未尽事宜，按照有关法律法规和政策规定执行。

人力资源社会保障部等十部门关于印发《工程建设领域农民工工资专用账户管理暂行办法》的通知

人社部发〔2021〕53号

各省、自治区、直辖市及新疆生产建设兵团人力资源社会保障厅（局），发展改革委，财政（务）厅（局），住房和城乡建设厅（委、管委、局），交通运输厅（局、委），水利（务）厅（局），中国人民银行上海总部、各分行、营业管理部、各省会（首府）城市中心支行，铁路监督管理局，民航各地区管理局，银保监局：

现将《工程建设领域农民工工资专用账户管理暂行办法》印发你们，请贯彻执行。

人力资源社会保障部

国家发展改革委

财政部

住房城乡建设部

交通运输部

水利部

人民银行

国家铁路局

中国民用航空局

中国银保监会

2021年7月7日

工程建设领域农民工工资专用账户管理暂行办法

第一章 总则

第一条 为根治工程建设领域拖欠农民工工资问题，规范农民工工资专用账户管理，切实维护农民工劳动报酬权益，根据《保障农民工工资支付条例》《人民币银行结算账户管理办法》等有关法规规定，制定本办法。

第二条 本办法所称农民工工资专用账户（以下简称专用账户）是指施工总承包单位（以下简称总包单位）在工程建设项目所在地银行业金融机构（以下简称银行）开立的，专项用于支付农民工工资的专用存款账户。人工费用是指建设单位向总包单位专用账户拨付的专项用于支付农民工工资的工程款。

第三条 本办法所称建设单位是指工程建设项目的项目法人或负有建设管理责任的相关单位；总包单位是指从建设单位承包施工任务，具有施工承包资质的企业，包括工程总承包单位、施工总承包企业、直接承包建设单位发包工程的专业承包企业；分包单位是指承包总包单位发包的专业工程或者劳务作业，具有相应资质的企业；监理单位是指受建设单位委托依法执行工程监理任务，取得监理资质证书，具有法人资格的监理公司等单位。

本办法所称相关行业工程建设主管部门是指各级住房和城乡建设、交通运输、水利、铁路、民航等工程建设项目的行政主管部门。

第四条 本办法适用于房屋建筑、市政、交通运输、水利及基础设施建设的建筑工程、线路管道、设备安装、工程装饰装修、城市园林绿化等各种新建、扩建、改建工程建设项目。

第二章　专用账户的开立、撤销

第五条　建设单位与总包单位订立书面工程施工合同时，应当约定以下事项：

（一）工程款计量周期和工程款进度结算办法；

（二）建设单位拨付人工费用的周期和拨付日期；

（三）人工费用的数额或者占工程款的比例等。

前款第三项应当满足农民工工资按时足额支付的要求。

第六条　专用账户按工程建设项目开立。总包单位应当在工程施工合同签订之日起 30 日内开立专用账户，并与建设单位、开户银行签订资金管理三方协议。专用账户名称为总包单位名称加工程建设项目名称后加"农民工工资专用账户"。总包单位应当在专用账户开立后的 30 日内报项目所在地专用账户监管部门备案。监管部门由各省、自治区、直辖市根据《保障农民工工资支付条例》确定。

总包单位有 2 个及以上工程建设项目的，可开立新的专用账户，也可在符合项目所在地监管要求的情况下，在已有专用账户下按项目分别管理。

第七条　开户银行应当规范优化农民工工资专用账户开立服务流程，配合总包单位及时做好专用账户开立和管理工作，在业务系统中对账户进行特殊标识。

开户银行不得将专用账户资金转入除本项目农民工本人银行账户以外的账户，不得为专用账户提供现金支取和其他转账结算服务。

第八条　除法律另有规定外，专用账户资金不得因支付为本项目提供劳动的农民工工资之外的原因被查封、冻结或者划拨。

第九条　工程完工、总包单位或者开户银行发生变更需要撤销专用账户的，总包单位将本工程建设项目无拖欠农民工工资情况公示 30 日，并向项目所在地人力资源社会保障行政部门、相关行业工程建设主管部门出具无拖欠农民工工资承诺书。

开户银行依据专用账户监管部门通知取消账户特殊标识，按程序办理专用账户撤销手续，专用账户余额归总包单位所有。总包单位或者开户银行发生变更，撤销账户后可按照第六条规定开立新的专用账户。

第十条　工程建设项目存在以下情况，总包单位不得向开户银行申请撤销专用账户：

（一）尚有拖欠农民工工资案件正在处理的；

（二）农民工因工资支付问题正在申请劳动争议仲裁或者向人民法院提起诉讼的；

（三）其他拖欠农民工工资的情形。

第十一条　建设单位应当加强对总包单位开立、撤销专用账户情况的监督。

第三章　人工费用的拨付

第十二条　建设单位应当按工程施工合同约定的数额或者比例等，按时将人工费用拨付到总包单位专用账户。人工费用拨付周期不得超过1个月。

开户银行应当做好专用账户日常管理工作。出现未按约定拨付人工费用等情况的，开户银行应当通知总包单位，由总包单位报告项目所在地人力资源社会保障行政部门和相关行业工程建设主管部门，相关部门应当纳入欠薪预警并及时进行处置。

建设单位已经按约定足额向专用账户拨付资金，但总包单位依然拖欠农民工工资的，建设单位应及时报告有关部门。

第十三条　因用工量增加等原因导致专用账户余额不足以按时足额支付农民工工资时，总包单位提出需增加的人工费用数额，由建设单位核准后及时追加拨付。

第十四条　工程建设项目开工后，工程施工合同约定的人工费用的数额、占工程款的比例等需要修改的，总包单位可与建设单位签订补充协议并将相关修改情况通知开户银行。

第四章　农民工工资的支付

第十五条　工程建设领域总包单位对农民工工资支付负总责，推行分包单位农民工工资委托总包单位代发制度（以下简称总包代发制度）。

工程建设项目施行总包代发制度的，总包单位与分包单位签订委托工资支付协议。

第十六条 总包单位或者分包单位应当按照相关行业工程建设主管部门的要求开展农民工实名制管理工作，依法与所招用的农民工订立劳动合同并进行用工实名登记。总包单位和分包单位对农民工实名制基本信息进行采集、核实、更新，建立实名制管理台账。工程建设项目应结合行业特点配备农民工实名制管理所必需的软硬件设施设备。

未与总包单位或者分包单位订立劳动合同并进行用工实名登记的人员，不得进入项目现场施工。

第十七条 施行总包代发制度的，分包单位以实名制管理信息为基础，按月考核农民工工作量并编制工资支付表，经农民工本人签字确认后，与农民工考勤表、当月工程进度等情况一并交总包单位，并协助总包单位做好农民工工资支付工作。

总包单位应当在工程建设项目部配备劳资专管员，对分包单位劳动用工实施监督管理，审核分包单位编制的农民工考勤表、工资支付表等工资发放资料。

第十八条 总包单位应当按时将审核后的工资支付表等工资发放资料报送开户银行，开户银行应当及时将工资通过专用账户直接支付到农民工本人的银行账户，并由总包单位向分包单位提供代发工资凭证。

第十九条 农民工工资卡实行一人一卡、本人持卡，用人单位或者其他人员不得以任何理由扣押或者变相扣押。

开户银行应采取有效措施，积极防范本机构农民工工资卡被用于出租、出售、洗钱、赌博、诈骗和其他非法活动。

第二十条 开户银行支持农民工使用本人的具有金融功能的社会保障卡或者现有银行卡领取工资，不得拒绝其使用他行社会保障卡银行账户或他行银行卡。任何单位和个人不得强制要求农民工重新办理工资卡。农民工使用他行社会保障卡银行账户或他行银行卡的，鼓励执行优惠的跨行代发工资手续费率。

农民工本人确需办理新工资卡的，优先办理具有金融功能的社会保障卡，鼓励开户银行提供便利化服务，上门办理。

第二十一条 总包单位应当将专用账户有关资料、用工管理台账等妥善保存，至少保存至工程完工且工资全部结清后3年。

第二十二条 建设单位在签订工程监理合同时，可通过协商委托监理单位实施农民工工资支付审核及监督。

第五章 工资支付监控预警平台建设

第二十三条 人力资源社会保障部会同相关部门统筹做好全国农民工工资支付监控预警平台的规划和建设指导工作。

省级应当建立全省集中的农民工工资支付监控预警平台，支持辖区内省、市、县各级开展农民工工资支付监控预警。同时，按照网络安全和信息化有关要求，做好平台安全保障工作。

国家、省、市、县逐步实现农民工工资支付监控预警数据信息互联互通，与建筑工人管理服务、投资项目在线审批监管、全国信用信息共享、全国水利建设市场监管、铁路工程监督管理等信息平台对接，实现信息比对、分析预警等功能。

第二十四条 相关单位应当依法将工程施工合同中有关专用账户和工资支付的内容及修改情况、专用账户开立和撤销情况、劳动合同签订情况、实名制管理信息、考勤表信息、工资支付表信息、工资支付信息等实时上传农民工工资支付监控预警平台。

第二十五条 各地人力资源社会保障、发展改革、财政、住房和城乡建设、交通运输、水利等部门应当加强工程建设项目审批、资金落实、施工许可、劳动用工、工资支付等信息的及时共享，依托农民工工资支付监控预警平台开展多部门协同监管。

各地要统筹做好农民工工资支付监控预警平台与工程建设领域其他信息化平台的数据信息共享，避免企业重复采集、重复上传相关信息。

第二十六条 农民工工资支付监控预警平台依法归集专用账户管理、实名制管理和工资支付等方面信息，对违反专用账户管理、人工费用拨付、工资支付规定的情况及时进行预警，逐步实现工程建设项目农民工工资支付全过程动态监管。

第二十七条　加强劳动保障监察相关系统与农民工工资支付监控预警平台的协同共享和有效衔接，开通工资支付通知、查询功能和拖欠工资的举报投诉功能，方便农民工及时掌握本人工资支付情况，依法维护劳动报酬权益。

第二十八条　已建立农民工工资支付监控预警平台并实现工资支付动态监管的地区，专用账户开立、撤销不再要求进行书面备案。

第六章　监督管理

第二十九条　各地应当依据本办法完善工程建设领域农民工工资支付保障制度体系，坚持市场主体负责、政府依法监管、社会协同监督，按照源头治理、预防为主、防治结合、标本兼治的要求，依法根治工程建设领域拖欠农民工工资问题。

第三十条　各地人力资源社会保障行政部门和相关行业工程建设主管部门应当按职责对工程建设项目专用账户管理、人工费用拨付、农民工工资支付等情况进行监督检查，并及时处理有关投诉、举报、报告。

第三十一条　人民银行及其分支机构、银保监会及其派出机构应当采取必要措施支持银行为专用账户管理提供便利化服务。

第三十二条　各级人力资源社会保障行政部门和相关行业工程建设主管部门不得借推行专用账户制度的名义，指定开户银行和农民工工资卡办卡银行；不得巧立名目收取费用，增加企业负担。

第七章　附则

第三十三条　各省级人力资源社会保障行政部门可根据本暂行办法，会同相关部门结合本地区实际情况制定实施细则。

第三十四条　同一工程建设项目发生管辖争议的，由共同的上一级人力资源社会保障部门会同相关行业工程建设主管部门指定管辖。

第三十五条　本暂行办法自印发之日起施行。办法施行前已开立的专用账户，可继续保留使用。

人力资源社会保障部　国家发展改革委 交通运输部　应急部　市场监管总局 国家医保局　最高人民法院 全国总工会关于维护新就业形态 劳动者劳动保障权益的指导意见

人社部发〔2021〕56号

各省、自治区、直辖市人民政府、高级人民法院、总工会，新疆生产建设兵团，新疆维吾尔自治区高级人民法院生产建设兵团分院，新疆生产建设兵团总工会：

近年来，平台经济迅速发展，创造了大量就业机会，依托互联网平台就业的网约配送员、网约车驾驶员、货车司机、互联网营销师等新就业形态劳动者数量大幅增加，维护劳动者劳动保障权益面临新情况新问题。为深入贯彻落实党中央、国务院决策部署，支持和规范发展新就业形态，切实维护新就业形态劳动者劳动保障权益，促进平台经济规范健康持续发展，经国务院同意，现提出以下意见：

一　规范用工，明确劳动者权益保障责任

（一）指导和督促企业依法合规用工，积极履行用工责任，稳定劳动者队伍。主动关心关爱劳动者，努力改善劳动条件，拓展职业发展空间，逐步提高劳动者权益保障水平。培育健康向上的企业文化，推动劳动者共享企业发展成果。

（二）符合确立劳动关系情形的，企业应当依法与劳动者订立劳动合同。不完全符合确立劳动关系情形但企业对劳动者进行劳动管理（以下简称不完全符合确立劳动关系情形）的，指导企业与劳动者订立书面协议，合理确定企业与劳动者的权利义务。个人依托平台自主开展经营活动、从事自由职业等，按照民事法律调整双方的权利义务。

（三）平台企业采取劳务派遣等合作用工方式组织劳动者完成平台工作的，应选择具备合法经营资质的企业，并对其保障劳动者权益情况进行监督。平台企业采用劳务派遣方式用工的，依法履行劳务派遣用工单位责任。对采取外包等其他合作用工方式，劳动者权益受到损害的，平台企业依法承担相应责任。

二　健全制度，补齐劳动者权益保障短板

（四）落实公平就业制度，消除就业歧视。企业招用劳动者不得违法设置性别、民族、年龄等歧视性条件，不得以缴纳保证金、押金或者其他名义向劳动者收取财物，不得违法限制劳动者在多平台就业。

（五）健全最低工资和支付保障制度，推动将不完全符合确立劳动关系情形的新就业形态劳动者纳入制度保障范围。督促企业向提供正常劳动的劳动者支付不低于当地最低工资标准的劳动报酬，按时足额支付，不得克扣或者无故拖欠。引导企业建立劳动报酬合理增长机制，逐步提高劳动报酬水平。

（六）完善休息制度，推动行业明确劳动定员定额标准，科学确定劳动者工作量和劳动强度。督促企业按规定合理确定休息办法，在法定节假日支付高于正常工作时间劳动报酬的合理报酬。

（七）健全并落实劳动安全卫生责任制，严格执行国家劳动安全卫生保护标准。企业要牢固树立安全"红线"意识，不得制定损害劳动者安全健康的考核指标。要严格遵守安全生产相关法律法规，落实全员安全生产责任制，建立健全安全生产规章制度和操作规程，配备必要的劳动安全卫生设施

和劳动防护用品，及时对劳动工具的安全和合规状态进行检查，加强安全生产和职业卫生教育培训，重视劳动者身心健康，及时开展心理疏导。强化恶劣天气等特殊情形下的劳动保护，最大限度减少安全生产事故和职业病危害。

（八）完善基本养老保险、医疗保险相关政策，各地要放开灵活就业人员在就业地参加基本养老、基本医疗保险的户籍限制，个别超大型城市难以一步实现的，要结合本地实际，积极创造条件逐步放开。组织未参加职工基本养老、职工基本医疗保险的灵活就业人员，按规定参加城乡居民基本养老、城乡居民基本医疗保险，做到应保尽保。督促企业依法参加社会保险。企业要引导和支持不完全符合确立劳动关系情形的新就业形态劳动者根据自身情况参加相应的社会保险。

（九）强化职业伤害保障，以出行、外卖、即时配送、同城货运等行业的平台企业为重点，组织开展平台灵活就业人员职业伤害保障试点，平台企业应当按规定参加。采取政府主导、信息化引领和社会力量承办相结合的方式，建立健全职业伤害保障管理服务规范和运行机制。鼓励平台企业通过购买人身意外、雇主责任等商业保险，提升平台灵活就业人员保障水平。

（十）督促企业制定修订平台进入退出、订单分配、计件单价、抽成比例、报酬构成及支付、工作时间、奖惩等直接涉及劳动者权益的制度规则和平台算法，充分听取工会或劳动者代表的意见建议，将结果公示并告知劳动者。工会或劳动者代表提出协商要求的，企业应当积极响应，并提供必要的信息和资料。指导企业建立健全劳动者申诉机制，保障劳动者的申诉得到及时回应和客观公正处理。

三 提升效能，优化劳动者权益保障服务

（十一）创新方式方法，积极为各类新就业形态劳动者提供个性化职业介绍、职业指导、创业培训等服务，及时发布职业薪酬和行业人工成本信息等，为企业和劳动者提供便捷化的劳动保障、税收、市场监管等政策咨询服

务，便利劳动者求职就业和企业招工用工。

（十二）优化社会保险经办，探索适合新就业形态的社会保险经办服务模式，在参保缴费、权益查询、待遇领取和结算等方面提供更加便捷的服务，做好社会保险关系转移接续工作，提高社会保险经办服务水平，更好保障参保人员公平享受各项社会保险待遇。

（十三）建立适合新就业形态劳动者的职业技能培训模式，保障其平等享有培训的权利。对各类新就业形态劳动者在就业地参加职业技能培训的，优化职业技能培训补贴申领、发放流程，加大培训补贴资金直补企业工作力度，符合条件的按规定给予职业技能培训补贴。健全职业技能等级制度，支持符合条件的企业按规定开展职业技能等级认定。完善职称评审政策，畅通新就业形态劳动者职称申报评价渠道。

（十四）加快城市综合服务网点建设，推动在新就业形态劳动者集中居住区、商业区设置临时休息场所，解决停车、充电、饮水、如厕等难题，为新就业形态劳动者提供工作生活便利。

（十五）保障符合条件的新就业形态劳动者子女在常住地平等接受义务教育的权利。推动公共文体设施向劳动者免费或低收费开放，丰富公共文化产品和服务供给。

四 齐抓共管，完善劳动者权益保障工作机制

（十六）保障新就业形态劳动者权益是稳定就业、改善民生、加强社会治理的重要内容。各地区要加强组织领导，强化责任落实，切实做好新就业形态劳动者权益保障各项工作。人力资源社会保障部、国家发展改革委、交通运输部、应急部、市场监管总局、国家医保局、最高人民法院、全国总工会等部门和单位要认真履行职责，强化工作协同，将保障劳动者权益纳入数字经济协同治理体系，建立平台企业用工情况报告制度，健全劳动者权益保障联合激励惩戒机制，完善相关政策措施和司法解释。

（十七）各级工会组织要加强组织和工作有效覆盖，拓宽维权和服务范

围，积极吸纳新就业形态劳动者加入工会。加强对劳动者的思想政治引领，引导劳动者理性合法维权。监督企业履行用工责任，维护好劳动者权益。积极与行业协会、头部企业或企业代表组织开展协商，签订行业集体合同或协议，推动制定行业劳动标准。

（十八）各级法院和劳动争议调解仲裁机构要加强劳动争议办案指导，畅通裁审衔接，根据用工事实认定企业和劳动者的关系，依法依规处理新就业形态劳动者劳动保障权益案件。各类调解组织、法律援助机构及其他专业化社会组织要依法为新就业形态劳动者提供更加便捷、优质高效的纠纷调解、法律咨询、法律援助等服务。

（十九）各级人力资源社会保障行政部门要加大劳动保障监察力度，督促企业落实新就业形态劳动者权益保障责任，加强治理拖欠劳动报酬、违法超时加班等突出问题，依法维护劳动者权益。各级交通运输、应急、市场监管等职能部门和行业主管部门要规范企业经营行为，加大监管力度，及时约谈、警示、查处侵害劳动者权益的企业。

各地区各有关部门要认真落实本意见要求，出台具体实施办法，加强政策宣传，积极引导社会舆论，增强新就业形态劳动者职业荣誉感，努力营造良好环境，确保各项劳动保障权益落到实处。

人力资源社会保障部

国家发展改革委

交通运输部

应急部

市场监管总局

国家医保局

最高人民法院

全国总工会

2021 年 7 月 16 日

人力资源社会保障部等6部门关于巩固拓展社会保险扶贫成果助力全面实施乡村振兴战略的通知

人社部发〔2021〕64号

各省、自治区、直辖市及新疆生产建设兵团人力资源社会保障厅（局）、民政厅（局）、财政厅（局）、乡村振兴局、残疾人联合会，国家税务总局各省、自治区、直辖市和计划单列市税务局：

为贯彻党中央、国务院决策部署，巩固拓展社会保险扶贫成果，持续做好脱贫人口、困难群体社会保险帮扶，促进社会保险高质量可持续发展，助力全面实施乡村振兴战略，现就有关事项通知如下：

一　总体要求

以习近平新时代中国特色社会主义思想为指导，全面贯彻党的十九大和十九届二中、三中、四中、五中全会精神，深入学习贯彻习近平总书记在全国脱贫攻坚总结表彰大会、中央政治局第二十八次集体学习和庆祝中国共产党成立100周年大会上的重要讲话精神，坚持人民至上，切实解决农村居民和进城务工人员在社会保险方面的急难愁盼问题，完善困难群体社会保险帮扶政策，推动社会保险法定人员全覆盖，提高社会保险保障能力，提升社会保险经办服务水平，充分发挥社会保险在保障和改善民生、维护社会公平、增进人民福祉等方面的积极作用，有效防止参保人员因年老、工伤、失业返贫致贫，为巩固拓展脱贫攻坚成果、全面推进乡村振兴贡献力量，推动人的全面发展、全体人民共同富裕取得更为明显的实质性进展。

二　主要政策措施

（一）减轻困难群体参保缴费负担

完善困难群体参保帮扶政策。对参加城乡居民养老保险的低保对象、特困人员、返贫致贫人口、重度残疾人等缴费困难群体，地方人民政府为其代缴部分或全部最低缴费档次养老保险费。在提高最低缴费档次时，对上述困难群体和其他已脱贫人口可保留现行最低缴费档次。支持和鼓励有条件的集体经济组织和其他社会经济组织、公益慈善组织、个人为参加城乡居民养老保险的困难人员参保缴费提供资助。对灵活就业的进城务工人员，引导其参加企业职工基本养老保险，对符合就业困难人员条件的，按规定落实社会保险补贴政策。

（二）推进社会保险法定人员全覆盖

精准实施全民参保计划，开展精准登记服务，推动放开外地户籍灵活就业人员在就业地参加职工养老保险的户籍限制，组织未参加企业职工基本养老保险的灵活就业人员按规定参加城乡居民基本养老保险，推动基本养老保险应保尽保。"十四五"时期，中央确定的城乡居民基础养老金不计入低保家庭、特困人员收入。扩大失业保险覆盖范围，使更多农民工按规定参加失业保险并享受政策保障。推进职业伤害保障试点，加强平台灵活就业人员职业伤害保障。落实《工伤预防五年行动计划（2021-2025）》，重点在工伤事故和职业病高发的行业企业实施，切实降低工伤事故发生率，防止因伤致贫、因伤返贫。

（三）提高社会保险待遇水平

完善落实城乡居民基本养老保险待遇确定与基础养老金正常调整机制，适时提高城乡居民基础养老金标准，鼓励引导符合条件的城乡居民早参保、多缴费，规范个人账户记账利率办法，提高个人账户养老金水平。推进各省统一农民工和城镇职工失业保险参保缴费办法，享受同等待遇。按规定落实失业保险参保职工技能提升补贴政策，助力乡村振兴人才培养。落实工伤保险待遇调整机制，切实保障工伤农民工返乡后各项工伤保险待遇的落实，稳步提升工伤保险保障效能。

（四）提升基金安全性和可持续性

加快推进企业职工基本养老保险全国统筹，进一步均衡地区之间基金负担，确保基本养老金按时足额发放。全面推进工伤保险基金省级统收统支，推动失业保险基金省级统收统支，提高基金互助共济能力。继续推动城乡居民基本养老保险基金委托投资运营，将 2017 年以来每年新增结余不低于80%用于委托投资，不断提高投资收益，实现基金保值增值。健全政策、经办、信息、监督"四位一体"基金管理风险防控体系，持续推进风险防控措施"进规程、进系统"，完善经办内控制度，防范基金跑冒滴漏风险，确保基金安全。

（五）加强社会保险经办服务能力

加强脱贫地区基本公共服务能力建设，重点支持国家重点帮扶县社保经办服务能力提升，补齐区域性社保经办管理服务短板，增强乡镇（街道）、村（社区）社保服务平台管理和服务水平。推进养老保险关系转移接续实现"跨省通办"。优化城乡养老保险制度衔接流程，实行城乡居民养老保险转移和城乡养老保险制度衔接的网上申请。落实超期业务督办等工作机制，提升转移业务经办效率。加大农村地区社会保障卡发行和应用力度，基本实现人口全覆盖。加强全国统一的社会保险公共服务平台建设，推动农村地区社保公共服务资源整合和综合柜员制服务。加快社保经办数字化转型，让"数据多跑路，群众少跑腿"。深入推进失业保险待遇"畅通领、安全办"。根据农村特点，坚持传统服务方式和智能化服务创新并行，为老年人、残疾人等群体提供更加便捷的服务。

三 组织实施

（一）加强组织领导。各地要落实中央统筹、省负总责、市县乡抓落实的工作机制，把推进社会保险事业高质量可持续发展作为巩固拓展脱贫攻坚成果、推动实施乡村振兴战略、实现共同富裕的重要举措，完善政策措施，优化经办服务，加强协调配合，统筹做好政策衔接、任务落实和督促考核等工作。

（二）加强部门协作。明确部门分工，落实部门职责，强化工作协同。人力资源社会保障部门要牵头做好相关政策研究制定，抓好政策落实。财政部门要加强经费保障，重点关注脱贫地区预算安排和资金分配下达情况，确保按时足额拨付到位。税务部门要切实做好城乡居民养老保险等各项社会保险费征收工作。人力资源社会保障、民政、税务、乡村振兴部门和残联要加强数据共享，定期开展脱贫人口、低保对象、特困人员、返贫致贫人口、重度残疾人参保信息数据比对，加强重点群体监测分析，积极主动开展社会保险帮扶工作。

（三）加强宣传引导。大力宣传社会保险帮扶政策和服务举措，加强政策培训，广泛开展"看得懂、算得清"政策宣传活动。注重运用通俗易懂的语言和群众易于接受的方式，利用受众面广、宣传效果好的各类媒体开展系列宣传活动，积极入村入户入企开展政策宣传解读，提高政策知晓度。坚持正确舆论导向，深入挖掘社会保险帮扶的生动案例，讲好乡村振兴中社会保险帮扶故事，广泛宣传社会保险帮扶在助力实施乡村振兴战略中取得的积极进展和成效，营造良好舆论氛围。

人力资源社会保障部　民政部　财政部

国家税务总局　国家乡村振兴局

中国残疾人联合会

2021 年 8 月 13 日

人力资源社会保障部　住房和城乡建设部 交通运输部　水利部　银保监会　铁路局 民航局关于印发《工程建设领域农民工 工资保证金规定》的通知

人社部发〔2021〕65号

各省、自治区、直辖市及新疆生产建设兵团人力资源社会保障厅（局）、住房和城乡建设厅（委、管委、局）、交通运输厅（局、委）、水利（水务）厅（局），各银保监局，各地区铁路监管局，民航各地区管理局：

根据《保障农民工工资支付条例》授权，人力资源社会保障部、住房和城乡建设部、交通运输部、水利部、银保监会、铁路局、民航局制定了《工程建设领域农民工工资保证金规定》。现印发给你们，请贯彻执行。

人力资源社会保障部

住房和城乡建设部

交通运输部

水利部

银保监会

铁路局

民航局

2021年8月17日

工程建设领域农民工工资保证金规定

第一章　总则

第一条　为依法保护农民工工资权益，发挥工资保证金在解决拖欠农民工工资问题中的重要作用，根据《保障农民工工资支付条例》，制定本规定。

第二条　本规定所指工资保证金，是指工程建设领域施工总承包单位（包括直接承包建设单位发包工程的专业承包企业）在银行设立账户并按照工程施工合同额的一定比例存储，专项用于支付为所承包工程提供劳动的农民工被拖欠工资的专项资金。

工资保证金可以用银行类金融机构出具的银行保函替代，有条件的地区还可探索引入工程担保公司保函或工程保证保险。

第三条　工程建设领域工资保证金的存储比例、存储形式、减免措施以及使用返还等事项适用本规定。

第四条　各省级人力资源社会保障行政部门负责组织实施本行政区工资保证金制度。

地方人力资源社会保障行政部门应建立健全与本地区行业工程建设主管部门和金融监管部门的会商机制，加强信息通报和执法协作，确保工资保证金制度规范平稳运行。

第五条　工资保证金制度原则上由地市级人力资源社会保障行政部门具体管理，有条件的地区可逐步将管理层级上升为省级人力资源社会保障行政部门。

实施具体管理的地市级或省级人力资源社会保障行政部门，以下简称"属地人力资源社会保障行政部门"；对应的行政区，以下统称"工资保证金管理地区"。

同一工程地理位置涉及两个或两个以上工资保证金管理地区，发生管辖争议的，由共同的上一级人力资源社会保障行政部门商同级行业工程建设主管部门指定管辖。

第二章　工资保证金存储

第六条　施工总承包单位应当在工程所在地的银行存储工资保证金或申请开立银行保函。

第七条　经办工资保证金的银行（以下简称经办银行）依法办理工资保证金账户开户、存储、查询、支取、销户及开立保函等业务，应具备以下条件：

（一）在工程所在的工资保证金管理地区设有分支机构；

（二）信用等级良好、服务水平优良，并承诺按照监管要求提供工资保证金业务服务。

第八条　施工总承包单位应当自工程取得施工许可证（开工报告批复）之日起 20 个工作日内（依法不需要办理施工许可证或批准开工报告的工程自签订施工合同之日起 20 个工作日之内），持营业执照副本、与建设单位签订的施工合同在经办银行开立工资保证金专门账户存储工资保证金。

行业工程建设主管部门应当在颁发施工许可证或批准开工报告时告知相关单位及时存储工资保证金。

第九条　存储工资保证金的施工总承包单位应与经办银行签订《农民工工资保证金存款协议书》（附件1），并将协议书副本送属地人力资源社会保障行政部门备案。

第十条　经办银行应当规范工资保证金账户开户工作，为存储工资保证金提供必要的便利，与开户单位核实账户性质，在业务系统中对工资保证金账户进行特殊标识，并在相关网络查控平台、电子化专线信息传输系统等作出整体限制查封、冻结或划拨设置，防止被不当查封、冻结或划拨，保障资金安全。

第十一条　工资保证金按工程施工合同额（或年度合同额）的一定比

例存储，原则上不低于1%，不超过3%，单个工程合同额较高的，可设定存储上限。

施工总承包单位在同一工资保证金管理地区有多个在建工程，存储比例可适当下浮但不得低于施工合同额（或年度合同额）的0.5%。

施工合同额低于300万元的工程，且该工程的施工总承包单位在签订施工合同前一年内承建的工程未发生工资拖欠的，各地区可结合行业保障农民工工资支付实际，免除该工程存储工资保证金。

前款规定的施工合同额可适当调整，调整范围由省级人力资源社会保障行政部门会同行业工程建设主管部门确定，并报人力资源社会保障部、住房和城乡建设部、交通运输部、水利部、铁路局、民航局备案。

第十二条　施工总承包单位存储工资保证金或提交银行保函后，在工资保证金管理地区承建工程连续2年未发生工资拖欠的，其新增工程应降低存储比例，降幅不低于50%；连续3年未发生工资拖欠且按要求落实用工实名制管理和农民工工资专用账户制度的，其新增工程可免于存储工资保证金。

施工总承包单位存储工资保证金或提交银行保函前2年内在工资保证金管理地区承建工程发生工资拖欠的，工资保证金存储比例应适当提高，增幅不低于50%；因拖欠农民工工资被纳入"严重失信主体名单"的，增幅不低于100%。

第十三条　工资保证金具体存储比例及浮动办法由省级人力资源社会保障行政部门商同级行业工程建设主管部门研究确定，报人力资源社会保障部备案。工资保证金存储比例应根据本行政区保障农民工工资支付实际情况实行定期动态调整，主动向社会公布。

第十四条　工资保证金账户内本金和利息归开立账户的施工总承包单位所有。在工资保证金账户被监管期间，企业可自由提取和使用工资保证金的利息及其他合法收益。

除符合本规定第十九条规定的情形，其他任何单位和个人不得动用工资保证金账户内本金。

第十五条　施工总承包单位可选择以银行保函替代现金存储工资保证

金，保函担保金额不得低于按规定比例计算应存储的工资保证金数额。

保函正本由属地人力资源社会保障行政部门保存。

第十六条 银行保函应以属地人力资源社会保障行政部门为受益人，保函性质为不可撤销见索即付保函（附件2）。

施工总承包单位所承包工程发生拖欠农民工工资，经人力资源社会保障行政部门依法作出责令限期清偿或先行清偿的行政处理决定，到期拒不清偿时，由经办银行依照保函承担担保责任。

第十七条 施工总承包单位应在其工程施工期内提供有效的保函，保函有效期至少为1年并不得短于合同期。工程未完工保函到期的，属地人力资源社会保障行政部门应在保函到期前一个月提醒施工总承包单位更换新的保函或延长保函有效期。

第十八条 属地人力资源社会保障行政部门应当将存储工资保证金或开立银行保函的施工总承包单位名单及对应的工程名称向社会公布，施工总承包单位应当将本工程落实工资保证金制度情况纳入维权信息告示牌内容。

第三章 工资保证金使用

第十九条 施工总承包单位所承包工程发生拖欠农民工工资的，经人力资源社会保障行政部门依法作出责令限期清偿或先行清偿的行政处理决定，施工总承包单位到期拒不履行的，属地人力资源社会保障行政部门可以向经办银行出具《农民工工资保证金支付通知书》（附件3，以下简称《支付通知书》），书面通知有关施工总承包单位和经办银行。经办银行应在收到《支付通知书》5个工作日内，从工资保证金账户中将相应数额的款项以银行转账方式支付给属地人力资源社会保障行政部门指定的被拖欠工资农民工本人。

施工总承包单位采用银行保函替代工资保证金，发生前款情形的，提供银行保函的经办银行应在收到《支付通知书》5个工作日内，依照银行保函约定支付农民工工资。

第二十条 工资保证金使用后，施工总承包单位应当自使用之日起10个工作日内将工资保证金补足。

采用银行保函替代工资保证金发生前款情形的，施工总承包单位应在10个工作日内提供与原保函相同担保范围和担保金额的新保函。施工总承包单位开立新保函后，原保函即行失效。

第二十一条 经办银行应每季度分别向施工总承包单位和属地人力资源社会保障行政部门提供工资保证金存款对账单。

第二十二条 工资保证金对应的工程完工，施工总承包单位作出书面承诺该工程不存在未解决的拖欠农民工工资问题，并在施工现场维权信息告示牌及属地人力资源社会保障行政部门门户网站公示30日后，可以申请返还工资保证金或银行保函正本。

属地人力资源社会保障行政部门自施工总承包单位提交书面申请5个工作日内审核完毕，并在审核完毕3个工作日内向经办银行和施工总承包单位出具工资保证金返还（销户）确认书。经办银行收到确认书后，工资保证金账户解除监管，相应款项不再属于工资保证金，施工总承包单位可自由支配账户资金或办理账户销户。

选择使用银行保函替代现金存储工资保证金并符合本条第一款规定的，属地人力资源社会保障行政部门自施工总承包单位提交书面申请5个工作日内审核完毕，并在审核完毕3个工作日内返还银行保函正本。

属地人力资源社会保障行政部门在审核过程中发现工资保证金对应工程存在未解决的拖欠农民工工资问题，应在审核完毕3个工作日内书面告知施工总承包单位，施工总承包单位依法履行清偿（先行清偿）责任后，可再次提交返还工资保证金或退还银行保函正本的书面申请。

属地人力资源社会保障行政部门应建立工资保证金定期（至少每半年一次）清查机制，对经核实工程完工且不存在拖欠农民工工资问题，施工总承包单位在一定期限内未提交返还申请的，应主动启动返还程序。

第二十三条 施工总承包单位认为行政部门的行政行为损害其合法权益的，可以依法申请行政复议或者向人民法院提起行政诉讼。

第四章 工资保证金监管

第二十四条 工资保证金实行专款专用，除用于清偿或先行清偿施工总

393

承包单位所承包工程拖欠农民工工资外，不得用于其他用途。

除法律另有规定外，工资保证金不得因支付为本工程提供劳动的农民工工资之外的原因被查封、冻结或者划拨。

第二十五条 人力资源社会保障行政部门应加强监管，对施工总承包单位未依据《保障农民工工资支付条例》和本规定存储、补足工资保证金（或提供、更新保函）的，应按照《保障农民工工资支付条例》第五十五条规定追究其法律责任。

第二十六条 属地人力资源社会保障行政部门要建立工资保证金管理台账，严格规范财务、审计制度，加强账户监管，确保专款专用。

行业工程建设主管部门对在日常监督检查中发现的未按规定存储工资保证金问题，应及时通报同级人力资源社会保障行政部门。对未按规定执行工资保证金制度的施工单位，除依法给予行政处罚（处理）外，应按照有关规定计入其信用记录，依法实施信用惩戒。

对行政部门擅自减免、超限额收缴、违规挪用、无故拖延返还工资保证金的，要严肃追究责任，依法依规对有关责任人员实行问责；涉嫌犯罪的，移送司法机关处理。

第五章　附则

第二十七条 房屋市政、铁路、公路、水路、民航、水利领域之外的其他工程，参照本规定执行。

采用工程担保公司保函或工程保证保险方式代替工资保证金的，参照银行保函的相关规定执行。

第二十八条 本规定由人力资源社会保障部会同住房和城乡建设部、交通运输部、水利部、银保监会、铁路局、民航局负责解释。各地区可根据本规定并结合工作实际，制定具体实施办法，并向人力资源社会保障部、住房和城乡建设部、交通运输部、水利部、银保监会、铁路局、民航局备案。在贯彻实施中遇到的重大问题，请及时向人力资源社会保障部报告。

第二十九条 本规定自 2021 年 11 月 1 日起施行。

本规定施行前已按属地原有工资保证金政策存储的工资保证金或保函继

续有效，其日常管理、动用和返还等按照原有规定执行；本规定施行后新开工工程和尚未存储工资保证金的在建工程工资保证金按照本规定及各地区具体实施办法执行。

附件：1. 农民工工资保证金存款协议书（样本）

2. 农民工工资保证金银行保函（样本）

3. 农民工工资保证金支付通知书（样本）

应急管理部关于进一步做好
安全生产责任保险工作的紧急通知

应急〔2021〕61号

各省、自治区、直辖市应急管理厅（局），新疆生产建设兵团应急管理局：

近期，国务院第八次大督查第十六督查组检查发现宁夏石嘴山市安全生产责任保险实施过程中存在"应急管理部门涉嫌搞垄断 石嘴山企业安责险只能通过一家中介买"的问题，反映出个别基层部门单位法制观念淡薄，服务群众意识不强，执行安全生产责任保险制度走偏走样，与当前正在深入开展的党史学习教育和"我为群众办实事"实践活动要求不相符。对此，应急管理部党委高度重视、专门作出部署，要求提高政治站位，举一反三，规范全国应急管理部门行为；必须严格守法，决不允许任性妄为；要加强自查督查，对存在的问题要立即纠正，并自觉接受监督。现就有关事项紧急通知如下：

一、依法依规做好安全生产责任保险实施工作。建立和实施安全生产责任保险制度是党中央、国务院为加强安全生产社会治理提出的一项重要政策和法治措施，是发挥保险机构参与开展风险评估和事故预防功能、防范化解重大安全风险、提高企业安全生产能力的重要举措。《中华人民共和国安全生产法》、《安全生产责任保险实施办法》、《安全生产责任保险事故预防技术服务规范》等都提出了明确要求，必须严格执行。各级应急管理部门一定要从维护人民群众生命财产安全的政治高度，提高对依法依规实施安全生产责任保险重要性的认识，正确理解内涵要义，严格规范操作，坚决防止和纠正以各种名目垄断安全生产责任保险市场等违法违规行为，确保安全生产责任保险健康有序发展，切实发挥其对安全生产工作的积极作用。要紧密结合"我为群众办实事"实践活动，坚持把好事办实、实事办好，防止在实施过程出现不当和错误做法，损害企业和群众利益。要注重把保险机构依照标准规范为企业开展事故预防服务作为重点监管内容，决不能出现强制企业投保而企业又得不到应有服务的不公正不合理现象。要以保险为纽带，通过市场化手段加快建立社会化安全生产技术服务体系，加强安全风险管控，帮助企业提升安全生产技术和管理水平。

二、立即开展自查督查。要针对国务院督查组检查发现的问题，严格按照《中华人民共和国安全生产法》和相关规定，认真开展自查自纠，重点对照以下6个方面深入排查和纠正：

（一）是否存在以共保体或入围招标方式涉嫌市场垄断以及保险经纪公司"独家代理"垄断市场的问题。

（二）是否存在事故预防技术服务费用管理和使用不规范，将事故预防技术服务费用打入应急管理部门账户或由应急管理部门指定账户等违反国家有关规定和财经纪律的问题。

（三）是否存在安全生产责任保险事故预防技术服务内容缺失或者服务不到位、质量差的问题。

（四）是否存在将安全生产责任保险作为取得安全生产许可证前置条件的问题。

（五）是否存在安全生产责任保险产品条款和费率厘定、保障范围、保险额度不合理，侵害生产经营单位及有关人员权益的问题。

（六）是否违反安全生产责任保险有关规定，存在失职渎职、贪污腐败等违法违纪问题。

三、严肃查处各类问题和违法违规行为。各级应急管理部门对自查发现的问题，必须立行立改、坚决整改到位。对存在的违法违规行为，发现一起查处一起，绝不姑息迁就；同时要坚持以问题为导向、以强化服务功能为目标，加快健全完善规章制度。

（一）对涉嫌违反《中华人民共和国反垄断法》规定，存在安全生产责任保险垄断经营行为的，要及时移送市场监管部门立案查处。

（二）对将企业投保安全生产责任保险作为取得安全生产许可证前置条件的要坚决取消。

（三）对存在事故预防技术服务费用管理和使用不规范，安全生产责任保险产品条款和费率厘定、保障范围、保险额度不合理等问题的，要组织专家加大监督检查力度，及时纠正，依法依规严格规范。

（四）加快建立全国联网的安全生产责任保险信息化管理平台、第三方评估制度和公开制度，全过程加强对安全生产责任保险实施情况的监督，对保险机构弄虚作假、预防费用投入不足、未履行事故预防责任、委托不合法的社会化服务机构开展事故预防工作的，要严格查处、责令整改，对拒不整改的，将其纳入安全生产领域联合惩戒"黑名单"管理，并向社会公开；对违反相关法律法规规定的，要会同有关部门依法追究法律责任。

（五）对在安全生产责任保险制度实施过程中存在的领导干部违规插手干预项目实施、权钱交易、"利益输送"等腐败问题线索，要及时移交纪检监察和司法机关，确保一查到底、以案促改。

四、切实加强组织领导。各级应急管理部门要强化政治责任，将规范做好安全生产责任保险工作作为一项重要任务，主要负责同志要亲自安排部署并组织实施，亲自盯进度、抓落实，专人负责，自查督查要查得准、查得实，不走过场、不留死角，确保取得实实在在成效。

（一）要结合贯彻落实新修订的《中华人民共和国安全生产法》，强化责任落实，细化配套措施，科学制定实施方案，真正将安全生产责任保险制度转化为保障和维护企业合法权益、提升企业安全生产能力的有力支持政策。

（二）要严格按照本通知要求，迅速行动，会同有关部门开展专项检查，发现问题及时整改；同时要举一反三，规范安全生产责任保险制度落实各环节行为，切实发挥安全生产责任保险事故预防技术服务作用。

（三）要健全内部管理制度，堵塞执行过程中的各种漏洞；各级应急管理干部要严守廉洁自律各项规定，依法行政，切实维护生产经营单位及其相关人员的合法权益。

请各省级应急管理部门于 9 月 25 日前将自查督查情况、取得的主要成效、采取的制度化措施和相关意见建议报送应急管理部规划财务司。应急管理部将视情进行抽查、督查。

应急管理部

2021 年 9 月 6 日

人力资源社会保障部　国家发展改革委 民政部　财政部关于实施提升就业 服务质量工程的通知

人社部发〔2021〕80 号

各省、自治区、直辖市及新疆生产建设兵团人力资源社会保障厅（局）、发展改革委、民政厅（局）、财政厅（局）：

就业服务是国家基本公共服务的重要组成，是稳定扩大就业、化解失业风险的基础手段。提升就业服务质量对推进实现更加充分更高质量就业、改善民生福祉、促进经济发展和社会和谐具有重要作用。为贯彻党中央、国务院关于稳就业、保居民就业决策部署，决定实施提升就业服务质量工程，现就有关事项通知如下。

一　总体要求

（一）指导思想。以习近平新时代中国特色社会主义思想为指导，全面贯彻党的十九大和十九届二中、三中、四中、五中全会精神，坚定不移贯彻新发展理念，突出需求导向和目标导向，坚持扩容与提质并重、均等与精准并举，持续巩固提升覆盖全民、贯穿全程、辐射全域、便捷高效的全方位公共就业服务，为减少失业、促进就业提供坚实保障，为扎实推动共同富裕、构建新发展格局提供有力支撑。

（二）主要目标。到 2025 年，通过实施提升就业服务质量工程，均等化的服务制度更加健全，基本公共就业服务均等化水平明显提高；广覆盖的服务功能和体系不断完善，更好满足多样化、多层次的就业服务需求；专业化智慧化服务能力显著提升，劳动者和用人单位对就业服务满意度保持在较高水平。

二　重点任务

（三）提升就业失业管理服务覆盖面。切实承担辖区内劳动者就业失业管理服务职能，凡年满 16 周岁（含）至依法享受基本养老保险待遇、有劳动能力、有就业要求、处于失业状态的城乡劳动者（含港澳台劳动者），均可在常住地（或户籍地或参保地或就业地）进行失业登记。公共就业服务机构在 10 个工作日内办结失业登记。对处于就业状态的，由用人单位同步申请办理就业登记、社保登记和用工备案登记。将登记失业人员作为就业帮扶重点对象，落实联系责任、帮扶责任，对登记信息进行动态管理。

（四）提升免费招聘匹配服务供给量。加大招聘信息归集力度，依托现场经办、电话服务、网络登记等渠道全方位采集岗位信息，强化用人单位的主体责任和信息发布者的审查责任，保障信息真实有效。完善岗位信息免费发布机制，扩大公共招聘网岗位信息覆盖范围，加大服务大厅、社区（村）宣传栏等信息投放力度，降低劳动者岗位搜寻成本。探索运用大数据、云计算等技术手段，依据服务对象需求，匹配推送岗位信息。开展免费招聘对接活动，搭建辖区内企业用工调剂平台，组织劳务协作，更好满足市场主体用工需求。

（五）提升重点群体重点企业就业帮扶主动性。完善重点群体主动服务机制，对国家和地方政府确定的重点群体，主动联系，提供职业指导、职业介绍、创业孵化、政策落实等服务。健全重点企业用工常态化服务机制，制定重点企业清单，设立联络服务专员，通过有针对性的招聘服务，努力保障重点企业用工。对生产经营遇到困难的企业，提前介入指导稳岗，同步为被裁减人员提供就业帮扶。

（六）提升职业技能培训针对性。强化就业导向，加强急需紧缺职业

（工种）培训，及时开发新职业并颁布新职业标准，帮助劳动者掌握新技术、新装备等实操技能。强化重点群体技能培训和创业培训，持续实施专项培训计划。推进中国特色企业新型学徒制培训，推动产教融合、校企合作，精准开展"菜单"式培训和定岗定向培训，实现培训培养与企业岗位需求的有效衔接。

（七）提升重大任务专项服务保障力。服务重大发展战略，推动就业服务融入现代产业体系、区域发展格局，开展具有行业特色、地域特色的专项就业服务活动，为高质量发展提供人力资源支撑。服务重大改革事项，及时跟踪对企业和劳动者的就业影响，实施专项用工指导和就业帮扶，保障改革任务平稳推进。服务重点地区，对失业风险集聚地区，及时启动失业风险防范应急响应预案，加强应急服务，努力稳定就业形势。

三　保障措施

（八）强化公共就业服务机构建设。县以上政府要设立公共就业服务机构，统筹优化现有的综合性服务场所和人才市场、创业服务机构、职业培训机构等专业化服务场所，提供招聘求职、创业服务、失业管理、重点群体帮扶等服务。街道（乡镇）和社区（村）要加强基层公共就业服务，通过线上线下多种方式，提供政策宣传、业务受理等基本服务。根据服务对象规模，合理优化现有公共就业服务机构人员结构和布局，将就业服务相关事项优先纳入社区工作者工作内容，引导服务力量向基层下沉。结合机构建设、服务成效等情况，开展公共就业服务机构星级评定。

（九）强化经营性人力资源服务机构管理创新。优化人力资源服务行政许可审批流程，支持通过兼并、收购、重组、联盟等方式，分类培育综合性人力资源服务企业和专精特新人力资源服务企业、单项冠军企业，引领行业高质量发展。鼓励服务创新和产品创新，推动高级人才寻访、人才测评、人力资源管理咨询等服务提质增效，满足多样化需求。

（十）强化就业服务社会组织培育。发挥各级各类社会组织参与就业服务积极作用，支持行业协会商会等社会组织结合自身业务范围和专长，依法有序提供就业服务。引导社区社会组织、社工服务机构在城乡基层党组织领导下，开展就业服务工作。组建就业创业服务志愿团队，广泛招募就业服务领域专家、企业家、各行各业有一定专长的热心人士等，深入社区、园区、高校、企业等开展公益性就业创业服务。

（十一）强化零工市场支持。加强零工市场建设，将零工信息纳入公共就业服务范围，有条件的地区可在公共招聘网开设零工信息（灵活就业）专区，组织开展招聘。支持有条件的地区建设一批规范化零工市场，对已经稳定运行的要掌握基本情况，压实属地管理责任，落实疫情防控、安全防范等要求，按需提供水电等基础保障，坚决杜绝直接取缔、"一关了之"等一刀切做法。政府支持的零工市场信息网络建设和运营维护相关支出，可按规定从就业补助资金等渠道列支。强化现有人力资源市场功能细分，根据本地区供需结构，因地制宜建设劳动力市场、人才市场、零工市场，或分时段分区域共享同一市场。

（十二）强化智慧服务体系构建。推进"互联网+"公共就业服务，加快省级集中的就业管理信息系统建设，提升业务管理和公共服务能力。持续推进就业信息联网发布，提升一站式求职招聘服务能力。加快与相关部门数据共享和比对分析，支持更好开展公共就业服务。

（十三）强化专业人员队伍打造。实施公共就业服务人员能力提升计划，举办示范培训班，开展业务轮训。强化专业服务队伍建设，大力推行职业指导、创业指导等相关人员职业技能等级认定工作，建立不同层级、不同类别就业创业指导专家团队。支持建立职业指导工作室，为求职者提供专业化职业指导服务。

四　组织实施

（十四）加强组织领导。各地要充分认识就业服务的重要意义，将提升就业服务质量工程作为推进稳就业、保居民就业工作的重要抓手，因地制宜制定实施方案，突出创新和地方特色，稳步推进各项工作。强化就业服务成效评估，研究建立公共就业服务质量评价体系，探索开展第三方评价。

（十五）强化资金保障。落实就业促进法要求，将公共就业服务经费列入本级预算。服务力量确有不足的地区，可通过政府购买服务方式，引入社会力量参与提供基本公共就业服务。对运用就业补助资金购买基本公共就业服务，实行指导性目录管理，由各地结合实际制定可购买的服务事项清单。严格落实政府购买服务有关要求，通过公平竞争择优确定承接主体，加强绩效执行监控，对目录清单进行动态调整。

（十六）维护良好秩序。健全就业服务领域法规制度，落实"双随机、一公开"等人力资源市场监管措施，强化市场监督，加强劳动保障监察行政执法，通过日常监督、专项行动，及时查处黑中介、虚假招聘、泄露个人信息等违法违规行为。加强人力资源服务行业诚信体系建设，完善信用评价标准。

（十七）广泛宣传引导。充分运用线上线下全媒体平台，宣传各地提升就业服务质量的创新做法，认定一批公共就业服务示范城市，推广优秀服务项目、优秀就业服务工作者经验事迹，营造良好社会氛围。围绕就业服务理论和模式、服务技术、职业分析预测等开展前瞻性研究和国际交流合作，引领就业服务创新发展。

各地贯彻落实本通知的有关情况及落实中发现的重要问题，要及时报送人力资源社会保障部。

人力资源社会保障部

国家发展改革委

民政部

财政部

2021 年 9 月 12 日

国务院根治拖欠农民工工资工作领导小组办公室关于开展根治欠薪冬季专项行动的通知

人社部明电〔2021〕12 号

各省、自治区、直辖市及新疆生产建设兵团根治拖欠农民工工资工作领导小组：

今年以来，在党中央、国务院的坚强领导下，通过各地区、各成员单位的共同努力，根治欠薪工作取得了明显成效。当前，我国经济运行逐步恢复常态，但新冠肺炎疫情和外部环境仍存在诸多不确定性，部分行业企业欠薪问题有所抬头，房地产开发企业欠款导致的欠薪源头风险增多，校外培训机构规模裁员减员导致的欠薪问题不容忽视，临近元旦、春节欠薪问题仍有可能易发多发，根治欠薪仍需持续发力、抓紧抓实。为深入贯彻党中央、国务院决策部署，切实维护农民工合法权益和社会和谐稳定，经国务院根治拖欠农民工工资工作领导小组同意，决定从 2021 年 11 月 1 日至 2022 年春节前，在全国组织开展根治欠薪冬季专项行动。现就有关事项通知如下：

一 行动目标

深入学习贯彻习近平总书记关于根治欠薪工作重要指示批示精神，认真落实《保障农民工工资支付条例》（以下简称《条例》），依法维护农民工劳动报酬权益，对查实的欠薪问题要在 2022 年春节前全部办结，让被欠薪农民工及时拿到应得的工资返乡过年，确保不发生因欠薪引发的重大群体性事件或恶性极端事件，维护社会和谐稳定大局。

二　行动重点

以工程建设领域和其他欠薪易发多发行业企业为重点，对欠薪问题实施集中专项治理：

一是全面加快"全国根治欠薪线索反映平台"和地方其他渠道接收欠薪举报投诉的分类核实处置，做到案结事了。二是全面排查工程建设领域工资专用账户、实名制管理、总包代发工资、工资保证金、维权信息公示等制度落实情况，督促企业落实主体责任。三是全面清查在建工程项目审批管理、工程款（人工费）拨付、资金监管情况，源头化解欠薪风险。四是全面强化欠薪违法惩戒，用好用足行政、刑事、信用等惩戒手段，加强行政执法和刑事司法衔接，对欠薪特别是恶意欠薪从严惩处。

三　行动措施

（一）重点摸排，稳妥化解欠薪隐患

各地区要坚持早预防、早介入、早化解，结合本地区欠薪形势特点，聚焦重点地区、重点行业、重点企业、重点项目，及早开展隐患排查化解。加强欠薪预警监测和智慧监管，结合企业经营状况、企业信用等级评定情况和历史欠薪举报投诉情况，确定重点行业企业，进行精准摸排。对发现的风险隐患，分类精准施策，强化部门联动，定人定责、盯住不放，防止隐患"发酵"。对已排除风险隐患的企业和项目，进行"回头看"，持续关注、动态监管，防止问题复发。

（二）快立快处，提升案件处置效果

各地区、各相关成员单位要进一步畅通欠薪维权绿色通道，确保欠薪案

件快立快处。对欠薪线索，严格落实首问负责制，做到件件有着落、事事有回音。对基层难以化解的复杂疑难欠薪案件，采取领导包案的方式，加强提级办理。对涉及人数较多、金额较大、造成一定社会影响的重大欠薪案件，领导小组办公室牵头成立专案组，挂牌办理，一查到底。对政府项目、国企项目欠薪的，严查制度落实、责任落实情况，适时进行通报，实现查处一案、警示一片的效果。各地区根治拖欠农民工工资工作领导小组要加强统筹协调，抽调执法人员，配强工作力量，确保欠薪案件能够及时接收、有效处置。

（三）强化惩戒，保持治欠高压态势

对查实的违法行为，要加大违法惩戒力度，形成有效震慑。加强对工程建设领域各项工资支付制度落实情况的检查，责令限期整改违法行为，督促企业履行法定义务，逾期不改的，依法严肃惩处。对可能涉及恶意欠薪的，依据《条例》等规定，依法查询相关单位金融账户和相关当事人房产、车辆情况，对查实涉嫌拒不支付劳动报酬罪的，及时移送司法机关，追究刑事责任。对欠薪违法行为符合"黑名单"条件的，应列尽列，予以曝光，并会同有关部门开展失信联合惩戒，使欠薪违法者"一处违法、处处受限"。对欠薪裁决判决"执行难"问题，各地区根治拖欠农民工工资工作领导小组要统筹协调同级司法机关实施集中执行活动，推动裁决判决执行到位。

四 工作要求

（一）强化组织领导。要坚持以习近平新时代中国特色社会主义思想为指导，进一步提高政治站位，充分认识做好春节前根治欠薪工作的重要性和紧迫性，将此次专项行动作为党史学习教育的成果检验，作为"我为群众办实事"的具体实践，强化组织领导，加强统筹协调，结合本地实际制定具体行动方案，凝聚各方力量、抽调专业骨干、成立工作专班，层层压实责任、精心组织实施、强化督促检查，确保专项行动取得实效。

（二）强化部门联动。要强化大局意识、系统观念，加强协调配合，形成工作合力，共同做好根治欠薪工作。人力资源社会保障部门要进一步畅通举报投诉渠道，加大监察执法力度，及时查处欠薪案件，为农民工提供高效的维权服务。发展改革、财政、国资等成员单位要积极履行监管责任，落实《条例》有关规定，强化政府投资项目、国企项目全方位、全流程监管，扎紧制度"笼子"，从源头上消除欠薪隐患。工程建设行业主管部门要切实履行行业监管职责，加强建筑用工实名制管理，督办相关领域欠薪违法案件。公安机关要做好涉嫌拒不支付劳动报酬罪案件的接受和及时审查，对符合立案条件的，应依法立案侦办，保持对欠薪相关违法犯罪的高压态势。其他成员单位要根据职责分工，积极配合做好根治欠薪工作。

（三）强化督促指导。要结合本地实际，指导市、县（区）采取超常规举措，定期集中接访，领导包片包案，确保重点地区欠薪问题得到有效遏制、重大案件得到妥善处置。要密切跟进专项行动进展情况，对整治不积极、效果不明显的地区，可采取随机抽查、暗访等方式督促指导，确保工作责任落实到位。对监管责任不落实、组织工作不到位引发群体性事件或极端事件，以及政府投资工程项目、国企项目拖欠工程款导致欠薪的，依法依规严肃问责。国务院根治拖欠农民工工资工作领导小组办公室将适时组织力量，对部分地区根治欠薪工作进行抽查，对问题突出的地区开展专项督导。

（四）强化风险防范。要牢固树立底线思维、风险意识，坚持事前预防、系统治理、定向化解、精准治欠，对群众反映强烈、风险隐患较大的重点行业企业，要及时组织风险评估预判，落实欠薪应急处置机制。对重大欠薪舆情和欠薪引发的群体性事件或极端事件，要从速查清事实，稳妥处置化解，坚决防止事态蔓延扩大。对企业一时难以解决拖欠工资或企业主欠薪逃匿的，要通过及时动用工资保证金、应急周转金或其他渠道筹措资金，清偿欠薪或垫付部分工资（基本生活费），帮助被拖欠工资农民工解决临时生活困难，确保社会稳定。

请各地区于2022年1月5日前向国务院根治拖欠农民工工资工作领导小组办公室报告本地区截至2021年12月31日的行动进展情况；行动结束

后 5 个工作日内，报送专项行动总体工作情况。

　　附件：根治欠薪冬季专项行动情况

国务院根治拖欠农民工工资工作领导小组办公室

2021 年 10 月 28 日

人力资源社会保障部　国家发展改革委
财政部　商务部　市场监管总局关于
推进新时代人力资源服务业
高质量发展的意见

人社部发〔2021〕89号

各省、自治区、直辖市及新疆生产建设兵团人力资源社会保障厅（局）、发展改革委、财政厅（局）、商务主管部门、市场监管局（厅、委）：

人力资源服务业是为经济社会发展提供人力资源流动配置服务的现代服务业重要门类，对促进社会化就业、更好发挥我国人力资源优势、服务经济社会发展具有重要意义。党的十八大以来，我国人力资源服务业发展取得明显成效，但在总量规模、服务功能、服务质量、专业化程度、国际竞争力等方面，还存在发展不平衡不充分、总体水平不高等问题。为加快推进人力资源服务业高质量发展，提出以下意见。

一　总体要求

（一）指导思想。以习近平新时代中国特色社会主义思想为指导，深入贯彻党的十九大和十九届二中、三中、四中、五中全会精神，立足新发展阶段，贯彻新发展理念，服务构建新发展格局，围绕实施就业优先战略、人才强国战略、乡村振兴战略，以促进就业为根本，进一步提高人力资源服务水平；以提高人力资源要素配置效率为导向，推动行业向专业化和价值链高端延伸；以培育壮大人力资源服务力量为抓手，进一步形成发展新动能；以建设高标准人力资源市场体系为目标，打造多层次、多元化的人力资源市场格局。加快构建中国特色的人力资源服务产业体系，为提高我国经济综合竞争力、持续改善民生、促进高质量发展提供有力支撑。

（二）基本原则

坚持促进就业、服务人才。发挥人力资源服务业匹配供需、专业高效的独特优势，有效破解就业结构性矛盾，提高劳动者职业素质，促进人才顺畅流动、优化配置。

坚持市场主导、政府推动。发挥市场在人力资源配置中的决定性作用，更好发挥政府作用，健全人力资源市场体系，破除妨碍人力资源服务业高质量发展的体制机制障碍。

坚持完善政策、优化服务。健全完善人力资源服务业发展政策体系，持续提升人力资源服务能力，实现公共服务有效保障、市场化服务优质高效，更好满足日益增长的人力资源服务需求。

坚持加强规范、创新发展。统筹行业发展和规范管理，激发市场活力，维护市场秩序，健全行业正向激励和优胜劣汰机制，注重防范和化解风险，健全统一规范、竞争有序的市场格局。

（三）发展目标

——行业规模不断扩大。到 2025 年，行业营业收入突破 2.5 万亿元，人力资源服务机构达到 5 万家，从业人员数量达到 110 万。培育 50 家骨干龙头企业。国家级人力资源服务产业园达到 30 家左右。

——服务能力持续增强。人力资源服务产品更优、质量更高。匹配人力资源供给与需求的效率更高。公共服务与经营性服务相互补充、并行发展。行业整体竞争力和全球资源配置能力明显增强。

——发展水平显著提升。人力资源服务专业化、标准化、规范化、数字化、国际化水平明显提升。功能完善、布局合理的行业发展格局基本形成。

——市场环境日益优化。人力资源服务业政策法规体系、诚信服务体系、服务标准体系健全完善。市场监管更加有力。对外开放合作领域不断拓展。营商环境进一步优化。

二 重点任务

（四）大力提升人力资源服务水平，进一步推动创新发展。以市场需求为导向，推动人力资源服务管理创新、技术创新、服务创新、产品创新。重点发展猎头服务，完善通过猎头机构开展市场化引才机制。鼓励发展人力资源管理咨询、人才测评等高人力资本、高技术、高附加值业态。实施"互联网+人力资源服务"行动，创新应用大数据、人工智能、区块链等新兴信息技术，推动招聘、培训、人力资源服务外包、劳务派遣等业态提质增效。支持人力资源服务机构向现代服务业相关细分行业拓展经营范围，探索开展与互联网、教育、医疗等行业的跨界合作。加强知识产权保护，提升人力资源服务领域知识产权创造、运用、管理和服务水平。支持人力资源服务龙头企业做强做优。加快培育一批聚焦主业、专精特新的中小型人力资源服务企业。

（五）不断强化人力资源支撑经济高质量发展作用，进一步推动协同发展。深化人力资源供给侧结构性改革，构建人力资源与实体经济、科技创新、现代金融协同发展的产业体系，持续为新型工业化、信息化、城镇化、农业现代化培养和输送人才。推动人力资源服务机构深度融入制造业产业链，围绕制造产业基础高级化、产业链现代化提供精准专业服务。鼓励人力资源服务机构在依法合规、风险可控、商业可持续前提下创新资本运营模式。实施人力资源服务业助力乡村振兴计划，统筹城乡人力资源流动配置，为劳务品牌建设添力，促进乡村人才振兴。围绕重点群体、重点行业，实施人力资源服务行业促就业计划，向劳动者提供终身职业培训和就业服务。推动公共人力资源服务与经营性人力资源服务相互促进、协同发展。深化人力资源服务领域东西部协作。

（六）健全完善高水平人力资源服务产业园体系，进一步推动集聚发展。围绕国家区域重大战略，依托中心城市，在国家级新区、高新技术产业开发区、经济技术开发区等产业聚集区域，继续培育建设一批国家级人力资源服务产业园。支持有条件的地方建设省、市级人力资源服务产业园。发展专业性、行业性人力资源市场，统筹推进各类劳动力市场、人才市场、零工市场建设。鼓励人力资源服务机构等参与产业园运营管理，探索符合市场规律、适应发展需要、运转灵活高效的运营管理模式。拓宽产业园功能，支持在符合条件的园区内建设公共实训基地。鼓励各级人力资源服务产业园搭建交流对接、合作发展平台。

（七）着力促进人力资源服务助力共建"一带一路"，进一步推动开放发展。扩大人力资源服务领域对外开放，深度融入全球人才链、产业链、创新链。加强国际交流合作，积极引进国际先进人力资源服务企业、技术和管理模式。开展"一带一路"人力资源服务行动，鼓励有条件的人力资源服务机构在共建"一带一路"国家设立分支机构，构建全球服务网络。在"一带一路"国际合作高峰论坛框架下，推动举办人力资源服务业国际合作论坛。加快发展人力资源服务贸易，探索建设国家人力资源服务出口基地。积极参与人力资源领域全球治理，在国际规则、国际标准制定中体现中国智慧和主张。

（八）抓紧建设高标准人力资源市场体系，进一步推动规范发展。健全人力资源市场管理法规，落实"双随机、一公开"、年度报告公示等事中事后监管措施。开展高标准人力资源市场体系建设行动，强化市场管理和劳动保障监察行政执法，清理整顿人力资源市场秩序，整治非法劳务中介。规范发展网络招聘等人力资源服务，规范劳务派遣、人力资源服务外包、在线培训等人力资源服务。以加强劳动者的社会保障为重点，着力解决劳务派遣和劳务外包中的保障缺失和不足问题，维护劳动者合法权益。建立健全人力资源数据安全管理制度，探索实行人力资源数据分类管理和风险评估，防止数据泄露和滥用。加强人力资源市场监测预测和风险预警。健全人力资源服务机构信用评价标准，加强行业信用监管。

三　政策措施

（九）实行财政支持政策。鼓励地方统筹利用现有资金渠道支持人力资源服务业发展。鼓励人力资源服务机构有序承接政府转移的人才引进、人才流动、人才服务等项目，按规定享受补贴。吸纳重点群体就业的人力资源服务机构，按规定享受社会保险补贴。经营性人力资源服务机构为重点群体提供就业创业服务的，按规定享受就业创业服务补助；开展就业见习的，按规定给予就业见习补贴。具有培训资质的人力资源服务机构开展职业技能培训，符合职业技能培训补贴相关条件的，按规定纳入补贴类培训范围。

（十）落实税收优惠政策。落实支持人力资源服务业发展的税收优惠政策，做好政策宣传和纳税辅导。人力资源服务机构符合现行政策规定条件的，可享受小微企业财税优惠等政策。鼓励人力资源服务机构参评高新技术企业，符合相关标准被认定为高新技术企业的，可按规定享受相关税收优惠政策。

（十一）拓宽投融资渠道。推动人力资源服务机构通过上市、发行集合信托以及公司债、企业债、中小企业私募债等公司信用类债券进行融资。鼓励股权投资基金、创业投资企业投资人力资源服务业，支持银行等金融机构开展投贷联动。鼓励社会资本以独资、合资、收购、参股、联营等方式进入人力资源服务领域。

（十二）完善政府购买服务。加大政府购买人力资源服务力度，将人力资源服务纳入政府购买服务指导性目录，明确政府购买人力资源服务种类、性质和内容，及时进行动态调整。鼓励通过购买专业化人力资源服务引进急需紧缺人才、促进农村劳动力转移就业、服务乡村振兴以及其他公益性服务事项。健全政府购买人力资源服务制度机制，加强合规审查和监督检查评估，提高财政资金使用效率。

（十三）夯实发展基础。深化"放管服"改革，优化营商环境。落实国家产业指导政策，鼓励各地将人力资源服务业纳入重点产业指导目录。鼓励各地利用国家重大项目库加大人力资源服务业高质量发展项目储备。开展人力资源服务品牌价值提升行动，发展一批能够展示中国人力资源服务形象的品牌，支持人力资源服务机构参选本地区服务业重点企业名录和高新技术企业名录。加强人力资源服务标准化建设，持续完善人力资源服务国家标准体系，加大标准宣贯和实施推广力度。完善统计调查制度，优化统计分类标准和指标体系。持续办好全国人力资源服务业发展大会，鼓励举办创新创业大赛等活动，打造行业展示交流、对接洽谈平台。

（十四）加强人才保障。加大人力资源服务行业领军人才培养力度，开展高级经营管理人员研修培训，打造高水平领军人才队伍和创新团队。健全人力资源管理专业职称评审制度。依托现有资源，建设一批人力资源服务培训基地和实训基地，加快行业骨干人才和基础人才培养培训。建设人力资源服务行业智库，加强战略性、理论性、基础性研究。加强人力资源服务行业社会组织建设，发挥助推行业发展、促进行业自律作用。

各地、各有关部门要高度重视发展人力资源服务业，加强科学谋划，落实投入政策，完善工作机制，推进任务落实。各级人力资源社会保障部门要会同有关部门结合实际制定贯彻落实的具体政策措施，加强跟踪指导，及时总结经验做法，形成推动人力资源服务业高质量发展的工作格局。

人力资源社会保障部

国家发展改革委

财政部

商务部

市场监管总局

2021 年 11 月 8 日

人力资源社会保障部办公厅
财政部办公厅关于畅通失业
保险关系跨省转移接续的通知

人社厅发〔2021〕85号

各省、自治区、直辖市及新疆生产建设兵团人力资源社会保障厅（局）、财政厅（局）：

为进一步规范个人申请失业保险关系跨省（自治区、直辖市）（以下简称"跨省"）转移接续，畅通失业保险待遇申领渠道，保障劳动者的失业保险权益，现就有关事项通知如下：

一 关于参保职工和参保失业人员跨省转移接续

（一）参保职工跨省就业的，失业保险关系应随之转迁，缴费年限累计计算。

（二）参保失业人员符合领取失业保险金条件的，在最后参保地申领失业保险金及其他相关待遇，也可以选择回户籍地申领，待遇发放期间不得中途变更发放地。选择户籍地申领的，须办理失业保险关系转移。

（三）对不符合领取失业保险金条件、符合领金条件但未申领，以及正在领金期间的参保失业人员，跨省重新就业并参保的，失业保险关系应随之转移至新参保地，缴费年限累计计算。

（四）失业保险关系跨省转迁的，失业保险费用应随失业保险关系相应划转。但在转出地参保缴费不满 1 年的，只转移失业保险关系，不转移失业保险费用。

416

二　关于需划转的失业保险费用计算方法
及待遇发放标准

（一）需划转的失业保险费用包括失业保险金，领金期间基本医疗保险费，领金期间接受职业培训、职业介绍的补贴。其中，基本医疗保险费和职业培训、职业介绍补贴按参保失业人员应享受失业保险金总额的一半计算。

（二）转入地经办机构按照本统筹地区规定和标准，为参保失业人员核定失业保险金发放期限和各项失业保险待遇。

（三）转出地划转的失业保险费用，不足待遇支付部分由转入地失业保险基金支付，超出待遇支付部分并入转入地失业保险基金。

三　关于转移接续办理流程

失业保险关系跨省转移接续既可线下通过经办窗口进行，也可依托金保工程在线上进行。

（一）转移失业保险关系包括以下内容：姓名、社保卡号、就业失业状态、参保缴费记录（已核定失业保险金缴费记录和未核定失业保险金缴费记录）、应当领取而尚未领取的失业保险金记录、失业原因、失业保险待遇标准、基金转移金额、转入地和转出地经办机构信息及其他必要信息。

（二）参保职工或参保失业人员可先到转出地经办机构开具转移凭证，之后到转入地经办机构办理关系转入。对符合条件的，转出地经办机构收到申请后应在5个工作日内办理转出，转入地经办机构收到转出地开具的失业保险关系转移接续联系函后，应在5个工作日内办理转入。对不符合条件的，要说明理由。

（三）参保职工或参保失业人员也可直接到转入地经办机构申请转移失业保险关系，转入地经办机构不得要求申请人再到转出地开具相关证明。对符合条件的，转入地经办机构在收到申请后，应在5个工作日受理并向转出地经办机构发出失业保险关系转移接续联系函，转出地收到联系函后，应在

5 个工作日内办理转出。对不符合条件的，要说明理由。

（四）转出地经办机构应在失业保险关系转出后的 1 个月内向转入地划转失业保险费用。失业保险费用划转期间，不影响转入地经办机构按规定为参保失业人员发放失业保险待遇。转入地经办机构不得以费用未划转到位为由，拒发失业保险待遇。

四　其他事项

（一）本通知中涉及的人员身份以申请人失业保险关系转移前的状态确定。

（二）转出地经办机构将参保单位、参保职工和参保失业人员有关信息转出后，仍需保留信息备份，注明失业保险关系转入地信息和失业保险费用划转金额及明细。

（三）本通知适用于参保职工和参保失业人员跨省转移失业保险关系。省内跨统筹区失业保险关系转移及费用划转的办法由各省、自治区自行制定。

（四）经办机构依法主动办理和参保单位成建制跨省转移失业保险关系的，仍按现行规定执行。

（五）各地人力资源社会保障部门应加强失业保险关系转移接续信息化建设。

（六）现行规范性文件与本通知规定不一致的，以本通知规定为准。

各地要高度重视，加强组织协调，精简手续，压缩环节，加快办理，方便参保职工和参保失业人员办理关系转移接续，同时，加强信息化管理，防范基金骗领、冒领，确保基金安全。

人力资源社会保障部办公厅

财政部办公厅

2021 年 11 月 9 日

拖欠农民工工资失信联合惩戒对象名单管理暂行办法

人社部令第 45 号

第一条 为了维护劳动者合法权益，完善失信约束机制，加强信用监管，规范拖欠农民工工资失信联合惩戒对象名单（以下简称失信联合惩戒名单）管理工作，根据《保障农民工工资支付条例》等有关规定，制定本办法。

第二条 人力资源社会保障行政部门实施列入失信联合惩戒名单、公开信息、信用修复等管理活动，适用本办法。

第三条 人力资源社会保障部负责组织、指导全国失信联合惩戒名单管理工作。

县级以上地方人力资源社会保障行政部门依据行政执法管辖权限，负责失信联合惩戒名单管理的具体实施工作。

第四条 失信联合惩戒名单管理实行"谁执法、谁认定、谁负责"，遵循依法依规、客观公正、公开透明、动态管理的原则。

实施失信联合惩戒名单管理，应当依法依规加强信用信息安全和个人信息保护。人力资源社会保障行政部门及其工作人员对实施失信联合惩戒名单管理过程中知悉的国家秘密、商业秘密、个人隐私，应当依法依规予以保密。

第五条 用人单位拖欠农民工工资，具有下列情形之一，经人力资源社会保障行政部门依法责令限期支付工资，逾期未支付的，人力资源社会保障行政部门应当作出列入决定，将该用人单位及其法定代表人或者主要负责人、直接负责的主管人员和其他直接责任人员（以下简称当事人）列入失信联合惩戒名单：

（一）克扣、无故拖欠农民工工资达到认定拒不支付劳动报酬罪数额标准的；

（二）因拖欠农民工工资违法行为引发群体性事件、极端事件造成严重不良社会影响的。

第六条 人力资源社会保障行政部门在作出列入决定前，应当告知当事人拟列入失信联合惩戒名单的事由、依据、提出异议等依法享有的权利和本办法第七条可以不予列入失信联合惩戒名单的规定。

当事人自收到告知之日起 5 个工作日内，可以向人力资源社会保障行政部门提出异议。对异议期内提出的异议，人力资源社会保障行政部门应当自收到异议之日起 5 个工作日内予以核实，并将结果告知当事人。

第七条 用人单位在人力资源社会保障行政部门作出列入决定前，已经改正拖欠农民工工资违法行为，且作出不再拖欠农民工工资书面信用承诺的，可以不予列入失信联合惩戒名单。

第八条 人力资源社会保障行政部门应当自责令限期支付工资文书指定期限届满之日起 20 个工作日内作出列入决定。情况复杂的，经人力资源社会保障行政部门负责人批准，可以延长 20 个工作日。

人力资源社会保障行政部门作出列入决定，应当制作列入决定书。列入决定书应当载明列入事由、列入依据、联合惩戒措施提示、提前移出条件和程序、救济措施等，并按照有关规定交付或者送达当事人。

第九条 作出列入决定的人力资源社会保障行政部门应当按照政府信息公开等有关规定，通过本部门门户网站和其他指定的网站公开失信联合惩戒名单。

第十条 作出列入决定的人力资源社会保障行政部门应当按照有关规定，将失信联合惩戒名单信息共享至同级信用信息共享平台，供相关部门作为在各自职责范围内按照《保障农民工工资支付条例》等有关规定，对被列入失信联合惩戒名单的当事人实施联合惩戒的依据。

对被列入失信联合惩戒名单的当事人，由相关部门在政府资金支持、政府采购、招投标、融资贷款、市场准入、税收优惠、评优评先、交通出行等方面依法依规予以限制。

第十一条 当事人被列入失信联合惩戒名单的期限为3年，自人力资源社会保障行政部门作出列入决定之日起计算。

第十二条 用人单位同时符合下列条件的，可以向作出列入决定的人力资源社会保障行政部门申请提前移出失信联合惩戒名单：

（一）已经改正拖欠农民工工资违法行为的；

（二）自改正之日起被列入失信联合惩戒名单满6个月的；

（三）作出不再拖欠农民工工资书面信用承诺的。

第十三条 用人单位符合本办法第十二条规定条件，但是具有下列情形之一的，不得提前移出失信联合惩戒名单：

（一）列入失信联合惩戒名单期限内再次发生拖欠农民工工资违法行为的；

（二）因涉嫌拒不支付劳动报酬犯罪正在刑事诉讼期间或者已经被追究刑事责任的；

（三）法律、法规和党中央、国务院政策文件规定的其他情形。

第十四条 用人单位申请提前移出失信联合惩戒名单，应当提交书面申请、已经改正拖欠农民工工资违法行为的证据和不再拖欠农民工工资书面信用承诺。

人力资源社会保障行政部门应当自收到用人单位提前移出失信联合惩戒名单申请之日起15个工作日内予以核实，决定是否准予提前移出，制作决定书并按照有关规定交付或者送达用人单位。不予提前移出的，应当说明理由。

人力资源社会保障行政部门准予用人单位提前移出失信联合惩戒名单的，应当将该用人单位的其他当事人一并提前移出失信联合惩戒名单。

第十五条 申请提前移出的用人单位故意隐瞒真实情况、提供虚假资料，情节严重的，由作出提前移出决定的人力资源社会保障行政部门撤销提前移出决定，恢复列入状态。列入的起止时间重新计算。

第十六条 列入决定所依据的责令限期支付工资文书被依法撤销的，作出列入决定的人力资源社会保障行政部门应当撤销列入决定。

第十七条 有下列情形之一的，作出列入决定的人力资源社会保障行政部门应当于10个工作日内将当事人移出失信联合惩戒名单，在本部门门户网站停止公开相关信息，并告知第九条规定的有关网站：

（一）当事人被列入失信联合惩戒名单期限届满的；

（二）人力资源社会保障行政部门决定提前移出失信联合惩戒名单的；

（三）列入决定被依法撤销的。

当事人被移出失信联合惩戒名单的，人力资源社会保障行政部门应当及时将移出信息共享至同级信用信息共享平台，相关部门联合惩戒措施按照规定终止。

第十八条 当事人对列入失信联合惩戒名单决定或者不予提前移出失信联合惩戒名单决定不服的，可以依法申请行政复议或者提起行政诉讼。

第十九条 人力资源社会保障行政部门工作人员在实施失信联合惩戒名单管理过程中，滥用职权、玩忽职守、徇私舞弊的，依法依规给予处分；构成犯罪的，依法追究刑事责任。

第二十条 本办法自2022年1月1日起施行。

国家职业病防治规划
（2021—2025年）

为贯彻落实党中央、国务院关于加强职业健康工作的决策部署，根据《中华人民共和国职业病防治法》《中华人民共和国基本医疗卫生与健康促进法》等法律法规以及《中华人民共和国国民经济和社会发展第十四个五年规划和2035年远景目标纲要》《"健康中国2030"规划纲要》和《健康中国行动（2019-2030年）》等文件要求，制定本规划。

一　职业健康现状和问题

职业健康是健康中国建设的重要基础和组成部分，事关广大劳动者健康福祉与经济发展和社会稳定大局。党中央、国务院高度重视职业健康工作。《国家职业病防治规划（2016-2020年）》实施以来，各地区、各有关部门和单位认真贯彻落实习近平总书记关于职业病防治工作的重要指示批示精神，贯彻落实党中央、国务院关于职业健康工作的一系列决策部署，深入实施健康中国行动，大力推进尘肺病防治攻坚行动，源头治理力度进一步加大，防治服务能力显著增强，职业病及危害因素监测范围逐步扩大，救治救助和工伤保险保障水平不断提高，职业病防治法规标准体系不断完善，劳动者的职业健康权益得到进一步保障。

随着健康中国战略的全面实施和平安中国建设不断深入，保障劳动者健康面临新的形势和要求：一是新旧职业病危害日益交织叠加，职业病和工作相关疾病防控难度加大，工作压力、肌肉骨骼疾患等问题凸显，新型冠状病毒肺炎等传染病对职业健康带来新的挑战；二是职业健康管理和服务人群、领域不断扩展，劳动者日益增长的职业健康需求与职业健康工作发展不平衡不充分的矛盾突出；三是职业病防治支撑服务和保障能力亟待加强，职业健康信息化建设滞后，职业健康专业人才缺乏，职业健康监管和服务保障能力不适应高质量发展的新要求；四是职业健康基础需要进一步夯实，部分地方政府监管责任和用人单位主体责任落实不到位，中小微型企业职业健康管理基础薄弱，一些用人单位工作场所粉尘、化学毒物、噪声等危害因素超标严重，劳动者职业健康权益保障存在薄弱环节。

二 总体要求

（一）指导思想

以习近平新时代中国特色社会主义思想为指导，全面贯彻党的十九大和十九届二中、三中、四中、五中、六中全会精神，深入实施职业健康保护行动，落实"防、治、管、教、建"五字策略，强化政府、部门、用人单位和劳动者个人四方责任，进一步夯实职业健康工作基础，全面提升职业健康工作质量和水平。

（二）基本原则

坚持预防为主，防治结合。强化职业病危害源头防控，督促和引导用人单位采取工程技术和管理等措施，不断改善工作场所劳动条件。建立健全职业病防治技术支撑体系，提升工程防护、监测评估、诊断救治能力。

坚持突出重点，精准防控。聚焦职业病危害严重的行业领域，深化尘肺病防治攻坚行动，持续推进粉尘、化学毒物、噪声和辐射等危害治理，强化职业病及危害因素监测评估，实现精准防控。

坚持改革创新，综合施策。深化法定职业病防控，开展工作相关疾病预防，推进职业人群健康促进，综合运用法律、行政、经济、信用等政策工具，健全工作机制，为职业健康工作提供有力保障。

坚持依法防治，落实责任。完善职业健康法律法规和标准规范，加强监管队伍建设，提升监管执法能力。落实地方政府领导责任、部门监管责任、用人单位主体责任和劳动者个人责任，合力推进职业健康工作。

（三）规划目标

到2025年，职业健康治理体系更加完善，职业病危害状况明显好转，工作场所劳动条件显著改善，劳动用工和劳动工时管理进一步规范，尘肺病等重点职业病得到有效控制，职业健康服务能力和保障水平不断提升，全社会职业健康意识显著增强，劳动者健康水平进一步提高。

表1 "十四五"职业病防治主要指标

	指标名称	目标值
（1）	工伤保险参保人数	稳步提升
（2）	工业企业职业病危害项目申报率	≥90%
（3）	工作场所职业病危害因素监测合格率	≥85%
（4）	非医疗放射工作人员个人剂量监测率	≥90%
（5）	重点人群职业健康知识知晓率	≥85%
（6）	尘肺病患者集中乡镇康复服务覆盖率	≥90%
（7）	职业卫生违法案件查处率	100%
（8）	依托现有医疗资源，省级设立职业病防治院所	100%
（9）	省级至少确定一家机构承担粉尘、化学毒物、噪声、辐射等职业病危害工程防护技术指导工作	100%
（10）	设区的市至少确定1家公立医疗卫生机构承担职业病诊断工作	100%
（11）	县区至少确定1家公立医疗卫生机构承担职业健康检查工作	95%

三　主要任务

（一）深化源头预防，改善工作场所劳动条件

落实新发展理念，在行业规划、标准规范、技术改造、产业转型升级、

中小微企业帮扶等方面统筹考虑职业健康工作，促进企业提高职业健康工作水平。强化用人单位主体责任，严格落实职业病危害项目申报、建设项目职业病防护设施"三同时"、职业病危害因素检测评价、劳动者职业健康检查和健康培训等制度。以粉尘、化学毒物、噪声和辐射等职业病危害严重的行业领域为重点，持续开展职业病危害因素监测和专项治理。建立中小微型企业职业健康帮扶机制，完善职业病防护设施，改善工作场所劳动条件。加强职业活动中新兴危害的辨识评估和防控，开展工作压力、肌肉骨骼系统疾患等防治工作。

专栏 1　中小微型企业职业健康帮扶行动

行动目标：在矿山、建材、冶金、化工、建筑等重点行业领域开展职业健康帮扶行动，推动中小微型企业规范职业健康管理，提升职业健康管理水平。

行动内容：

1. 以防治粉尘、化学毒物、噪声和辐射危害等为重点，开展中小微型企业职业健康帮扶活动。

2. 探索中小微型企业帮扶模式，总结帮扶中小微型企业的有效做法，如：中小微型企业职业健康托管式服务，以"企业+托管服务单位+卫生监管部门"的联动方式开展职业健康管理和监督执法工作，通过"一企一策"方案帮扶企业；以政府购买服务方式，开展中小微型企业工作场所职业病危害因素检测和职业健康检查工作，或聘请专家团队、技术支撑机构对企业进行精准指导和定点帮扶等。

预期产出：开发中小微型企业职业健康管理辅助工具，总结推广中小微型企业帮扶经验和模式，提升中小微型企业职业病防治工作水平。

（二）严格监管执法，提高职业健康监管效率

加强职业病危害项目申报、建设项目职业病防护设施"三同时"、职

业病危害检测评价和职业健康检查等重点制度落实情况的监督执法。建立健全以"双随机、一公开"为基本手段的监管机制，推进分类分级监督执法，探索建立互联网+监督执法、现场执法与非现场执法相结合、部门联合双随机抽查的监管模式。规范用人单位劳动用工，加强劳动合同、工作时间、工伤保险等监督管理。继续在重点行业中推行集体协商和签订劳动安全卫生专项集体合同，督促用人单位和劳动者认真履行防治责任。落实平安中国建设要求，加强工矿商贸、建筑施工、核与辐射等行业领域安全监管，统筹推进职业病防治工作，督促指导中央企业率先依法落实职业病防治责任。依托国家企业信用信息公示系统，完善职业健康不良信用记录及失信惩戒机制。畅通投诉举报渠道，鼓励社会监督，提升监管和执法效能。按照监管任务与监管力量相匹配的原则，加强职业卫生执法队伍和执法协助人员队伍建设，配备必要的执法装备和交通工具，加大培训力度，提升业务水平。

（三）强化救治措施，提升职业病患者保障水平

加强职业病及危害因素监测，完善监测政策和监测体系，扩大监测范围，开展风险评估，提高预警能力。按照"省市诊断、省市县救治、基层康复"的原则，依托现有的医疗卫生机构建立健全职业病诊断救治康复网络，建立健全职业健康检查和职业病诊断基础数据库，规范职业病诊断医师管理，建立职业病救治专家队伍，加大临床诊疗康复技术和药物研发力度。持续实施尘肺病等重点职业病工伤保险扩面专项行动，将尘肺病等职业病严重的重点行业职工依法纳入工伤保险保障范围。探索建立工作相关疾病多元化筹资保障体系，逐步将相关职业人群纳入保障范畴，做好各相关保障制度的有效衔接，按规定做好相应保障工作。实施尘肺病筛查与随访，加强尘肺病等患者的救治救助，推进医疗、医保、医药联动。落实属地责任，对无法明确责任主体的尘肺病患者，依法开展法律援助，按规定落实医疗救治、生活救助等政策，减轻患者医疗与生活负担。将符合条件的职业病患者家庭及时纳入最低生活保障范

围，对遭遇突发性、紧迫性、临时性基本生活困难的，按规定及时给予临时救助。

（四）推动健康企业建设，提升职业人群健康水平

把健康企业纳入健康城市健康村镇建设的总体部署，大力推进健康企业建设。鼓励用人单位建立完善与劳动者健康相关的各项规章制度，建设整洁卫生、绿色环保的健康环境，开展健康知识普及，完善职业健康监护、传染病和慢病防控、心理健康辅导等健康服务，营造积极向上、和谐包容的健康文化，建成一批健康企业。鼓励矿山、冶金、化工、建材、建筑施工、交通运输、环境卫生管理等行业和医疗卫生、学校等单位，率先开展"职业健康达人"评定活动，进行重点人群职业健康素养监测与干预，有效提升劳动者健康意识和健康素养。

（五）加强人才培养，强化技术支撑体系建设

加大职业健康检测评价、工程防护、诊断救治等技术人才培养力度，建立健全人才培养和激励机制。建立职业健康专家库，完善专家工作机制，充分发挥专家作用。鼓励和支持高等院校、职业院校加强职业健康相关学科专业建设，将职业健康教育内容纳入相关课程，鼓励临床医学专业普及职业医学知识。健全以职业病监测评估、职业病危害工程防护、职业病诊断救治为主体的职业病防治技术支撑体系。以疾病预防控制机构、职业病防治院（所、中心）为主干，完善"国家、省、市、县"四级职业病及危害因素监测与风险评估技术支撑网络。充分利用卫生健康系统内外技术资源，构建"国家—行业（领域）—省"的职业病危害工程防护技术支撑网络。充分发挥职业病专科医院、综合医院的作用，构建"国家—省—市"并向重点县区、乡镇延伸的职业病诊断救治技术支撑网络。推进各级各类技术支撑机构基础设施、技术装备、人才队伍和信息化等达标建设，强化质量控制，提升技术支撑能力。

专栏2 职业病防治技术支撑体系建设

建设目标：加快职业病防治技术支撑体系建设，健全完善国家、省、市、县四级并向乡镇延伸的职业病防治技术支撑体系。

建设内容：

1. 推进职业健康国家医学中心和区域医疗中心建设。

2. 依托国家医学中心和区域医疗中心，加强职业病诊疗技术研究和能力建设。

3. 加强国家、省、市、县职业病及危害因素监测机构监测与风险评估能力建设，市级公立职业病诊断机构和县级公立职业健康检查机构能力建设，职业性化学中毒与核辐射救治基地能力建设。

4. 实现省级职业病防治院全覆盖，持续提升防治能力。依托现有医疗卫生机构，提升地市级、县区级职业病防治机构的预防控制、诊断治疗和康复能力。

预期产出：职业病监测评估、职业病危害工程防护、职业病诊断救治三大技术支撑网络基本建成，技术支撑能力进一步提升，达到《国家卫生健康委关于加强职业病防治技术支撑体系建设的指导意见》（国卫职健发〔2020〕5号）要求。

（六）推动科技创新，引领职业健康高质量发展

推动将职业健康关键技术、重大项目纳入国家和地方科技计划。围绕重点职业病和肌肉骨骼疾患、工作压力等突出职业健康损害的防治问题，开展前沿基础性研究和早期筛查、干预及诊疗康复关键技术研究；围绕职业病危害工程防护和治理，开展尘毒危害和生产性噪声监测与防护关键技术及装备研究，职业中毒监测预警、防控和应急救治关键技术和装备研究，辐射危害监测、防控技术与装备研究，大型核与辐射事故早期精准识别与救援关键技术装备研究，形成一批先进技术成果，并推进示范应用及

推广。推进高等院校、科研院所、企业和职业病防治技术支撑机构合作共建，深化产学研融合，尽快突破急需急用技术的"瓶颈"。加强职业健康国际交流合作，学习借鉴先进经验和技术，提升我国职业健康监管和职业病防治工作水平。

专栏 3　职业健康科技创新重点任务

目标：在职业病和工作相关疾病理论研究、职业病危害治理技术与装备研发、职业病治疗康复和诊断鉴定技术等方面取得突破，提升职业病和工作相关疾病防控水平。

内容：

1. 以严重职业性呼吸系统疾病、职业性肿瘤、放射性疾病及职业性肌肉骨骼疾患和工作压力等为重点，开展职业健康损害发生机制研究。

2. 以尘毒危害和放射性危害为重点，研发职业病危害快速检测、在线监测等技术；开展重大职业病风险综合评估、预测预警和控制技术与装备研究。

3. 开展重点职业病诊疗、康复技术研究，研发职业病诊疗救治的新技术、新装备；研发现代信息化智能化诊疗技术装备，整合现有资源，形成集远程医疗指导、职业健康检查、职业病诊疗等功能于一体的职业健康监护与诊疗救治平台；开展职业病患者疾病评估、分级诊治、康复评估等标准化研究。

4. 开展职业病危害损失的经济学评价研究，开展工作相关疾病的疾病负担评估研究。

5. 以粉尘、化学毒物、噪声、辐射等危害严重的行业领域为重点，研发防降尘、噪声控制、防毒和毒物净化、辐射防护等技术装备。

预期产出：制定工作相关疾病防治技术指南，以及重点行业职业健康保护技术指南；推广应用职业病危害监测评估及防护技术装备、职业病诊疗康复技术装备和人工智能辅助诊断技术。

（七）推进信息化建设，提升职业健康管理效能

将职业健康信息化工作纳入全民健康保障信息化工程，推进业务融合、数据融合，实现跨层级、跨地域、跨部门的协同管理和服务。完善全国一体化的职业健康信息管理平台，充分整合现有系统和数据资源，实现职业病危害项目申报、职业病及危害因素监测、职业卫生检测评价、职业健康检查、职业病诊断与报告、职业卫生监督执法、应急救援等信息的互联互通。加强与发展改革、工业和信息化、民政、人力资源社会保障、生态环境、住房城乡建设、应急、税务、市场监管、医保等部门间信息共享，推动实现职业健康相关信息的协调联动。按照便民利企、优化服务的要求，大力实施"互联网+职业健康服务"。规范职业健康信息管理，保障数据安全。强化数据统计与分析，充分发挥数据在职业健康监管决策中的作用。

专栏4　全国职业健康管理信息平台建设

建设目标：基本建成覆盖国家、省、市、县的职业健康管理"一张网"，实现职业健康信息的上下联动、横向联通和动态管理，不断提高职业病危害风险监测预警、智能决策的支持能力。

建设原则：坚持统一规划、统一标准，坚持业务引导、功能完备，坚持汇聚信息、共建共享，坚持安全规范、兼容拓展。

建设内容：

1. 依托国家全民健康信息平台，完善全国职业健康管理信息平台，构建全国用人单位职业健康基础数据库，加强职业健康数据综合分析和预警与决策支持软硬件建设，建成职业健康预警与决策支持中心。

2. 建成用人单位职业健康信息管理、职业病危害风险预警与决策支持、职业健康监护与诊断管理、职业健康技术服务、职业健康科普宣教培训和职业卫生监督执法等关键业务系统，实现各系统之间的互联互通。

---

3. 研究形成职业健康信息平台总体框架标准、职业健康信息分类与编码规范、职业健康系统数据库设计规范等指导全国职业健康信息化建设的系列标准规范，开展信息化建设试点。

预期产出：建成全国职业健康管理综合信息平台及用人单位职业健康管理、职业健康决策支持等关键业务系统；构建用人单位职业健康基础数据库；形成职业健康信息化建设系列标准规范。

（八）加强宣教培训，增强全社会职业健康意识

持续开展《职业病防治法》宣传周等活动，大力开展职业健康教育和健康促进活动，在全社会营造关心关注职业健康的文化氛围。推进将职业健康教育纳入国民教育体系，组织开展职业健康知识进企业、机构和学校等活动，普及职业健康知识，倡导健康工作方式。推动建立职业健康科普知识库。实施职业健康培训工程，加强用人单位主要负责人、职业健康管理人员培训工作，指导和督促用人单位做好接触职业病危害劳动者全员培训。推动有条件的地区或用人单位建设职业健康体验场馆，不断提升重点人群职业健康知识知晓率。

四 保障措施

（一）加强组织领导，压实工作责任

各地区要把职业健康工作纳入本地区国民经济和社会发展总体规划和民生工程，制定和实施职业病防治规划。建立健全职业健康工作目标和责任考核制度，推动将职业健康有关指标纳入对地方各级政府考核指标体系。充分发挥职业病防治工作联席会议机制作用，落实卫生健康、发展改革、教育、科技、工业和信息化、民政、财政、人力资源社会保障、生态环境、住房城

乡建设、应急、国资委、市场监管、医疗保障、矿山安全监察、总工会等部门和单位责任，加强联防联控，形成工作合力。

（二）健全法律法规，强化政策融合

完善职业健康法律法规体系，推动修订《职业病防治法》和《职业病分类和目录》，推进工作相关疾病预防，进一步加强职业卫生和放射卫生标准建设。各地区要结合实际推动建立健全职业病防治地方性法规规章，把职业健康工作纳入深化医疗改革、全民健康保障工程等工作，统一规划、统一部署、协同推进和实施。综合运用金融、社保等政策措施，通过项目核准、政策支持、资金保障和费率浮动等，调动用人单位做好职业健康工作的积极性。

（三）做好经费保障，确保任务完成

各地区要强化职业健康经费保障，建立多元化的防治资金筹措机制，鼓励和引导社会资本投入职业病防治领域。要加强资金使用情况考核，提高资金使用效率，确保主要任务和重大工程按计划顺利完成。

（四）加强督查评估，确保规划落实

各地区要结合本规划，研究制定本地区职业病防治规划，明确职业病防治工作目标、主要任务和保障措施。职业病防治工作部际联席会议办公室将适时组织有关成员单位开展规划实施情况专项督查，2023年和2025年分别开展中期和末期考核评估，确保规划目标和任务按进度完成。

最高人民法院办公厅 人力资源社会保障部办公厅关于建立劳动人事争议"总对总"在线诉调对接机制的通知

法办〔2022〕3 号

各省、自治区、直辖市高级人民法院、人力资源社会保障厅（局），解放军军事法院，新疆维吾尔自治区高级人民法院生产建设兵团分院，新疆生产建设兵团人力资源社会保障局：

为贯彻党中央关于坚持把非诉讼纠纷解决机制挺在前面的重要部署，落实最高人民法院与人力资源社会保障部等部门联合印发的《关于进一步加强劳动人事争议调解仲裁完善多元处理机制的意见》（人社部发〔2017〕26号）等文件要求，进一步加强劳动人事争议调解和诉讼衔接工作，增强劳动人事争议多元化解质效，最高人民法院、人力资源社会保障部决定建立"总对总"在线诉调对接机制，现将有关事项通知如下。

一 建立"总对总"在线诉调对接机制

最高人民法院依托人民法院调解平台（以下简称法院调解平台）、人力资源社会保障部依托劳动人事争议在线调解服务平台（以下简称人社调解平台），通过系统对接与机构、人员入驻相结合的方式，共同推进"总对总"在线诉调对接机制建设，逐步畅通线上线下调解与诉讼对接渠道，指导全国劳动人事争议调解组织（以下简称调解组织）与各级人民法院开展劳动人事争议全流程在线委派委托调解、音视频调解、在线申请司法确认调解协议等工作。

二　"总对总"在线诉调对接机制任务分工

最高人民法院立案庭统筹推进法院系统在线诉调对接工作，负责法院调解平台的研发、运维、宣传等工作。各级人民法院在"总对总"在线诉调对接机制框架下，负责与同级人力资源社会保障部门加强沟通联系，开展本级特邀调解名册确认、委派委托调解以及调解协议司法确认等工作，做好调解员培训和业务指导工作。

人力资源社会保障部统筹推进调解仲裁系统在线诉调对接工作，负责指导地方劳动人事争议调解仲裁信息系统（以下简称地方调解仲裁系统）建设以及与人社调解平台的衔接工作，指导各级人力资源社会保障部门建立调解组织和调解员名册及相关管理制度。各省级人力资源社会保障部门负责组建"省级调解专家资源库"，组织本地区各级人力资源社会保障部门、乡镇（街道）调解组织和调解员入驻法院调解平台，指导本地区各级人力资源社会保障部门做好调解组织人员管理和信息更新等工作。乡镇（街道）调解组织和调解员根据需要做好案件调解和法院委派委托案件调解等工作。

三　"总对总"在线诉调对接工作流程

（一）人民法院委派委托案件处理流程。当事人向人民法院提交纠纷调解申请后，人民法院在征得当事人同意后，向调解组织委派委托案件。对于地方调解仲裁系统与人社调解平台实现系统对接的地区，人民法院通过法院调解平台将纠纷推送至人社调解平台，由调解组织及其调解员在地方调解仲裁系统开展在线调解工作。对于地方调解仲裁系统与人社调解平台未实现系统对接的地区，可采用机构、人员入驻方式，登录法院调解平台开展在线调解工作，并逐步过渡至系统对接方式。

（二）调解组织音视频调解流程。调解组织及其调解员应当积极使用法院调解平台音视频调解功能开展人民法院委派委托案件在线调解工作。对于调解组织自身受理的调解申请，地方调解仲裁系统不支持音视频调解功能的，调解组织及其调解员可以通知、指导当事人，使用法院调解平台的音视频调解功能开展在线调解。

（三）在线申请司法确认调解协议、出具法院调解书流程。调解组织调解成功后，双方当事人可以依据法律和司法解释规定，就达成的调解协议共同向人民法院申请在线司法确认或者出具法院调解书。调解组织可以通过人社调解平台向法院调解平台提供案件办理情况，为人民法院开展司法确认或者出具法院调解书提供支持。

四　建立沟通会商机制

最高人民法院、人力资源社会保障部加强沟通会商工作，定期通报在线诉调对接工作推广应用情况，分析存在的问题，研究下一步工作举措。各地人民法院与同级人力资源社会保障部门建立工作协调和信息共享机制，从具体工作层面落实相关建设应用要求。

五　工作要求

各地要高度重视"总对总"在线诉调对接工作，将其作为提高劳动人事争议调处效能、完善劳动人事争议多元化解机制的重要方式，紧密结合本地实际，因地制宜开展工作。要加强创新，充分发挥社会多元主体在预防化解矛盾纠纷中的协同协作、互动互补、相辅相成作用，更好促进社会公平正义、维护劳动人事关系和谐与社会稳定。

（一）组织入驻法院调解平台。最高人民法院负责为入驻法院调解平台的各级人力资源社会保障部门及其管理员、调解组织及其调解员开通账号。人力资源社会保障部负责分发账号，组织各省级人力资源社会保障部门开展本地区各级人力资源社会保障部门及其管理员、调解组织及其调解员入驻法院调解平台工作。

（二）组建特邀调解员队伍。各高级人民法院、各省级人力资源社会保障部门共同确定省级调解专家资源库名册，组建"省级调解专家资源库"，专门处理本地区重大集体劳动人事争议。各级人力资源社会保障部门按照《最高人民法院关于人民法院特邀调解的规定》（法释〔2016〕14号）要求，将符合条件的调解组织及其调解员信息通过法院调解平台推送到同级人民法院进行确认。各级人民法院对于符合条件的调解组织及其调解员，应当纳入本院特邀调解名册，并在法院调解平台上予以确认。

（三）推进系统开发和对接。最高人民法院、人力资源社会保障部有关机构负责推进法院调解平台与人社调解平台对接工作。各地人力资源社会保障部门要基于金保工程二期项目，加快推进地方调解仲裁系统建设。人力资源社会保障部有关机构负责推进人社调解平台与地方调解仲裁系统对接工作。

各地在落实推进中的经验做法、困难问题，请及时层报最高人民法院和人力资源社会保障部。

最高人民法院办公厅

人力资源社会保障部办公厅

2021年12月30日

图书在版编目（CIP）数据

中国职工状况研究报告.2022／燕晓飞主编.--北
京：社会科学文献出版社，2022.12
ISBN 978-7-5228-1263-2

Ⅰ.①中… Ⅱ.①燕… Ⅲ.①职工构成-研究报告-
中国-2022 Ⅳ.①D412.7

中国版本图书馆 CIP 数据核字（2022）第 242112 号

中国职工状况研究报告（2022）

主　　编／燕晓飞
副 主 编／信卫平

出 版 人／王利民
组稿编辑／任文武
责任编辑／方　丽　张丽丽
文稿编辑／张真真
责任印制／王京美

出　　版／社会科学文献出版社·城市和绿色发展分社（010）59367143
　　　　　地址：北京市北三环中路甲29号院华龙大厦　邮编：100029
　　　　　网址：www. ssap. com. cn
发　　行／社会科学文献出版社（010）59367028
印　　装／三河市龙林印务有限公司

规　　格／开　本：787mm×1092mm　1/16
　　　　　印　张：28　字　数：428千字
版　　次／2022年12月第1版　2022年12月第1次印刷
书　　号／ISBN 978-7-5228-1263-2
定　　价／98.00元

读者服务电话：4008918866